中华传世藏书

【图文珍藏版】

中华上下五千年

刘宇庚◎主编

线装书局

图书在版编目（CIP）数据

中华上下五千年：全6册 / 刘宇庚主编. －－北京：
线装书局, 2014.6（2022.3）
ISBN 978－7－5120－1408－4

Ⅰ.①中… Ⅱ.①刘… Ⅲ.①中国历史－通俗读物
Ⅳ.①K209

中国版本图书馆CIP数据核字(2014)第087899号

中华上下五千年

主　　编：刘宇庚
责任编辑：高晓彬
出版发行：线装书局
　　　　　地　址：北京市丰台区方庄日月天地大厦B座17层（100078）
　　　　　电　话：010-58077126（发行部）010-58076938（总编室）
　　　　　网　址：www.zgxzsj.com
经　　销：新华书店
印　　制：北京彩虹伟业印刷有限公司
开　　本：787mm×1092mm　1/16
印　　张：168
字　　数：2040千字
版　　次：2022年3月第1版第2次印刷
印　　数：3001 - 9000套

线装书局官方微信

定　　价：1580.00元（全六册）

大禹治水

武王伐纣

烽火戏诸侯

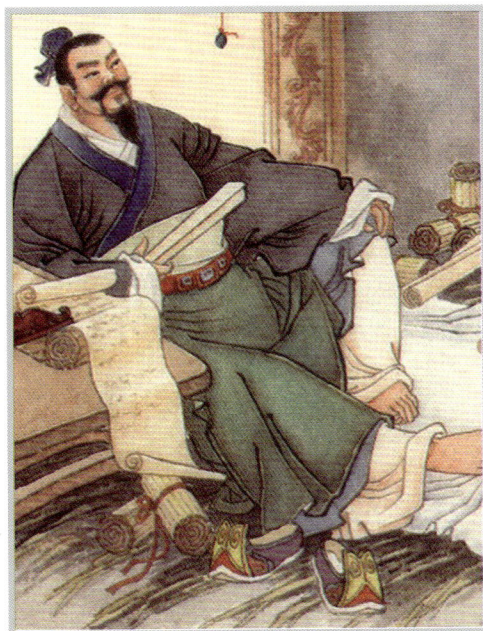
勾践卧薪尝胆

指鹿为马

鸿门宴

楚汉相争

王莽篡汉

三顾茅庐

赤壁之战

竹林七贤

陶潜归隐

隋炀帝三下江南

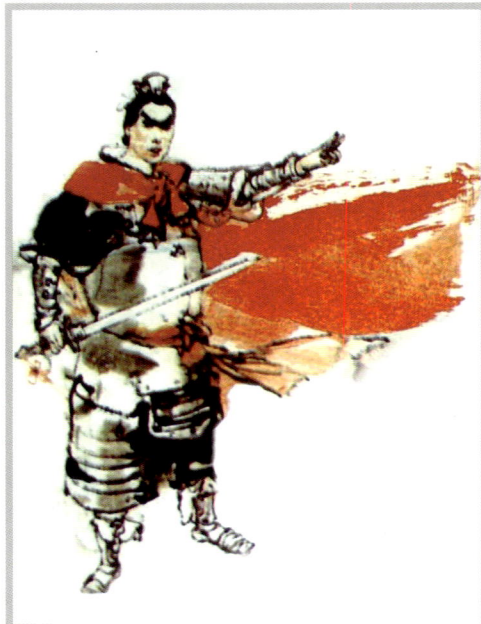

玄武门之变

文成公主入藏

黄巢起义

黄袍加身

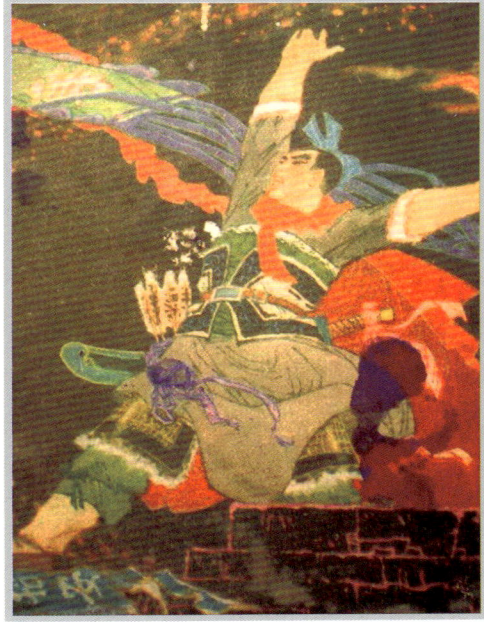

方腊起义

李纲抗金

郑和下西洋

土木之变

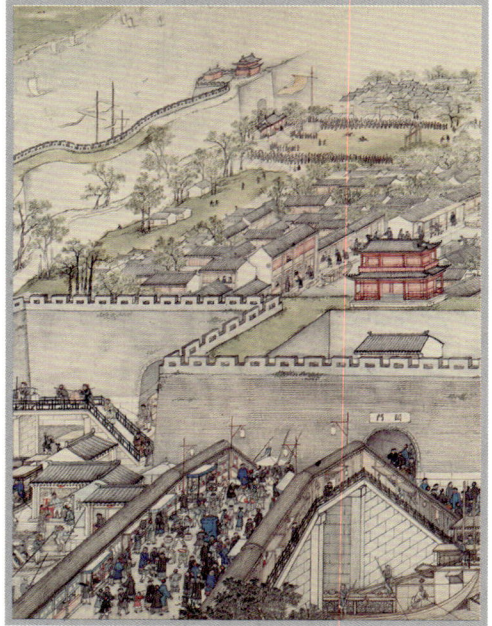

康乾盛世

虎门销烟

五四运动

前　言

中国是一个重视历史文化传承的国家。中国有五千年文明史，创造出灿烂的文化。自盘古开天地，这块古老而又富有生机的土地上活跃着一代又一代勤劳、勇敢、善良、富有开拓创新精神的优秀中华儿女，他们用自己的双手不断地谱写着中华民族源远流长的灿烂文明史。

中华民族有文字可考的历史已有 5000 多年。古埃及、古印度、古巴比伦和中国是举世公认的四大文明古国，中国则是四大文明古国中唯一不曾被割断历史延续性的国家。从秦汉开始至 19 世纪前，中华文明在两千多年的时间里一直领先世界潮流，这一切都使位于世界东方的中华文明备受世人瞩目，成为人类文明史上最为壮丽的景观。

著名的科学史家贝尔纳曾说："中国在许多个世纪以来，一直是人类文明和科学的巨大中心之一。"中华五千年历史是一个漫长而又耐人寻味的过程，源远流长，波澜壮阔，既有繁荣辉煌，也有曲折艰难，但历史一直坚定地向前发展。过去的历史的积累，铸成了今天灿烂的现代文明，而在新的千年中，我们更加需要历史的光辉照亮前方未知的道路。

博古通今一直是中国人的追求，因为历史中蕴含着经验与真知。无论是王朝帝国的兴衰成败、历史人物的功过是非，还是重大事件的曲折内幕、伟大改革背后的艰辛……这些历史无不折射出做人与做事的道理。古往今来，有所成就的有识之士，大都是博古通今的人。汉高祖刘邦吸取秦王朝施行暴政，终于导致大规模的农民起义，最后陷于覆亡的教训，采取宽容平和的政策，与老百姓"约法三章"，从而受到老百姓的欢迎，这一德政为他日后建立汉朝奠定了基础；唐太宗李世民，吸取了隋炀帝奢侈淫逸、骄横专断的教训，虚心听取大臣们的意见，清正廉明，终于开创了社会经济繁荣、政治清明的"贞观之治"……他们都是深入了解历史，把历史作为一面镜子，时刻纠正规范自己的行为，从而有所作为的成功范例。

学习历史，从历史的兴衰演变中体会生存智慧，从历史人物的叱咤风云中感悟人生真谛。小到个人，是修身齐家，充实自己头脑、得到人生启迪的需要；大到国家，是在世界民族之林立于不败之地的前提。处于民族伟大复兴重要时刻的中国，尤其需要从过去五千年的辉煌历史中汲取营养。

历史知识的普及对历史读物的通俗性和趣味性提出了很高的要求,如何使历史从神圣的殿堂走入民间？如何能使人们如欣赏文学作品一般欣赏历史？历史不应该是枯燥的数字、刻板的说教,应该是活生生的人的生活。有鉴于此,我们组织有关专家学者编辑了这套《中华上下五千年》丛书,全书以精练简洁的文字、多种视觉元素、全新的视角、科学的体例,结合全面丰富的内容,使读者能深入地了解历史,从全新的角度和崭新的层面去感受历史、思考历史。

"读史使人明智。"研读中华五千年历史,不仅可以丰富自己的历史知识,还可以以史为镜,探寻社会发展与国家兴亡的规律、经验、教训,寻找人生路上的坐标。

目　录

中华传世藏书

中华上下五千年

目 录

四

中华传世藏书

中华上下五千年

目　录

七

中华传世藏书

中华上下五千年

目 录

中华传世藏书

中华上下五千年

目 录

一〇

中华传世藏书

中华上下五千年

目录

一四

中华传世藏书

中华上下五千年

目录

一七

中华传世藏书

中华上下五千年

目 录

二三

中华传世藏书

中华上下五千年

目录

二七

中华传世藏书

中华上下五千年

目 录

远古文明

元谋人

元谋人，因发现地点在云南元谋县上那蚌村西北小山岗上，定名为"元谋直立人"，英文称 Homo erectus yuan mouensis，俗称"元谋人"。"元谋"一词，出自傣语，意为"骏马"。1965年中国冰川学家进行科学考察时，在云南元谋县上那蚌村发现了"元谋猿人"。主要发现有猿人的左、右上内侧门齿两颗，随后用古地磁测定法检测，认定这两枚牙齿化石属同一青年男性个体。接着在元谋猿人化石所在的褐色黏土层里，发现用石英岩打制的刮削器共四件，在这个地区还采集到其他的石制品十几件之多。在厚度约3米的三个地层中零星散布着炭屑，还并存有烧骨，是不是人工用火的遗迹，现在仍不能断定。和元谋猿人化石并存的还有多种哺乳类动物化石。这些动物有许多是食草类动物。经科学鉴定，元谋人距今大约为170万年，是我国目前发现的最早的人类。它确证了中国人的历史起源和存在。

牙齿化石

根据化石推测出：170万年以前，云南元谋一带，榛莽丛生，森森郁郁，是一片亚热带的草原和森林，原始狍、爪蹄兽、最后枝角鹿等第三纪残存动物在这里出没过。再晚些时候，则是桑氏鬣狗、云南马、山西轴鹿等早更新世时代的动物。它们大多数都是食草类野兽。

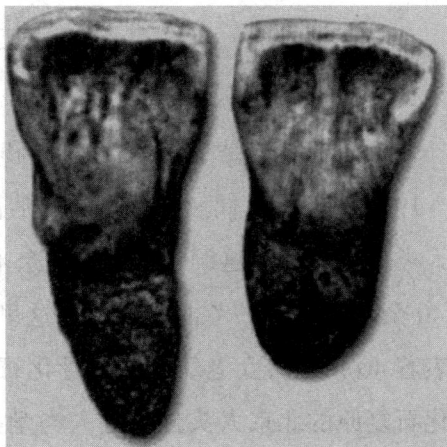

元谋人用原始的石器捕猎它们，以便获得自己的生存物资。从元谋人制造和使用这些石器中，可预示着中国的文明就这样开始萌动了。

蓝田人

1963 年，考古学家在陕西蓝田县发现了中更新世时代的猿人化石，这就是蓝田人。"蓝田人"即"蓝田猿人"，学名为"直立人蓝田亚种"，头骨距今约有 80 万年至 60 万年了。所发现的化石有头盖骨一具、上颌骨和下颌骨各一具，还有牙齿十余枚。头盖骨骨壁极厚，额骨很宽，向后倾斜，眉脊粗壮，脑容量小，估计约为 780 毫升。此外，还发现有打制石器和一些动物化石。

更重要的是蓝田人已经是完全的直立人，而且是亚洲北部最早的直立人。

直立起来，这是猿人进化为人的重要标志。2005 年，中科院古人类学家黄万波在三峡龙骨坡发现了巫山人时，也发现了蓝田人。因此蓝田人虽然在陕西蓝田发现，但其故乡却可能在秦岭以南。

北京人

北京人的发现是 20 世纪考古学和古人类学的重大收获。

1923 年，有人偶然在北京周口店附近龙骨山上的一个天然山洞里发现两颗古人类牙齿化石。这洞东西长 140 余米，南北最宽处达 40 余米，最狭处仅 2 米，高 40 余米。后来，考古工作者从这里发掘出 6 个完整的头盖骨、153 颗牙齿等代表着 40 余位男女老幼个体的骨化石及 10000 多件石器工具。根据第十一号头骨化石复原的北京人头像，是人类学头像复原的首例。据研究测定，周口店北京人的脑容量为 1059 毫升，与现代人的平均脑容量 1400 毫升还有较大距离，但从脑膜上语言区部位隆起的现象分析，他们已经有了简单的思想和语言。

那时，周口店一带三面有青山环绕，北京人为了在极为艰难的环境中生存，为了对付各种凶残的野兽侵袭，经常二三十人在一起过着群居生活。一个山洞

就是一个群体的"家","家"内的人们过着没有婚姻禁约的血缘群婚生活。他们之间也没有明显的劳动分工，只是按照习惯，年迈体弱的留在家中照顾幼儿，或者干一些轻微的活儿。不过，他们还有一项十分重要而神圣的任务——看护火种。因为那时的北京人尚未学会人工取火，只能将雷击引起的天然火种引到洞内，安排在一个固定的地方看护，使之不致熄灭。当需要烧烤食物、取暖或照明时，就添加柴火，使火旺盛起来。

希腊神话里讲到，普罗米修斯为人类从天神宙斯那里偷火，而中国的古史传说则是燧人氏"钻木取火，炮生为熟"，火是人自己发明创造的。从地下的史料发掘看，欧洲人是在4万年前旧石器时代的摩斯特里安期，才有人使用火的确凿证据；而周口店北京人的遗址里，有成堆的灰烬，紫、红、白、黑、黄，五色缤纷，却是50万年以前人使用火的实在遗迹。

人掌握了火，不仅能驱寒取暖，还能用作与野兽搏斗的武器，更重要的是，火使人从生食到熟食，体力和脑力都得到大幅度提高改善。可以看出在火光中，人的生活方式变得更积极，走向文明的步伐也大大加快了。

北京人有较多的原始性状，头骨低矮，其最宽大的位置在颅骨基部，前额低平并且明显向后倾斜，眉脊骨粗壮并向前突出，颅骨很厚，平均厚度几乎为现代人的一倍；面骨粗大，眼眶深而宽阔，鼻骨很宽，鼻梁较平，颧骨高而向前，上颌明显突出，下颌宽大并向下后方倾斜。牙齿的齿冠和齿根都比较粗大，咬合面有复杂的纹理。北京人的股骨仍然带有一些原始性质，如股骨稍稍向前弯曲、因管壁厚而使髓腔较小、股骨主干上部平扁等，但是其总体特征则与现代人相近。北京人遗址所发现的各种石器有17000多件，此外还有大量石片和石器。据研究，北京人采用砸击、锤击、碰砧等方法制造石核。据考证，北京人生活在距今50余万年到40余万年之间。

山顶洞人

山顶洞人是中国华北地区旧石器时代晚期的人类，属晚期智人。山顶洞人

是母系氏族公社的早期阶段。

他们是接近现代人的"北京人"。这些公元前19000年—公元前10000年的化石发现于北京周口店北京人遗址的山顶洞。这个洞洞口朝北,里面分上室、下室和地窖。东南部是上室,东西长16米、南北宽8米,是山顶洞人起居坐卧的地方。洞西北部是下室,深达8米,保存着3具完整的人骨化石,可能是葬地。地窖里则有大量的动物化石,看来是储藏食物等生活用品的仓库。

山顶洞发现的人类化石,属于8个不同的个体,男女老少都有。检测表明,男性身高1.74米,女性身高1.59米,平均脑容量已经有1300~1500毫升。无论身体外形还是智力,山顶洞人都已经和现代人没有太大的差别。对头骨、面骨等做考古测量和分析,发现山顶洞人与蒙古人种比较接近,但也有个别其他人种的特征。

在山顶洞遗址中发现了一枚骨针,这枚骨针长82毫米,只有火柴棍那么粗,针身微弯,打磨得很光滑,针眼细小,针尖锐利。山顶洞人要制作这样一枚精致的骨针,是很不容易的,必须经过切割、刮削、挖眼、磨制等一整套复杂技术。这枚骨针的发明,意味着山顶洞人已经有了相当的缝纫能力,能够制作原始的服装了。他们将猎取到的赤鹿、斑鹿、野牛、羚羊、狐狸、獾、兔等野兽皮毛剥下,然后用鹿的韧带作线,拼合缝制成色彩斑斓的衣服,以防御风霜寒流的侵袭。

山顶洞人还使用打制石器,但是已经开始采取磨制和钻孔技术来制造石器、骨器。他们把砾石、兽骨、鱼骨和海蚶壳穿起来,并将赤铁矿粉染在小孔中,作为佩戴在脖子上的装饰品。可见当时人们已经有了爱美的观念,生活也丰富起来了。更引人注目的是,山顶洞人在死者的身体上撒上含赤铁矿的红色粉末。红色的赤铁矿粉末象征鲜红的血液,他们显然认为血液就是生命的来源。死者被头朝东、脚朝西放置,可能认为灵魂在东方产生而归于西方。撒铁粉大概也伴随一些简单的仪式,祈祷死者的亡灵在另一个世界永生或再度投胎复活。

有了葬礼,也就有了审美观念和灵魂观念,原始的宗教开始萌芽了。

山顶洞人的种种文化成就,反映着当时的社会组织已有长足的进步。单说山顶洞人那充满对死者怀念之情的埋葬习俗,就显然是在氏族制度的长期生活

中逐渐形成的。这种人和人的关系表明，那时的氏族制度经过几万年的发展已逐步形成。

仰韶文化

1920 年，在河南省西北部的渑池县仰韶村发现了一种原始文化。依照考古学上的惯例，往往是以最先发现的遗址所在地来命名，因而这种文化就被称作"仰韶文化"。

仰韶文化是目前所知黄河流域新石器时代较早的一种文化。它的年代是公元前 5000 年到公元前 3000 年。仰韶文化主要分布于黄河中游一带，包括陕西的关中、山西南部和河南大部分地区。它西面可到达甘肃洮河流域，东面到河北中部，北面到内蒙古南端，南面到汉水上游。遗址一般都在靠近河流的黄土台地上。

仰韶文化是母系氏族公社兴盛繁荣的时代，已经有发达的定居农耕文化。在各遗址的发掘中就发现了粟、黍、高粱和芥菜、白菜籽等。氏族中人聚族而居，有公共的墓地，村落里的居室大小、内部陈设，墓地的安葬仪式和随葬品，各遗址都大致相同。

仰韶文化内涵丰富，有大量磨制的石器工具被发掘出来，在临潼姜寨遗址还发现了黄铜片，是已发现的中国最早的铜质用品。但最能集中表现仰韶文化特征的是彩色陶器，发掘出的主要陶器类型是手工制作的泥质红陶和夹砂红陶。泥质陶上有绘彩，一般是在陶器外壁上部用黑彩绘出几何图案或者植物和动物花纹。夹砂陶器上则大都拍印着粗的或细的绳纹。陶器的形制也多种多样，有盆、钵、斜沿罐、细颈瓶、深腹瓮、平底碗、小口尖底瓶等，还有少量的釜、鼎和灶。以彩陶为特征，仰韶文化又叫"彩陶文化"，陶器上的纹彩颜色标志着人类的生活愈来愈色彩缤纷了。

半坡遗址

半坡遗址是新石器时代仰韶文化聚落遗址，是中国原始社会母系氏族繁荣时期遗留下的村落遗址，已有6000～6700多年历史。约公元前5000年到公元前4500年间的陕西省西安半坡文化，是仰韶文化的早期代表。遗址出土了丰富的陶器，形状各种各样：直口弧形平底或圆底钵、卷唇斜弧腹或折腹圆底盆、平唇浅腹平底盆、直口尖底瓶、蒜头细颈壶、侈口鼓腹平底罐、短唇钦口直腰或鼓腹小平底瓮，等等。这些陶器上绘画着简单朴素而颇有意趣的纹饰，有本色的绳纹、弦纹、线纹、指甲纹、锥刺纹等，也有彩陶上的红底黑彩和红彩的动物纹、植物枝叶纹以及几何图案纹。鱼、羊、鹿、蛙、人的脸，栩栩如生；三角、圆点、折波、耐人寻味。特别是双人鱼面纹，更是优美奇特，已经富有抽象和象征的倾向，是半坡文化中独特的审美特征。

半坡出土的陶器中有一种陶甑，分上下两层，中间有气孔相通，下边起釜的作用，上边起蒸屉的作用。这说明半坡人已懂得利用蒸汽了。半坡人制作的尖底瓶，小口、大腹、尖底，打水时可自行歪倒灌满，巧妙地利用了重心的原理。陶器上的纹饰告诉人们，半坡人已懂得计数，并有了等边三角形和平行四边形的知识，人类文明又前进了一大步。

半坡遗址中出土了许多磨制的石斧、石镰，以及蚌镰和陶镰，还发现有窖藏的粟（即谷子），在一个小陶罐中还存放着一些菜籽。这些东西是在一个可以居住四五百人的村庄遗址中发现的。这座居住区的中心有一座大型房子，大房子四周分布有几十座中小型房子，小房屋之外有一条深宽五六米的壕沟围绕着，形成一个完整的氏族村落。村庄遗址中除屋室外还有窖穴和栅栏，屋中还放置有许多盆盆罐罐。这种种迹象表明，半坡的原始居民们已在这里长期定居了，人口已比较兴旺了，有计划地种植作物早已成为他们生活的主要来源。这种状况还可以用考古学家的一个统计数字来表明：经历了一百六七十万年的旧石器时代的原始人类遗址，目前被发现的只有60多处；而只经历了几千年的新石器时代的先民遗址，目前被发现的多达 6000 多处。不言而喻，新石器时代氏族公社已进入繁荣发展的时期了。

半坡遗址的房屋窑穴等，也都很有特点。半坡的房屋，居住面和墙壁都是用草泥抹成，有一个方形门槛，两侧围起小墙，横在门道和屋室间。屋中有 1~6 根柱子，屋当中则有一个灶坑。在房子中间，则夹杂分布着窑穴，窑穴的直径一般在 1 米左右。

河姆渡文化

1973 年，考古学家在浙江省余姚县河姆渡发现了一种新的原始文化，它是中国长江流域下游地区古老而灿烂的新石器文化，因首先发现于浙江余姚河姆渡而命名为"河姆渡文化"。其主要分布在杭州湾南岸的宁绍平原及舟山岛，其年代为公元前 5000 年~公元前 3300 年。河姆渡文化遗址共分四层：第三、第四层和第一、第二层分别代表其发展的早、晚期。早期：公元前 5000 年~公元前 4000 年，陶器以夹炭黑陶为主，器形有敛口或敞口肩脊釜、直口筒式釜、颈部双耳大口罐、宽沿浅盘等。晚期：公元前 4000 年—公元前 3300 年，夹砂红陶和红灰陶占绝对优势，器形有鼎、落地式两足异形规、垂囊式等。

河姆渡文化的农业以种植水稻为主。在其遗址第四层较大范围内，普遍发现稻谷遗存，有的地方堆积着 0.2 米~0.5 米厚交互混杂的稻谷、稻壳、稻秆和稻叶，稻类遗存数量之多，保存之完整，是中国新石器时代考古史上绝无仅有的。经过科学鉴定，主要属于稻籼亚种晚稻型水稻，它与马家浜文化桐乡罗家角遗址出土的稻谷，年代均在公元前 5000 年，是迄今中国最早的稻谷实物，也是世界上目前最古老的人工栽培水稻。河姆渡文化的农具除石斧等石质工具外，最有特色的是大量使用骨耜。骨耜是一种翻土工具，它们是用水牛等大型哺乳动物的肩胛骨制成的。此外，遗址中出土了成堆的橡子、菱角、酸枣、菌类、藻类、葫芦等植物遗存，反映了当时采集业较发达。

河姆渡文化的骨器制作比较发达，有耜、镞、鱼镖、哨、锥、匕、锯形器

等器物，磨制精细，一些有柄骨匕、骨笄上雕刻图案花纹或双头连体鸟纹，堪称精美绝伦的实用工艺品。发达的木作工艺是河姆渡文化手工业的又一特色，已出土的许多建筑木构件上凿卯带榫，尤其是发明了较先进的燕尾榫、带销钉孔的榫和企口板。在第三层出土的一件木质漆碗，瓜菱形圈足，外表涂有红色涂料，微显光泽。经鉴定与马王堆汉墓出土漆皮相似，为生漆，这是迄今中国最早的漆器。

河姆渡出土了大量野生动物遗骨，有哺乳类、爬行类、鸟类、鱼类和软体动物共 40 多件，其中鹿科动物最多，仅鹿角就有 400 多件，其他像淡水鱼在遗址中到处可见，生活在沼泽地的鸟、鱼等动物骸骨亦较常见。这些东西是当时主要的猎狩、捕捞对象，使用的渔猎工具有骨镞、木矛、骨哨、石丸、陶球等。

河姆渡文化的主要建筑形式是栽桩架板高于地面的干栏式建筑。在遗址各层都发现了与这种建筑有关的圆桩、方桩、板桩、梁、柱、木板等木构件，共达数千件。干栏式建筑是中国长江以南新石器时代以来的重要建筑形式之一，目前以河姆渡发现的为最早，与北方地区同时期的半地穴式房屋有着明显区别。

河姆渡文化的早期遗存与马家浜文化中的罗家角类型，年代相当，陶器中的六角形口沿的盘盆类和弧敛口双耳钵等制形相接近，表明两者之间存在一定的联系。而河姆渡文化晚期则分别与马家浜文化马家浜类型和崧泽文化大体同时，马家浜类型的素面腰沿釜，在河姆渡文化晚期偶有所见；而河姆渡文化晚期富有特征的垂囊式，在马家浜类型中也有个别发现。河姆渡文化晚期可能受到马家浜文化、崧泽文化的强烈影响。以河姆渡文化为代表的长江下游发达的新石器文化，比同时期的黄河流域毫不逊色，其中某些文化因素，如夹炭黑陶中的鼎、豆、壶为代表的礼器组合，水稻的栽培，为以后的商、周文化所吸收，成为当时最具代表性的特征。因此长江下游地区的新石器文化也是中华文明的重要渊薮，代表中国古代文明发展趋势的另一条主线，与中原地区的仰韶文化截然不同。

阴山岩画

在我国阴山山脉发现了许多远古时代的岩画，其中大部分作品产生于新石器时代至青铜时代。匈奴人的祖先起源于阴山山脉和内蒙古大草原，匈奴先民的作品在阴山岩画里时代最早、数量最多、分布最广、艺术价值最高。

岩画中共出现了 20 余种动物，有虎、狼、豹、黑熊、野猪、野马、野驴、羚羊、黄羊、岩羊、盘羊、北山羊、牦牛、羚牛、鹿、驼鹿、大角鹿、白唇鹿、梅花鹿、狐狸、兔子等。匈奴人的祖先在阴山这处天然牧场狩猎，行猎方式有单人猎、双人猎和围猎。有的岩画上还画着出猎前的人双手高举，正在向神祈祷，求神保佑他们出猎平安和顺利。当日头落山，头上戴着鹰羽毛装饰的猎手们拖拉着猎物，回到车辆和穹庐中。匈奴的先民用山中的木材制造弓箭、帐篷和车辆。从岩画中还能看出，匈奴先民已经有自己崇拜的宇宙神灵，最伟大的神是太阳神。

红山文化

红山文化，发源于内蒙古中南部至东北西部一带，起始于五六千年前，是华夏文明最早的文化痕迹之一。可以说，红山文化是中国北方新石器时代文化的重要代表。它的得名源于 1935 年在内蒙古自治区赤峰市红山发掘而出，红山文化以辽河流域中支流西拉木伦河、老哈河、大凌河为中心，分布面积达 20 万平方千米，距今五六千年，延续时间达两千年之久。它除具弧形篦纹陶和细石器等遗存外，还有彩陶共存，农业经济的色彩也更加显著，它与以彩陶文化著称的仰韶文化联系较为密切。经过发掘的遗址还有赤峰蜘蛛山、西水泉、敖汉旗三道湾子、四棱山、巴林左旗南杨家营子等。相对年代大致与仰韶文化相当，放射性碳素断代测定为约公元前 3500 年。考古学家发现，红山文化的遗物有石器、陶器和精美的玉器。石器以磨制为主，而以掘土工具最具特色，有烟叶形

和鞋底形两种，形体较大。收割工具有通体磨光的桂叶形石刀，背部有穿孔，加工工具有石磨盘、石磨棒，此外还有打制的砍砸石器和石镞、石核，加工都很精细。陶器有夹砂和泥质两种，均手制。夹砂陶多为褐色，作为餐厨具和容器，器表留有炊烟痕迹。主要器形以大口深腹罐和斜口罐为代表，器底有编织物的印痕。泥质陶器多为红色，有钵、盆、罐、瓮、碗等，主要饰纹是黑色或紫色的彩绘，彩绘内容以平行线纹、三角形纹和鱼鳞形纹为主，这种具有丰富彩绘陶器的遗址在北方地区是仅见的。最能体现红山文化手工艺水平的则是制玉工艺，其玉器制品分三类：第一类是写实的动物群，有鸟、蝉、鱼、鸮等；第二类为人的装饰品，有长方勾云形佩饰、三连环佩饰；第三类是虚构的玉龙、玉虎、玉兽等形象。这些反映了其制玉工艺水平的高超。

在建筑方面，红山文化的房屋建筑多为方形半地穴式，已发现的有在喀左东山嘴的石砌建筑群和牛河梁的"女神庙"建筑遗迹。东山嘴石砌建筑的中心是一座大型房基，东西长 11.8 米，南北宽 9.5 米，房基周围是石墙基，呈对称状，房基前面有石圈形台址和多圆形石砌基址。"女神庙"的主体建筑既有主室，又有侧室，以中轴线左右对称，另配附属建筑，形成多单元对称、以主室为中心的殿堂雏形，对研究我国五千年前早期寺庙的起源与形式提供了珍贵资料。

红山文化的墓葬共发现 15 座，其中三官甸子遗址中 5 座，牛梁河遗址中 3 座。三官甸子墓地以土坑石棺墓为主，大墓在墓地中心，附葬大量的玉雕饰品，小墓短、窄，且无随葬品。墓地中常有附属建筑和出土祭祀明器。牛河梁遗址墓内堆满石板，墓外随葬彩陶筒形器，中心主墓墓室建造规整，单人墓随葬品多而精美，次墓简陋，随葬品或少或无，表示墓主人间身份地位等级的悬殊差别。

另外，红山文化的遗址内发现了大量石刀、石磨、磨棒等收割和加工工具，表明红山文化居民过着定居的以原始农业为主的生活。同时存在的一些猪、牛、羊的骨骼和石镞、鹿、獐等动物的骨骼说明当时的畜牧业和渔猎技术也达到一定水准。

马家窑文化

考古学家声称马家窑文化集中反映了甘青地区的原始文化，延续了仰韶文化的一支并融进了地方特色，形成一个以甘肃为中心，东至陕西西部，西达河西走廊和青海东北部，北及甘肃北部和宁夏南部，南抵四川北部的地方性原始文化，延续至齐家文化。它包含了石岭下类型、马家窑类型、半山类型和马厂类型 4 个发展阶段。

从马家窑遗址可推测，马家窑文化的自然环境很适宜人类生存。我国北方地区较普遍的旱地农业比较发达，主要种植粟和黍。农业生产工具有翻地用的石铲，收割用的石刀、骨剥刀，用作谷物加工的磨盘、磨棒、石杵、石臼等。饲养业在马家窑文化中占有重要地位，主要饲养牛、羊、猪、狗等家畜和鸡等家禽。渔猎业已退居次位，作为农业和饲养业的补充。狩猎工具多为石制或骨制，如石镞、骨镞和石弹丸、矢镞等，狩猎对象主要为鹿类。

马家窑文化的制陶业相当发达，创造了灿烂的彩陶文化。当时的制陶规模相当大，原始氏族公社成员有组织地进行劳动生产，基本上具有制陶、彩绘、烧窑等程序，并由专业工匠来完成。所以，制作相当精美，彩绘绚丽繁缛，产量也很大，达到了很高的艺术水平。彩绘成为马家窑文化的一大特征。彩绘图案主要有人像纹、几何纹、动物纹、S 形纹、葫芦纹等，并且出现了五人连臂的舞蹈纹和相当完整的人体全身塑像彩陶，工艺水准达到了新的水平。部分彩陶上出现了"＋""－""×""○"等十多种用黑笔写的符号，可能是作为计数的手段出现的。彩陶一般饰一层红色或紫色陶衣。而图案则用黑色描画。到马厂时期出现了慢轮修整陶器的技术，已经逐渐走向成熟。

在当时，制石、制骨、制玉、纺织、冶炼及木作等原始手工业都有了长足的进展。石器磨制技术，石、陶制作的纺轮、串珠等装饰品，在当时都已经比较普遍。在甘肃东乡林家遗址中出土的铜刀和铜碎块，为我国发现最早的青铜制品，证明当时已初步掌握了制铜技术。

马家窑文化的房屋主要分布在黄河及其支流两岸的土地上，沿水源而居的情况相当明显。房屋的建筑形式较多，有半地穴式的方形房屋，平地起建的圆形房屋和多间相套、平地起建的房屋。房屋结构的演变，说明氏族大家庭逐步向小家庭过渡。马家窑文化的墓葬反映了当时母系氏族社会向父权社会过渡时，出现了严重的贫富分化现象。墓葬的形制有长方形、方形土坑竖穴墓、圆形墓、椭圆形墓、不规则形状墓等。在兰州土谷台发现的土洞穴墓，把我国洞穴墓发生的历史上溯到新石器时代。葬具主要有木棺和石棺，也有没有葬具的。葬式主要有仰身直肢葬、屈肢葬、俯身葬、二次葬和孩童用的瓮棺葬。以单人葬为主，也有多人合葬墓，并出现了家族合葬、集体合葬及主仆合葬现象，表明当时已经出现了阶级分化。随葬品有生产工具、生活用具和装饰品三大类。随葬品的多少差异很大，有的空无一物，有的却有原始的鼓，那些用日用陶器及珍稀陶器随葬的，则为氏族中有地位之人，如领主、族长之类。

大汶口文化

大汶口文化是新石器时代文化，因山东省泰安市大汶口遗址而得名。分布地区东至黄海之滨，西至鲁西平原东部，北达渤海北岸，南到江苏淮北一带，基本处于汉族先民首领少昊氏的地区，为龙山文化的源头。另外该文化类型的遗址在河南和皖北亦有发现。据放射性碳素断代并校正后得出数据，大汶口文化年代距今 6500—4500 年，延续时间约 2000 年。大汶口文化分为三个发展阶段。早期约在公元前 4300 年—公元前 3500 年，以刘林、王因遗址为代表。中期在公元前 3500 年—公元前 2800 年，以大汶口墓地早、中期墓为代表。晚期在公元前 2800 年—公元前 2500 年，以大汶口晚期墓为代表。

大汶口文化以农业经济为主，种植适合黄河流域的耐旱作物粟。农业生产工具有石铲、鹿角锄等，木质农具如耒、耜等已经出现。三里河遗址中发现了储藏的窖穴，表明当时已有较多的剩余粮食，农业经济达到较高水平。

大汶口文化的饲养业比较发达，饲养猪、狗、牛、羊、鸡等动物，渔猎经

济仍然占有一定的比重，骨镞、角质鱼镖、网坠等遗物表明当时居民在进行狩猎和捕鱼。当时还出现了一种大汶口文化特有的獐牙刃钩状器，鹿角为柄，可用来捕鱼和切割，为多用途复合工具，是大汶口文化的代表之一。

大汶口文化的陶器制作工艺在不断发展。早期以红陶为主，形状简单，还有火候不足造成的一器多色的现象。中期盛行灰陶，陶制品的种类明显增加。晚期则以黑皮陶为主，陶胎为棕红色，少量为纯黑陶。轮制技术的广泛使用使陶器制作获得长足的进步。晚期出现了快轮制陶工艺，用一种新的制陶原料，产生了一种质地坚硬、胎薄而均匀，色泽明快的白色、黄色、粉红色陶器，统称为"白陶"。大汶口文化制陶工艺最高水平的代表为薄胎高柄杯，造型优美，色泽鲜亮，集实用性和观赏性为一体，成为龙山时代蛋壳黑陶的祖先。制石、制玉、制骨等手工业在大汶口文化中也已经比较发达。

大汶口文化的房屋有圆形半地穴式，屋顶为木质的原始梁架结构，呈圆锥形。还有方形平地起建式，墙基挖沟槽，沟内填黄土立木柱砌建而成。当时的房屋大多结构简单，面积不大，为小家庭式住屋。

大汶口文化早期已是母系氏族制度的尾声，而中期和晚期，则已是父系氏族社会了。这时私有制已在氏族公社经济中萌芽，出现了富有家族与贫困家族。这种社会状况可以从大汶口的葬仪中得到证实。

在大汶口墓葬中，明显地分成大墓群和小墓群。大墓群中，往往使用几十根原木横竖咬合，叠成"井"字形棺椁，随葬有大批财物。其他大汶口文化墓葬中也是这样。有的随葬陶器多达120多件，远远超过了死者生前实际生活的需要。有的还随葬有镂花象牙筒、鳄鱼鳞板、玉铲、宝贝、龟甲等珍奇物品，以显示其生前的富有。可是其他许多小墓却只挖有才容得下尸体的小坑，除一具白骨之外，别无他物。这表明，大汶口文化晚期已经出现了严重的贫富分化，原始社会已经逐渐走向解体。

龙山文化

龙山文化，泛指中国黄河中、下游地区约新石器时代晚期的一类文化遗存，属铜石并用时代文化。龙山文化是在大汶口文化的基础上发展而来的，主要分布在山东省中部、东部和江苏省的淮北地区，时间在公元前 2500 年—公元前 2000 年。

黑陶是山东龙山文化的典型象征。这些陶器采用轮制技术，造型中规中矩，壁很薄，同时很均匀，陶器表面多素面磨光，有各种花纹和附饰。最常见的有画纹、弦纹、竹节纹、镂孔、盲鼻和乳钉等。器形则以袋足器、三足器和圈足器等最发达。最珍贵的陶器是蛋壳黑陶和灰陶制品，器壁仅仅厚 0.5 厘米，还有镂孔和纤细画纹

龙山式黑陶罐

的美丽装饰。这种陶器达到了中国古代制陶史的峰巅。

最典型的山东龙山文化遗址是章丘龙山镇城子崖遗址。在这里出土的陶器有碗、杯、豆、罐、瓮、三足盘等，都是精良的黑陶和灰陶制品。其中的蛋壳陶，是用 1000℃ 左右的高温烧成，像涂上了一层黑漆，又光又亮，是稀世珍品。

而河南陕县三里桥遗址则是河南龙山文化的重要类型，也是仰韶文化王湾三期类型中的一个重要类型。该遗址出土的陶器表现了不同类型文化彼此过渡和互相影响。王湾遗址从下到上，地层分为三期：王湾一期是仰韶文化，王湾二期是仰韶文化和龙山文化的过渡时期，王湾三期是河南龙山文化王湾三期类型。

河南龙山文化的白营遗址中有早、中、晚三期的房基。早期是 9 座半地穴房基；中期是 8 座房基，分半地穴和地面建筑两种；晚期是 46 座地面建筑房基，已经是中国早期的土坯房屋。从出土的各种工具看，那时人们已经对房屋涂抹和打磨白灰。遗址上还发现了一口深达 11 米的水井，口大底小，圆角方形，井壁上有 46 层用木棍凿榫交叉扣合成的井字形木架。这是迄今为止中原地区发现的年代最早、结构最复杂的水井。白营遗址出土的陶器，早、中、晚三期都有，其中晚期的一件高圈足盘，上面刻着两个裸体人像，圆圆的脸盘，伸着臂，露着乳，是原始线刻的珍贵艺术品，体现着原始先民的丰富智慧。

能够取代仰韶文化的是在大约公元前 2600 年以后晋陕一带出现的龙山文化，山西龙山文化以公元前 2500 年—公元前 1900 年的陶寺遗址为代表，陕西龙山文化则以公元前 2300 年—公元前 2000 年的客省庄遗址为代表。

陶寺遗址位于山西省襄汾陶寺林南，于 1978—1983 年由中国社会科学院考古所进行发掘。遗址面积有 6000 平方米，发现了小型地面、半地穴式和窑洞 3 种形式的住房和 1000 多座氏族墓葬，出土了大量陶器、玉器、木器和生产工具。生产工具有很发达的磨制石器，如三象犁形器、石铲、石斧、石刀、石镰等，此外还有骨铲、双齿木耒等工具，说明当时的农业生产较为发达。陶器多数是黑陶，器表多有彩绘，纹饰有龙纹、变纹、动物纹、圆点纹、涡纹等。陶器中以彩绘蟠龙图形盘最具特色，是目前中原地区发现最早的蟠龙图案。彩绘陶器和彩绘木器构成了陶寺龙山文化的两大特色。其中出土的一件小铜铃，是迄今所知中国最早的金属乐器，也是最早的一件用复合范铸造的金属器，标志着生产领域中冶炼金属业的重大进步。

陶寺墓地说明了陶寺龙山文化时期社会已经分化。在陶寺墓地发掘的 1000 多座墓葬中，大型墓仅有 9 座，墓主都是男性，使用木棺，内撒朱砂，随葬品多达 100~200 件，有彩绘陶器、彩绘木（漆）器、成套玉器和石器等，还有整只猪骨架。中型墓较多，也使用木棺，随葬品有成组陶器、玉器和少量彩绘木器，或者有几副至几十副不等的猪下颌骨。小型墓最多，墓坑窄小，除少数有骨笄等小件随葬品外，绝大多数没有任何器物。由此可见，极少数首领人物执掌大权，独占龙盘、石磬、鼍鼓等重要礼器，私有财产十分丰富。此外，陶寺人已经使用了木器和玉器，具有较高的工艺水平和审美意识。在陶寺遗址上发掘的龙山文化的 1000 多座墓葬中，出土了大量的朽木和成套玉器。根据朽木的痕迹复原了数十件木器标本，主要有家具和炊厨用具，其中一件仓形器高 24 厘米，底径 15 厘米，上面有蘑菇形盖，下部为圆柱体。制造木器的方法多种多样，如枋木挖凿、榫卯插合、板材拼接等。木器上面多数施彩绘或喷漆，以红色为主，也辅以其他颜色，图案有条带纹、几何形纹、回纹、云纹等。彩纹木器和彩绘陶器一样，都是陶寺型龙山文化的一大特色。

根据古史传说，晋西南有"夏墟"之称。从遗址显示出的年代、生产力水平以及龙盘提供的族属信息诸方面，有人认为，陶寺遗址很可能就是夏人遗存。不过，由于没有文字材料可资佐证，这还只是一种推测。但陶寺遗址所代表的这支具有鲜明特色的文化遗存，无疑是探索夏文化的重要研究对象之一。

在陕西省西安市客省庄发现的龙山文化遗址，它的时间可以追溯到公元前2300年—公元前2000年。客省庄遗址发现了10座房屋遗址，都是半地穴式的建筑。建筑的典型结构是一间内室和一间外屋，内外室之间是过道，外室挖有一个龛形壁炉，内室中部有一个炊爨取暖的灶面。有的房屋还在外室挖一个窖，并修有台阶式的门道或斜坡，一直通到室外。

这里出土的陶器主要是泥质灰陶，黑陶很少。陶器表面的花纹以篮纹和绳纹最为普遍。有一种折肩小平底瓮，是陕西龙山文化独有的陶器。用内模制造陶器袋足的制陶工艺，也是其他地方没有发现的。

山东寿光县边线王村北于20世纪80年代中期发现有龙山文化时期的城堡遗址，面积达57000平方米，为迄今所见龙山文化城堡之最大者。山东龙山文化的房屋建筑普遍采用挖槽筑墙和原始夯筑的技术，多为长方形土台式建筑，居室地面往往分层筑成。

农业已经成为龙山文化氏族公社的主要经济部分，渔猎经济的比重比仰韶文化已经显著地下降了。更重要的是，在龙山文化遗址里，还发现了一些为仰韶文化所没有的新型农具。例如，半月形的双孔石刀，有柄的石镰、蚌镰和双齿木耒，等等。这些新型农具的发现，充分说明了龙山文化的农业生产技术已达到了很高的水平。

良渚文化

分布在太湖流域的良渚文化，得名于杭州附近的良渚遗址，其时代在距今5000至4000年间，是承继崧泽文化发展形成的。良渚文化的稻作农业、竹木制作、养蚕、丝织、麻织等都有重要发展。尤为令人瞩目的是发现了以琮、璧、钺为主的大量玉器。浙江余杭的反山和瑶山、江苏武进的寺墩等地都出土了良渚文化的精美玉器，不仅说明制玉工艺精湛，而且其器形和纹饰多反映了社会上层建筑的深刻变化。陶器形制繁多，泥质灰胎黑皮陶居多数。良渚文化的墓葬遗址很有特色，一些大型墓葬的墓主可能属于当时的显贵阶层，随葬品异常丰富。

公元前 2790 年的寺墩遗址，就属于良渚文化的一支。它位于江苏省武进县三皇庙村，一共有三座墓，属于掩土埋葬，没有墓坑和葬具。最典型的是东边三号墓，埋葬着一个 20 岁左右的男性青年，仰身直肢地躺着。有趣的是这名男子的肢骨和随葬的石斧头及玉琮、玉璧等都有火烧过的痕迹，这证明埋葬时实行过火烧殓埋的仪式。这种葬埋祭礼的出现，标志着人类文明的重大发展。

此墓随葬品数量很多，共有 124 件，有陶器，有石器，其中 33 件玉琮和 24 件玉璧更是光辉耀眼。死者的头部、胸部和脚部都安放着玉璧，而放在腹部的那一件则最为华贵，直径达 26.3 厘米，厚度 1 厘米。围绕着人骨架四周，摆设着玉琮，是高矮不同的方柱体形。其中最高的一件，高达 36.1 厘米，有 13 节。这些情况说明，墓主的身份是一位富贵之家的子弟，因为玉璧和玉琮是非常贵重的礼器，上面刻着兽面纹饰，威武雄壮，是权威的象征。

氏族在解体，阶级在分化，社会的进步总有其残酷无情的一面。

二里头文化的分期

二里头文化是指以河南省洛阳市偃师二里头遗址一至四期所代表的一类考古学文化遗存，是介于中原龙山文化和二里岗文化的一种考古学文化。该考古文化主要集中分布于豫西、豫中，北至晋中，西至陕西西安、丹江上游的商州地区，南至湖北北部，东至开封、兰考一带地区。

二里头文化，既包含了二里头遗址的文化，又包括了二里头遗址之外具有二里头遗址文化特征的上百处遗址所反映的文化面貌。二里头遗址和二里头文化成为公认的探索夏文化的关键性研究对象。

二里头文化遗址现已发现 200 余处，由于该文化分布地域较广，表现在文化面貌上有所不同，不少学者据此将其划分为若干不同的类型，这里将该文化分为二里头类型和东下冯类型。关于二里头类型文化存在年代，根据碳十四的测定，存在于公元前1900—公元前1500年，经历了400年左右的时间。在这数百年的时间内，二里头类型文化有所发展变化，学术界根据这个变化，将其分为四个不同的发展阶段。自20世纪70年代四期说形成以来，郑光又将二、三、四期细分为早、晚两段，形成四期七段说；赵芝荃在一期之前又增加一个"新砦期"，形成五期说；董琦又提出了三期五组说。以上诸说大都是在四期的基础上加以重新分离组合而成，没有太多的新意。在新的资料没有系统地公布之前，仍以四期说比较稳妥，这里仍采用四期说。但是考虑到二里头一期文化是在河南龙山文化的基础上形成发展起来的，其间确实存在一个过渡阶段，这个过渡阶段就是赵先生所称作的"新砦期"，该期的文化特点在于既具有浓重的河南龙山文化遗风，又含有二里头文化的因素。除此之外，它没有自己系统的独具的内容，因此不能形成一个单独的期别，而宜将其置于一期的早段，原来的二里头一期文化可作为晚段，这样二里头一期文化就存在着早段和晚段，二、三、四期则暂时维持着原来的分期意见。

现已发现的二里头文化一期早段遗存，主要有登封王城岗二里头文化一期，汝州李楼二期，煤山二期，禹州连接、冀寨、下毋、龙池、瓦店、枣王、吴湾、崔庄、王山、潭陈、郾城郝家台五期，西华陆城，新密新砦、黄寨，郑州北二七路第六层，荥阳竖河二里头文化一期一段和洛阳东干沟等，它们大多分布于颍河、汝河流域地区。该段遗存最早发现于煤山遗址二期，发掘报告指出：煤山二期文化，"较多地承袭了河南龙山文化的若干特点，如鼎类器中，都是敛口、折沿、鼓腹，器足附在底部。而大口罐都是深腹，小平底，但也出现了一些带有过渡性的变化。如鼎、罐、甑、澄滤器、圈足盘等器的口沿较龙山文化为侈，折沿而近平，腹部瘦削呈桶形，小平底而近圆。在甑类器的底部，不见早期那样排列密集的圆形镂孔，而出现了周围四个半圆孔、中间一个圆孔的排列形式，在腹部有两个鸡冠形鋬。罐类器由鼓腹变成瘦深腹罐。圈足盘由圆底变成平底，等等，这些器形特点与二里头遗址的早期文化相同"。该报告将其归入二里头一期文化遗存，基本上是正确的。同类型的遗存也发现于新密新砦遗址，发掘者赵芝荃后来称此为"新砦期"，指出该期的陶器"陶质以夹砂灰陶和泥质灰陶为主，棕色陶占一定的比例，多施黑衣，磨光陶不及河南龙山文化盛行。器壁较厚，一般器物个体较小，器形不及后者工整轻巧。平底器居多，其次是三足器和圈足器，圆底器少见。器类有深腹罐、罐形鼎、盆形鼎、甑、瓿、盆、刻槽盆、平底盘、钵、大口罐、高领罐、圈足盘、三足盘、豆、单耳杯、壶、瓠、瓮、缸和器盖。器物口沿以平折沿为主，基本不见卷沿器。一般口部内敛，侈口较少，口沿内侧有明显折棱。器腹两侧有鸡冠耳。纹饰以篮纹、方格纹为主，其他还有绳纹、弦纹、阴线纹和指甲纹。方格纹与篮纹拍印较浅，边棱较圆。绳纹纹理清晰。本期具有浓厚的河南龙山文化风格，同时也出现了一些类似于二里头遗址一期的因素"。这个论述比较完整地揭示出二里头一期早段文化的特点。二里头文化一期晚段的遗存，现已发现有偃师二里头遗址一期、高崖、程氏沟、夏后寺、巩义稍柴一期，花地嘴、石灰务、新密程庄、登封玉村、伊川白元二期，洛阳皂角树、东立射、矬李四期，渑池郑窑一期，荥阳竖河二里头文化一期二段，淅川下王岗二里头文化一期，驻马店杨庄二期以及太康方城和商水朱集等，它们大多分布于伊河和洛河流域，而且分布范围已扩大到豫南和豫东地区。该段遗存较多地发现于二里头遗址一期，其陶器群的特点是河南龙山文化的因素继续减少，器物的口沿多为平折沿，口沿内侧已无明显的折棱。陶胎较前增厚，多黑褐色。篮纹和方格纹宽浅而散乱，呈现出进一步衰退的状态。龙山文化时期的斝、双腹盆、钵、碗、乳状足罐形鼎和带有密集圆孔的甑已经消失，新组成的陶器群主要器类有平底或凹圆底的深腹罐、圆腹罐、花边口沿罐、三角足罐形鼎、半圆孔甑、刻槽盆、鸡冠状錾的深腹盆、三足盘、瓮、尊、豆、瓠、爵等。绳纹纹饰逐渐增多，并出现了云雷纹、回纹等新的压印纹饰。所有这些都为二里头文化陶器群的形成奠定了基础。

二里头二期文化是该文化的发展阶段，现已发现的该期遗存主要有偃师二里头二期，灰嘴、倪家庄、巩义稍柴二期，花地嘴、康沟、新密黄寨、曲梁一期，登封王城岗二里头文化二期，汝州煤山二里头文化二期，伊川白元三期，洛阳东阳村三期，矬李五期，黑王、皂角树、东立射、霍村、潘庄、夏庄、东干沟中期，东马沟、渑池郑窑、陕县西崖村、邓州穰东、驻马店杨庄三期，党楼、上蔡十里铺、郾城郝家台六期，杞县牛角岗一期，郑州商城 CET7、CNT4、洛达庙一期，荥阳竖河二里头文化二期三段，禹州董庄、崔庄以及陕西省华阴横阵、商县紫荆和蓝田泄湖等，它们大多分布于伊河、洛河流域，向西扩展到陕东地区。该期文化内涵以二里头遗址二期比较典型，其陶器群的特点是河南龙山文化因素趋于消失，陶器群在一期的基础上质量显著提高。陶胎较前坚硬，以轮制为主，厚薄匀称，多灰和褐色，黑陶大为减少，有微量的用高岭土制作的白陶和红陶。器形工整精致，器口卷沿增多，鼓腹器减少，长腹圆底罐比较流行；陶器纹饰以绳纹为主，压印纹也较前增加，只有很少的篮纹和方格纹。该期陶器群的种类主要有罐、鼎、甑、大口盆、刻槽盆、深腹盆、敛口尊、瓮、豆、三足盘、圈足盘、碗、觚、盉、爵、角、四足方杯、单耳杯和器盖等，并且新出现了鬲、斝、蛋形瓮、簋和大口尊等器形。簋可能是圈足盘的变形，大口尊则可能是高领罐或瓮演化而来的新器形。该期有些陶器的形制比较特殊，如敛口罐形鼎，"短颈、宽斜肩、扁圆腹、圆底、扁三角形足，肩部有对称的鸡冠耳。此鼎纹饰奇特，通体饰绳纹，又饰粗细适度的附加堆纹构成三组图案完全相同的璎珞状花纹，构图严谨，纹样新颖"，器形较大，呈浅灰色。又如壶式盉，是"在一尊形壶上安一象鼻式管状流，造型与制作皆非常精美"。又如透底器，"形似平顶直壁器盖，底中部有一或大或小的圆孔，柄部皆残。此器壁皆厚，泥质磨光，较精致。在一个灰坑下部出一对较大型者，外壁分别塑三和六条盘蛇（龙），甚精。龙身刻画菱形纹，其底一为素面，一为刻画雷纹为地纹"。

综观这个时期的陶器群，虽然是在继承一期的基础上发展起来的，但其纹饰面貌有着自己显著的特点，特别是绳纹陶的流行，卷沿和圆底器的增多，鬲、斝与蛋形瓮等新型器类的出现，都表明二期的陶器群较之一期有了重大变化。形成这个重大变化的原因，当前学术界主要有两种不同的看法：一种意见认为一期属于夏文化，二期属于商文化，一、二期文化面貌的不同，反映了夏、商两种文化之间的族属区别。第二种意见认为二期文化发生的变化是一期文化发展过程中的自然延续，只是由于时代的不同，才演变出一些新的特点。我们认为上述二说均有可商之处。首先是二里头四期文化内涵之间，延续性居于主导地位，它是一个完整的具有发展阶段性的文化共同体。它主要分布于嵩山周围

的伊河、洛河、颍河、汝河谷平原地区，这里也正是文献所记夏人活动的中心区。它往往叠压于二里岗商文化层次之下，绝未发现相反的层次关系。因此，仅从以上三点而论，二里头文化至少是它的一、二期，应当就是夏文化，这在当前的学术界已经基本上达成了共识。但是，二里头一、二期之间的文化面貌确实区别较大，很难用该文化本身发展的自然延续性解释清楚，它应当是受到外来文化强烈影响的结果。具体地说，它应是受到西方东下冯类型文化或这里龙山文化强烈影响的结果。河南龙山文化是一个内涵复杂的文化共同体，它由于分布地域的不同，而形成几个不同文化面貌的地区类型。其中分布于豫中嵩山地区的晚期河南龙山文化，学术界称之为"煤山类型"文化，它孕育并产生了二里头一期文化；分布于豫西地区的晚期河南龙山文化，学术界称之为"三里桥类型"文化，该类型与陕西客省庄二期文化、山西龙山文化面貌相近，应是属于一个大的文化类型。山西地区龙山文化孕育并产生了东下冯类型文化，而无论三里桥类型文化还是东下冯类型文化，其陶器群都是以绳纹陶为其显著特征，二里头二期陶器群新出现的鬲、甗和蛋形瓮也是这里的常见器形。由此可见，二里头文化二期文化陶器群出现的新的因素应与西方三里桥类型文化和东下冯类型文化有着密切的关系，它应是二里头一期文化和这两个类型文化互相融合的产物。

二里头三期文化是该文化的繁荣阶段，现已发现的该期遗存主要有偃师二里头遗址三期，高崖、程氏沟、夏后寺、灰嘴、倪家庄、巩义稍柴三期，花地嘴、登封王城岗二里头文化三期，新密曲梁二期，汝州二里头文化三期，洛阳东阳村四期，皂角树、东立射、霍村、潘庄、夏庄、东干沟、渑池郑窑三期，陕县七里铺、淅川下王岗二里头文化三期，邓州陈营、信阳北丘、郾城郝家台七期，杞县牛角岗三期，段岗三期，朱岗、郑州洛达庙二期，岔河一期，荥阳西史村三期，竖河二里头文化三期四段，禹州董庄、余王以及陕西华县元君庙等，它们大多分布于嵩山周围的伊河、洛河、颍河、汝河流域和黄河南岸，向北则扩展到豫北地区。该期的文化内涵以二里头遗址三期最为典型。其陶器群质量在二期文化的基础上进一步提高，陶质以泥质陶最多，用作盛器、食器，经过淘洗的陶土多制作精致的酒器和小件器皿；夹砂陶多用作炊器，含砂量不多，器表不显痕迹。陶器的制法仍以轮制为主，大件的缸和瓮等则用泥条盘筑法制成，个别的器皿为手制，复杂的器皿为分制部件结合而成。陶窑的烧成温度高，故陶质坚硬，陶色纯净，多呈浅灰色；纹饰中粗绳纹占绝对优势，压印纹较前增多，新出现了刻有鱼、蛇、羊首、龙爪等刻花纹饰和众多的刻花符号。有些器物的内壁多有麻点，二期的花边口沿罐近于绝迹。陶器群的器类主要有罐、鼎、甑、甗、斝、鬲、敞口盆、刻槽盆、罍、背壶、四系壶、敛口尊、大口尊、瓮、缸、三足盘、圈足盘、簋、豆、碗、钵、盂、碟、盉、觚、爵、杯、壶、盅和器盖等。炊器仍以深腹和圆鼓腹罐为主，鬲的数量增多，出现了盆形鼎，瓦形三足盘消失，舌形高三足盘流行，簋和大口尊等器的形制已经定型。综观这时期陶器群的特点是制作工整，浑圆厚重，表现出庄重的作风。

二里头四期文化是三期文化的延续和蜕变阶段，现已发现的该期遗存主要有二里头遗址四期，巩义稍柴四期，登封王城岗二里头文化四期，洛阳皂角树、东立射、霍村、夏庄、西高崖、渑池鹿寺、陕县七里铺、邓州陈营、方城八里桥、信阳北丘、郾城郝家台八期，杞县牛角岗四期，郑州洛达庙三期，上街、岔河、陈庄、荥阳西史村、武陟赵庄以及陕西华县南沙村等，它们大多分布于伊河、洛河流域及其周围地区。该期文化内涵以二里头遗址四期为代表，陶器群的质料、制法与种类与二里头三期的陶器群大致相同，但是鬲的数量增多，圈足簋的数量和形式增多，三足盘的数量锐减，花边口沿罐、扁三角形足鼎也很少见。平底器有所增加，圆底器相对减少，粗绳纹进一步增多。中口长腹平底罐和侈口鼓腹平底盆则是这个时期新出现的器形。考古资料证明，这些重要的变化，大都是受周围其他文化影响下的产物，表明这个时期的二里头文化正在迅速蜕变，最后被二里岗文化所取代。总之，二里头类型四期文化反映的是该文化自身发展的不同阶段，四期之间互相衔接，说明二里头类型文化是一个完整而独立的文化实体。

二里头文化在河南龙山文化煤山类型的基础上形成起来之后，不仅由于自身的发展变化而呈现出不同阶段的文化面貌，而且在向外扩展的过程中，也受到当地文化的影响而出现一些地域性的变化，形成一些地域性的特点。例如豫东地区的二里头类型文化，由于地处古黄河故道的淤沙地区，其陶器群的质料

绝大多数为自然夹砂陶，在泥质陶中也多含细沙，这在其他地区是很少见的；嵩山周围的二里头文化二期以后的陶器，篮纹、方格纹已近于绝迹，而在这里却仍较多地出现。前者所流行的带耳罐、刻槽盆（又称"擂钵"）、甑、罍、瓦形三足皿、甗、豆、器盖、斝、爵、觚、盉等陶器在这里却不多见。这里在下七垣文化影响下出有薄胎翻缘分裆鬲和橄榄形罐，在岳石文化的影响下出有夹粗砂红褐色素面罐、碗形豆、盘形豆等，这些都构成豫东二里头文化的地域特点。豫南地区的二里头类型文化分布于淮河和汉水流域地区，根据李维明的研究，两个地区也各有特点。分布于淮河上游地区者，褐色和黄色陶较多，砂质陶中多掺较粗的沙粒，因此陶质显得比较粗糙，个别器类如垂腹罐形鼎、钺形器盖都为其他地区二里头文化所少见。这大致是由于"除受当地龙山文化影响外，还受到来自豫东、皖西北和鄂东北地区诸文化影响"的结果。分布于汉水流域者，"黑皮红胎陶较为显著，素面陶比例较大。器耳流行，堆纹及陶塑较发达，贴小泥饼和口沿内折叠工艺独特。器类中尚保留有龙山文化的特点，如篮纹延续使用时间较长，盆形甑底部布满小圆器孔"等。这应是由于"除受当地龙山文化影响外，还受到来自商洛地区同时期其他文化的影响"的结果。这些都构成豫南二里头类型文化的地域特点。豫西地区的二里头类型文化，陶器群中所出小口束颈罐、小口瘦腹瓮、小口溜肩瓮、甗、钵、直口缸等，具有明显的地方特色；所出卵腹三足瓮、横矮足鼎等，则是受东下冯类型影响下的产物。陕东地区的二里头类型文化，陶器"以夹砂粗灰陶最具特色，纹饰则以粗而杂乱的绳纹和修刮器表而形成的'水丝纹'为主"。陶器群以各类夹砂圆腹罐为大宗，泥质罐也有一定数量，这些都是继承了当地龙山文化的遗风；出土的甗，类似东下冯类型陶甗的风格。这些都构成了西部二里头文化的特点。豫北地区的二里头类型文化与嵩山周围的该类型文化基本相同，但出土有少量的蛋形瓮和敛口瓮等，含有东下冯类型的因素。以上所述各个地区的二里头类型文化，虽然具有自己的地域特点，但是与嵩山周围的二里头类型文化的共性仍然居于主导的地位，因而不宜将其划分为相对独立的地方类型。

　　与上述各地二里头文化有所不同的是，分布于晋南地区的二里头文化具有鲜明的地方特征。这个地区的二里头文化遗存现已发现了70余处，其中以山西

夏县东下冯遗址为代表，因此被学术界称为"东下冯类型"。《夏县东下冯》考古报告将该类型文化分作四期，一期以东下冯遗址一期为代表，还有永济的东马铺头等，该期陶器陶胎厚且不匀，火候低而易碎，陶色以夹砂褐陶为最多，其次是泥质灰陶和夹砂灰陶，颜色多不纯正；纹饰以绳纹为主，其次是附加堆纹，另有少量的压印"S"和反"S"纹。有些细密而清晰的绳纹，正是继承了东下冯龙山文化的遗风。该期出土的陶器约有18种，"计有鼎、鬲、甗、豆、簋、小口尊、单耳罐、折肩罐、双鋬罐、小口罐、盆、甑、罍、瓮、敛口瓮、蛋形瓮、器盖和杯。其中，主要炊器是甗和单耳罐。敛口瓮、罍、蛋形瓮、折肩罐等均为储藏器，器形均较大，出土数量也较多"。这里出土的鼎、甗、单耳罐、蛋形瓮，有的与龙山文化形制相同，这里出土的豆与陶寺晚期出土的豆形制相同。而这里出土的2式罐形鼎与二里头遗址二期出土的4式罐形鼎形制相同，出土的豆、簋、尊、罐、盆与二里头出土的相近或相同，出土陶器上的圆圈纹和"S"纹与二里头二期陶器上的圆圈纹、"S"纹相同。由此可见，东下冯类型文化应是在当地龙山文化基础上，接受二里头文化影响而形成起来的文化类型，二里头文化二期文化中发现的蛋形瓮、敛口瓮、鬲、甗等也是受东下冯类型影响下的产物。东下冯类型文化二期，以东下冯遗址二期为代表，还有侯马的东阳呈和翼城的苇沟等遗址，该期是在一期文化的基础上继承和发展起来的。该期陶器的制作仍以泥条盘筑法的手制为主，陶胎厚薄仍然不甚均匀；陶色以夹砂灰陶为主，其次是泥质灰陶，褐陶比例有所下降；纹饰仍以绳纹为主，纹痕紧密、清晰，绳索状附加堆纹也较多，另有少量的压印纹等。该期陶器群的器类计发现有23种，其中全部继承了一期的器类，并且增加了大口罐、深腹罐、大口尊、斝、碗和四足方杯等新的器形，而不见一期的簋。与一期相比，鬲的数量有所增加，蛋形瓮、敛口瓮和甗继续使用，这些都是当地龙山文化中常见器形。该期深腹罐类似于漳河类型的深腹罐，大口尊、四足方杯、甑和器盖等都与二里头类型三期的形制相同，陶器上的绳纹和压印纹饰圆圈纹、"人"字纹、方格纹和反"S"纹等在二里头类型三期中也比较流行，所出盆形鼎则接近于二里头类型四期盆形鼎的作风。总的来看，东下冯类型二期不少陶器的形制接近于二里头类型三期，二者的相对年代也大致相同。东下冯类型文化三期，

以东下冯遗址三期为代表，还有襄汾的大柴和垣曲古城西关遗址等。该期陶器仍以泥条盘筑法的手制为主，轮制已较前有了大幅度增加，陶胎厚薄均匀，制作也较前工整；陶色仍以夹砂灰陶为最多，其次是泥质灰陶，多深灰色，火候甚高，陶色也比较纯净；陶器纹饰仍以绳纹为主，出现了少量特粗的绳纹。陶器群的器类计发现有 32 种，其中继续沿用着二期的器类，并且增加了缸、爵、盉、壶、折腹罐、双耳罐和器座等新的器形。本期主要的炊器仍然是单耳罐和鬲，鬲的数量增加较多，鼎的数量不多；盛储器中的深腹盆、大口尊、敛口瓮、折肩罐、蛋形瓮、小口罐以及器盖等，都是当时常见的器形。该期出土的鼎、鬲、爵、盉、瓮、壶、罐、缸等与二里头出土的形制相近，出土的大口尊，其形制在二里头三、四期之间。据此可知，东下冯类型三期的相对年代，大致当在二里头三期偏晚、四期偏早阶段之间。东下冯类型文化四期以东下冯遗址四期为代表，同类的遗址还有翼城感军和襄汾大柴等遗址。该期的陶器以轮制为主，陶胎厚薄均匀，火候高，陶色多呈浅灰色；纹饰多细而密的绳纹，也有少量的压印纹饰。陶器群的器类计发现有约 30 种，继续沿用着三期的陶器品种。其中，出土最多的是鬲、甗、单耳罐、小口罐和蛋形瓮，它们都是该类型中传统的器形；另外也出土有众多的大口尊和深腹盆等，这些则是二里头类型中常见的器形。这里出土较多的长颈鬲在二里头四期中并不多见，后者所出则多是侈口、短颈、深鼓腹的鬲；这里出土的盆形鼎、豆、甑、尊、缸、罐、盆的形制与二里头出土的相同或相近，出土的浅腹盆又与二里岗下层墓葬出土的 1 式侈口盆形制相同，出土的敛口瓮与二里头四期的 2 式矮领瓮形制相近，却与二里岗下层的矮领瓮形制相同。据此可知，东下冯类型四期的相对年代，大约应在二里头类型文化四期和二里岗文化下层早段之间。参考碳十四所测定的绝对年代，东下冯类型文化"一般在年代上比河南二里头相同类型稍偏晚"，这个测定与考古学上揭示的这两个文化类型的内涵基本一致。

综上所述，二里头类型和东下冯类型是二里头文化内部两个既有密切联系而又相对独立的文化类型，二者有许多的共同点，但也有明显的区别。以陶器群而论，正如《夏县东下冯》考古报告所说："就器物的种类而言，两者基本上是相同的。确切地说：二里头陶器群种类包括了整个东下冯陶器群，而二里头

的某些器类却不见于东下冯。关于炊器的情况，两个类型也基本上是相同的，都是以单耳罐、双耳罐、双鋬罐、深腹罐等夹砂罐为主，鬲、鼎、甗、甑居于次要地位。但是，东下冯的单耳罐很多，而二里头的单耳罐很少。东下冯鬲多于鼎，二里头鼎多于鬲。鬲，东下冯各期都有，二里头二期始见。东下冯常见甗和敛口斝，二里头甗少见，敛口斝不见。蛋形瓮是东下冯常见的一种储器，而二里头文化遗存中很少见到。三足盘、刻槽盆、觚、盉是二里头类型常见和比较常见的器物，而东下冯类型却始终不见。”由此可见，二里头文化二期虽然融合了东下冯类型文化，但是后者并未全部甚至在一些重要方面并未吸收前者的文化因素，而且始终保留着自己的许多地方特征，特别是当时人们所常用的炊器方面尤其如此。因此，从这个意义上说，东下冯类型虽然可以作为二里头文化的一个地方类型，但是作为一个独立的文化实体而称之为“东下冯文化”也未尝不可。

铜爵

在二里头文化的周围，也分布着其他不同种类的文化。分布在二里头文化北部的是“辉卫型文化”，该文化最早发现于河南辉县琉璃阁和新乡潞王坟等遗址，因其主要分布于卫水上游一带，20 世纪 80 年代初，邹衡将其命名为先商文化的“辉卫型”。其后赵芝荃因该文化有较多的二里头文化因素，又以该文化的河北磁县下七垣遗址为代表，将其命名为二里头文化的“下七垣类型”，李伯谦则称之为下七垣文化的“辉卫型”，张立东认为它是一个独立的考古学文化，因而称之为“辉卫文化”，本文这里仍称之为“辉卫型文化”。

辉卫型文化的具体分布范围，邹衡最早指出：“北至淇河，南至黄河，包括沁河下游、卫河上游一带，大约都是辉卫型的分布范围。”其后通过对河南修武李固、武陟赵庄和温县北平皋等遗址的调查和试掘，邹氏遂论定沁河一带是辉

卫型文化南与二里头文化的交接之处，张立东又进一步认为该文化向北可能到达洹河，西抵太行山东麓，东南可能到达今黄河一带。关于该文化的陶器群，据张立东统计，"已经发现的器类有：深腹罐、鬲、鼎、甗、斝、圆腹罐、深腹盆、豆、簋、盘、钵、小盆、杯、爵、盉、壶、罍、小口瓮、平口瓮、蛋形瓮、敛口瓮、小瓮、缸、大口尊、花边罐、捏缘罐、刻槽盆、坩埚、器盖"等，共分为两期三段五组，即5个发展阶段。张立东根据这些陶器群的分析，认为辉卫型文化因与周围文化互相影响而含有A、B、C、D、E、F、G7组文化因素，其中A组数量较多，是辉卫型文化固有的文化因素；B组数量很少，属南方的二里头文化因素；C组数量较少，属北方的漳河型文化因素；D组数量不多，来自西方东下冯文化；E组源于西方光社文化；F组数量也不多，源于东方岳石文化；G组为二里岗文化因素，辉卫型文化于是逐渐发展为二里岗文化。但是若做进一步的分析，辉卫型文化实与东下冯类型文化有着更为密切的关系。这两个文化陶器群之间的共同点，刘绪和张立东等已有了较多的论述，这里再略加补充如下。例如辉卫型文化的陶器如张文所说："陶质以夹砂灰陶为主，陶色多不纯正，而且大多表里不一。"以绳纹为主要纹饰，颈部绳纹往往被抹去；早期细绳纹居数，另有少量压印的反"S"纹、卷云纹和同心圆等纹饰；"烧制火候较高，质地坚硬"。陶器群中"凹圆底器数量最多，凹平底器和三足器次之，平底器、圆底器、圈足器和假圈足器较少"。而东下冯四期的陶器也是"夹砂灰陶占总陶片的52%，灰陶表面的深浅颜色颇不一致，火候高的陶器占了明显的优势"。"纹饰以拍着绳纹为大宗，印痕一般较前期细密规整。"有些颈部绳纹也被抹去，另有少量的"S"纹、卷云纹和同心圆等纹饰。陶器群中也是"凹底器数量颇多，三足器比前期有所增加，圈足器为数甚少"，圆底器也为数甚少。二者陶器的器类也基本相同，只是前者比后者多出土有刻槽盆，而后者比前者多出土有四足方杯等极少的器类。在各类陶器中，根据对"李固探沟一至五层、潞王坟下层和琉璃阁H1"的统计，出土的陶器"鬲，数量最多；甗，数量多；罐，数量不多；鼎，数量较少；盆，数量多；大口尊，数量多；捏缘罐，数量少；斝，数量很少；爵，数量很少；直口缸，数量少；小口瓮，数量较少；敛口瓮，数量较少；蛋形瓮，数量多；器盖，数量较少"。宋窑遗址出土的陶器则

是以罐类器最多，其次是鬲、鼎、甑、斝、盆和瓮等。东下冯四期出土陶器也是"数量最多的是鬲、斝、单耳罐、大口尊、深腹盆、小口罐和蛋形瓮，其次是深腹罐、敛口瓮和器盖，其余皆较少见"。二者出土陶器器类的比例也大致相同。在部分陶器形制方面，辉县琉璃阁出土的鬲与东下冯四期出土的 4 式鬲形制相同；修武李固出土的深腹罐与东下冯四期出土的 2 式深腹罐形制相近；新乡潞王坟出土的捏口罐与东下冯三期出土的 2 式小口鼓腹罐形制相近；淇县宋窑出土的 2 式鼎与东下冯二期出土的 1 式鼎形制相同。辉卫型文化各遗址中多出土有敞口敛颈折肩盆，仅宋窑遗址就出土有 105 件（称之为"C 型深腹盆"），"束颈，有肩，腹壁外曲，大多下腹与底部饰绳纹"，是辉卫型文化的典型器物。它和东下冯四期出土的盂形制相同，《夏县东下冯》考古报告云："凡腹部有折棱的盆形器，皆定名为盂，是四期新出现的典型器物。皆泥质灰陶，腹的上段有折棱，下段呈弧形急收。"这种盆在周围其他文化中皆很少见，却是辉卫型文化和东下冯文化中的常见器物。敛口斝也是这两种文化中共出的器物，辉卫型文化中以宋窑遗址出土的 A 型斝比较完整，皆为夹砂灰陶，"敛口、浅腹、束腰，腰下为三个肥大的袋足，周身附加各种走向的堆纹"，口沿下通体饰绳纹。东下冯遗址三期出土的斝是"夹砂褐陶，宽沿内折成敛口，方唇，束腰，袋足肥硕，沿以下饰绳纹，沿下和腰部还各有索状堆纹一周，其间并加饰波浪形索状堆纹"。辉卫型文化的敛口斝出现于较晚的三、四期，东下冯类型的敛口斝开始出现于二期，盛行于三期，四期逐渐减少。它不见于周围其他文化，而是辉卫型文化和东下冯文化中独有的器物。蛋形瓮也是二者文化中常见的器物，而为周围其他文化不见或少见。平底蛋形瓮开始出现于东下冯类型一期和辉卫型文化早期，前者三期出现乳状足、圈足和假圈足，后者晚期出现圈足和假圈足。

由上所述，可知就陶器群而论，辉卫型文化与东下冯文化之间，比较周围其他文化有着更多的共同性，这种更多的共性，说明二者之间应当有着密切的渊源关系。就总体而言，东下冯文化约略早于辉卫型文化，因此后者可能就是前者向东发展的一个分支。近年来考古工作者在山西垣曲地区发现一些东下冯文化的遗址，其中垣曲商城之下所叠压的二里头文化晚期遗存，就含有众多的

东下冯文化的因素。如《垣曲商城》考古报告所说：该遗存陶器以夹砂灰陶为最多，绳纹为主，"花边口沿、舌形鋬手和鸡冠耳在这一期陶器中极为流行"，各种陶器中以罐类器为大宗，其次是甗、甑、鬲、盆和大口尊等。东下冯遗址的陶器自二期以后也是以夹砂灰陶为最多，"占全部陶片的 34.5%"，"纹饰、绳纹占总数的 74%"，花边口沿罐、双鋬罐和带鸡冠耳的盆，更是东下冯文化陶器群中显著的特征。陶器中主要炊器也是"单耳罐和甗。折肩罐、盆、敛口瓮、罍、小口罐和器盖，是日常生活中的多用器"，"大口尊数量也不算太少"。另外，该遗存的带鋬圆腹罐与东下冯文化三期的双鋬罐形制相同。前者的深腹罐、缸、大口尊分别与后者四期的形制相近或相同；前者的 1 式小口罐、2 式小口罐与后者三期的 1 式小口罐、2 式小口罐形制相同；前者的鬲与后者四期的 5 式鬲、6 式鬲形制相近，同时又与辉卫型文化宋窑遗址的 C 型鬲形制相近；前者的 1 式甗与后者三期的 2 式甗形制相近；前者的 1 式侈口盆、3 式侈口盆、2 式折腹盆与后者三期的 2 式深腹盆、四期的 2 式深腹盆、四期的 1 式盂形制相同。如上所述，这种折腹盆也常见于辉卫型文化之中。前者的折腹盆形甑又与辉卫型文化宋窑遗址的 A1 式甑形制相同；前者的罐形鼎又与辉县琉璃阁遗址的陶鼎形制相同。上述现象表明，东下冯文化可能沿着黄河北岸向东发展到辉卫地区。另外在山西的长治小神村遗址也发现有东下冯文化的遗存，这表明东下冯文化可能又沿着古漳水穿过太行山分别进入辉卫地区。总之，辉卫型文化应当是在东下冯文化的基础上，吸收当地文化因素，在周围文化特别是二里头文化强烈影响下而形成起来的一种新型文化。

在二里头文化的东方，分布着岳石文化，该文化因发现于山东平度县岳石遗址而命名，其分布范围大致是以今山东省区为中心，北至辽南，南达苏北，向西则扩展到今河南省的豫东地区。由于分布地域较广，因而形成一些地域差别。严文明根据这些地域差别，将其分为 5 个地区类型，即分布于胶东地区的岳石文化以牟平照格庄遗址为代表，称之为"照格庄类型"；分布于潍淄流域的以青州郝家庄遗址为代表，称之为"郝家庄类型"；分布于沂沭流域的以临沂土城子遗址为代表，称之为"土城类型"；分布于汶泗流域的以尹家城遗址为代表，称之为"尹家城类型"；分布于鲁西南地区以安邱堌堆遗址为代表，称之为"安

邱类型"；分布于豫东地区的岳石文化与此同类，即属于"安邱类型"。岳石文化的"安邱类型"与二里头文化的交接地带，根据宋豫秦的研究，大致在豫东地区的杞县、柘城、鹿邑、郸城、沈丘以及安徽太和一线和杞县、太康、淮阳、项城、新蔡一线之间。安邱堌堆的岳石文化遗存叠压在龙山文化层次之上，被压在二里岗上层文化之下，其相对年代，上限大致与二里头文化和辉卫型文化同时，下限可延续到二里岗文化上层偏早阶段，或者更晚。该类型文化可分为三期，其早期以灰陶为主，多素面陶，晚期以褐陶为主，绳纹逐渐增多。陶器中以夹砂中口罐和甗为主要炊器，其次为鬲和鼎等。盛储器有侈口折肩盆、卷沿鼓腹盆、盘形和碗形豆、樽口尊、樽口罐、箍形堆纹罐和花边口沿罐、蛋形瓮以及器盖等。由于该类型与二里头文化、辉卫型文化所处时代相同，分布地域相近，因此，它们进行着文化交流和互相影响。以豫东鹿台岗岳石文化遗存为例，该遗存出土的"鸡冠耳盆、箍状堆纹缸、束腰平底爵、花边口沿罐和细泥卷领鼓腹盆等，都具有二里头文化或先商文化的文化因素"；而"安邱堌堆岳石文化的覆钵形器盖、小口瓮、有肩深腹盆、花边口沿等与辉卫文化者相近，其中有的因素可能来自辉卫文化"。

在二里头文化周围的南方和西方，目前还没有发现有与之同时代的独立的考古学文化，这里讨论暂付阙如。不过该文化对外围诸考古学文化的影响是相当广泛的，例如在西方的齐家文化中，北方的光社文化和夏家店下层文化中，东南的斗鸡台文化中，南方的湖北、川东长江沿岸以及四川广汉地区的早期青铜器文化中，都或多或少地发现有二里头文化的因素，可见其影响是相当遥远的。

氏族公社的解体

到父系氏族公社时期，随着生产力水平的提高，私有制的产生，一夫一妻制家庭的出现，个体家庭逐渐代替父系大家庭而成为独立的生产单位，"同族共财制"也逐渐消失。氏族社会逐步转化为多个个体家庭的组合。为了适应个体

家庭的需要，人们房屋的布局和式样都发生了变化，母系氏族公社繁荣时期那种大房屋不存在了，代之而起的是单间、双间的房屋。在河南南阳黄山发现的一处房屋遗址，其中一部分房屋是六间连在一起的，有的是单间，设有单独的炉灶；有的是双间互通的，设有一个炉灶。这说明那时的人们已经过着个体家庭生活了。随着生产力的发展，原来母系氏族公社时期的全体氏族成员集体农耕、集体出猎的制度，也逐渐被以家庭为单位的劳动生产所代替。劳动生产物也成为家庭占有，于是各个家庭在生产过程中开始有了自己的剩余产物，首先是畜群、生产工具、农产品和手工艺品等逐渐成了家庭的私有财产。由于生产条件不同，劳动力强弱不同，工具和技术上的差异，再加上其他因素，如氏族贵族凭借权势侵吞财物等，从而造成了各个家庭之间占有财产多少不同，于是贫富不均产生了。

考古学家在广东省曲江县马坝镇西南石峡发掘出一处遗址，面积约 3 万平方米。遗址发掘出墓葬 64 座，一般是长方形土坑墓。这些墓坑做工细致，大多数都经过烧烤工序，较大型的墓坑填土还经过夯打。死者无论成年人还是小孩，都是单人葬，以二次葬比较流行，一次葬则相对少一些。

在二次墓葬中都有两套随葬品，主要是陶器，有鼎、釜、豆、盘、罐、壶等不同形制的器皿，其中盘式鼎和子母口的三足盘更为常见。这些墓葬中还常常随葬一些劳动工具，如有的墓中发现成套的石凿和石锛。另外的一些墓葬中则随葬有战斗用的武器，如石镞和长身亚腰斜弧刃的石钺。

与之形成鲜明对照的是一些小墓葬，里边的随葬品非常稀少。这说明贫富悬殊的阶级分化现象在当时的社会里已经很明显，私有制正在迅速地发展，氏族公社正迅速瓦解。

九鼎存亡

"九鼎"是与大禹直接相关的，因此，在正式研究九鼎之前，我们先要较为详尽地介绍一下中华历史上建有巨大功业的大禹其人。

大禹的功业实在伟大得很，如果要归一归类的话，大致可归为四类：一是治水，这是众所周知的。可以说，没有大禹领导的治水工程，也就不会有中华民族的繁荣昌盛。二是"令益于众庶稻"，这是件很大很大的事。中国是以农立国的国家，不搞农业怎么行？搞农业而不种稻子又怎么行？三是道德建设，他自己就是个榜样，"声教讫于四海"，能想到这一点就了不起。四是巡行全国，进行行政区的划定，这就是"九州"。

九州是与九鼎紧密关联的，因此，我们有必要对九州问题做一点解释。据《史记》记载，大禹是一面巡行一面进行行政区的划定的。"禹行自冀州始"，这是个入海处，然后是沇州（兖州）、青州、徐州、扬州、荆州、豫州、梁州、雍州。然而，这九州本身也是个远古的历史之谜。九州的地域划分怎样？人们只能说出个大概，具体的谁都说不清。更为重要的是，九州是哪九州，也有争议。《书·禹贡》作上述的九州（《史记》的说法是根据《禹贡》的），而在（《尔雅·释地》中却有幽、营两州而无青、梁两州；另外，在《周礼·夏官》中有幽、并两州，而无徐、梁两州。这样，在九州中实际上有五州成了疑案。后来屈原在《离骚》中做了十分聪明而得体的处理，把九州统称为全中国，有诗云："思九州之博大兮，岂惟是其有女？"这样一来，许多具体的问题都解决了。后世的人们大多都是这样使用"九州"这个词的，龚自珍的"九州生气恃风雷"也正是从"全中国"的意义上来理解九州的。

因为九州与九鼎关系特别密切，因此我们就多说了几句，下面我们就来讨论九鼎的问题了。

九鼎是神州重器，那是毫无疑问的，它的来龙去脉却很值得研究。相传，夏禹治水成功后，就着手于九州行政区的划分及建设，接着就开始铸九鼎。这里首先要说的是铸了没有？是想铸九鼎，还是真的铸了九鼎？这些问题一时也说不清楚。

想不想铸鼎问题似乎不存在，因为鼎在当时的人们看来既事关国计民生，又是国家政治和权力的象征，这个鼎是非铸不可的。我们怀疑其是否真的铸了，出于三方面的考虑：一是当时铜器大概是刚刚被发明出来，用那么多的铜去铸鼎不知是否可能，群众的心理上也不知是否通得过；二是当时交通不发达，要从九州把铜运来，然后铸造加工，看来困难不小；三是历代的统治者都把九鼎看成"传国之宝"，可似乎谁也没见到过这些宝贝。

如果是真铸了，还有个怎么理解九鼎之"九"的问题。照字面讲，"九鼎"就是九个鼎的比较简约的说法。一般的说法是，禹动员九州的人们把各州的铜都运一点到都城来，于是就铸成了九个鼎。在鼎上，铭刻上大禹通过巡行了解的山川地形。如果真是这样，那么，九鼎上刻的就是我国最原始的、也是第一幅全国的地形图了。

但是，有些专家对九鼎之"九"又做出了新的解释，以为在当时铜资源并不多的情况下，大约是只铸了一个大鼎。既然是一个大鼎，为什么又叫作"九鼎"呢？专家们做了解释，说因为铜是由九州进贡的，代表了九州人的心愿，因此还是叫"九鼎"。这当然也是讲得通的。

九鼎的历史命运也是个难解的谜。九鼎初铸时，中国社会还处于原始社会时期，鼎的主要意义在于祭祀鬼神，并向周边邦国显示实力，后来进入阶级社会后它就完全成了国家政权的象征。大禹之后，"鼎迁于夏商"，之后，又为周所据有。周亡后，情况就复杂了。一说是："其后百二十岁而秦灭周，周之九鼎入于秦。"这当然是可能的。但是，同一个太史公，同一本《史记》又说，周亡后，"周鼎亡在泗水中"，"鼎乃沦没，伏而不见"。之后，多少人都去找过九鼎，可谁也没有发现过。

汉武帝

秦汉两朝的找鼎风潮时起时伏。秦始皇是有雄才大略的，他统一了全国以后，当然是很想获取九鼎的。一次，他让人到泗水里去打捞九鼎，差一点就捞到了，可是在这节骨眼上，打捞用的绳子断了，结果没有捞到。有人叹道，这就是历史的命运。汉初诸帝忙于恢复经济和平定叛乱，顾不上那宝鼎。到了汉文帝时代，一切都变了，国力强盛，社会平稳，文帝就又想起了九鼎。这时有个叫新桓平的，先是献玉杯，在玉杯上刻"人主延寿"四字，后又说在黄河边汾阴处可有九鼎出。不久，新桓平的阴谋被识破，文帝也再无兴趣找九鼎了。武帝登极后，四出巡游，目的之一就是寻找九鼎。公元前116年，有人在地底下发掘到一只刻有让人看不懂的文字的宝鼎。汉武帝叫内行的人看了看，说是真东西，于是便改元为"元鼎"，但武帝从来没告诉过人是不是九鼎。看来不是，不然不会没几年又改元为元封了。从这以后，就再少有人提起九鼎的事了。当然，人们的心里还是想的，只是不敢贸然提出罢了。

"宝鼎出而与神通"，在中国人的心目中，宝鼎是兴盛的象征。《史记·封禅书》中说："昔泰帝（太昊）兴，神鼎一。一者，一统，天地万物所系终也。黄帝作宝鼎三，象天地人。禹收九牧之金，铸九鼎。"这说明宝鼎不只大禹时有，黄帝、泰帝时代都有，只是人们不容易得到罢了。

宝鼎是神州重器，据说，它是"遭圣则兴"的。这就进一步告诉我们，宝鼎不只是一件无价之宝，更是一件吉祥物。哪一个人得到了它，就能吉祥如意。记得新世纪到来的时候，我们给联合国送去了"世纪宝鼎"，这是怎样一种祝愿呢？想必我们每一个人都能理解。

我国农业起源

关于农业的发明权问题，是人们最感兴趣的。中国古代典籍中，有许多关于农业起源的传说。有的说是神农氏发明了农业；有的说是烈山氏（亦称"厉山氏"）发明了农业；还有人说是炎帝之子名"柱"的发明了农业；周人则相信是他们的祖先弃发明了农业；《史记·五帝本纪》则说黄帝"时播百谷草木，淳化鸟兽虫蛾"，从而发明了农业。讲法虽然不相同，但都承认中国人民自己的祖先发明了农业。

在诸多神话传说中，神农氏发明农业的传说故事最有意思，也最让人信服。关于神农氏的传说故事很多。清马骕《绎史》卷四引《周书》云："神农

之时，天雨粟。神农遂耕而种之，作陶冶斧斤，为耒耜锄耨，以垦草莽。然后五谷兴助，百果藏实。"晋王嘉《拾遗记》卷一云："炎帝（神农）时有丹雀衔九穗禾，其坠地者，帝乃拾之，以植于田，食者老而不死。"《汉唐地理书钞》辑《盛弘之荆州记》："神农生于随县北界历乡村，内周围一顷二十亩，地中有九井。相传神农既育，九井自穿，汲一井则众井皆动。"

神农为了发明农业，历经了千辛万苦。《淮南子·修务训》云："神农尝百草之滋味，一日而遇七十毒。"晋干宝《搜神记》卷一云："神农以赭鞭鞭百草，尽知其平毒寒温之性，臭味所主，以播百谷。"《述异记》卷下谓："太原神釜冈中，有神农尝药之鼎存焉。成阳山中，有神农鞭药处。"《世本》云："神农人身牛首。"

应该说，史籍提供的关于神农氏发明农业的种种资料是十分珍贵的，神话故事中的一些说法和一些情节，又刚好与考古发掘相契合。

第一，寻找种植植物的种子。

神话故事提供了三种可能性。一是"天雨粟"说。上帝从天下起粟雨来，神农"遂耕而种之"，于是以粟为种植的主粮。二是"丹雀衔九穗禾"说。此丹雀看来是一只神雀，它衔来了良种"九穗禾"，于是，"帝乃拾之，以植于田"。三是"尝百草"说。在神农发明种植前，所有植物都属于"百草"之范畴，神农通过"尝百草"，选出了良种，"耕而种之"。

三种说法中以前两种为虚妄，多神话色彩，与实际难符，而第三种说法是实事求是，也是与历史事实相符的。在没有发明农业之前，什么可食，什么不可食，什么可种，什么不可种，人类不太清楚。要研究，要尝味，要选择，看来，人类最后选定的一些农作物，是长期实验的结果。

黄土地区土壤持水和保肥能力都比较低，但有较好的毛细作用。这两个条件制约了农业起源过程中选择驯化作物品种的方向。中原地区的原始人看到大量野生狗尾草的祖本，将其采集、选择，一步步培育成自己的主粮粟子。这一点已被考古发掘所证明，半坡的出土物中就有大量的粟子，显然是刚从野生狗尾草驯化过来的。

南方地区土地肥沃，雨水充沛。南部的神农氏们就采集当时也许遍野都是

的野生水稻祖本，进行驯化培植，使之成为南方人的主食。湖南澧县梦溪乡八十当远古文化遗址发现的两粒半古稻，属于 1.4 万年前的物品，这正是处于野生水稻祖本和现代水稻之间正在驯化的水稻。事实证明，这种选择是明智而有生命力的。

第二，"耕而种之"。

种植植物意味着对植物进行管理、看护、培育。关于神农氏的传说中，说神农有田一顷二十亩，内凿井九口，用以灌溉和护理。当然还会有其他的一些看护和管理手段，只是没有写出来罢了。

原始人对驯化植物的看护，可以参照一些少数民族的方法。鸟兽的侵害是原始农业的大敌。有些少数民族地区用篱笆把植物区围起来，或派人看守。广西十万大山地区的瑶族农民在地上插一根竹竿，上头挂有穿孔的竹筒，微风吹来，哗哗作响，禽兽听而生畏，就不敢前来吃庄稼了。这些方法原始人应该都用过。至于凿井灌田，更是重要的植物驯化护理的方法。

第三，农业工具的发明和改进。

神农"作陶冶斧斤"。陶冶，指陶器，制陶技术，它是与农业、定居同步的。可以说制陶技术的发明，是人类进入文明时期的一个重要标志。凡新石器文化遗址中，都有制器工场和陶器。

至于"斧斤"，那应该是最原始也是最重要的一种农业工具。《诗·齐风·南山》："析薪如之何？匪斧不克。"析薪，可以指把荒野中的树木砍伐掉，也可以指把树木分解开来做柴使用，都离不开斧。而这斧，正是神农氏发明的。

这一点已在原始人居住的遗址中得到了证明。在当时的条件下，离开了斧要砍伐树木简直是不可能的。在裴李岗和仰韶文化遗址中，都发现了许多的石斧，一般都取材于砾石，比较厚重，呈梯形和长方形，两面磨刃。除少数直接操作外，多数装有木柄。普列汉诺夫认为："石斧最初是没有斧柄的。史前考古学得确凿地证明，斧柄对原始人来说是一个相当复杂而又困难的发明。"我国的先民到仰韶文化期已经攻克了这一"相当复杂而又困难的发明"，这在世界上无疑是先进的。

神农"为耒耜锄耨"，除对驯化植物进行护理外，土地的耕作是最为重要的，于是神农氏在实践中发明了"耒耜锄耨"，使土地能为植物提供更多的养料和生长条件。

河南新郑裴李岗遗址、密县峨沟北岗遗址、河北武安磁山遗址都距今八九千年，当时耜耕技术已经有了一定的发展。在火耕时期，盛行用一种尖棒播种，在此基础上，经过不断改进，发明了耒耜。耒有单齿和双齿之分，耜与耒相似，只是耜冠是板状的。在浙江余姚河姆波还发现过木铲，也发现了大量骨耜，石耜就更多了。耒耜的发明和改进，大大提高了农业水平。

值得注意的是，在裴李岗和磁山等遗址中出土了精致的石镰，呈拱背长条状，通体都磨光，刀刃部有细小的锯齿，柄部较宽，且往上翘，下部有供拴绳用的缺口，说明石镰安有木柄。这一发现说明镰刀使用的历史十分早。还有一些地方发现有蚌刀作为随葬品的，可见镰刀不只有石制的，还有蚌制的。

我国是古老的农业大国。无论神话传说、文字典章，还是地下发掘，都证明我国早在八九千年前就进入了农业社会，至于作为农业发明者的神农氏，恐怕不会是一个人，而是一个庞大的社会群体。

稻谷起源

有一种传统的观念，认为稻米有两种基本亚种，一种是籼稻，被称为"印度稻"；另一种是粳稻，被称为"日本稻"。另有一种非洲稻，那是籼、粳齐全的。一提到水稻，人们就会想到这三地是其发源地。

真是这样吗？历史是无情的，也是最雄辩的，多多少少的地下发掘资料证明了，中国是水稻的发源地之一。

较早时，人们认为华南地区是我国稻谷的发祥地。在广东省曲江县著名的石峡遗址中，发现了为数相当可观的稻作农业遗存。石峡下文化层中有些火烧过的草拌泥（墙壁涂料）中，或灶坑边烧过的硬土块中，都有许多稻壳和稻草碎屑，有的灰坑中还发现有零星的碳化稻米。有九座墓葬中随葬品中有稻谷或稻米，发现时已与泥土凝结在一起成为团块。根据鉴定，这些稻谷或稻米均属

于栽培稻，包括籼稻和粳稻两种亚种，而两种中又以籼稻为主。鉴于许多籽粒不够充实饱满，且大小不一，反映当时品种不纯，种植技术也还比较原始。

据此，相当一段时期内，人们普遍认为岭南的两广地区是水稻的发源地，长江流域的水稻品种和水稻种植技术是从岭南传播过去的。

华南大部分地区处于北回归线以南，气候炎热，几乎全年无冬，雨量充足，天然食物十分丰富。当时野生的稻类植物可能到处都有，人们完全可能通过采集走向种植，事实上也已经走向种植。但令人疑惑不解的是，在那里，其他可口的食物，包括水果，漫山遍野都是，华南人为什么偏偏会偏爱于水稻？要知道，培植水稻比起采撷果品和种植果树来要困难得多。也就是说，作为远古时代的华南人来说，没有必须发展稻作农业的需求。偶尔或少量种植一些，是可能的。石峡遗址的先民就可能是在这样的情况下试着种植的。

这当然只是一种揣测，但这种揣测被后来大量的长江流域的地下发掘证实了。

浙江余姚的河姆渡文化遗址发掘使人惊讶，在其第四层 4000 余平方米的范围内，普遍存在着稻谷、稻壳、稻草的堆积，最厚处有 1 米以上。经过换算，稻谷总量高达 120 吨以上。稻谷经鉴定，属于栽培稻籼亚型种中晚稻型水稻。这证明，在公元前五六千年，在这块土地上的先民们已经学会了大量种植水稻。

人类驯养家畜

伏羲是华夏民族人文先始、三皇之一，亦是与女娲同为福佑社稷之正神。楚帛书上记载其为创世神，是中国最早的有文献记载的创世神。风姓，又名"宓羲""庖牺""包牺""伏戏"，亦称"牺皇""皇羲"，《史记》中称"伏牺"，在后世与太昊、青帝等诸神合并，在后世被朝廷官方称为"太昊伏羲氏"，亦有青帝太昊伏羲（即东方上帝）一说。燧人氏之子，生于成纪，定都在陈地。所处时代约为旧石器时代中晚期。伏羲是古代传说中中华民族人文始祖，是中国古籍中记载最早的王，是中国医药鼻祖之一。

神话中的伏羲是充分神化了的。他的形象就很特殊，有的说他"龙身而人头，鼓其腹"，是雷神的化身。有的说他是雷神之子，"蛇身人首，有圣德"。据说，他是人间很多物事的肇始者，尤其是"取牺牲以充庖厨"，说明他是人工饲养动物的始祖。

这位人工饲养动物的始祖是何许人？一直是个谜。有些画家把他画成骑在虎背上降伏猛虎的英雄，看来那只是种想象。实际上，伏羲"伏"的并不是猛虎之类的巨兽，而是猪、鸡之类一直延续了几千年的家畜。

人类之伏羲起于何时？成于何地？远古时代的考古发现做了绝妙的回答。

伏羲必是新石器时代人的代称，那是毫无异议的。在旧石器时代，人们处于"迁徙往来无常处"的状态中，是不可能豢养任何家畜的。进入新石器时代以后，生产的发展使建立定居的村落有了可能，磨光石器的使用、陶器的发明，使远古人类的狩猎能力有了不小的提高，狩猎所得在一定条件下还可能有所盈余，于是人们把这些暂时不吃的捕得的动物豢养在住宅里或住宅旁特定的地方，久而久之，便有了驯育家畜的习惯。人类驯育家畜已有了六七千年到一万年的时间。

在诸多动物中，人类首先驯化的是猪。家猪的前身是野猪。野猪烈性甚强，生长于森林之中，出入于草原之上。野猪是杂食性哺乳动物，体肥而腿短，大嘴前长有两根大獠牙，极具冲击力和杀伤力，对人也很有威胁。但是，猪在各类动物中有它的优势：其一，体态肥胖，肉量大，捕杀一头可供应相当多的肉量，这在原始社会时期是极其重要的；其二，猪是杂食性哺乳动物，营养价值高，这一点原始人在吃猪肉过程中一定是体会到了的；其三，猪繁殖快，一次可繁殖十数头，这对人类来说是很重要的。正是这些利益上的原因，人类冒着野猪野性发作的危险培育起家猪来了。《简明大不列颠百科全书》认为："野猪和家猪无大分别，只是家猪的獠牙不若野猪发达。"獠牙退化的过程，就是猪驯化成功的过程。

早在公元前6000年的山东藤县北辛遗址中，就发现有很多椭圆形或不规则形状的坑，在这些坑中不止一次地发现了成堆的猪头骨。在一个深约1.2米、底部凸凹不平的坑中，接近坑底处集中堆放着6个猪下颌骨，其上还用石板覆盖

了起来，可见是十分珍视的。在磁山遗址和裴李岗遗址中，都发现了家养猪的踪迹。

北方的伏羲们注重于养猪，那么南方呢？南方的伏羲们同样十分重视养猪。在河姆渡遗址，普遍发现了猪的骨骼化石。在遗址中，我们还发现了形态毕肖的陶塑小猪，这进一步证明了猪与人们生活的紧密关系。

除猪之外，狗是较早被驯化的动物了。《简明大不列颠百科全书》认为："狗是最早的家养动物，至少在一万年以前就成了人类的伙伴。"

从生物学上讲，狗的近期祖先是狼。但是，早在人驯化狗之前，家狗的前身野狗早已从狼中分化出来，野狗是狼中最温驯的一支。人为什么最早选择狗来驯化呢？其一，狗比其他动物易于驯化。如果猎得小狗，在6~8周之内它的行为和生理尚未充分发育，这时极适宜驯养和建立感情，这在其他动物简直是难以想象的。其二，狗有丰富的感情——亲热、友好、高兴、兴奋、悲伤、痛苦、愤怒、恐惧，都能较好地表达出来，因此狗最能讨人欢喜。其三，狗能干，它的能干程度也是其他动物难以企及的。狗可以打猎，可以看守，可以警戒，可以牧羊，可以玩赏，可以表演，可以导向，还可以拉橇耕田，人与狗结成伙伴，这一点看来是做对了。

在磁山遗址中，有许多狗骨化石。当时，狗除了可以用来助猎外，也供人们食用。那些相当破碎的狗骨，看来正是人们食用狗肉以后又将狗骨头敲碎，吸食其中骨髓的明证。

除猪、狗外，人们早期驯养的还有鸡。

在原始社会时期，在浓密的森林里，在开阔的草地上，以至于在灌木丛中，栖息着野生的鸡形目动物。它们在夜间利用自己短而圆的翅膀飞上树头去休息，白天则在地面上觅食、交配。鸡的驯养一方面来自人们对鲜美鸡肉的向往，另一方面又因为营养丰富的鸡蛋也是一种可口的食品。人们养家鸡，最后倾向于把鸡类作为卵用鸡，人们对蛋的兴趣比鸡还大。

在磁山遗址发现了明显已经脱离原始鸡状态的鸡的标本，其双翅和双脚进一步退化也十分明显。这是我国最早饲养家鸡的明证。如果没有什么新的发现，这也证明人类驯养家鸡已有8000多年的历史了。

看来伏羲氏真正是一个群体。南方的伏羲氏和北方的伏羲氏们一种动物一种动物地驯化着，经过千百年的驯化，人类驯养的动物越来越多，人类庖厨中的美味也越来越丰富了。

陶器的发明

当我们来到新石器时代早期的裴李岗文化、磁山文化和大地湾文化遗址时，我们看到的是陶器，陶器，还是陶器。历史把我们带回到了公元前六七千年的——一个真正有所发明的时代。把平平常常的泥土，经过人为的加工，使之成陶制品，成为原始人生活的必需品，它的意义怎么理解也是不为过的。

问题在于原始人怎么想到制作陶器的呢？也就是说，中华大地上第一只陶罐是怎么制作出来的呢？

"可以证明，在许多地方，也许是在一切地方，陶器的制造都是由于在编制的或木制的容器上涂上黏土使之能够耐火而产生的。在这样做时，人们不久就发现，成形的黏土不要内部的容器，也可以用于这个目的。"恩格斯的这段话一直为人们所引述。其实，恩格斯是在读了摩尔根的《古代社会》和其他一些著作后得出的结论。他的意思是说：人们最初使用的是用植物的藤蔓编织和将树木挖空后制作的容器，这种容器的最大缺陷就是渗水性。对怎么防止渗水，人们一度一筹莫展。一次偶然的机会，他们把容器的外层涂上了一层黏土，黏土干后，把容器拿掉，也能起到盛物的作用了。正如英国的文化学家柴尔德说的："可能是因为一只涂有黏土的篮子，偶然经过火烧，就成了不透水的。"

这种观点当然是有道理的。它讲的是一种偶然。从辩证唯物主义观点看，偶然性是必然性的反映，必然性只能通过偶然性表现出来。正因为如此，我们在承认偶然性的同时，还要学会捕捉隐藏在偶然性背后的必然性。

近些年来，人们对陶器出现的必然性做了认真而富有成效的研究。林少雄在《人文晨曦》一书中指出："对于史前人类来说，对陶器器形的发明和制作工艺，也是十分重要和非常困难的。因为要做出第一只陶器，必须有以下观念上

的突破：首先要有需要保存和盛放物品的意识，因为人类最初的物质创造，莫不与人们现实的物质生活需要密切相关；其次要有一定的空间意识，即自己要创造出一个新的空间，而这个空间既要有一定的封闭性，可以盛物而又不遗漏，又要有一定的开放性，即可以放入或取出物品；此外，这个空间必须是圆形的（至少是准圆形的），因为迄今为止的全部考古发掘，还从来没有发现一件除了圆形之外的其他形状的陶器。而所有这些在我们今天看来十分简单的问题，对于当时的人们来说，并不是轻而易举就可以解决的，一定要经过长期的思索和摸索。"从一定意义上讲，第一只陶器是人们长期思索和摸索的产物。

在陶器的制作上，大致有这么几种：一是捏制法，就是用手把泥团捏制成一定的器物形状，然后制作成一定的器皿。这种制作方法比较粗糙，不规则。二是贴筑法，将黏湿的泥团捏成片，再一片片地贴在某一物件上，烘干后就成了一件陶制品。三是盘筑法，将泥料搓成条，从下往上盘绕成形，然后拍打、压抹完成。这些方法中最常用的是第三种。

陶器对于人类的影响是很大的，因此有些专家把陶器盛行的时代称为"陶器时代"，那也是不无道理的。

原始城市

城市也叫"城市聚落"，是以非农业产业和非农业人口集聚形成的较大居民点。人口较稠密的地区称为"城市"，一般包括了住宅区、工业区和商业区，并且具备行政管辖功能。城市的行政管辖功能可能涉及较其本身更广泛的区域，其中有居民区、街道、医院、学校、公共绿地、写字楼、商业卖场、广场、公园等公共设施。

谈到城市的起源，一些专家认为不能不谈及原始社会氏族制的村落。那时的村落，相当于一个氏族或氏族联盟的聚居地，为了安全，为了自卫，必须有防御措施。著名历史学家杨宽先生在《中国古代都城制度史研究》一书中说："距今五六千年前，新石器时代的仰韶文化时期，氏族村落的周围已开始用壕沟作为防御措施，村落已有合理的布局。"这种"防御措施"，后来就一步步地发展成为城市。

这样看来，城市是从乡村走来。

可以看一看西安半坡遗址。遗址略呈椭圆形，居民点南靠河流，北边有弧形的壕沟环绕。河流和人工开凿的壕沟把整个村落包裹得严严实实，人们可以利用这些防御设施放心地制造陶器，在窖穴中存放粮食和舒心地生活。在河流和壕沟之间，朝东和朝西北有两个缺口，可以作为村民进出的通道，相当于日后的城门。

临潼姜寨遗址的状况也是如此。氏族村落西南靠河流，北、东、南三面被人工壕沟环绕。壕沟正东有缺口，西北沿河也有缺口，是人为留有的通道，作为村落的门户。西部临河边为制陶区，壕沟以东有氏族墓地。村落中心为广场，是氏族集体成员集会、娱乐的场所。周围分为几个部分，每部分有一座大房子和若干小住宅，门口都向着中心广场。

在这里，就孕育着未来的城市。杨宽先生认为："这种以大屋子或广场为中心的居民点布局，面向东方的向阳通道，南边靠河流和北边挖壕沟的防御措施，同时又以河流作为水源，并在周围分设制陶区、窖穴以及氏族墓地的办法，都是为了适应氏族集体生活安全的需要。这种有计划的布局，就是后来城市的萌芽。"

在村落的格局中有着"后来城市的萌芽"，并不等于说所有的原始村落后来都发育为城市。事实证明，原始村落的发展是两极化的，一极是由原始村落发展成为未来的乡村，另一极是由原始村落发育成为未来的城市，二者相比，发展为未来城市的一极要小得多。

只有在条件极为优越的某些地方，"城市的萌芽"才能发育成为真实的城市。

在湖南澧县城头山遗址，发现了目前我国最早的史前城址，可称为"中华第一城"！城由夯土城墙、护城河、城门和城内夯土台基几部分组成。城垣的平面为圆形，外圆直径为325米，内圆直径为310米，墙周长约1000米，城内面积为7.6万平方米。城外的护城河，东、南、北三面都是利用自然河道，西面为

人工河道。现存护城河最宽处达 35 米，深约 4 米。在城的东、西、南、北四个方向各开一城门，基本上是对称的，在城内的最高点，也是城址中央部位，考古工作者发现了成片的夯土台基，为房屋建筑的遗存，可见当时住在城内的人还不少呢！城内还发现有道路、制陶区，城内北部有公共墓地。在长达千年的变故中，城墙几经兴废、几度修建的痕迹十分清楚。

属于龙山时代的城堡有山东章丘城子崖、寿光边线王、河南登封王城岗、淮阳平粮台、内蒙古包头河善、凉城老虎山、湖北石首走马岭、河南安阳后岗等，其中最完整、最具典型意义的要数淮阳平粮台的城堡遗址了。

这是一座正方形的城市，每边长 185 米，城内面积为 3.4 万平方米，如果包括城墙部分，总面积为 5 万平方米上下。但这所城市十分坚固，墙体很厚，墙基处宽约 13 米，残高 3 米多，顶部宽 8~10 米，如果加以复原，所需土方大约不小于 4 万立方米，工程十分浩大。

全城坐北朝南，方向为磁北偏东 6 度，几乎与子午线重合。南门较大，为正门，设于南墙正中；北门很小，又略偏西，看来是后门。这种格局明显是精心设计的，它所体现的方正对称思想一直影响了中国古代城市几千年的发展，成为中国城市的一大特点。

在白寿彝先生主编的《中国通史》中，对平粮台城堡做了中肯的归纳：

城内有较高级的房屋建筑。现在仅挖掘了十几座房基，都在东南角，看来还不是主体建筑。但即使如此，也可看出这些建筑的非同一般。这些房子都用土坯砌筑，而且分成一间一间的，是分间式建筑。一些房子用务土做台基，房内有走廊，比一般村落的房子讲究得多。由此可知城市内的居民主要是一些有地位的人，还可能相当部分是贵族，是统治者，否则他们是难以调集那么多人力、物力的，造那么坚固的城防工事本身说明了问题。

那么多上档次的建筑，本身说明了人口的密集，这也是城市的标志之一。

城内有较好的公共地下水道设施，这是人口密集的必然结果。当时供水的水源看来主要是水井，发现了 5 米多长的排水设施，整个长度当然不止于此。这段下水道正通过南城门，埋设在距地面 0.3 米的深度。水道本身由专门烧制的陶管套接而成，每节陶管长 35~45 厘米，直径细端为 23~26 厘米，粗端为 27~

32厘米。每节细端朝南，套入另一节的粗端。整个管道是北端即城内稍高于南端，可见此下水道是为解决城内废水向城外排放而设置的。

地下排水管的存在，本身就说明了用水量的巨大，也间接地告诉我们城市人口的高度集中。在原始村落中，设置地下排水管是没有必要的。

城内有严密的防卫设施。有了城墙，还需要考虑城门的管理。这座城为了防卫的需要专门设置了门卫房。门卫房用土坯砖砌成，有两间，东西相对。两房之间的通道宽仅仅为1.7米，那样便于门卫把守。门卫房中看来日夜有人把守，因此，里面有灶面，可为门卫做炊事，吃饭睡觉都在里面了，如在冬季，还可生起火盆，用以取暖。严密的门卫，再加上高高的城墙，在当时的条件下，足以应付一切来犯之敌了。

城内还有一些手工设施。在城内的东南、东北、西南都发现了陶窑，说明制陶业有了相当的发展。从陶制地下管道看，在制陶业内可能还有了分工，有了专业的制陶工人。在城市东南角的第15号灰坑内还发现了铜渣，说明当时在城内已有了炼铜工场和制作铜器的工场。是否还有其他手工作业呢？一定有，只是至今没有发现罢了。

城内有宗教活动的遗迹。在城西南角内侧埋着一大一小两头完整的牛骨架，看来是杀牲祭奠的遗迹。城内发现一些小孩埋葬，有瓮棺葬、土坑葬、灰坑葬，其中有些明显有祭奠的遗留。

对城市的解释有两种倾向，一种是解释为人口密集、工商业发达的地方。有"城"必有"市"，"市"是人们集中交换自己产品的地方，也就是工商业有相当发展情况下交换发展的产物。另一种是解释为防卫。《墨子·七患》："城者，自守也。"从平粮台城堡遗址看，二者的功能都齐全了，但是，究竟以何者为主，从现有条件看，是难以定夺和下断语的。

城市是走向文明社会的一道门槛。城乡的对立，体力劳动和脑力劳动的对立，以及贫富的进一步分化，都孕育在新生的城市之中。解剖平粮台城堡遗址，使我们感受到文明社会正踏步而来的脚步声。

七日纪日法

　　七日纪日法起于何时？何地？这历来是个众说纷纭的议题。有的说，它起源于古罗马，后来才渐次传入中国。有的说，七日纪日法与《圣经》有关，那上面不是明明写着七日为一个礼拜吗？有的说，中国正式定七日为一"星期"一直要到清末民初，之前一直是十进位的。是这样吗？看来，对"星期"一词发明权的所属问题，是大可讨论一番的。

　　"星期"一词的字面解释应该说是很清楚的。它指的是"星"的运行"周期"。我们的先民要干的事很多，但总括起来不外乎两件事：一是在地上无休无止地劳作，与大地打交道，还与人打交道；二是与老天爷打交道，而老天爷又具体化为每个人头顶上的那片苍穹。太史公司马迁说过，"自初生民以来"，人们就是"仰则观象于天，俯则观法于地"，一面是观察，一面是思考，力求"绍而明之"——也就是把其中的道理搞明白。

　　也许，对初民来说，初始的"仰则观象于天"是随意的，无所用心的。一到晚上，初民们少有娱乐活动，于是一大"功课"就是仰观于天。看月亮，看星星，看个没完没了。起先是不会有什么心得的，后来观察久了，就心领神会了。在他们的想象之中，天上与地上是一体的。地上有官、有民，那天上也该有官、有民的吧！于是，从中国的远古时代起，就有了"天官"之说，司马迁根据远古的传说和一部分史料，写下了《天官书》一卷。"官者，星官也。星座有尊卑，若人之官曹列位，故曰天官。"（《史记·大官书》）

　　我们的古人分出了官与民以后，又想：地上的官有大有小，天上的官也应该是有大有小的吧。当时"仰观"的能力不强，只能挑大的。挑来挑去，最后挑中了"动者七"，也就是用七个大星作为示吉凶、计时日的工具。张衡说得明白："文曜丽乎天，其动者有七，日、月、五星是也。日者，阳精之宗；月者，阴精之宗；五星，五行之精。众星列布，体生于地，精成于天，列君错峙，各有所属。在野象物，在朝象官，在人象事。"将七星来"象事"，这本身就说明

"七"在中国人生活中的重要性。

有人以为，七日纪日法起于罗马。张文彬在《寻根探源》一书中说："一星期七天的纪日法来自罗马，它是根据月相变化而定的。从朔日到上弦、望、下弦，正好是七天……公元4世纪，七天纪日法传入我国。"这话显然是不正确的。从观念上讲，西方有七日纪日法，不等于说全世界的七日纪日法都得归源于西方。其实，罗马的七日纪日的依据是"月相"，而我国的七日纪日的依据是"动者有七"，就是按七星之运动规律定下的，按理说，我们的七日纪日更精确、更科学些。说到公元4世纪传入中国更是说不过去。张衡是汉人，他早就说过以"动者有七"以"象事"，说明以七日纪日是古已有之的，而况张衡所说不仅是当时的情况，而是指他那个时代的"古代"。可见，"星期"不是"舶来品"几乎是肯定的。

至于西方的"礼拜"，更是与中国的"星期"风马牛不相及。《旧约》的"创世记"中说，神第一天将白天与黑夜分开，第二天创造了水、空气，第三天创造了大地、万物和大海，第四天创造了太阳、月亮、群星，第五天创造了飞鸟、走兽，以及水中的生物，第六天创造了人，"神说，我们要按照我们的形象造人"，造男造女。到第七天，"天地万物都造齐了"，"歇了一切创造的工，就安息了"。这七天纪日是建筑在神学基础上的，与中国的"星期"只是形似而已。

有人以为，中国的七天纪日在相当长时间内只是停在观念形态上，与实际生活没多少联系。不是的。可以说，七天纪日是融入了我们民族生活之中的。阴阳说是我国传统文化的基础，它又是与以七计数紧紧地融合在一起的。《易·复》："反复其道，七日来复，天行也。"这不正是七天纪日的明证吗？中国民俗中的"做七"，就其传统来说，也是很古老的。《魏书》中就有人死后每隔七天祭奠一次的记载，而这一做法是传之于远古的。

当然，"星期"的制度化与规范化那是近世的事。光绪二十一年（1895年），清廷宣布废除延续一千多年的科举制，成立"学部"，袁嘉谷筹建编译图书局，任首任局长，局下设编书课、译书课，统一编写全国各种教材，并统一教科书中的名词术语，把七日一周定为中国传统的"星期"，以"星期日、星期

中华传世藏书　中华上下五千年　远古文明　四七

一、星期二……星期六"依次，周而复始。

"星期"的提法既是中国传统文化的反映，又与国际的"七日一周"制相接轨，因此，受到人们普遍的赞同。

黄铜冶炼

在姜寨半坡型遗址的一间房子里，非同寻常地发现了一块黄铜残片。这可以说是"中华第一铜"，可以看成人们认识金属的肇始，而它的时间是在距今五六千年前。

当然，这只是一种肇始，它并没有真正进入原始人的生活领域。只有当人们用铜制作某种器具，尤其是制作某种生产用具时，人类才真正跨入了所谓的"铜石并用时代"。

铜和许多其他金属一样，一开始就以美丽的光泽吸引了我们的祖先。而铜特有的延展性、耐用性和不易破碎的特性，又在我们的祖先面前展现出一个崭新的世界。因此，人们总是把铜的发明权奉献给了历史上的伟人、圣人。中国的古文献中有"黄帝采首山之铜，铸鼎于荆山之下"（《史记·封禅书》）和"蚩尤作冶"（《尸子》）、"蚩尤以金作兵器"（《世本》）的传说，正是这样一种民族心理的反映。

其实，最初始铜的发现也许只是一种偶然，发现和发明冶铜的也不是什么伟人、圣人，也许只是普普通通的百姓。姜寨铜片就是一个明证。姜寨的黄铜残片是在一家普通的房子的遗址中发现的。也许，房子的主人只是原始公社的一个普通社员，他在采集植物或狩猎过程中，发现了含铜量相当高的一块铜锌矿石，于是带回家去，利用炉火加以重熔，就成了中华大地上第一块人工加工过的黄铜片。北京钢铁学院冶金史组的专家经过反复实验，取得了共识，他们认为："早期黄铜的出现是可能的，只要有铜锌矿存在的地方，原始冶炼（可能通过重熔）可以得到黄铜器物。"（北京钢铁学院冶金史组：《中国早期铜器的初步研究》）

如果说姜寨发现的那块黄铜残片具有某种偶然性质的话，那么，一两千年以后龙山文化遗址中展示的铜器和铜炼渣，则具有某种必然性了。

在龙山文化时期，生产力有了相当的发展，犁耕的出现提高了劳动生产率，也提高了翻地质量，还为畜力的利用提供了某种可能性。石制工具和用具的水平已经达到了极致。石制过程中的切割法和管钻法技术广泛应用，磨制成为制作石器的必然步骤。但是，石制物品的天然缺陷——笨重，不够锋利，无法通过广延改变自己的形态——限制了生产的进一步发展。可以说，石制制造技术和应用范围已经到了它的顶峰，易言之，也到了它的末路。人类在跨入文明社会之前，需要有另一种性能比石器更好的物品属类来辅助石器。这样，铜石并用时代的到来就具有某种必然性了。

到了龙山文化时期，铜器被相互之间没多少联系的原始人普遍地发现和发明了。可以说，那时黄铜已是满天星斗了。

在山东胶县三里河发现了两段残铜锥。两段残铜锥发现于两地，而且是先后两次发掘时发现的，但其形状和粗细程度相像，粗口大致能对接，成分也相似，可见其为同一物件的断残物。

山东栖霞杨家圈也发现了一段残铜锥。杨家圈的矿石主要是孔雀石，即碱式碳酸铜。在杨家圈还发现了一些炼渣和矿石碎末。

山东日照尧王城发现有铜炼渣。

山东长岛店子发现有残铜片。

河南登封王城岗发现有一件残铜器片。

河南临汝煤山发现有炼铜坩埚残片。这些坩埚残片分别发现于两个灰坑中，内壁保留有一层固化铜液，有的有好几层，最多的有六层。可以想见，这些坩埚是多次使用的。

山西襄汾陶寺发现了铜铃。这是墓葬随葬物。铃高 2.65 厘米，横剖面呈菱形，长 6.3 厘米，宽 2.7 厘米，系合范铸成，顶部钻有一孔。在铃外还包有布，可见对此铃是十分珍视的。

河北唐山大城山发现有两块穿孔铜片，穿孔方法系两面对钻，与石器钻孔方法一致。

内蒙古鄂尔多斯市朱开沟遗址发现有铜锥、铜手镯。

湖北天门石家河遗址发现有不少铜块。

在黄河上游的齐家文化遗址，多处发现远古铜器，种类有刀、锥、匕、指环、斧、镜等。

这是距今约 5000 年的龙山时期的文化状貌的一个侧影。铜，作为一种全新的、经过人工加工的物品，进入了人类的生活领域。

上述来自远古的遗物告诉我们，早在原始社会末期，我国的原始先民已经掌握了最原始的冶炼技术，坩埚的发现证明当时的人们已经为冶炼发明了特殊的冶炼工具。人们现在看到的原始黄铜是铜、锌合金，专家们一致认为，它不可能是原始人有意掺锌制成的合金黄铜，而应是利用铜、锌氧化共生矿矿石在木炭燃烧下冶炼出的产品。

这些来自远古的铜器遗物还告诉我们，这时铜已经渐渐进入人们的生活领域，尤其是生产领域，但范围很有限，而且只是一些小件手工器具，挑起大梁的还是石器。在原始铜器中发现了不少铜锥。《管子·海天》将锥与斤（斧）、锯、凿并列为古代人的四大工具，锥进入生产领域应该看作一件大事。此外，铜器还有以斧、刀、匕等形态出现的，这也应该受到充分重视。

值得注意的是，黄铜也被远古的人类用来作为日常用品，如镯、指环、镜等，也有制成乐器的。这证明，铜正越来越受到人们的青睐和重视。不过，由于当时的冶炼技术还十分低劣，黄铜的坚韧度、硬度都还比不上石质器具和骨质器具。这种种弱势，决定了它在相当长一段时间内还唱不了主角。

在翦伯赞先生主编的《中国史纲要》中，在范文澜著和郭沫若著的《中国通史》中，以及在周一良、邓广铭、唐长孺、李学勤编著的《中国历史通览》中，都没有提到铜石并用时期，只有在白寿彝主编的《中国通史》中，专列"铜石并用时代"，并标出时间概念为公元前 3500—公元前 2000 年，这是从石器时代走向青铜时代的一个过程时代。至于这种划分是否妥当，有待于更深入的研究。

井文化

"井"是一种用来从地表下取水的装置，是古代人民家家户户都具备的东西。中国传说是伯益发明了"井"。井里的水来自地下水，清澈、清凉。"井"也形容有条理、有办法、有法度。

"井"是中国先民的一大发明。人类的生活离不开水，人们必须傍水而生存、繁衍。可自从发明了水井以后，生活的范围就大大地拓展了，在原先没有水源的地方，只要凿上几口井，一切问题就迎刃而解了。"九夫为井，四井为邑。"（《周礼》）"改邑不改井。"（《易经》）中国的传统观念视井为命根子，把"离乡背井"看成是人生一大苦事。问题是：穿地取水、凿土为井，究竟起始于何时呢？井的发明权究竟该属于谁呢？

关于井的发明，在我国的文献中有种种说法。

根据《史记》的说法，是舜发明了井。舜的父亲瞽叟，是个不太讲理的人。舜母死后，瞽叟娶了后妻，又生了个儿子。"瞽叟爱后妻子，常欲杀舜"，为了杀舜，"瞽叟使舜穿井"，试图让舜下到井底的时候"下土实井"，把舜杀死在井下，哪里知道舜是有先见之明的，打井时同时打了条地下通道，井被填死时他早就从地下通道逃出来了。这样，井就被舜发明了出来。

《吕氏春秋·勿躬篇》的说法是"伯益作井"。伯益是舜时东夷的一位部落首领，相传他是助禹治水的最大功臣。后来，禹当政时曾想把位置让给他，他怎么也不肯，二人相持不下，最后伯益避居于箕山之北，并在民间发明了井，造福于世人。

上面都是史书上记载的关于井的发明的故事，时间都说是在舜的时代。看来，这大致上是正确的，从考古发掘资料看，井的发明的确在大约5000年以前。

在苏州城东15公里的独墅湖一带，这里在远古时代曾经是水草丰美、人口稠密的地方。就在独墅湖的湖底——当年是一马平川，在仅3.2平方公里的区域里，发现了近百口土井。据考古分析，这些土井存在于5500年前，是我国目前

为止发现的最古老的古井群。

在这些古井群旁，还发现了大量制作精巧的黑皮陶罐，每一陶罐顶部有两个小洞，可能是为了便于携带，也可能是为了穿上绳可打水。

在河南汤阴白营发现了一口约4500年前的古井。此井深达11米，可称得上是深水井了。井壁用木棍自下而上层层叠起，累计有46层。木棍交叉处有榫，使两根木棍之间能固定起来，对保护井壁起了很大的作用。从上往下视，木棍层层相压，成"井"字形，由此可见当时井字造字时是像实物之形的。

在汤阴白营古井的不远处，有陶窑，并有水沟通向窑边。

在汤阴白营古井底部有不少陶制水罐，罐子上有绳络的痕迹，可见那是汲水陶罐。

其他，在河北邯郸涧沟、河南洛阳矬李、江苏吴县澄湖等处都发现有5000年前的古井。

古井的发现纠正了人们的一个长期形成的观念，即以为井的发明是为了满足人们生活的需要。其实那是不正确的，至少是不完全正确的。从古井的实际情况看，井的发掘主要还是为了陶器制作。陶器制作需要大量的水，而水源往往是个极大的问题，尤其在我国北方。于是，我们的先民想出了掘井一法。有了井，又有了泥，那么制陶就随处可行了。白寿彝先生在《中国通史》中说："河北邯郸涧沟的井为土井，建于陶窑附近，并有水沟通向窑边的和泥坑，看来是为制陶时淘泥用的。"苏州独墅湖的古井旁有着同期的大量陶器，看来以井水制陶也是势所必然的，不然，在3.2平方公里的小范围内，食用水说什么也不用百来口井。

当然，我们并不排斥井水的食用价值。《周礼·地官》有言："九夫为井，四井为邑。"在很长一段时间内，社区就是以井为基本单位的。九家人家（九夫）共用一口井，有四口井就组成一个村邑。有三十六家人家共用四口井，组成一个村庄，一切也都可以了。

原始村落布局

原始的初民走出洞穴以后，就住进了由他们自己打造的村落中。

村落处处可见人为的斧凿之痕，也许是为了安全，村落都由一条外环围沟包裹着。这些外环围沟，一望而知是人工挖掘的。从半坡遗址情况看，外环围沟需挖去上万方土才能建成，可见为了整个村民的安居，初民们是不惜劳力的。在工具十分落后的情况下，那简直是一个难以想象的奇迹。

外围沟内的主体建筑是初民们的居室。可以看出，凡是有原始村落的地方，房舍的排列都是错落有致的。从一些村落的布局看，似乎有这样一些特点：第一，房舍环成圈形，北边的房屋门朝南开，东边的房屋门朝西开，西边和南边的房屋的门分别朝东和朝北开。总之，都背对围沟，面向中央广场。第二，所有的房屋都可以归入一定的"群"中，一"群"中都搭配有大、中、小三种房型。第三，房群又可细分成一定的单元。

这样看来，村落、房群、房屋单元，这些原始初民精心设计的构架，代表着当时的社会结构和人群走向，是很值得加以研究的。

我们可以以陕西临潼姜寨文化遗址的村落为例，进行剖析。

姜寨村落分为居住区、窑场和墓地三部分。居住区位于整个村落的中央，居住区与窑场区和墓地区有深浅不一的壕沟分开。在东南部，越过壕沟就有两片墓地，西面靠近河岸边是一个不太大的窑场。这样，生活、生产和丧葬被分割得十分清楚了。

姜寨小型居址面积一般都在 20 平方米以上，比起北方最早的小型居址来，条件是大大改善了，最初发现的小型居址只有 5—7 平方米，现在在面积上大约增加了三倍，屋室的质量也比原先有所提高。每个小型居址内都有火塘，可供 2—4 人起居所用，可能还可多住些人。这是个标准的小家庭的住所，是最小、最基础的社会单位，中国最早的"家"的概念应该就产生于此。

五至六个小型居址很紧密地结合成一个群体。在这个社会群体中有一间中型居址，面积在 20 平方米到 40 平方米之间，有的还超出 40 平方米（这由这一群体的实力来定）。室内有大一点的火塘和土床，有的还有 2 个土床以至更多的土床，可供 10 人至 15 人居住和活动。它的附近有窖穴，表明食物的贮藏与分配权利掌握在这个共同体内，而最小的家庭范围内是没有这种权利的。这一群体在先民的生活和生产中可以发挥相对独立的作用。

大型居址多在 70 平方米以上，最大的有近 130 平方米的。在大型居址的室内也建有火塘和土床。这里除了可以供一些人日常起居外，还是举行集合和特别仪式（祭祀、丧葬、成年等仪式）活动的场所。它是仅次于全村的第二级的共同体。在一些大型居址附近还有牲畜圈栏和牲畜宿场，窑场是重大的工程，也为这一级组织所拥有，事实上低一级的组织没有能力去制陶。在姜寨还发现了我们国家至今发现得最早的黄铜残片，冶铜技术更复杂些，非得有全村通力合作不可。

姜寨的聚落一共分成 6 个相对完整（生产与生活设施齐全）的组群。考古专家做了这样的分析，上述由居址反映出来的几级组织，反映的应该是家庭、家族、氏族、胞族四个级别。胞族相当于村落，下面几级都统辖于胞族之下，而如果通俗地讲，那就是大家庭与小家庭。当然，当时的小家庭还是不完备的，甚至不稳定的，与现代意义上的小家庭不可同日而语。

中华织造

嫘祖，又名累祖。中国远古时期人物。为西陵氏之女，轩辕黄帝的元妃。她发明了养蚕，史称嫘祖始蚕。

嫘祖教民养蚕织丝的故事，是充分神话化了的。据传，有一次黄帝打了大胜仗，为了庆祝胜利，特地举行了盛大宴会。宴会上，黄帝妻子嫘祖捧出两绞蚕丝献给黄帝。那两绞蚕丝一绞黄得像金子，一绞白得像银子，黄帝十分喜爱，便让人织成绢，再制成衣服。从此，"嫘祖始劝蚕"。嫘祖又要养蚕丝织，又要陪黄帝出巡，十分的辛苦，"帝周游行时，元妃嫘祖死于道，帝祭之以为祖神"。

这当然只是一则神话传说故事，在历史上，嫘祖怕未必实有其人，它只是先民发明织造艰难历程的一个人格化缩影而已。

其实，人类的织造并不从养蚕丝织始，最早的织造当是麻织。考古发现告诉我们，早在仰韶时代就已经有了麻布。根据一些陶器上的印痕知道，当时都用平纹织法，其密度一般为每平方厘米 6×9 至 12×15 根。麻线粗细均匀，线径只有 0.5—0.8 毫米。麻织品的织法和线径的粗细，可以与现代农家平纹布比美，可见在这之前，麻织业已有了一段相当长的发展时期。麻织业少说在我国也已经有了七八千年的历史。

丝织业比麻织业在难度上要高一些，它的发展也要晚一些。

蚕丝作为纺织丝绸的原料，属于动物性纤维，它不但纤长、强韧、能耐酸蚀，且光滑而柔软，具有一定的弹性。最早的蚕是野生的，原始先民在采集过程中发现了蚕，为的是吃蚕蛹，在剥蚕茧过程中发现了蚕丝，并一点点地学得了利用蚕丝来纺织。至于将野蚕养成为家蚕，即一些书籍中说的"嫘祖始劝蚕"，那当是后来的事。

黄帝是我国北方地区尤其是黄河流域传说中的始祖，那"始劝蚕"的嫘祖也该是北方人了。但是，大量的地下发掘表明，"始劝蚕"的现象是发生在南方的长江流域一带的。因此，如果一定要将"始劝蚕"的现象人格化为一个人的话，那么，嫘祖当是南方人了。

至晚到龙山时代的良渚文化中，已经有了丝织物了。再往前推，从河姆渡出土的一件象牙小杯上雕有的确凿蚕纹看，早在六七千年前长江下游一带的先民已经认识了蚕，并可能懂得利用蚕丝。

在浙江吴兴钱山漾文化遗址中，曾发现有丝带、丝线、绢片。丝带分 10 股，每股单纱 3 根，织成两排平行的人字形纹，宽约 0.5 厘米。绢片系平纹织法，经纬粗细相仿，织物密度为每平方厘米 47×47 根。这就在现在看来，也是相当精致的丝织物了。

考古发现表明，良渚人已经懂得了养蚕、缫丝、合股、纺织等技术。

把野生的蚕培育成家养的蚕，其中要经历上千年的历程。而饲养家蚕的重要一环就是桑叶喂蚕。科学家在良渚文化区所做的植物孢粉分析中表明，良渚

文化时期已有大片的桑林存在（这可能也是人工栽培的），而钱山漾绢片的原料经鉴定正是桑蚕丝，两者结合起来看，可以推知良渚时期人已经学会饲养家蚕并利用家蚕丝织绢。

应该承认，缫丝对古人来说也是个很不简单的过程，蚕丝的主要成分是丝素和丝胶。丝素透明而不溶于水，是蚕丝的本体；丝胶包裹在丝素之外，有黏性而又易溶于有一定温度的热水中，缫就是为了脱除丝胶。从考古发掘看，当时的先民已经懂得用热水缫丝了，不然即使有了蚕茧也是织不出绢来的。

谁是历史上真正的嫘祖？答案可能是：他们是离现今五六千年的良渚人，确切地说，应当是良渚妇女。

远古食具

中国最早最具特色的食具是什么？答案应该是毋庸置疑的：筷子。

筷子在先秦时代称为"梜"，汉代时已称"箸"，明代开始称"筷"。筷子是一种民间的俗称，讲得文气一点，那就是箸。箸，也可写成"筯"，望文生义，就是助食之具。在世界上，用筷子助食的民族并不多，而且那些西方民族用起筷子来总是别扭，只有中国人，小孩只要能自己进食了，用不了多少训练，就能用筷子。这是不是说明中国人的手指特别的灵巧呢？这个问题留待人体生物学家和遗传学家去考定吧。

中国人用筷子的历史有多长？恐怕是难以具体考证了。但是，我们敢说，筷子的历史可以延伸到原始社会。《韩非子·喻老》有言："昔者纣为像箸而箕子怖。"《史记·宋微子世家》中亦有类似说法。可见，在夏商时代，用竹做的筷子助食已经是十分平常的事了，而且还可能已经普及到了民间。那个商纣王突然要"为像箸"，实在太奢侈了，使忠臣箕子大为恐怖。从夏商再往上推，可知在新石器时代人们已经用筷子那是不会有什么问题的。

那么，为什么我们至今没有发现地下发掘的远古筷子呢？那也是容易理解的，筷子一般用竹、木制成，不像石、骨器具那样能保存久远，过不了几十年

就腐朽得无影无踪了。远古时代离我们至少五六千年，我们怎么能一睹当年原始人使用过的筷子的真迹呢？

除了筷子之外，对中国人来说，最具特色、最久远的食具应为餐匙了。

在黄河上游地区发现的齐家文化遗址中，发掘出了大量的骨质餐匙。这些餐匙一式的长条形，柄端无一例外地都有穿孔。十分有趣的是，在这里的墓葬中，这些带孔的餐匙一般都置于死者的腰部。据此，我们可以做出这样的推测，我们的先民当时还没有置办餐厨之类的家具来放置餐匙及其他助食用具，他们就别出心裁地把餐匙别在腰间，那样不只不会遗失，还可每到一处便解下来使用了。还有一层，即把餐匙别在腰间，也就专属于他个人的东西，这种专人专用的餐具，恐怕也可列入文明习惯中的吧。

餐匙的出土遍及黄河两岸，大江南北。在黄河下游的大汶口文化遗址，餐匙制作得十分的精致，十分的小巧，使用起来一定十分方便。那些骨制的勺形匙，造型十分的美观。可见，当时的人们不只讲究美食，还追求着助食器具的美观了。更为富于深意的是，大汶口文化的许多精美餐匙都是作为随葬品放在死者的手中的。"匙不离手"正好说明了餐匙在中国人的生活中的非同寻常的重要性和地位。

在长江流域也发现了为数可观的新石器时代的骨质餐匙。河姆渡文化遗址有最精美的鸟形刻花象牙餐匙和标准的勺形餐匙，年代大致与黄河流域最早的餐匙相当。

在我国华南，在东北地区，也都发现了各式的新石器时代的餐匙。

用餐匙作为助食工具，这与中国南北都食用稻、黍类食物有关。稻、黍及其他五谷煮成饭以后，或烧成粥以后，是难以用其他餐具进食的，用匙一匙一匙地喂进嘴里既方便，又有利于细嚼慢咽，比起抓食来要卫生得多，也容不得你狼吞虎咽。再说，自从中国先民发明了各种各样的陶器以后，为烧煮汤食打开了方便之门。食汤如果端起食具喝，那是很不方便的，如果用餐匙去食汤，那是最舒服和省事的。

远古时代的骨质餐匙，发展到商周时代变成了青铜餐匙，秦汉时代又出现了漆木餐匙，到了隋唐时代，金银餐匙也问世了。不管怎样变，餐匙这个进食常用具是被永远地保留下来了。

也许难以置信，中国最古老的进食具中还有餐叉这玩意儿。

有人会问：餐叉不是西餐的进食必用餐具吗？怎么能说是中国最古老的进食具呢？不，不是这样的，可以听听知原先生在《人之初》中的一段话："有的研究者认为，西人广泛使用餐叉进食，是从公元 10 世纪的拜占庭帝国开始的，也有人说是始于公元 16 世纪，最多不过是 1000 年的历史。中国人用餐叉的历史可以追溯到 5000 年以前，不过我们没有将餐叉作为首选的进食器具，它实际上后来是基本上被淘汰出了餐桌，这显然是因为我们更适合于使用筷子的缘故。"

在考古发掘中，在黄河上游的甘青地区，曾发现有属于新石器时代的餐叉。在甘肃武威皇娘娘台齐家文化遗址，出土过一枚骨质餐叉，为扁平形的三齿叉，样子相当接近于我们现代餐桌上的餐叉。在青海同德县的宗日马家窑文化遗址，发掘到一枚骨质三齿餐叉，餐叉长 25.7 厘米，齿长 9 厘米。在黄河流域的其他新石器时代遗址中，还发掘到一些残断的骨质餐叉。

这种使用餐叉的传统至少坚持了二三千年，一直到商代、春秋、战国时代，地下都有不少餐叉发现。不知什么缘故，也许国人觉得使用餐叉实在太费劲，而中国人又习惯于将肉食切碎后煮烧，与西方的整块肉进食大异，于是，餐叉就自然而然地被淘汰了。

酿造美酒

中国古代传说中，始作酒者为仪狄。据传，仪狄是大禹的近臣。一天，大禹忽然兴之所至，要仪狄制作一种能消闲、消愁的饮料。仪狄领命而去，便与一些人一起研制出了一种被称为"酒"的饮料。仪狄把酒进献给大禹，大禹喝后，感到十分的甘甜，但过后又使人昏昏然。大禹是一个十分勤劳俭朴的人，喝酒后突发一念：酒这个东西并不好，还是不要酿造吧！《战国策·魏策一》有这样的记载："进之禹，禹饮而甘之，遂疏仪狄，绝旨酒。曰：后世必有以酒亡其国者。"传说究竟是传说，不可大信的，英明如大禹，在酒的问题上的看法是

不会那样绝对的。事实上，酒的发明也如其他历史上的重大发明一样，不可能由某一"能人""伟人"创造出来的。

怎样来验证历史上酒的存在呢？不少人以为当然要看有无饮酒器了。《中国通史》依据大汶口文化和屈家岭文化中有饮酒用的高柄杯这一史实，认定那时已有酒了。到铜石并用时期酒器做得更精致，龙山文化的薄如蛋壳的黑陶杯，良渚文化中那些精致而质优的黑陶杯和漆觯、漆杯，都证明饮酒之风已有大的发展了。

有人不能同意这种观点，知原先生的《人之初》认为："要证明何时发明了酿造技术，是否有专用的饮器不是主要的，因为一般的食具都可以借用来作为酒器。考古发现的专用酒器都是礼器化了的器具，不可能是初酿阶段所能出现的事物。"

那么，如何确切证明酿酒工艺的存在呢？知原先生以为，应是看"有没有制成合适的酿具"。

考古工作者在新石器时代遗址中发现了一些带孔的大瓮，经考证，认定那就是具有酿造特别功能的器具。这种带孔的大瓮，在陕西临潼的白家村文化中发现过，在甘肃天水西山坪文化中也发现过，在大汶口文化、仰韶文化的一些文化遗址中更是屡有发现。这证明了大约早在 7000 年前，酿酒技术已在祖国大地上遍地开花了。

从中国看，最早酿造的是谷物酒呢，还是果子酒？这似乎也是一个难解的谜。

大多数的专家认为首先出现的当然是谷物酒。《淮南子》中有"清醠之美，始于耒耜"的说法，这里"耒耜"实际上是谷物的代称，作者是认定以谷物造酒是酿造之始的。一些学者还用这样的故事来证明酿造谷物酒的肇始。知原先

大禹

生在《人之初》中写道：

历史上常常有这样的巧事，一些无可挽回的错误与失败，反而铸成了意外的巨大成功，中国远古的初酿成功，可能起因于谷物的保管不善而发芽变质，这种谷物煮熟后食之不尽，存放一段时间后就会自然酒化，这便是谷芽酒。许多次的失败，让人们反复尝到了另一种难得的味道，启发了人们新的欲望，于是有意识有目的的酿酒活动便开始了。从这个角度来说，古代视酒为"天之美禄"，也可以说是恰如其分的了。

这样看来，似乎谷物酒在果品酒之前了。但是，另外一些专家坚持认为果品酒产生在谷物酒之前，而且言之凿凿。宋兆麟等先生在《中国原始社会史》一书中说得很干净利落。

饮酒是很流行的。最早的酒是用植物的根块或果实酿制的，如以甘蔗、麻根、柿等酿酒。农业兴起以后，才出现谷物酿酒。《旧唐书》卷一九七载："俗以椰树花为酒，其树生花，长三尺余，大如人膊，割之取汁以成酒，味甘，饮之亦醉。"游牧民族则以牛、马的乳类酿酒，鄂伦春族和蒙古族的马奶酒是相当闻名的。

这样看来，果品酒的出现可能还是很早的，根据《中国原始社会史》的看法，它在谷物酒之前。其实，平心而论，不管在中国，还是在外国，果品酒和谷物酒的出现是难分先后的，还可能是同时出现的。

至于酒器，开初可能是取自自然物，有用竹筒，也有用兽角的。《礼记·礼器》中说："宗庙之祭，尊者举觯，卑者举角。"觯和角，都指的是兽角。羌族至今"饮酒，共一坛，每人一只空心竹，轮流而饮"。这里说的空心竹并不是天生的，而是为了喝酒，把竹节打通后，称"空心竹"。陶器的酒器，铜器的酒器，那是后来发明的了。

传说时代

五帝帝系表

约前 30 世纪初—约前 21 世纪初

黄帝		
颛顼		
帝喾		
尧		
舜		

盘古开天辟地

我国有着非常悠久的历史，按照古代的传统说法，从传说中的黄帝到现在，有四千多年的历史，通常叫作"上下五千年"。

在上下五千年的历史长河中，有许许多多动人的有意义的故事。其中有大部分是有文字记载的。至于五千年以前远古时期的情况，却没有文字记载，但是也流传了一些古老的神话和传说。

譬如，我们人类的祖先，究竟是从哪里来的？例如流传至今的一个盘古开天辟地的神话。说的就是在天地开辟之

盘古开天辟地

前，宇宙不过是混混沌沌的一团气，里面没有光，没有声音。这时候，出了一个盘古氏，用大斧把这一团混沌劈了开来。轻的气往上浮，就成了天；重的气往下沉，就成了地。

以后，天每天高出一丈，地每天加厚一丈，盘古氏本人也每天长高一丈。这样过了一万八千年，天就很高很高，地就很厚很厚，盘古氏当然也成了顶天立地的巨人。后来，盘古氏死了，他的身体的各个部分就变成了太阳、月亮、星星、高山、河流、草木，等等。

这就是盘古开天辟地的神话。

神话毕竟只是神话，现在谁也不会相信真有这样的事。但是人们喜欢这个神话，一谈起历史，常常说从"盘古开天辟地"起。这是因为它象征着人类征服自然的伟大气魄和丰富的创造力。

那么，人类历史究竟应该从哪儿说起呢？人们从地下发掘出来的化石证明，人类最早的祖先是一种从古猿转变而来的猿人。

我国科学工作者在祖国各地先后发掘了许多猿人的遗骨和遗物的化石，可

以看到我们祖国境内最早的原始人，已经有一百万年以上的历史。像云南发现的元谋猿人，大约有一百七十万年历史；陕西出土的蓝田猿人，大约有八十万年历史；拿有名的北京猿人来说，也有四五十万年的历史了。

这里，我们就从北京猿人说起。北京猿人生活在周口店一带。那时候，中国北方的气候比现在温和湿润。山上山下，生长着树林、灌木和丰茂的野草。凶猛的虎、豹、狼、熊等野兽，出没在树林和山野中。那里还生长着大象、犀牛和梅花鹿。

猿人的力气比不上这些凶猛的野兽，但是他们和其他动物根本不同的地方在于，猿人能够制造和使用工具。这种工具十分简单，一件是木棒，一件是石头。木棒，树林里多的是，但它是经过人砍削的；石头呢，是经过人工砸打过的，虽然很粗糙，但毕竟是人制造的工具。

他们就是用这种简单的工具来采集果子，挖植物的根茎吃。他们还用木棒、石器来同野兽做斗争，猎取食物。

但是，这种工具毕竟太简陋了，他们获取的食物是很有限的，靠单个人的力量，没法生活下去，只好过着群居的生活，共同劳动，共同对付猛兽的侵袭。这种人群就叫原始人群。

几十万年过去了，猿人在艰苦的斗争中进化了。在北京周口店龙骨山的山顶洞穴里，发现另一种原始人的遗迹。这种原始人的样子，已经和现代人没有什么两样，我们把他们叫作"山顶洞人"。

山顶洞人的劳动工具有了很大的改进，他们不但能够把石头砸成石斧、石锤，而且还把野兽的骨头磨制成骨针。别看这一枚小小的骨针，在那时候，人们能磨制骨针可不是一件简单的事。有了骨针，人们可以把兽皮缝成衣服，不像北京猿人时期那样赤身裸体。

山顶洞人过的也是群居生活，但他们的群居生活已经按照血统关系固定下来。一个集体的成员都是共同祖先生下来的，也就是同一氏族的人。这样，人类社会就进入了氏族公社时期了。

女娲造人

盘古开天辟地以后，天上有了太阳、月亮和星星，地上有了山川草木，甚至有了鸟兽虫鱼了，可是这世间总显得有些荒凉寂寞。这时候，出现了一个神通广大的女神，叫作女娲。据说，女娲一天当中能够变化七十次。有一天，天神女娲行走在这片苍苍莽莽的原野上，看看周围的景象，感到非常孤独。她觉得在这天地之间，应该添一点什么东西进去，让它生气蓬勃起来才好。她走呀走，走得有些疲倦了，偶然在一个池子旁边蹲下来。顺手从池边掘起一团黄泥，掺和了水，在手里揉呀揉，揉成了一个像娃娃一样的小东西。她把这个小东西放到地面上。说也奇怪，这个泥捏的小家伙刚一接触到地面，马上就活了起来，并且一开口就喊："妈妈!"接着便是一阵兴高采烈的跳跃和欢呼，表示他获得生命的欢乐。

女娲造人

女娲看着她亲手创造的这个聪明美丽的生物，又听见"妈妈"的喊声，不由得满心欢喜，眉开眼笑。她给她心爱的孩子取了一个名字，叫作"人"。人的身体虽然小，但据说因为是神创造的，相貌和举动也有些像神，和飞鸟走兽都不相同，看上去有一种管理宇宙的非凡的气概。女娲对于她的杰作感到很满意，于是，她又继续动手做她的工作，她用黄泥做了许多能说会走的可爱的小人儿。这些小人儿在她的周围跳跃欢呼，使她精神上有说不出的高兴和安慰。从此，她再也不感觉到孤独寂寞了。

她工作着，工作着，一直工作到晚霞布满天空，星星和月亮射出幽光。夜深了，她只把头枕在崖上，略睡一睡。第二天，天刚微明，她又赶紧起来继续工作。她一心想让这些灵敏的小生物布满大地。但是，大地毕竟太大了，她工作了许多年，还没有达到她的意愿，而她本人已经疲倦不堪了。最后，她想出了一个绝妙的创造人类的方法。她从崖壁上拉下一条枯藤，伸入一个泥潭里，搅浑了浑黄的泥浆，向地面上洒去。泥点溅落的地方，就出现了许多小小的叫着跳着的人儿。这些人儿和先前用黄泥捏成的小人儿一般无二，"妈妈，妈妈"的喊声震响在周围。用这种方法来进行工作，果然简单省事。藤条一挥，就有好些活生生的人物出现，大地上不久就布满了人类的踪迹。

大地上虽然有了人类，女娲的工作却还没有终止。她又考虑着：人是要死亡的，死亡了一批再创造一批吗？未免太麻烦了。怎样能使他们继续生存下去呢？这却是一个难题。后来她终于想出了一个办法：就是把那些小人儿分为男女，让男人和女人结合起来，叫他们自己去创造后代，担负起养育婴儿的责任。这样，人类就世世代代繁衍下来，并且一天比一天增多了。

共工怒触不周山

和平时代

在黄帝、少皞之后，有高阳氏担任部落联盟首领，号称"帝颛顼"，传说他是昌意的儿子，黄帝的孙子。颛顼居于帝丘，就是现在的河南濮阳县。春秋时卫国曾迁徙到这里，故有人称卫国在"颛顼之虚"。颛顼生性沉静而有智谋，通达事理。他努力发展农业、畜牧业生产，积蓄财物；又虔诚地祭祀天地鬼神，以保佑万物的生长；并治理四时五行之气，以教化万民。因而在颛顼的统治下，动静之物，大小之神，日月所照，无不和顺归服。

颛顼有八个品德高尚又有才能的后代，他们的名字是：苍舒、隤敳、梼戬、大临、龙降、庭坚、仲容和叔达。他们有八种高尚的品德，即：齐、圣、广、渊、明、允、笃、诚，八种品德的具体含义是：心齐由道、圣通博达、气宇宽广、思虑渊深、神明知微、允信不愆、笃厚志良、秉性诚实。天下之民称这八人为"八恺"，即八个心志和乐的人。"八恺"的美名在颛顼时已传扬开了，受到人民的尊敬，后来又被舜推举为官，做出很大的功绩。"八恺"的出现，更增加了当时的祥和气氛。

贵族特权

据说在少皞氏势力衰落时，百姓中的道德开始混乱起来，他们到处祭祀鬼神，民神混杂，无法分别。人人供物作祭祀之用，家家都有巫师主接天神，使祭神变得

颛顼

十分粗俗。人民因祭祀弄得疲乏困顿，还不知能否获得神的赐福。祭祀的供物也没有规定，随便乱凑，亵渎了神，使神失去威严。神对这种做法十分反感，因此不降恩赐反而使庄稼不好好生长，这样一来，百姓更无物用来祭祀。灾祸也就严重地出现了，社会上到处是一片唉声叹气，人人心情都不舒展。

颛顼当了部落联盟的首领后，针对这种情况，便命令一个名叫重的"南正"官专门主管祭祀天，以会合群神，使降嘉福；又命令一个名字叫黎的"北正"官专门主管地上的事，以监督人民，不得乱行祭祀，于是，祭天之事由专人掌管，变得神圣、隆重，一般平民不能侵犯、亵渎。颛顼称这项命令的作用是"绝地天通"，也就是断绝地民与天神相通。从此，祭祀天神成了贵族的特权，老百姓不许参与其事，这预示着原始社会中出现了贵贱的分化。

争夺帝位

颛顼对部落联盟的统治日趋巩固，引来了共工的妒忌。共工也是当时一个较大的氏族部落的首领。这个部族在伏羲、神农时代就有了，它的首领一直沿袭共工这个名字。共工部族开化得比较迟，物质文明没有黄帝部族那样先进。据说共工有人的脸、蛇的身体和红色的头发，生吃五谷、禽兽，生性贪婪残暴，愚顽恶狠。共工不服从颛顼的领导，并争着要当部落联盟的首领，当然要受到颛顼的斥责甚至攻伐。共工部族的武器装备和军队数量都及不上颛顼，但是他

们恶狠残暴的性格，促使他们会做出伤天害理的事来。据传说，共工在颛顼的强大势力下，因争不到帝位而发怒，便去猛触不周之山。这不周山是天柱，由于共工的猛触而折断了，于是天地晃动起来。天的倾斜使西北方高起来，因而日月星辰都向西北方移动；地的倾斜使东南方陷下去，因而河水都向东南方流去。

共工因与颛顼争帝失败而怒触不周山、使天柱折断的故事当然是一个神话，是原始社会人们的想象和传说。但由此也可看到，当时部落间夺取领导权的斗争已十分激烈。

精卫填海

神奇威力

传说黄帝的后代中有两个人，一个叫禺号，也有人把他叫作"禺虎"；一个叫禺强，也有人把他叫作"禺京"。他们都是人面鸟身的神，头上套着两条青蛇，脚下踩着两条黄蛇。禺强处在北海，禺号处在东海，他们代表天帝管理着大海。

在渤海之东十分遥远的地方有一个大壑，是无底之谷，名叫"归墟"，地上四面八方和天上银河中的水都流注到这里，因而水面辽阔，奔腾不息。在归墟这个大壑中，有五座山，它们的名称叫：岱舆、员峤、方壶、瀛洲、蓬莱。这些山的高下周围有三万里，其顶平处有九千里，各山之间相隔有七万里。这些山上金玉珠宝之树丛生，树上结的果实味美可口，食后都能长生不老。山上所住的人都是仙人和圣人，他们在五山之间飞翔往来，十分灵便。但这五座山的根没有连着海底，常常随着潮波上下浮动，没有一刻得以安稳。仙圣十分恼怒，便去告诉天帝。天帝恐这五山流散于四方，群仙圣会失去居住之处，便命禺强、禺号使15只巨鳌举起头顶着五座山。这15只巨鳌分为三组，五鳌为一组，每鳌顶一山，三组分三班轮流更替，每六万年替换一次，使巨鳌也得以休息。从此，这五座山便峙立而不动了。可见黄帝后代中禺强、禺号作为海神的威力。

雄心壮志

炎帝有个小女儿叫"女娃"，因为在东海中捕捉海产食物而被海潮吞没，溺水身亡。女娃淹死后，化为一只鸟，经常停留在北边发鸠山的主峰柘树山上。它的形状像一只乌鸦，头上有彩色的花纹，嘴是白色的，足是红色的。人们从它的鸣叫声中判断出它的名字叫"精卫"。女娃因为被海水淹死，她非常痛恨潮水吞噬人的生命，所以她死后变成一只精卫鸟，经常衔着西山上的木石，去填塞东海。她幻想着能在东海上筑起一条大堤，把海水阻挡住，这样，人们再也不会有被海水卷走的危险。精卫鸟每天不停地衔石填海，她以顽强的毅力不停地与大海搏斗着。

夸父追日

巨人追日

夸父身体健壮，浑身有使不完的劲。有一次，他突发奇想，要去追赶太阳。太阳每天向西边下落，究竟落到什么地方呢？他要去看个明白。夸父飞快地向西边奔跑，跑了好长一段路，毕竟还是追不过太阳。太阳终于下山了，落到一个叫"禺谷"的地方，渐渐地失去踪影。夸父奔跑得太累了，出了很多汗，这时突然感到口渴难忍，需要喝水，便到就近的黄河、渭河中去喝水。但是夸父的胃口太大，把黄河、渭河中的水差不多喝完了，还觉得口渴。他想起北方有一个大泽，那里水草茂盛，水质清洁，水面辽阔，便想到那里去再喝个痛快。夸父心中盘算着，又急速向北方跑去。

身死化林

由于过度的劳累，口中又极其干渴，没有喝到足够的水，夸父的身体支持不住，竟在去大泽的路上摔倒，再也爬不起来了。原来在夸父口渴难忍，到黄河、渭河饮水的时候，黄帝部下一个名叫应龙的水神在那里作怪，是他把河中的水故意放小，使夸父喝不到水，夸父实在是被应龙陷害死的。

夸父临死前，丢掉了他的手杖。这手杖变成树木，化为邓林。邓林草木茂盛，地域宽广，有好几百里。它就是后来生长在渭河下游一带的桃林。据说周武王伐纣归来，曾经"放马华阳，散牛桃林"，以示天下不再用兵。周武王放牛处的桃林，就是夸父手杖所化的。

浩气长存

夸父是炎帝后代中的英雄，他高大的身躯、强壮的体魄，以及要追赶太阳运行的雄心，永远为炎帝族的人们所纪念。在桃林的南边、夸父的家乡有一座山，后人称为"夸父山"，山上生长着许多楠木和竹箭，还有许多牛、羊和鸟类聚居在那里。山的阳面多美玉，阴面又多铁矿石。

夸父的足迹遍及中国的南方。在台州，即浙江省的宁波、象山、黄岩一带，在辰州，即今湖南省沅陵以南的沅江流域，以及湘江流域的永州市一带，都有夸父巨人追日足迹的记载。

嫦娥奔月

王母奖药

据说英雄羿在射落天上的九日和杀灭地上的猛兽妖怪之后，便朝西北昆仑山的方向行进，去寻求不死之药。羿不知爬过了多少山冈，涉过了多少大河，经过了多少时日，终于来到一个叫"昆仑之虚"的地方。这里是天帝在下界设的都城，称为"下都"。昆仑之虚周围有八百里，高万丈。上面有一株木质的禾，高四丈，茎特粗，要有五个人拉起手臂才能围住。同时还有九口井，井边都有玉做的栏杆。在这个高台上还有九道门，门前有"开明兽"在那里守着，有许多神仙住在里面。

羿在昆仑之丘，遇到了神仙西王母。西王母的脸像人，身体像虎，且经常叫啸。她披头散发，戴着很多玉饰，还有一条豹的尾巴，住在一个洞穴里。西王母是主管天下的灾害、瘟疫以及五刑残杀之事的。在她的南面有三只青鸟，专为西王母取食。西王母接见了羿。她知道羿是射日的英雄，在天下为民除害，建立了无数的功勋，如今羿想长留人间，请求给他不死之药。西王母经过再三考虑，决定奖励这位功勋卓著的英雄，便拿出了她珍藏的不死之药，赠送给了羿。

奇心惹祸

拿着西王母奖励给他的不死药，羿高高兴兴地回到自己的家中。羿娶有一妻，名嫦娥，也叫妲姮娥。羿与嫦娥十分恩爱，无话不说。他把去西方取来不死药之事也告诉了妻子。嫦娥对此将信将疑：难道此药真有这么灵验，能使人长生不老？于是，她乘羿在外工作的机会，就偷偷地把丈夫珍藏起来舍不得吃的不死药拿出来服用，看看这不死药的效力究竟怎么样。

不料，当嫦娥把不死药一吃下肚，肚子里突然骚动起来，人也变得飘飘欲仙，身体腾空升起，钻出窗外，一直朝着月球的方向飞奔而去。嫦娥无法控制自己，终于飞到了月亮上，化为月精，从此就一直守在那里。嫦娥正是因为偷吃了不死药，被神惩罚去守月宫，长期过着寂寞的生活。

吴刚伐桂

关于月亮的神话，除了"嫦娥奔月"以外，还有"吴刚伐桂"的故事。据说月球中有一棵桂树，高五百丈。有一个西河人姓吴名刚，因为得罪了天神，于是被惩罚来到月球上砍桂树，一定要将桂树砍倒，才能下地回家。但桂树那么粗，一斧砍下去留下一道裂痕，不一会裂痕又马上弥合，因此吴刚永远砍不倒桂树。吴刚的命运和嫦娥一样，他只能永远留在月亮里不停地砍树。

三皇五帝的传说

在远古时代，人类过着原始的生活，以狩猎为生，生吞活剥，茹毛饮血，生命常常受到凶残野兽的威胁。为了生存，人类在漫长的岁月里，不断地与天斗、与地斗、与熊罴虎豹斗。聪明的人类逐渐地认识了自然，掌握了生存的本领，不断地有所发明，有所发现，有所创造，从而推动人类从原始人群向氏族公社发展。

在这漫长的发展过程中，"四氏"——就是我们常说的三皇五帝相继应运而

生。许许多多美丽动人的传说反映了早期先民们的发展历史。

伟大领袖毛泽东有诗句：

五帝三皇神圣事，骗了无涯过客。

关于三皇，有不同的说法。《史记·秦始皇本纪》记载，公元前221年（秦始皇二十六年）丞相李斯说古代有三皇，是天皇、地皇、泰皇，其中泰皇最尊贵。

三皇的说法另外还有：

《尚书大传》——燧人、伏羲、神农；

《风俗通义》——伏羲、女娲、神农；

《古微书》——伏羲、神农、黄帝；

民间传说——天皇、地皇、人皇。

最有影响的说法是伏羲、神农、黄帝，他们是中国最古的三位帝王。

人类区别于其他动物的根本标志，是能够制造和使用工具。

原始人的工具十分简单，起初主要是木棒和石头。人们用削尖了的木棒和磨锐了的石头，采集果子，挖掘植物的根茎，猎取野兽，获取食物。那时，野兽既多又凶猛，人随时都会遭到它们的伤害。人们发现，鸟儿在树上筑窝，野兽爬不上去，不能伤害它们。于是，原始人就学着鸟儿的样子，"构木为巢"，在树上搭窝，把房子建在了树上。从此，人们住在树上，安全多了。传说，这是一个名叫"有巢氏"的人教给大家做的，大家还推举他做首领。

最初，人什么东西都生吃——生吃植物的果实，生吃兽肉。看到火山爆发，打雷打闪引起林木起火，都怕得要命。当大火熄灭，人们回到故地，随风飘来一阵阵诱人的香味。原来，是被大火烧死的野兽散发出的香味。人们品尝以后，觉得肉经过火烧之后比生吃好多了。于是，人们渐渐地学会了用火烧东西吃，并且想办法把火种保存下来，使它长久不灭。

火种的保存也并非是件容易的事，遇到大风大雨，火种保存就困难了。有时疏忽了，又会引起大火造成人员自身的伤亡。

不知过了多少时日，有个叫"燧人氏"的人发现，用两块燧石相撞相擦，能够撞擦出火来。他便教人们采集这种"火石"。人们还发现，用坚硬而尖锐的

木棒在另外一块木头上使劲地钻，也能钻出火来。燧石和钻木取火的发明，对人类的进化与文明是至关重要的一步。从此，人类再也不必为火种而发愁了。

自从人类发明了人工取火，就可以随时吃到烧熟的东西，而且增加了食物的品种，鱼也成了人们餐桌上的美味佳肴。由于食物结构的改变，人类的体质提高了，对自然界的适应能力、生存能力也大大增强了，人类进化的脚步加快了。

又经过了许多漫长的岁月，人们开始会用绳子结网，用网去打鱼。还发明了弓箭，可以远距离射猎鸟兽。以往，人们打猎都靠人多势众，群起而攻之，与野兽近距离拼杀，有时难免受到野兽的伤害。有了弓箭，人就安全多了，狩猎也更有效了。地上走的，天上飞的，水中游的，人们都可以射杀捕捉。人类进入了渔猎生活阶段。

人们打猎捕捉来的猎物很多是活的，食物吃不了时，就把活着的猎物留下来喂养，渐渐地又学会了饲养，于是有了畜牧业。现今的许多家畜、家禽，就是我们人类的祖先通过长期筛选由野生动物驯化而繁衍下来的。传说结网、打猎、饲养这些技术都是由"伏羲氏"传授给大家的。

这种渔猎的生活方式不知又过了多少年，人类的文明又产生了一次飞跃，这就有了农业的发展。

起初，有个叫"神农氏"的人，在春天偶然将一把野谷子撒在地上，不久，地上长出了小苗，到了秋天，又长成了更多的谷子。于是，他就大量地种植谷子。他组织大家开荒种地，还用木头制造一种带把儿的木锹——耒耜，用来翻地，种植五谷。随着逐年不断地扩大开荒种植，收获一年年增多，人们再也不必为吃饭而担忧了。

传说，神农氏尝过百草。为了选育新的品种，为人们提供更多可以食用的谷物、果实，神农氏不顾个人安危，亲自品尝各种野草野果，不但发现了许多可以吃的食物，还发现了许多可以治病的药材。他撰写了一部经典——《本草》，记载五谷与药材，农业和医药的书籍据说便始于此。

关于五帝也有不同的说法：

《大戴礼记》——黄帝、颛顼、帝喾、尧、舜；

《战国策》——庖牺、神农、黄帝、尧、舜；

《吕氏春秋》——太昊、炎帝、黄帝、少昊、颛顼；

《资治通鉴外纪》——黄帝、少昊、颛顼、喾、尧；

伪《尚书序》——少昊、颛顼、帝喾、尧、舜。

以下以《资治通鉴外纪》为依据。

五帝之首是黄帝。黄帝族原先居住在西北方，据传说，黄帝族曾居住在涿鹿地方的山湾里，过着往来不定迁徙无常的游牧生活。后来，黄帝族打败九黎族和炎帝族，逐渐在中部地区定居下来。黄帝姬姓，号轩辕氏，又号有熊氏。古书中有关黄帝的传说特别多，如用玉（坚石）做兵器，造舟车弓矢，染五色衣裳。黄帝正妻嫘祖养蚕，仓颉造文字，大挠作干支，伶伦制乐器。黄帝部落曾与炎帝部落发生过部落战争。

黄帝

炎帝族居住在中部地区。炎帝姓姜，神话里说他牛头人身，大概是以牛为图腾的氏族。姜姓是西戎族的一支，自西方游牧先入中部，与九黎部落长期冲突。最后被迫逃避到涿鹿，得到黄帝的援助，涿鹿大战，攻杀蚩尤。

后来，炎黄两族在阪泉（据说，阪泉在河北怀来县）发生了三次大冲突，黄帝族统率以熊、罴、貔、貅、貙、虎为图腾的各族打败炎帝族，黄帝族势力进入中部地区。

相传黄帝有子25人，其中14人共得12姓。所谓得姓，大概是子孙繁衍，建立起新的氏族来。《山海经》《大戴礼记》等书记载古帝世系，不论如何分歧难辨，溯源到黄帝却是一致的。历史上唐尧、虞舜以及夏、商、周三代，相传都是黄帝的后裔。

颛顼相传是黄帝子昌意的后裔（《山海经》《国语·楚语》有此说），居帝丘（河南濮阳县），号高阳氏。被黄帝征服的九黎族，到颛顼时，仍奉巫教，杂拜鬼神。颛顼禁绝巫教、逼令顺从黄帝族的教化。当时南方苗族又逐渐向北发展，自颛顼到禹，传说中常见苗族、黎族与黄帝族的冲突。

帝喾相传是黄帝子玄嚣的后裔，居西亳（河南偃师县），号高辛氏。传说帝喾有四妻、生四子。姜嫄生弃就是周的祖先，简狄生契就是商的祖先，庆都生尧，常仪生挚。《左传》文公十八年，季文子说，高阳氏有才子八人，号称"八恺"，高辛氏有才子八人，号称"八元"。这16族世世有声名，尧不能举用。舜举用八恺，使主管后土，地平天成；举用八元，使主管教化。

唐尧相传是帝喾的儿子，距黄帝五世。舜是颛顼的七世孙，距黄帝九世。禹是颛顼的孙子，距黄帝五世。传说中，尧号陶唐氏，都平阳（山西临汾县），居住在西方。

虞舜号有虞氏。《孟子·离娄》说"舜生于诸冯（山东诸城市）……卒于鸣条（河南开封附近），东夷之人也"，舜可能是居住在东方。禹父鲧居地在崇，崇就是嵩。禹原住阳城（河南登封市），在河南西部。后都阳翟（河南禹县），也略偏西部。他们原来都是部落酋长，后来被推选为部落联盟的大酋长。大酋长有权祭天、巡狩、处罚有罪的酋长，率众攻击敌对的部落。

黄帝、颛顼、帝喾、唐尧、虞舜并称"五帝"，五帝时期，中国社会已由母系氏族社会进入父系氏族社会，部落间的争战反映了这一时期氏族社会已开始解体了。

人文始祖话炎黄

上古时的中国大地，有许许多多大小不一的部族，他们为了生存、繁衍，或迁移、或通婚、或联盟、或拼杀。在拼杀争斗中逐渐形成了两个强大的部族，一个是以神农氏炎帝为首领的部族，另一个则是以轩辕氏黄帝为首领的部族。

黄帝的先祖是有熊氏。当时有蟜氏的一个女儿嫁给了有熊氏的首领，二人相亲相爱。一天，他们到姬水边游玩，天渐渐暗下来时，空中响起一声闷雷，接着出现一道闪光，那个姑娘本能地震颤了一下——她怀孕了。

过了整整两年，有蟜氏的女儿终于生下了一个男孩，他就是传说中的黄帝。

黄帝很小的时候就能通百事、断是非，再加上神奇的来历，人们认为他是天神降世，便推举他为有熊氏的首领。由于他长在姬水，住在轩辕，就以姬为姓，以轩辕为号，所以也有人称黄帝为轩辕氏。

传说黄帝的部族因争夺地盘与炎帝大战三场，最终以黄帝的获胜而告终。从此，黄帝声威远扬，各部族纷纷前来归附。为了便于管理，黄帝决定对天下进行重新划分和组编。最小的一级行政单位是井，然后是朋、里、邑、都、师、州。各州划明疆界，由降服的首领和黄帝委派的大臣共同管理。

黄帝有四个妃子，其中嫘祖很受人爱戴，她发明了养蚕，教人们养蚕缫丝，使人们能穿上暖和的衣服。

黄帝是个很有头脑的首领，比较重视文化。他将长期以来创造的记事用的符号整理归纳，这样，就形成了最原始的文字。

黄帝治国有方，万民称颂。这时期四方安定，国泰民安，黄帝渐渐产生了要享受一番的念头，于是大修宫殿都城。后来又在昆仑山顶建了一座行宫，在槐江边山顶上修了一座悬圃，也就是花园。在青要山上还有一座秘密行宫，里面有许多能歌善舞的宫女。

黄帝整日游玩行乐，荒废政事，有些原本存有二心的部族首领渐渐产生了反叛的念头，九黎族的首领蚩尤就是其中之一。

蚩尤曾是炎帝的部下，他见黄帝有些荒废政事，就劝炎帝起事。但炎帝性情仁厚，不愿无故挑起战祸殃及百姓。蚩尤便自己召集人马，打着炎帝的旗号，杀向涿鹿。

黄帝听说蚩尤反叛，大吃一惊，连忙离开行宫赶往涿鹿。可是当他赶回涿鹿时，他的兵士已被蚩尤布下的毒雾阵层层包围，有的东逃西窜，有的晕倒死亡。面对此情此景，黄帝不禁有些自责，但此时已不容多想，他毅然踏上指南车指挥军士冲出毒阵。当黄帝想组织反击时，突然狂风大作，暴雨滂沱。这是蚩尤请来助战的"风伯雨师"为阻止黄帝追杀蚩尤而降下的。但是黄帝不甘示弱，请天女帮忙，不久风停雨散，黄帝乘势打败了蚩尤。

为防止蚩尤反扑，黄帝开始驯养猛兽助战。他将猛兽饿上几天后，又命军

黄帝战蚩尤

士穿上蚩尤部的服装去逗弄它们，等它们被激怒后，便丢过去一些小动物。久而久之，猛兽一看见穿蚩尤部服装的人就野性大发。后来，黄帝就利用猛兽将蚩尤彻底打败。

关于蚩尤的死，传说不一。有的说黄帝捉住蚩尤后将他杀死，他死的地方长出一片枫林，枫叶上还有斑斑血迹。也有的说蚩尤的血流出来变成一个盐池，盐池的水一直是红色的。还有的说黄帝捉住蚩尤后砍下了他的头颅，后来那个地方就取名为"解"。

蚩尤被杀后，炎帝的另一个臣子刑天又反叛了。他手持利斧与黄帝大战在常羊山上，二人剑来斧往，越战越勇。黄帝知道刑天只会用蛮力，便避过锐不可当的势头，轻轻一闪身砍下了刑天的头。

黄帝得胜而归，百官齐声道贺。可是黄帝并没有为此沾沾自喜，他深知这场战争是因他荒废政事而招来的。从此，他不再游山玩水，而是兢兢业业，勤于政务。后来，他派人将尽心政事、一心为民的炎帝接回来，两个部族共同劳动，和睦相处，共同繁衍生息。

炎黄的故事流传了几千年，中华民族也一直以炎黄子孙而骄傲。从现代历史科学的观点来说，炎黄时代，可能处于原始社会末期的父系氏族公社时期，正式意义上的国家还没有产生，炎帝、黄帝也不像后世帝王那样。当时，中华大地上分布着许多氏族和部落，这些氏族和部落之间有着各种各样的联系，有相互通婚的姻亲关系，有祖族与支族及支族之间的血缘关系，有生产生活中的睦邻友好关系，也有相互争战的敌对关系。由此而形成了几个大的部落集团，其中中原部落联盟（即华夏族）最为强盛，炎帝部落和黄帝部落都属于这一部

落联盟，炎帝和黄帝是当时大的部落联盟的首领。

阪泉大战

友好相处

黄帝族的姬姓部落和炎帝族的姜姓部落原来都在我国的西部地区，在今陕西境内。黄帝部族活动于姬水附近，炎帝部族活动于姜水之滨。这两条河流十分接近，因此两个部族经常互相通婚。炎帝部族的姜姓女子嫁到黄帝部族，黄帝部族的姬姓女子嫁到炎帝部族，双方的关系原来十分融洽。

由于人口的长期繁殖，氏族部落的不断增生，原来居住的地域已经容纳不下，于是两个部落都开始了迁移活动。他们除了一部分人继续留在陕西原地外，两个氏族的许多部落逐渐向东发展，去寻找新的能居住生活的土地。

相互摩擦

黄帝氏族东迁的路线偏北，他们经过今陕西北部，渡过黄河，到达今山西南部一带。又经过一个时期，他们继续往东北方向迁移，其中有一支较大的部族到达了今河北北部。炎帝氏族也向东迁移而路线偏南，他们顺着渭水东下，再顺黄河南岸向东，到达今河南的西南部、中部和东部。两个氏族东移的过程中，一路上都留下一部分本氏族的人。因此，经过长期的迁徙活动，黄帝和炎帝两个氏族部落的人就遍布黄河南北，形成两股较强大的势力。

当时各氏族部落间为了争夺土地、财物，开始互相侵伐，发生了一些小规模的战争。神农氏虽然名义上是天下的王，但是此时他的势力已经衰弱，无法控制动乱的局势。黄帝部族有一位首领名轩辕，他看到局势的混乱，就动员自己部落制造兵器，练习打仗，以征服那些不听从命令、到处进行掠夺的部落。轩辕的名声大振，各方部落都来归附于他。这时炎帝氏族依仗人多势众，不服从轩辕的命令，还在侵掠其他部落。一些受侵略的部落纷纷到轩辕那里求救，要求轩辕出来制止炎帝氏族的侵掠行为。

黄帝取胜

轩辕十分气愤，他决心维护正义，给炎帝氏族一点教训。于是，轩辕在部落内继续推行德政，训练士兵的作战本领，鼓舞士气；同时号召人民种好五谷，积蓄粮食，以备作战的需要，他还安抚四方的部落，希望他们同心同德，与炎帝氏族做斗争。

经过长期的充分准备，黄帝族终于和炎帝族在阪泉之野即今河北涿鹿县东南发生了大战。黄帝族的士兵手执干戈，以熊罴虎豹等猛兽为前驱，向来犯的炎帝族阵营中冲杀过去。炎帝族的士兵也不甘示弱，双方厮杀成一团。经过三次激烈的战斗，炎帝族士兵逐渐不支而溃退，黄帝族部落取得了胜利。自此，轩辕更加为各方部落所拥戴。炎帝族人民散居各地，不敢再欺凌其他部落，天下又趋于太平。

刑天断头

伺机报复

炎帝族虽然在阪泉之战中被黄帝族打败，他们想统治天下的欲望受到了遏制，但是炎帝族是一个人多势大的部族，他们决不甘心于失败。族中的许多人都想伺机报复，为本族人争雄出气。

炎帝族中有一个官员叫刑天，他负责管理农业生产，又懂得音乐，喜欢拨弄乐器。有一次，炎帝族首领为了促进农业生产的发展，命令刑天作《扶犁》之乐，又作《丰年》之歌。刑天在春天吹奏督促人们"扶犁"的乐曲，教本族人民赶快下地播种谷物，到秋天农田出现一片丰收的景象，他又唱起赞颂"丰年"的歌曲，教本族人民赶快收割庄稼，储藏粮食。炎帝族被黄帝族打败后，人民死伤很多，生产受到影响，土地的开辟也受到限制，特别是作为一个战败的部族，还受到精神上的屈辱。刑天看到这些，引起无限惆怅，他终日闷闷不乐，总想着要与黄帝族争个高低，洗刷失败的耻辱。

顽强抗争

有一天，黄帝族首领出外巡游，带着一队人马途经刑天所在的部落，巡视田里的庄稼和人民的生活，并察看有没有反叛的行动。这时刑天怒不可遏，冲出去与黄帝族首领论理，责问他为什么要杀伤炎帝族的人民？为什么要进入炎帝族部落的领地？并说炎帝族人民总有一天要报仇雪耻，扬眉吐气。黄帝族首领见刑天的态度如此傲慢，便立刻命令手下的人将刑天斩首，把他的尸体埋葬在常羊山上。

然而刑天是一个意志顽强的人，他被斩首埋葬后，竟又出来活动了。他的两乳变成了双目，他的肚脐变成了嘴巴，拿着"干戚"在那里挥舞。干戚就是打仗时用来防卫和进攻的盾牌和斧钺，刑天死而不屈，挥舞干戚，以表示他抗争不屈、奋斗到底的决心。

东晋大诗人陶渊明曾作诗说："刑天舞干戚，猛志固常在"，表示他对刑天顽强不屈的抗争精神的赞美。

黄帝擒蚩尤

武林高手

蚩尤是上古时代九黎氏族部落联盟的首领，骁勇善战，相传蚩尤是牛图腾和鸟图腾氏族的首领，他有兄弟八十一人（约81个氏族部落），个个本领非凡。都有像野兽一般的强壮身躯，铜头铁额，能够吞食沙石。他制造的戈、矛、戟等铜兵器，坚硬锋利无比，故后世称他为"兵主"。特别是他能吞云吐雾，飞沙走石，制造变幻莫测的天气，使对手迷失方向，陷于失败。蚩尤依靠这特殊的本领，侵略各部落，所向无敌。

黄帝素知蚩尤的厉害，但为了天下的安宁，制服强横的凶顽，他一定要与蚩尤决一雌雄。正当黄帝策划如何去战胜蚩尤时，天上派遣了一名玄女下凡，授给黄帝一块"兵信神符"，告诉他如何战胜蚩尤的方法。黄帝得到这块神符，战胜蚩尤的信心更足了。

各显神通

黄帝与蚩尤的激烈大战终于在涿鹿之野，即今河北涿鹿县东南的广阔地带展开了。来犯的蚩尤部队首先使出看家本领，作大雾三日。一时间大雾弥漫，无法辨别方向。黄帝乃下令大臣风后制作指南车。这种指南车上有一个仙人，不管车子如何转动，仙人的手一直指向南方。依靠指南车的帮助，黄帝明确方向，指挥若定，蚩尤所施的下马威没有成功。

黄帝令水神应龙向蚩尤发起进攻。应龙放出的水把蚩尤部队围困起来。蚩尤请来了风伯、雨师，使得战场上风雨大作，黄帝部队不能前进了。于是，按照神符的指示，请来了一位叫"魃"的天女，她是一位旱神。魃一出现，风雨立刻停止。蚩尤顿时惶恐起来，黄帝乘势大举进攻，结果取得大胜，擒获了蚩尤，并将他杀戮于野外。

威慑天下

黄帝擒杀蚩尤的消息，使天下各部落受到极大震动。他们都拥戴黄帝为部落联盟的首领，代神农氏统治天下。黄帝不辞辛劳，管理天下，对不顺从的部落，进行征伐，还把山路开辟成通达的大道，加强与各部落的联系。

然而天下太平的局面仍然不时被打破，常有一些反叛者不听命令，蠢蠢欲动，想侵略其他部落。黄帝想了一个办法，请人画了蚩尤像到处张示，以此威慑天下。天下人都说蚩尤没有死，谁如果不守规矩，兴风作浪，就会受到蚩尤的攻击。这个办法还真灵，反叛者害怕蚩尤凶残，不敢轻举妄动，天下立即出现了安定的局面。

尧眉八彩

继承帝位

尧是帝喾的三妃陈丰氏女"庆都"所生的儿子，名叫"放勋"。据说在尧出生的时候，常有黄云覆盖在天上。尧母庆都外出观看黄河，忽遇一条赤龙从天而降发出一阵阴风。这阵阴风吹到庆都身上，心中因受到感动而怀孕。庆都怀

孕 14 个月，才在丹棱生下尧来。尧初生时，他的母亲在三阿之南，寄居于伊长孺的家中，因此尧从小也随母所居人家的姓，姓伊氏。

尧长到 15 岁便去辅佐他的哥哥帝挚治政，并受封于唐为诸侯。帝挚是帝喾的四妃"常仪"所生的儿子，常仪在帝喾的妃子中排位最下，而她的儿子在兄弟中却年龄最大，是长兄，因而挚能继承帝位。帝挚在位九年，政治上没有起色，而唐侯放勋道德隆盛，名声远扬，诸侯都归服于他。帝挚自知能力薄弱，又佩服其弟的道德和才能，便率领群臣至唐，心甘情愿把帝位禅让给他的弟弟。唐侯认为这是天命，便接受兄的禅让，登帝位，号为"帝尧"，而把他的哥哥挚封在高辛老家。

治世才能

传说尧身高十尺，约有二米多。他的脸上部窄下部宽，形状好像葫芦。由于长期劳累，他的身体比较消瘦，但精力充沛。尧的一个最明显的特征，就是他的眉毛呈八字形，带有好多种彩色，故人称"尧眉八彩"。他登帝位时只有 20 岁，建都于平阳，就在现今的山西临汾西南。

尧登帝位后，即物色品德高尚、才能出众的人担任各种官职。当时，他命契任司徒之官，负责教育民众；命禹为司空之官，负责土木工程；命稷为田畴之官，负责农业生产；命夔为乐正之官，负责乐歌制作；命倕（古文生僻字，现代汉语不常用）为工师，负责管理百工；命伯夷为秩宗，负责祭祀天神；命皋陶为大理，负责民事诉讼；命益作虞官，负责山泽开发和畜养鸟兽。由于尧任用了许多能人，负责各项事务，因此把天下治理得井井有条。

政绩辉煌

尧在位时，做出了不少政绩：他命羲、和制定历法，派鲧、禹治理洪水，为民消除灾害，征伐蛮夷部落，流放恶人凶顽。在尧的治理下，天下百姓安居乐业，渠搜氏、焦侥氏等周围的氏族部落都来朝贡。帝尧成为原始社会时期继伏羲、神农、黄帝之后又一个杰出的领导人物，也成了传说中的古代圣人。据说尧逝世时，天下百姓"如丧考妣"，就像死了亲生父母一样伤心，三年里面，四海绝静八音，没有人弹奏乐曲。民众怀念这位伟人，他的形象、功德永远活

在百姓心中。

许由辞帝位

生活清苦

尧担任部落联盟的首领，名义上称"帝"，但是生活却非常清苦，工作又十分繁忙。当时尧住的是茅草房，上面的茅草零乱摊放，没有经过整理和剪削；房屋的椽子是从山里采来的树木，弯曲不平，没有经过砍削和抛光。尧吃的主食是粗米和小米，副食是野菜和豆叶烧成的羹。冬天他披着一张幼鹿的皮，夏天穿一件粗布衣服。尧整天为部落联盟中的事跑东奔西，却没有一点物质上的享受，因此他常常想把帝位让给别人。

隐居沼泽

在尧都附近的阳城槐里，有一个人叫"许由"。据说此人道德高尚，安于清贫，邪席不坐，邪食不吃，后来隐居在沼泽之中。尧听说许由德高义重，不同凡俗，便来到许由的隐居之地，登门拜访。尧对许由说："太阳出来了普照大地，而火炬还在那里燃烧，这火炬想要与太阳比光亮，不是很难吗？大雨普降，万物滋润，而有人还在那里舀水灌田，这与大雨比起来，不是又徒劳了吗？先生应该立于高位，天下必能大治，而我还在那里主持工作，我自以为缺点很多，愿把天下让给先生。"许由一听此话，赶忙推辞道："君治天下，天下现在已经治理得很好，而我还要来代替君，我为的是名声好听吗？鹪鹩在森林中筑巢而居，只要一个枝头；鼹鼠饮水在河中，只要饱腹。归去吧，君，我要天下没有什么用处。"许由坚持不接受尧让给他的帝位而逃往野外。

这时，许由遇上他的一个朋友，叫"啮缺"。啮缺见许由如此慌张而逃，便问道："你将去哪里？"许由答："将逃尧。"啮缺莫名其妙，便再问："你的话什么意思？"许由说："尧只知贤人对天下有利，而不知道他还有伤害天下的一面。"此话的意思是：贤人如果制订出严厉的法令，如果发明出杀伤性强的武器，就会伤害天下。许由主意已定，便逃到中岳嵩山，在颍水之北、箕山之下耕田务农，再一次隐居起来。

洗耳遭讽

尧让帝位给许由遭到拒绝后，他更加认为许由是一个贤者，一定要让他出来做官。听说许由逃到了箕山，他又传令召许由为"九州长"。许由不愿听到这个传令，就在颍水边上洗他的耳朵。当时他的朋友巢父正牵着牛犊要在河中饮水，见许由洗耳，便问其故。许由对他说："尧欲召我为九州长，我厌恶听到这个声音，所以洗耳。"巢父讥讽道："你如果处在高台深谷、人迹罕至的地方，谁能见到你？你故意在外浮游，欲人知道，求其名声。你现在洗耳，把我牛犊的口也玷污了。"于是，巢父牵着牛犊到上流去饮水。

许由终身没有出来做官，他死后葬在箕山之巅。尧听到许由逝世的消息，十分悲痛，亲自到许由的墓上为之培土，给许由的墓命名为"箕山"，也叫"许由山"。

不做天子

许由不愿接受帝位，尧又曾经想把帝位禅让给另一位贤人，叫"子州支父"。子州支父回答说："你想要我做天子，还是可以的。不过，我现在恰有隐忧之病，要去医治，没有空闲去监察天下。"子州支父说他自己有"隐忧之病"，不过是一种借口罢了。其实，是因为治理天下工作辛苦而又没有什么特殊的物质享受。原始社会的物质条件，造成尧数让帝位而无人肯接受的怪现象。

黄帝铸鼎升仙

黄帝是中华民族的始祖，道教是中华民族土生土长的宗教。道教认为，该教起源于黄帝，阐述于老子，成教于张道陵。

《历代真仙体道通鉴》记载：黄帝姓公孙，他的父亲是有熊国的国君，名少典，他的母亲叫附宝。有一天，母亲梦见有大电光绕着北斗星，光亮照耀着郊野，一片光明。母亲因此感应受孕，二十四个月后，生下了黄帝。

黄帝一生下来就会走路、会说话，长大后，聪明过人，而且为人敦厚。因

为他生在黄河流域的姬水，所以黄帝得"姬"姓。他还设计制作了轩辕车，所以又叫"轩辕氏"。黄帝15岁时，就继承了父亲之位，当上了有熊国的国君，所以，人们又把他叫作"有熊氏"。

黄帝大战蚩尤是中国人熟知的故事。

黄帝也对中国历史做出了巨大贡献。他在位期间，命大挠作六十甲子，仓颉造文字，伶伦定律吕，教人作《内经》，其中有不少药方。他的妻子嫘祖育蚕制丝，创衣服之制，所以，黄帝被认为是万事治世之君。

天下大治了，黄帝就到圜丘祭天，当他返回宫室的时候，想到自己把天下治理得井井有条，生平夙愿完成了，不仅萌发了求仙修道之心。

黄帝听说广成子有仙术，就打算向他请教。广成子居住在崆峒山。据说，远古仙人广成子驾玄鹤来到崆峒山，只见林木葱茏，幽谷滴翠，泾河与胭脂河如两条素练环山而流，山清水秀，风景如画，便想住下来养神化气。但美中不足的是，崆峒山还不够高，不足以隔断尘嚣，影响修炼。玉皇大帝知道后，立即派二郎真君挑泰山之石加高崆峒山。二郎真君神力无穷，往来如飞，不日即将崆峒山加高到天庭准许的高度。最后挑来的两块和房子一般大的巨石，不能往上加了，只好丢在山下，这便是今天人们看到的"二郎石"。

崆峒山摩天压地，群峰如林，穴洞星罗棋布，奇石到处可见，整日白云缭绕，紫气蒸腾。广成子居于混元洞，感到寂寞时，便邀仙友赤松子前来谈仙论道，下棋消遣。广成子驾下玄鹤，朝夕闻道，也变成一名仙童，随侍左右。仙师对弈，神乎其神，都不动手，棋子却一来一往，随二位仙师之心而动。

当黄帝带领一队人马来到崆峒山时，广成子、赤松子二位仙师正在对弈，早有玄鹤童子急匆匆来到洞中，用鸟语向广成子禀告。广成子早就预知黄帝将来，含笑说："真荒唐，不去治国，却来求仙，待会儿我去看看。"赤松子起身告辞后，广成子一挥拂尘，一只仙鹤便落在身旁，他跨上鹤背，飘然出洞，一群五彩仙禽翻飞追随，发出悦耳鸣声。广成子在云端出现，黄帝急忙跪倒在地。黄帝以极崇敬之语气说："弟子一片丹诚，前来求教，敢问仙师，至道是什么?"广成子乘鹤在黄帝等人头顶盘旋而过，然后停在虚空，意味深长地说："你是治理天下的人，怎么能谈至道呢!"说完，便隐入紫云之中。

黄帝回到宫室，静思斋戒，3个月后，他再次前往崆峒山问道广成子。这一次，他是独自一人来的。走着走着，黄帝迷路了。正不知选择哪条路走，忽见前面过来一位长者，黄帝便恭立道旁，施礼让路。长者微微一笑说："学会谦恭，始能求真。好，好!"黄帝赶忙上前说："请问长者，哪条道可通崆峒仙界?"长者打量了一下黄帝，随口吟道：

仙凡本无界，只在心上分；

不惜膝行苦，一诚百道通。

说罢，老者倏然不见。原来这长者是赤松子，他知道黄帝的前世本是仙人，只是还欠修炼，但又怕他放不下帝王架子，吃不得苦头，因而广成子不向他传授至道，才这样指点他。

一路上，黄帝不断思索那长者的四句言辞，直到鞋磨穿、脚磨破，寸步难行时，才恍然大悟。他以膝代步，爬上崆峒山。砂石如刀，膝破血流，所过之处石子都被鲜血染红了。

当黄帝膝行到山下时，广成子立即派出金龙把他接上山去。

黄帝见到广成子，稽首再拜，请教久视之道。广成子说："至道之精，窈窈冥冥，至道之极，昏昏默默。无视无听，抱神以静，形将自正，必静必清，无劳汝心，无摇汝精，存神定气，乃可长生。目无所见，耳无所闻，心无所知，汝将守形，形乃长生。"广成子说到这里，略一停顿，接着又讲了他如何修身，已经120岁了，而身形未衰，等等。

黄帝在崆峒山深得广成子之道，回国之后，依广成子所教之道，静修养身。他在120岁时，命人取首山之铜，铸宝鼎于荆山之下。这个宝鼎具有灵气，能预知吉凶，能轻能重。不用点火，水自沸腾，不用加水，鼎自身就满了。鼎成之日，设宴欢庆，忽见空中霞光万道，一条黄龙垂须髯而下，黄帝说了声"天帝派龙来迎我了"，随即乘龙升天。百官急忙扯住黄帝袍服，也跟着上去。传说当时宫中大臣随从黄帝乘龙升天的有70多人。后来把黄帝乘龙升天之处，叫作"鼎湖"。李白在《飞龙引》诗中赞道：

黄帝铸鼎于荆山，炼丹砂。丹砂成黄金，骑龙飞上太清家，云愁海思令人嗟。宫中彩女颜如花，飘然挥手凌紫霞，从风纵体登鸾车。登鸾车，侍轩辕，遨游青天中，其乐不可言。

鼎湖流水清且闲，轩辕去时有弓箭，古人传道留其间。后宫婵娟多花颜，乘鸾飞烟亦不还，骑龙攀天造天关。造天关，闻天语，屯云河车载玉女。载玉女，过紫皇，紫皇乃赐白兔所捣之药方，后天而老凋三光。下视瑶池见王母，蛾眉萧飒如秋霜。

在汉代，公孙卿向汉武帝讲述了黄帝铸鼎升天之事。后来，公孙卿又声称是申公传授下来的，但申公早已死去，黄帝铸鼎的事渐渐地就成了"信史"。黄帝升仙的故事既表达了人们对黄帝的爱戴，也是古代先民长生不老理想的形象化。

羲和制历

历法不清

尧担任部落联盟的首领后，决心改变过去的混乱局面，把天下治理好。他所遇到的第一个问题就是历法含糊不清：人民不知道什么时候是夏至，白天最长；什么时候是冬至，白天最短；什么时候是春分和秋分，白天和黑夜时间一样；什么时候是一年的开始，什么时候应该置闰月，甚至不知道一年四季有多少天。大家糊里糊涂地过日子，农业生产受到损害，各方工作拖拉无序。尧看到这种情况，便命令羲氏、和氏观察天象的变化、日月星辰的运行位置，制定一年四季的历法，以教导人民按时令节气从事农业生产和各项工作。羲氏、和氏是颛顼时代执行"绝地通天"命令的重、黎的后代。"重"后代中的一支成为羲氏，"黎"后代中的一支成为和氏。他们世代掌天地之官，负责祭祀天地之神、观测天地变化的工作。羲氏、和氏接到帝尧的命令，便认真地遵照去办。

实地测量

在观测天象变化的过程中，尧命羲仲住在东方海滨一个叫"畅谷"的地方，每天恭敬地等待着日出，观测太阳逐渐移动的位置，以训导人们农田耕作之事。他以白天和黑夜时间相等的那天为春分，并以鸟星见于南方正中之时作为考定

的依据。这时，人民分散在田野里劳作，鸟兽也顺时生育繁殖。尧又命令羲叔住在南边一个叫"明都"的地方，他也在那里每天恭敬地观察日出，注意太阳移动的位置。他以白昼最长的那天为夏至，并以火星见于南方正中之时作为考定的依据。这时，人民出来劳作，鸟兽的毛也因天热而逐渐稀疏。尧又命和仲居住在西边一个叫"昧谷"的地方。他在那里每天恭敬地观察太阳的入山及其移动的位置。他以由热转冷、白昼和黑夜相等的那天作为秋分，并以虚星见于南方正中之时作为考定的依据。这时，人民在田野里奔忙，鸟兽的毛逐渐更生。尧又命和叔居住在北方一个叫"幽都"的地方，观察太阳由北向南运行的情况。他把白昼最短的那天定为冬至，并以昴星见于南方正中之时作为考定的依据。这时，人民都进入室内取暖，鸟兽为了御寒也都长出细软的长毛。

四季节气

经过羲氏、和氏几个兄弟这样紧张细致的工作，一部尧时的历法终于制订出来了。他们确定一年为366天，以月亮圆缺的一个周期作为一月，一年12个月如不足上述天数，则每隔一二年置闰月一次。他们还测定各种节气的日子，以指导农业生产。虽然这部历法是极粗浅的，测定一年的时间也不准确，但他们毕竟有了历法的规定。这部历法制定后，人民都明确了四季的时间，生产和工作有了遵循的法度，天下阴阳调和，风雨节制，万物有序。百官都按照历法来办事，各方呈现出欣欣向荣的景象。

有巢氏树上栖居

恶劣环境

自从人类出现在世界上，便和其他飞禽走兽杂居在一起。当时气候炎热，人类少而飞禽走兽多，除了大象、狮子、老虎、豹、豺狼、犀牛等野兽外，在地上和水中爬行的鳄鱼和各种蛇类都能伤害人。就是那些小爬虫，如蝎子、蜈蚣、蚂蟥等，咬人一口，也疼痛难忍。人们常常一觉醒来，发现自己的同伴已被野兽咬死、拖走，或者野兽就在自己身旁，使人心惊肉跳。为躲避野兽和其他蛇虫的侵害，有人发现山边的洞穴，住在里面比较安全。但洞穴往往比较阴湿，住在里面容易得病，且洞穴内一片黑暗，行动不便，一旦有野兽进入，更是无法逃脱。

吸取智慧

正当人们在为没有理想的居住之处发愁的时候，部落中有一个人看到了树上的鸟巢。鸟儿白天出外寻找食物，晚上回来栖息在巢中，地上的野兽不能伤害它。由于有树叶的遮蔽，下雨也淋不到它。居住在巢中，既安全又舒适。那个人就想，人类为什么不可以学学鸟儿的居住方式呢？于是，他便动手折来一些树枝插在树上，用泥浆把树枝加固起来。一个庞大的能住人的巢便筑成了。爬上树住在巢里像鸟儿一样，果然舒服！一时间，人们纷纷效仿在树上搭巢居住。当时的树木又高大又多，人们在树上筑起了各式各样的巢，晚上栖居在那里，从此便能放心地一觉睡到天亮，再也不怕野兽来侵扰了。

为了感谢这位发明在树上筑巢居住的人的功绩，人们选举他为王，服从他的调配，称他为"有巢氏"。过了很长一段时间，人们感到在树上居住，爬上爬下很不方便，一不小心从树上跌下来，还会把人摔伤。于是，人们又从树上迁移到地上，效仿筑巢的方法，在地上建造起坚固的房屋，同样能防野兽的侵害。这样，比在树上筑巢居住更加舒适和安全了。虽然如此，有巢氏还是原始社会历史上的一大发明家。在人类的生活方式不断进步的过程中，有巢氏倡导上树筑巢居住，在当时确实是人们最优越的居住条件。有巢氏的智慧和功德，人们将永远深深地怀念！

燧人氏钻木取火

偶然发现

有一次，森林里由于雷击闪电，发生了大火。火势十分猛烈，一些小动物来不及躲避，被火烧死了很多。人们来到大火烧过的森林中，发现被烧死的兔子、野鸡等动物，吃起来味道特别香，而且吃下去很舒服，不会拉肚子。于是，

人们悟出了一个道理：食物最好烧熟了吃，特别是那些在水中和地上生长的各类动物，一定要熟食才不会得病。但是，森林中的大火熄灭了，到哪里再去找火呢？当时，人们想办法在某处着火后，就一直把火种保留下来，让它不断燃烧，到需要煮食物时，就可以用火来烧。然而保留火种，需要很多可以燃烧的东西，而且要有人看管：火苗太大，烧到其他物体，就会发生火灾；火苗太小，容易熄灭，再生火就十分困难。人们是否能不靠天火而自己制造出火来，什么时候需要就什么时候生火呢？大家都在思考着这个问题。

试验成功

当时有一个人发现，用一块石头不断地在硬木头中钻，就会产生火星，如果在底下再放些易燃的干草，不就可以自己生火了吗？这个人不断试验这种偶然发现的取火方法，有一次在经过长时间的钻动后，火星果然引燃了下面的干草，钻木取火的试验终于成功了。这个消息不胫而走，传遍了各个氏族部落，大家都来学习人工取火的经验。从此以后，人们再也不用为找不到火而发愁，进食野生动物的时候都可以烧熟了再吃。人们吃着香喷喷的熟食，自然忘不了钻木取火的发明者，一种尊敬、感激之情油然而生。于是，人们把那位发明取火的人称为"燧人氏"，意思是教会人们取火的人。当时大家都服从燧人氏的领导，请他来做天下的王。燧人氏试验成功了人工取火的方法，使人们的饮食习惯发生了根本的变化。他是原始社会时期一位了不起的发明家。

伏羲氏画八卦

捕兽捉鱼

伏羲氏有着各种各样的本领。首先他教人结网：在陆地上结网可捕捉野兽，在水中张网可捕捉鱼类，从此，人们在田猎、捕鱼方面取得了很大的进步。在捕捉到野兽后，伏羲氏又教人们把野兽养起来，变成家畜，从而畜牧业又大大发展起来。人们可以不去打猎而依靠放牧，就能获得大量的动物产品。

上古的人们没有文字，为记住事情不要忘掉，就在一根长绳上打个结。这种方法太含糊，时间久了，人们不知道那绳上的结究竟是指什么。伏羲氏"造书契"以代替结绳，就是在木头或石头上刻画许多符号，这比结绳的意思清楚多了。伏羲氏是中国古代最早的文字学家。

娱乐烹调

当时的人们生活单调，没有娱乐活动，伏羲氏又教人制作琴瑟。他砍伐桐树做琴身，用丝线拉起来做弦。他制作的瑟长七尺二寸，上有 27 根弦。伏羲氏制作琴瑟，丰富了人们的文化生活。

伏羲氏还能养供祭祀用的牲口，以充庖厨，据说他有一手烹调的好手艺，能改变腥臊之味。他之所以又叫"庖牺"，就是因为他能在庖厨里把牺牲烹调成美味佳肴的缘故。伏羲氏又是中国最早的烹调大师，这对改善人们的生活意义也很重大。

上古的人比较粗鲁，不懂什么礼仪，伏羲氏又为他们制订一些礼仪规范。据说在嫁娶时以"俪皮"即两张鹿皮作为礼物，就是伏羲氏制订的。从此，野蛮的掠夺婚姻减少了，人们开始以文明的赠送礼品的方式进行嫁娶活动。

奇妙创造

伏羲氏最著名的创造发明，是画八卦。当时他仰观天文，俯察地理，旁观鸟兽身上的花纹以及土地的特性，近取身上的器官，远取天下的万物，用一条长画代表阳，用两条短画代表阴，阴阳搭配，画成八种不同的图案，称作"八卦"，象征天、地、雷、风、水、火、山、泽八种自然现象。伏羲氏不愧是中国最早的天文学家、地理学家。据说，在祭祀天神、告示民众、表达万物之情时，都可以用"八卦"来进行。这又是一个奇妙的创造！

伏羲氏在打猎、捕鱼、畜牧、文化、娱乐、烹调、礼仪、祭天、治民等各方面都有许多突出的创造，他的形象又是那么奇怪。这个故事代表了原始社会的人们对当时能发展生产、推动文明进步的杰出人物的崇拜。

神农氏尝百草

教民耕种

远古的人们，肚子饿了采摘野果子或野生植物充饥。捕捉到野兽后，伏羲氏教给人民把野兽加以畜养和繁殖的方法，畜牧业开始发展起来。但是，人们还不知道在土地上耕种，可以获得丰富的粮食和新鲜的蔬菜、瓜果。神农氏治理天下后，第一件大事就是教人们制作耕田农具，在田野里播种五谷。他把坚硬的树枝头削尖成叉形，用以翻土；又在耜上装一根揉曲的长柄，称为"耒"，用以提高翻土的效率。他视察各地土壤的干湿、肥瘠和性质，教人播种不同品种的谷物。从此，人们在春季播种谷物，秋季便可收获庄稼，把粮食积聚起来，以供一年食用。人们再也不愁找不到食物充饥，生活开始富足起来。

忍痛寻药

然而还有一件事困扰着人们，就是当时的人经常生病。晚间着了凉，或者吃了不清洁的食物，就要发高烧、拉肚子、呕吐、头晕眼花，无法参加生产劳动。时间拖得久了，病情愈来愈严重，甚至危及生命。被蛇、虫咬了，或者不小心擦破了皮，被毒菌感染，四肢就肿起来，如不采取治疗措施，肿的地方就会化脓，严重的还会生命危险。由于各种疾病的侵袭，当时人的寿命比较短。神农氏看在眼里，急在心中。他奔走各地，尝百草的滋味、水泉的甘苦，研究其治病的效果。由于不知道一些草的性能，神农氏经常误食毒草而使身体受到损害。据记载，神农氏"一日而遇七十毒"，可见他尝百草的用功之勤和受害之多。功夫不负有心人，在神农氏日夜辛劳的试验下，用草药治病终于有了成果。他总结了许多用什么药可以治什么病的经验，中国从此有了医药，神农氏乃是中医学的鼻祖。

太平时光

神农氏还是一个非常乐观的人。他在辛勤工作之余还制作琴瑟。他用琴瑟弹奏乐曲，一方面自娱自乐，一方面也为了丰富人民的文娱生活。据说神农氏

的琴长三尺六寸六分，上有五根弦，其弦的名称依次是宫、商、角、徵、羽。神农氏造的五弦之琴，在乐理上又有了新的认识和发展，弹奏的乐曲逐渐动听悦耳。

神农氏治天下的时候，男耕女织，衣食丰足，大家没有相害之心，不用刑罚而天下大治。神农氏又教人民在中午时分，拿出多余的东西去交易需要的物品，进行物物交换，互通有无，可见当时已经有了集市贸易。当时法宽刑缓，天下无争，是历史上理想的太平时光。

仓颉造字

中国在黄帝时代就已经有了文字，这种说法，由于殷墟甲骨文的出现，更得到了有力的支持与证明。所以，中国文字的创造至少有将近五千年的历史了。中国的文字传说最早是由仓颉创造的，自从有了文字，人类才开始真正进入文明时代。仓颉造字开创了我国文字的先河，是中华文明史的源头。

相传，仓颉造字源于古代黄帝与蚩尤的一次战争。一天，黄帝军正和蚩尤军打得难分难解，黄帝准备改变战术，叫仓颉把作战方案拿来，可仓颉却发现身上带的沉重的作战方案不知何时丢失了，黄帝只好暂且收兵回营。经过这次教训，仓颉发现结绳记事、刻木为号的方法实在是太不方便了，不容易携带不说，更让人看不懂。要是有一种图，把要说的话画出来，让天下人一看，都能明白是什么意思，那多好！从此，仓颉就专心做起了造字工作。

仓颉

一次，仓颉上山打猎，看见山鸡和小鹿都在雪地里找食吃，它们的脚印不一样。他想，把这个鸡的脚印画出来以后就叫"鸡"，小鹿的脚印画出来就叫"鹿"。从那以后，仓颉就发明了象形文字。

从此以后，仓颉每日仰观日月星辰，俯察鸟兽山川，造出了人、手、日、月、星、牛、羊、马、犬等许多象形文字。象形文字越造越多，存放的问题又摆在了仓颉的面前，记在石头上拿不动，刻在木板上太笨重。一天，有人在河边捉住一只大乌龟，前来请仓颉给它造字，这启发了仓颉存字的方法。

仓颉发现龟背上有方格，他把研究的这些字都填到方格里，又用绳穿住以后，呈给黄帝。黄帝看见这个东西，非常高兴，叫人好好保管起来，并说这是一个很大的创举。中华民族从那以后就有了最早的甲骨文和象形文字。

此后，仓颉又发明了会意字、形声字等，黄帝对仓颉发明和推广文字的功劳非常看重，仓颉死后，他派人将其悬棺而葬之。

仓颉造字让古人赞叹不已。张怀瓘《十体书断》中说：

古文者，黄帝史仓颉所造也。颉首四目，通于神明，仰观奎星圆曲之势，俯察龟文鸟迹之象，博采众美，合而为字，是曰古文。

为了纪念这位为人类的文明和进步做出巨大贡献的先人，后人在虞城县王集乡为他修建了墓园和庙宇，每年举办隆重的祭奠仪式，纪念仓颉。

尧舜广施仁德

尧是中国上古时期方国联盟首领、"五帝"之一。尧为帝喾之子，母为尧母庆都。十三岁封于陶（山西襄汾县陶寺乡），辅佐挚。十五岁，改封于平阳（今山西临汾），号为陶唐氏。二十岁，尧代挚为天子，定都平阳。尧立七十年得舜。二十年后，尧老，舜代替尧执政，尧让位二十八年后死去，葬于谷林（山东省鄄城县）。尧从兄长帝挚那里继承帝位，并禅让于舜。

历史上的尧十分贤明。尧的父亲是黄帝的曾孙。黄帝的妻子嫘祖生玄嚣，人们都认为玄嚣是太白金星下凡。他长大以后，黄帝封他为少昊帝。黄帝还封给少昊一块地，称为少昊国。少昊精明能干，把这块土地治理得十分安定，百姓安居乐业。因此，少昊帝受到了当地百姓的爱戴。

后来，少昊帝的侄儿颛顼前来学习治国之道，而当时颛顼才10岁。几年后，

颛顼别的没长进，琴瑟之技倒是高了许多。

黄帝有一天听颛顼弹琴，从那优美铿锵的乐声和他端然稳坐的神态中判断出他将是一个理想远大的年轻人。黄帝十分喜爱他，便时常让颛顼为他弹琴，并与他谈论治国之道。在颛顼年仅20岁时，黄帝就把帝位传给了这个孙子。

当时社会比较民主，百姓对首领有什么不满或是建议可以直接提出来，还可以登上天梯向神仙诉说，反映人间的情况。神仙也通过天梯下凡，帮助人们锄奸去恶。颛顼认为作为一个首领，应当说一不二，百姓没有权力直接指责首领。于是颛顼砍掉天梯。百姓没有了天梯，又无法直接对首领妄加评说，十分不满。不但如此，颛顼还规定女子见到男子必须躲避，否则要受处罚，许多女子更是不满这条规定。这两条规定反映了人类社会开始向阶级社会迈进，男尊女卑已经初步形成了。

帝尧

颛顼的措施遭到了众人的反对，从此人心不稳，社会动荡不安。颛顼也因此忧郁不安，没过几年，颛顼因病而亡。继位的是少昊帝的孙子帝喾。尧就是帝喾的儿子。

尧继位时年仅20岁。首都在平阳（今山西省临汾市）。因为他被封于陶和唐，所以又叫陶唐氏。

尧十分聪明又仁慈，颇受人尊敬。尧是继炎帝、黄帝之后的又一个最有威望的部落首领。尧统治时期，天下太平，人们的生活大大改善，但是尧自己却十分俭朴。

尧很重视农业，命人观察天象制定历法，以方便人们掌握耕种的节气。

尧时时处处为百姓着想。他住的是连白灰都没有涂过的茅草房，外边下雨，屋内就渗进小雨滴，但尧没有半点怨言。他吃的是糙米饭、野菜汤。他穿的衣服除非破烂不堪，否则不换新衣服。人们见到尧如此，心里十分心疼他，对尧

说："您是我们的首领，整天那么辛苦，吃的、穿的、住的都应该是最好的，我们不会有怨言的。"尧诚恳地说："天下那么大，我不知道还有没有人挨饿受冻，还有没有人没有房子住。我没有别的追求，只想让大家都有饭吃，都有衣服穿，都有房子住，都能过上安定快乐的生活。天下只要有一个人挨饿，就是我的过错啊！"

因此，尧更加受到百姓的拥护、爱戴，人们敬仰他、信任他。而且尧从不一意孤行，十分讲究民主，他有什么事都和大家商议。他经常召开部落会议，征求大家意见，让大家共同出谋划策。

尧还十分注重培养和使用人才。他建立了中国历史上最早的行之有效的行政机构，这一机构是中国政治制度的萌芽。尧之所以能把国家治理得如此强大，也得益于他手下的干将。那时他手下的名臣有很多，包括管民政的舜（舜后来继承了帝位）、管军政的契、管教育的夔、管农业的弃、管司法的皋陶以及一些有能力又敢于承担责任的人。

尧渐渐地老了，于是尧按照惯例召开了部落会议，人们都愿意让尧继续担任首领，但又不忍心看到上了年纪的尧继续操劳。大家共同商议决定推荐尧九个儿子之一的丹朱为继承人。尧说："丹朱之不肖，不足授天下，授舜，则天下得利而丹朱病；授丹朱，则天下病而丹朱得其利。终不以天下之病而利一人。"于是他把帝位让给了舜。这种天下为公的精神，使人们更是敬仰这位德高望重的老首领。

舜是黄帝的九世孙，生在姚墟（今山西省永济市北10公里处），他的先人封于虞，所以舜又叫虞氏、虞舜。舜的父亲叫瞽瞍，母亲早亡，继母和继弟经常折磨他、陷害他。后来他无法在家中继续住下去，就离家出走了。他为人诚实，品德高尚，乐于助人，人们都很喜欢他。

在舜继位之前，尧亲自派人去考察他。尧把他的两个女儿娥皇、女英嫁给了他，还为他修了一个粮仓，送去许多牛羊。舜的继弟象得到这个消息后，就想方设法害死舜，把两个美女据为己有，占有财产。有一天他和父亲把舜骗到仓顶，撤走了梯子，让舜无法下来，然后又放起了熊熊大火。舜一看着火了，急忙往下跳，由于他当时戴了个大斗笠，跳下来时一点没受伤，大斗笠成了救命的降落伞。象一看没有达到目的，又想出一计。他和父亲又把舜骗到枯井旁，说井里有许多宝物，让舜下去取宝。舜将信将疑，但父命难违，他还是下去了。可刚一到井底，象和他父亲就往井里扔石头，想砸死舜。而枯井旁边恰好有个侧洞，舜躲在侧洞里，丝毫无损。当象和他父亲正在舜的屋里抢夺财产时，舜安然无恙地出现在他们面前。但是舜什么也没说，仍然十分孝顺父母。

尧知道之后，很受感动，所以在召开部落会议时力排众议，不让丹朱继位而推荐德才兼备的舜。

舜继位后，任用贤人"八恺""八元"，除掉了"四凶"，制定了"五刑"，取得了辉煌的政绩。舜还设立了官职。

时间一年一年地过去，舜渐渐老了。他见大禹治水有功，又有才有德，便决定把帝位让给禹。他带着两个妻子娥皇和女英到各地游说，帮助禹在百姓中树立威信。大禹十分感动。在巡游过程中，由于年岁已高（110岁），舜在路上突然患病，在苍梧之野劳瘁而死。娥皇和女英伤心欲绝，泪水打湿了路边的竹子，我们现在还可以找到带有斑斑泪痕的斑竹，那就是湘妃竹。娥皇、女英最后在湘水里溺死，成了湖水的女神。大禹为了纪念舜，为他举行隆重的葬礼，并修了零陵与舜庙。而那个曾经陷害舜的继弟象，被舜的德行感化。在舜死后，他真的变成了一头大象，默默地在舜的墓田中耕种，寒来暑往，不知疲倦。

尧和舜早已成为历史人物，但他们都具有中华民族的美德：选贤任能，宽厚豁达。他们的高尚德行被人们世世代代传颂。

湘夫人

助舜脱险

在舜的一生中，对他帮助最大的是尧的两个女儿。这两个女儿，大的叫"娥皇"，小的叫"女英"。她们自从嫁给舜后，就帮助舜去对付他的父亲瞽叟、继母和弟弟像。娥皇和女英给了舜智慧和力量，使舜战胜一个个艰难险阻，粉碎一个个陷害阴谋。在舜登上帝位以后，她们成为帝舜的二妃，又经常跟随舜出外巡视。舜治理天下的成功，与二女的协助是分不开的。最后，舜在巡守中死于苍梧，二妃因悲恸而投湘江自尽。后人编了脍炙人口的神话故事来纪念这二位贤妃。

据说尧很早就把他的两个女儿嫁给舜，以考察舜的德行。这二女嫁给舜时，舜还是个穷苦的农民，但她们在田间谦恭地侍候舜，恪守妇女的道德，从不以自己是天子之女而骄傲怠慢。一次，瞽叟与像要舜上廪顶修补，舜告诉二女，二女说：

舜

"他们这是要烧死你！你可以穿着这件鸟衣前往。"当瞽叟与像抽掉梯子、焚烧仓廪时，舜竟如鸟儿般飞出落地，未受伤害。像又与父母谋划，叫舜挖井。舜告诉二女，二女说："他们这是要活埋你！你可以穿着这件龙衣下去。"当舜下到井底、瞽叟与像投土塞井时，舜靠着龙衣的帮助，在泥土中钻到其他井下爬了出来。瞽叟与像又邀请舜喝酒，想趁舜酒醉之际把他杀了。二女知道此事后，让舜用药水洗澡后前往。如此，舜终日饮酒不醉，瞽叟与像无计可施。

泪洒斑竹

舜登帝位后，二女作为二妃，更是日夜相随，感情弥笃。那一年，二妃随舜巡视至南方湘江边。二妃陶醉于湘江两岸的美丽风光，舜就把她们留在那里，自己往前先行，然后再派人来接。谁知过了几天，舜竟在苍梧之野猝然去世。噩耗传来，二妃悲恸不已。她们抚着湘江两岸的青竹，号啕大哭，哭声震撼两岸大地。最后，泪也哭干了，就一起跳入湘江，淹没在波涛之中。

湘江两岸的竹子，经二妃泪水的挥洒，都留下了斑斑痕迹。为纪念聪慧情深的二妃，后人把湘江两岸生长的带有斑点的竹子，称为"湘妃竹"，或叫"斑竹"，认为这些斑点是娥皇、女英二妃悲痛的泪水挥洒所致。后人在湘江边上，修建了二妃庙，也叫"黄陵庙"。据说，二妃的神灵经常漫游于洞庭之渊，出入于潇湘之浦。二妃成了湘江之神，在许多神话故事书中，称她们为"湘君"，或

称"湘夫人"。

治水功臣——大禹

尧舜时代，洪水的危害极其严重，庄稼、人畜甚至整个村庄有时都被大水席卷一空。由于年年降大雨，我们中华民族的母亲河——黄河水势猛涨，泛滥成灾。黎民百姓处于水深火热之中，叫苦不堪。尧在众臣的推荐下任命鲧治理洪水。

鲧是夏后代的首领，办事很果断，但是刚愎自用。他认为自己完全有能力治好洪水，所以临行前对尧胸有成竹地说：治不好洪水甘愿受罚。

大禹治水

黄河之水天上来，奔腾着，咆哮着，势不可当。鲧来到黄河边上，一看到如此大的水，没有观察地形地势，就武断地让人挑土运石，造堤筑坝，想把滔滔洪水挡住。黄河水遇到堤坝，更加凶猛湍急，左冲右突。结果，不但治水没有成功，灾情反而更加严重。黄河两岸的村庄被水又淹没了一片，百姓逃的逃，亡的亡，景象惨不忍睹。

九个春秋悄然而逝，鲧为了治水也是历经沧桑，费了不少心血，可是黄河之水仍然没被制服。那时尧已经很老了，而舜由于其德才继承了帝位。舜十分关心百姓，一听说鲧治水不力，给百姓带来了严重的灾难，就免去了鲧的官职，将他发落到羽山，随后又杀掉了他。

鲧虽死了，可黄河之灾依然没有减小，仍威胁着人们的生活。舜寝食不安，心情十分沉重，多次调查了解，想找一个能治水之人。在一次部落联盟会议上，舜问四岳："有谁能做治理水患的官？"四岳答曰："伯禹担任司空（管理工程的官），治水患必能成功。"于是舜任命鲧的儿子禹继续治理黄河水患。

禹接了此任务，心情十分沉重。父亲因治水不利而刚刚被处死，自己治水若再不成功，后果不堪设想。

禹和鲧不一样，认为想干成一件事，光靠自己的能力是不够的。所以他沉思很久后，向舜提出了请求，邀请契、后稷、皋陶三位氏族酋长共商治水大事。这三位酋长德高望重，在部落联盟议事会中都有职务。契是商族的始祖，担任掌管教化的司徒。后稷是周族的祖先，执掌农业生产的官职。皋陶是少昊帝后代，也十分精明能干，担任狱官。禹后来又邀请了益，益是秦国的祖先，他是掌管山林鸟兽的虞官。禹把大家邀到一起，共同讨论。大家各抒己见，经过一番激烈的讨论，禹和众位酋长认为应当采用疏导的办法将黄河水引走。禹认为父亲鲧之所以治水失败，主要是采用了筑堤堵水，而不是疏导。于是禹亲自带领大家去勘察，什么地方险峻，什么地方较平缓，什么地方山势兀起，什么大河需疏通，他都一一做了标记，在勘测完水的走势之后，禹带领大家按着水的走势来治理黄河。他们根据地形的高低，疏通河道，排除积水，让洪水顺着河道流走。

一次禹走到黄河中游（今山西河津和陕西韩城市交界地），发现一座大山拦住去路。黄河之水在这里久久打旋，无处宣泄。禹果断地命令从山中打开一条通道。当通道被打通后，被困已久的黄河水一泻千里，水声震耳欲聋，激起几米高的浪花。禹一看水如此畅通无阻，便把此地命名为"龙门"。后来人们为了纪念禹治水的功绩，将龙门称为"禹门口"。

禹继续带领大家顺着水势走，突然发现另一座高山挡住了水道，大水又盘旋在此。他便命人将山凿开三道门，并分别命名为"神门""鬼门""人门"。这就是我们现在看到的三门峡。

禹历经千辛万苦，终于成功地治理了黄河之水。禹的足迹踏遍了黄河两岸，他集思广益，以身作则，在结婚第4天就告别了妻子，三过家门而不入，治水整

整一十三载。据说有一次他在家门前经过，恰逢儿子出世啼哭不止，他也没进去看一眼。他为了天下人谋利益，不惜牺牲自己的利益，吃苦耐劳，一心扑在治水事业上。而且他不一意孤行，虽才智过人，但凡事都和大家商讨。

禹是治水功臣，在治水过程中，风餐露宿 13 年，每天都亲自参加劳动。十几年的风吹日晒，他又黑又瘦，腰压弯了，就连小腿上的毛都磨光了。他穿的是粗劣的衣服，吃的是粗糙的饭食，住的是露天的大地。

黄河之水被治理成功，百姓又安居乐业了，大禹的名字被万民称颂。当年他曾由于过度劳累靠在一棵柏树上休息，人们就把那柏树称为"神柏"，柏树所在的山峪被称为"神柏峪"。附近还建了一座纪念大禹的神庙——大禹庙。后来这里形成了今天的大禹渡。在大禹渡附近有一个大禹留宿过的地方，被后人称为禹店村。

禹治水成功，这一丰功伟绩及大禹的精神深深打动了舜。当初舜任命禹时还有些犹豫，如今舜喜出望外，立即招来大禹，让他谈治水经验及治水中遇到的困难。禹非常谦逊地说这是大家共同努力的结果，接着又向舜详细说了治水过程中所遇到的困难，大家又是如何克服的。舜又一次被感动，欣慰地点了点头，又与禹谈了治国之道，认为禹是一位不可多得的贤才。不久，舜召集了华夏部落联盟的酋长们，决定为禹等臣子召开一次庆功大会。会上为禹举行了隆重的祭祀仪式，并给禹颁赐玄圭。玄圭是玉石琢磨而成，十分珍贵，受赐的人将它捧在手中，象征着丰功伟绩，应受人们尊敬。那次庆功大会之后，人们就满怀敬意地把禹称为"大禹"了。

舜日渐衰老后，就把帝位交给了禹。

禹做了首领后，仍然十分勤勉。历史又飞快地发展，社会进入了一个新阶段。

夏朝

夏帝系表

前 2070—前 1600

禹		
启		
太康		
仲康		
相		
少康		
予		
槐		
芒		
泄		
不降		
扃		
廑		
孔甲		
皋		
发		
癸（桀）		

涂山大会

禹建立夏王朝以后，为了缓和一些氏族、部落与夏王朝的矛盾，分封前代显贵。首先封尧的儿子丹朱于唐（今山西翼城西），封舜的儿子商均于虞（今河南虞城西北），使其"皆有疆土，以奉先祀"。原来禹作部落联盟领袖时，曾准备推荐皋陶为自己的接班人，但皋陶死得早，禹因皋陶最贤，所以封其后人于英（即春秋时期的蓼国，在今河南固始东北）和六（今安徽六安境内）。同时又封与夏同姓的姒姓氏族、部落和与夏后氏有婚姻关系的酋长们，如司马迁所说的：有扈氏、有男氏、斟寻氏、彤城氏、褒氏、费氏、杞氏、缯氏、辛氏、冥氏、斟戈氏，以及原来的一些氏族、部落为诸侯。

安抚了原华夏部落联盟中各氏族、部落之后，为统一江南地区各氏族、部落和巩固对东夷的统治，禹以天子的身份到东南各地去巡守。禹在涂山暂住，和各方诸侯约定时间来涂山相会。

到了相会的时间，从四方赶来的氏族、部落酋长多达万人以上，而且都带来了朝贺的礼物。大国进玉，小邦献帛，所以后世史家说："禹会诸侯于涂山，执玉帛者万国。"这次与天下诸侯相会时，举行了隆重的祭天祀土的祭仪，表示禹是受命于天帝，是天之子，从而掌管天下。此举使禹天子的地位得到认同。同时，奏起大夏之乐，表演了干羽之舞。许多边远地方来的诸侯、方伯们欣赏了这些声情并茂的乐舞，看到了如此有礼仪的祭祀，对先进的中原文化都赞不绝口，不得不佩服禹领导有方。加之在大夏之乐中，又歌颂了禹治水之功，干羽之舞又显示出夏军的威武雄壮。于是同声称颂禹的功德，都表示愿臣服于夏王朝，岁岁称臣，年年纳贡。禹虽然显示出天子的威仪，但是为了扩大夏王朝的疆域，巩固王朝的统治，将各地的氏族、部落统一于夏王朝，就封前来相会而未有封号的各氏族、部落酋长为诸侯或方伯，并和各方的诸侯、方伯协商，每年向夏王朝进纳贡赋的种类的数量，最后向大家宣布了规定的贡献。

涂山大会诸侯，是夏王朝建立的一个标志，也是禹力图统一全国的一次检验。禹未用武力征伐而使四方诸侯（氏族、部落）臣服，一方面是禹平治水土、发展了农业生产，使人民安居乐业，有功于全国人民，人心归服；另一方面是社会历史发展的必然趋势。氏族社会发展到末期，各氏族、部落内部经济在不同程度上都有较大的发展，在黄河流域和江淮两岸的一些氏族、部落内部，较早的开始了分化。伴随着社会财富的逐渐增加，阶级分化日益明显，以掠夺异族的财富、人口和扩大地域的兼并战争也在不断发生。在这些长期的、大大小小的兼并战争中，都力图将其他氏族、部落统一于自己势力之中。以禹为首的夏族在这些民族、部落中是势力最强大的，对三苗征伐的胜利，显示出夏军巨大的军事威力，因此统一的任务由禹建立的夏王朝来完成，是顺理成章的事。

涂山大会以后，禹为了纪念这次有历史意义的盛会，将各方诸侯、方伯进献的"金"（青铜）铸了九个青铜鼎，象征着统一天下九州万国，为夏王朝镇国之宝。

会稽山防风氏被诛

涂山大会诸侯以后多年，禹帝为了巩固夏王朝的统治再次出外巡守。地处江淮流域的东南地区是夏建国后禹所经营的一个重要区域。这里分布着古夷人的许多氏族、部落。在古书中称这些夷人为东夷或夷方，有的记载中又称为"九夷"。所谓"夷有九种：曰畎夷、于夷、方夷、黄夷、白夷、赤夷、玄夷、风夷、阳夷"。这是东夷地区九个较大的部落。在禹征伐三苗时，东夷未能参加夏的联军对三苗征伐，虽在涂山大会上东夷也来朝贺和进献玉帛，但禹对东夷始终心怀疑忌。而东夷诸部落虽然有的也处在由氏族制度向奴隶制度过渡阶段，但比起中原地区各部落来，在文化、礼教方面还是较落后。所以禹的这次出巡是向东南地区，除了加强政治上的统一以外，还有传播中原地区先进文化、礼教的用意。

禹的东南巡守是水陆并行，时而在江中乘船，时而在陆地乘车，所到之处，都受到人民的欢迎和礼遇。但在四千年前祖国的东南地区，有许多是荆棘丛生、

沼泽遍布而未开发的地方，更没有交通大道可供行走。禹为了统一东南地区，仍以平治水土时那种不畏艰险、披荆斩棘的毅力率领夏王朝的一些文武官员和军队，顺长江而下。

到了东夷族居住的地区以后，禹便弃舟登陆沿途向夷人中的耆老询问习俗，鼓励夷民勤于农耕，告其农时，播种五谷。教育夷人酋长们要讲礼仪，知法度，不要以强凌弱，以大压小。要和睦相处，不要相互攻杀。还宣布今后若有不听教化者，夏王朝就要以兵征讨。这些夷人的氏族、部落都感激禹的德教，表示愿意听从禹的教化，东夷各部落于是臣服于夏。

禹来到了越地（今浙江境内）的苗山（又称为茅山或防山，在今绍兴境内），并在此暂住，并下令传喻各地诸侯、方伯于第二年的春天来苗山相会。还宣布自涂山大会诸侯数年以来，各地诸侯、方伯都对夏王朝有所进贡，在苗山与诸侯相会时，将要根据贡献大小来计功行赏。

夏王朝虽然建立不久，但是自涂山会诸侯以后，禹规定凡是到夏王朝去朝见禹的诸侯、方伯，或未有封号的氏族、部落酋长，禹都一律以礼相待，皆有封赏。所以各地诸侯、方伯们得知禹已巡守到苗山，要在那里再次与大家相见时，都纷纷备办进贡的方物。由于禹的威望很高，到了约定的日期，各地诸侯、方伯都如期到达。

到了相会之期，禹先在苗山的行宫接受诸侯、方伯们朝见。然后举行祭祀，告祭天地山川和祖先。祭祀以后，宣布了自涂山大会诸侯数年来每个诸侯对夏王朝的贡物和其他贡献，应是什么样的功，按其贡献大小会计赏物和加封号。计功封赏以后，又举行了祭祀仪式和庆功会。当然这次的庆功会上又演奏了中原乐舞，使各地诸侯、方伯们再次领受了中原先进的礼乐。就在计功封赏和庆功会之后，才见一个叫防风氏的诸侯姗姗来迟。防风氏的族居地就在距苗山不远的地方。此人原是古越人部落一支的一个酋长，曾表示臣服于夏。

防风氏生得高大健壮，在越人各部落也算是一个有势力的部落酋长，常自恃其有勇而欺凌其他部落。他早就有建国称王之心，可是当他得知三苗是一个比他还大得多的部落都被禹率军打败，只得到涂山参加朝见禹的大会。在那里他受到禹的封号，列为夏王朝的诸侯，他也表示愿意听禹的教化、号令，臣服

于夏。但是他总想独霸一方，只有为越人诸部落之长或称王才甘心。禹巡守到苗山时，他本应先去朝见，可他不但没有先去，反倒有意在苗山会期之后才到达。而且见禹时不但认为自己迟到无罪，态度还十分傲慢。

防风氏的所作所为为禹的政令所不容，禹在越地巡守时早已知道。为了警告各地诸侯、方伯，禹毅然命令将他杀了，并且暴尸三日。诸侯、方伯们见此情况，深知夏王朝的国威和夏天子的权威神圣不可冒犯，所以都一致表示防风氏该杀。

诛杀防风氏是禹行使王权的开始，也是第一次以天子的威力诛杀诸侯。经过这次大会，禹的权威更是遍及四海了。

启建奴隶制王朝——夏朝

在禹统治时期，随着生产力的发展，产品有了较多剩余。由于粮食产量有所增加，人们学会了酿酒。手工技术也有了一个飞跃的进步，人们在劳动过程中学会了冶铜。用铜打制的器皿比较坚硬，而且柔韧性比较强。由于产品有所剩余，人们互相之间又需要对方的物品，因此产生了商品交换。商品交换使物品多的人聚集的物品越来越多，渐渐产生了贫富分化。贫富分化产生后，一些穷困的人为了生活往往进行抢劫或偷窃。这令大禹十分痛心，他认为这种现象是自己的过错，是自己治理国家不善而导致的。于是禹便想出一些措施来改善这种不良现象，他指示地方官吏对百姓加强教化，从而避免犯罪的发生。

可是，随着私有财产的出现，人们的观念也渐渐发生了变化，天下为公的人越来越少，为了各自的利益你夺我抢的冲突时常发生。

禹只好制定禹刑，设置监狱，并先后在阳城（今河南登封）和阳翟（今河南禹县）建立都城。

后来夏部落与周围其他部族之间争夺联盟首领的战争不断，禹凭借威望和治水的辉煌功绩，得到了联盟首领的位置进而稳定了下来。但是三苗不服禹的领导，时常与夏部落或其他联盟部落发生冲突。禹带领夏部落人马与三苗展开

了激烈的战争，结果禹大获全胜，将三苗驱逐到今湖北西北与河南交界处的丹江与汉水流域，从而禹声势大振，王权进一步得到巩固。

一次禹在涂山开部落首领大会，会上各部落用自己贡献出的铜铸成了九个大鼎，九个大鼎象征九州。禹把九鼎运回了宫中。那时各部落首领必须对联盟首领禹进贡，禹的财产不断增多，权力越来越大，地位也越来越高。各部落首领每次进贡时还必须朝拜九鼎，这就是"九鼎之尊"的典故，显然九鼎成了权力的象征。

禹的部落联盟不断扩大，有的部落虽不愿意加入，但迫于禹的威严，只好不得已而为之。一天，禹与各部落首领在会稽山会盟。防风氏本来对禹有所不满，开会时慢腾腾地赶到。禹大怒，立即派人把防风氏斩首。这一招杀鸡儆猴，令其他部落首领都吓出了一身冷汗。禹在会上规定：部落联盟的首领有权处死某一个氏族的首领。从此，其他部落不得不对大禹俯首帖耳，唯命是从了。此时，大禹实际上已是拥有生杀大权的国王了，氏族内部家长权力正在向国家的政治权力转变，国家在这种背景下必然会产生。

禹越来越老，按照惯例该选部落继承人了。禹也曾想按照部落内部原有的禅让制度，通过选举的方式把首领的位置让给有贤德的人。大家一致推荐掌管刑法的皋陶。皋陶为人厚道，为公甘愿牺牲自己的一切。可是不久皋陶死了。大家又推举皋陶的儿子伯益，伯益就是当年与大禹一起治水的益。伯益治水时，吃苦耐劳，献计献策，在百姓之中威望很高，而且伯益还辅佐禹管理部落联盟的事务已10年有余。但此时的大禹已有了私心，他想把自己的位置让给自己的儿子启。可是他不好随便破坏祖上传下的规矩，就想出一计，决定给伯益一个虚名，真正的实权交给儿子启。渐渐地，启在百姓心目中树立起了威望。

后来，禹在东巡的时候死在会稽，伯益为他举行丧礼，挂孝、守孝3年。3年的丧礼完毕后，伯益效仿大禹的样子避居起来。当年大禹为舜举行葬礼后曾将继承人的位置让给舜的儿子，而舜的儿子没有继承帝位，而是让给了有才德的禹。伯益也假意将王位让给大禹的儿子启。可是伯益万万没想到，启一点也不客气，登上了王位，各部落首领也纷纷前来朝贺。

古代"禅让"制度就这样被破坏了，这是私有制出现后的一种必然现象。

从此，父子、兄弟相传的王位世袭制度确立了。禹传子，家天下。这是中国历史上的又一次重大变革。

伯益正在等启来请他继位，没想到美梦成空，伯益十分恼火，率领兵士攻打启。启早已做好了防范准备，没有费多大力气就将伯益杀死了。

然而这种"禅让"制被废除后，取而代之的父传子王位继承方式引起了夏朝争夺王位的激烈斗争。有扈氏对这种废"禅让"十分不满，他联合其他部落组成大军攻打启。启亲自率兵进行讨伐，经过激烈的斗争，有扈氏和其他部落同样遭到了失败。有扈氏被"剿绝"。夏启不但保住了王位，还进一步巩固了王位世袭制。伯益和有扈氏的失利，使其他各部落都不敢再轻易造反出兵，变得驯服了。启成了一个名副其实的国王，将禅让制彻底改变为世袭制。于是众多邦国首领俯首称臣，启在钧台（今河南禹县）举行宴会，宴请各部落首领。这就是历史上有名的"钧台之享"。中国历史上第一个奴隶制王朝——夏建立了。

启建立了夏以后，站稳了脚跟，划天下为"九州"。"九州"的官员称为"九牧"。启让九牧去管理九州。九牧不是过去的部落首领，他是国王派去的地方长官，必须绝对服从国王的旨意。

在经济上，夏开始征赋，作为财政上的开支费用，又配备了军队，从此真正意义上的国家诞生了。

启开始时还勤于朝政，可后来他滥用权力，大兴土木，修建了王宫，在王宫中饮酒作乐，听音乐，赏歌舞，边上有美女相伴，过着醉生梦死、神仙般的生活。他只知享受，不顾百姓死活，而且处处显示自己的威风，把军队和监狱作为自己的武器，到处炫耀自己的威力。

启在宫中纸醉金迷，出去游玩时更是带着王公大臣驾着车浩浩荡荡，威风凛凛。尧、舜、禹巡游四方的目的是为了了解和解决百姓疾苦，而启纯粹是为

夏启

了玩乐。启每到一处，就让当地百姓为他供奉美食，给本来就很贫困的百姓带来了无尽的苦难。

由于启只知恣意玩乐，不理朝政，因此引起众人不满，叛乱时有发生，而启依然吃喝玩乐不理不问。

9年之后，启重病身亡。长子太康继位，由于启的荒废朝政，这时的夏朝已摇摇欲坠。太康劣性十足，比启还有过之而无不及。他爱好打猎，整天带着大臣到林中去打猎，对国家政务根本不放在心上。有的忠臣进言劝他几句，他非但不听，还大加斥责。久而久之，大臣中也没有再劝他的了。

启伐有扈

启这种废"禅让"而实行父传子的王位世袭方式，引起了夏王朝争夺王位的激烈斗争。当启登上了夏王的宝座以后，首先就遭到了一个姒姓诸侯有扈氏的不满，起兵反对。

有扈氏是族居在夏族中心地区西边的一个大部落，他的活动中心在今陕西鄠邑区一带。他的活动范围很大，早在舜、禹时期，他就在向东发展。处于氏族公社阶段向阶级社会过渡阶段的有扈氏，为了夺取更多的财富，就需要扩大地方，发展势力。而以禹为酋长的华夏部落联盟此时正处在建国的前夕，势力也正不断地向四周发展。传说，"禹攻有扈"，"其用兵不止"，有过三次较大的战役，虽然阻止了有扈氏向东发展，但有扈氏仍不归顺禹，"禹于是修教一年而有扈氏请服"。所谓"修教"，就是用了一年时间治兵，准备用更大的兵力来打仗，同时用禹之德政对其进行感化。禹用了文武两手终于使有扈氏臣服，成为华夏部落联盟的一员，禹建国以后，封有扈氏为诸侯。

另一种传说认为：有扈氏是启的庶兄，他看见尧、舜都荐举而禅让，禹不传贤而传位与儿子时理应传给他，但王位被启夺去，才用兵攻启。两军在甘地大战。启在出兵前召集六卿，即六军之主将，举行誓师大会。启对六军的兵将们宣布有扈氏之罪行说："有扈氏威侮五行，怠弃三正。上天要灭绝他的性命，

大家要同心协力地执行天命去消灭他"。这是战前的动员令，也就是战争誓词。因这一仗是在甘这地方进行，所以古书中称作"甘誓"。

誓词中的"五行"和"三正"是什么意思？历代的注疏家有不同的解释。近年来有的史学家认为"五行"是古人对天体中五颗行星的认识，"五行"是代表天的意思。"三正"是指"臣正"，也就是指有扈氏左右几个大臣。也有的学者认为"三正"就是"三政"，指的是政事。

誓师以后，启率领六军兵将和有扈氏大战，因夏王朝的军队训练有素，有扈氏的兵将大败而逃。夏军直打到扈地，杀了有扈氏，这场我国古代史上最早有名的战役——"甘之战"，以夏军战胜而结束。

经过有扈氏和启在甘地一战，有扈氏灭亡，启的王位就巩固下来，各地诸侯、方伯们纷纷进贡朝贺。夏王朝的政治基础也得以巩固，这也就为进一步发展奠定了基础。

钧台之享

启灭了有扈氏以后，为了进一步巩固其统治地位，便仿效其父夏禹当年"涂山大会"办法，下令各地诸侯、方伯前来钧台（在今河南禹县南）相会。各地诸侯、方伯一方面是感禹的功德，一心拥护夏王朝；另一方面有扈氏的下场也是前车之鉴，不敢不来。于是都沿袭涂山大会之例，根据各地所出的土特产，备办了朝贡物品，先后到钧台来朝见。启为了要显示天子的威仪和夏王朝的富有，一改禹生前节俭朴实的作风，除了一般的会见礼之外，还特设"享礼"。这就是历史上有名的"钧台之享"。

"享礼"就是在接受诸侯、方伯们的朝见和进献的礼物时举行祭礼，然后设酒食大宴群臣。吃山珍海味，喝香甜美酒。相传禹时有一个臣子叫仪狄，用米造出一种醇香甘美的酒，进献给禹，禹喝了后虽觉香甜可口，但又感四肢无力，昏昏欲睡。于是告诫群臣说：酒不能喝，否则一定会有喝酒误事而亡国的国君。尽管禹在当年已下了"禁酒令"。但因酒既可以助兴，又能显示出粮食的充足，

所以启还是以酒来款待诸侯。

在夏朝初期，青铜仍是一种贵重金属，用作器物使用还很少。启为了显示天子的富有和豪华，用了青铜鼎、彝尊等器来盛肉和装酒。还用了大量精美的陶、竹、木器。有这样丰盛的酒食和琳琅满目的精美食器，使得不少诸侯、方伯大开眼界。而且在饮宴过程中，还有乐舞助兴。

启喜欢乐舞，他的佞臣们知道后便在民间访得一些新颖的歌舞，编成之后，取名为"九辩""九歌"和"九韶"。说是从天上神仙那里学来的。于是在钧台大会诸侯时，启特意演奏了这些乐舞。

在以启为首的夏王朝统治者们朝贺饮宴、歌舞升平的后面，大多数的平民、奴隶们过着牛马不如的悲惨生活。尽管禹领导人民平治水土，使人们得以安居，但随着阶级社会的发展，阶段压迫和剥削也日益加重。虽然在记载的传说中缺乏这方面的具体资料，但有关夏文化的考古资料却给我们提供了物证。

目前关于夏代文化遗址的考古和历史研究工作，虽然还有分歧，但从已发掘过的遗址来看，有的文化遗址从年代上是相当于夏王朝建立后的时期。如河南偃师二里头文化遗址，根据测定，其时代是在公元前 1900 年至公元前 1500 年之间；山西夏县东下冯遗址的时代比二里头遗址稍晚一点，也就在公元前 1800 年至公元前 1400 年之间。而山西襄汾陶寺遗址的时代早期，比二里头遗址要早，约在公元前 2400 年左右，晚期也是在公元前 1800 年左右。虽然测定的年代也有几十年甚至一百年的误差，但根据历史文献记载，夏王朝的历史时期是公元前21 世纪至前 16 世纪之间，基本上是相同的。

在二里头遗址中发现了有特殊葬式的墓葬，如在一个墓穴中，有一具人骨架，两手紧贴髋骨，左右两上肢已脱位。还有一墓穴中的人骨架是俯身，两手举过头顶，手腕成交叉状，下肢伸开。另有一墓穴中有四具人骨架，一具仅有身躯骨架；一具只有头骨；一具仅有半个头骨和身躯骨，看来像是被活埋或被杀死后埋葬的，这是一种乱葬坑。

在陶寺遗址中，发现了六百多座小型墓葬，占目前发现该遗址墓葬中百分之八十多。这些小型墓葬的墓穴狭小，没有棺木，大多都无随葬品，有的只有骨制小件物品一两件，偶有陶盆或陶罐一件。

墓葬能反映各个历史时期的埋葬制度和习俗，也是死者生前社会地位的反映。在进入阶级社会以后，社会财富被少数富有者所聚敛，而大多数劳动者变为贫民，或沦为奴隶。他们生前要负担着繁重的劳动，为创造社会财富而长年累月地从事各种劳动生产，死后连一件随葬品也没有。大批的奴隶人身得不到自由，他们随时都有被杀殉葬或活埋的可能。甚至连一个人一个墓穴也办不到，而是埋在乱葬坑内。这比起在同一遗址中有木棺、有十几件甚至几十件随葬品的大墓穴来，表明夏朝的贫富悬殊已经极为明显，阶级分化更加严重，奴隶制社会已经大体形成。

启征西河

正当启在钧台大会诸侯、歌舞升平的时候，夏后氏家中却发生了内讧。原来禹有幼子叫武观，封于观地（今河南浚县和淇县一带）。武观见其兄启继其父禹做了天子后，一改禹在世时的勤劳、节俭、朴实的作风，尤其在钧台大会时那种铺张和享受，使武观产生了羡慕，觉得要是自己能继位做王，称天子，受天下诸侯、方伯们的朝贺，有多么威风！而在钧台大会上，武观是诸侯，当然也应随班朝贺。但武观心中不服，认为都是兄弟之辈，启做了王，称天子，受天下诸侯、方伯们的朝贺是应当的，自己亲弟兄就不必如此守礼了。就在朝贺、祭祀、宴乐等礼仪方面都马马虎虎地应付，还口出怨言。启感到弟弟武观不服管教，于是"放王季子武观于西河"。西河指今河南滑县和浚县一带地区，因当时河水（黄河）流经其境，这一地区是在黄河西岸，故称西河。武观被逐放在西河以后，大为不平，就蓄积力量，三年后就"以西河叛"。所谓"以西河叛"，就是拥兵自守，也可能是自己称王。这当然是对启有很大的威胁，启就命令彭国（在今江苏徐州市）的方伯名叫寿的率兵前去征伐武观。

当彭伯寿率兵跨过黄河以后，武观虽也以兵抵抗，但终究兵力有限，只好投降、认罪。彭伯寿将武观带回都城交给启，虽然武观认罪，但启对他终不放心，最后还是把武观杀了。这是启为了巩固夏王朝的统治，用武力来平内乱的

　　启经过甘之战灭了有扈氏，经过征西河诛杀了武观之后，统治地位巩固了，成为统一天下的天子。

神箭手后羿

　　夏启当上国王以后，有一个部落有扈氏不服，起兵反抗。启和有扈氏的部落发生了一场战争，最后启把有扈氏灭了，把俘虏来的人罚作牧奴。其他部落看到有扈氏的样子，没有人再反抗了。

　　夏启死后，他的儿子太康即位。太康是个十分昏庸的君主。他不管政事，专爱打猎。有一次，太康带着随从到洛水南岸去打猎，他越打越起劲，去了一百天还没有回家。

　　那时候，黄河下游的夷族，有个部落首领名叫后羿，野心勃勃，想夺取夏王的权力。他看到

神箭手后羿

太康出去打猎，觉得是个机会，就亲自带兵守住洛水北岸。等到太康带着一大批猎得的野兽，兴高采烈地回来的时候，走到洛水边，对岸全是后羿的军队，拦住他的归路。太康没法，只好在洛水南面过着流亡生活。后羿还不敢自立为王，另立太康的兄弟仲康当夏王，把实权抓在自己手里。

　　后羿是一个著名的弓箭手，他射箭是百发百中的。有一个神话，说古时候天空上本来有十个太阳，地面上热得像烤焦似的，给庄稼带来严重的灾害。大家请后羿想法子，后羿拈弓搭箭，"嗖嗖"上几下，把天空上的九个太阳射了下来，只留下一个太阳。这样，地面上气候适宜，不再闹干旱了。又说，古时候大河里有许多怪兽，经常兴风作浪，造成水灾，把禾苗淹没，人畜淹死，也是

后羿用箭把这些怪兽都射死了，人们的生活才恢复了正常。这些神话说明后羿的箭术很高明，是大家公认的。

后羿开始还只是做仲康的助手。到了仲康一死，他干脆把仲康的儿子相撵走，夺了夏朝的王位。他仗着射箭的本领，也作威作福起来。他和太康一样，四处打猎，把国家政事交给他的亲信寒浞。寒浞瞒着后羿，收买人心。有一次，后羿打猎回来，寒浞派人把他杀了。

寒浞杀了后羿，夺了王位，怕夏族再跟他争夺，一定要杀死被后羿撵走的相。

相逃到哪儿，寒浞就追到哪儿。后来，相终于被寒浞杀了。那时候，相的妻子正怀着孕，被寒浞逼得没法，从墙洞里爬了出去，逃到娘家有仍氏部落，生下个儿子叫少康。

少康长大后，给姥姥家看牲口，后来听到寒浞正在派人追捕他，又逃到舜的后代有虞氏那儿。

少康从小在艰难的环境中长大，练了一身本领。他在有虞氏那里招收人马，开始有了自己的队伍；后来，又得到忠于夏朝的大臣、部落帮助，反攻寒浞，终于把王位夺了回来。

夏朝从太康到少康，中间经过大约一百年的混战，才恢复过来，历史上称作"少康中兴"。

少康灭了寒浞，可是夷族和夏朝之间的斗争还没完。夷族人有很多出名的射手，他们的弓箭很厉害。后来少康的儿子帝予即位，发明了一种可以避箭的护身衣，叫作"甲"，战胜了夷族，夏的势力又向东发展了。

少康中兴

"少康中兴"是中国历史上首个出现以"中兴"二字命名的时代。少康是中国夏朝的第六代天子，其父姒相被敌对的寒浞派人杀死。少康是遗腹子，凭借个人魅力，得到有仍氏、有虞氏的帮助，广施德政而得到夏后氏遗民的拥护。

经过周密的策划，少康通过用间、行刺等手段，以弱胜强，最终战胜寒浞父子，中兴夏朝。

后羿将太康逼得向东流亡以后，取太康而代之掌握了夏的政权。但因夏族自大禹以来，在众多方国、诸侯之中有很高的威望，后羿并没有完全得到他们的拥护。后羿掌管了夏朝的政事后，没有作巩固政权的打算，而是自恃射术过人，武力强大，不理民事也整日沉溺于田猎游乐之中，把政事交给寒浞处理。寒浞便诱使后羿以打猎为乐，不理国事，且乘机挑拨离间，制造混乱，培植自己的势力。几年后，寒浞趁一次后羿外出行猎，煽动族众将后羿杀死，寒浞夺取了大权，并且占有后羿的妻妾，生浇和豷，霸占了后羿的财产，自称为王。

后羿驱逐了太康，取代了夏后氏以后，对夏后氏家族并未诛杀或驱逐，以防后患，夏王朝中一部分贵族和臣僚们仍在后羿政权中供职。后羿对太康的弟弟们的行动也未加限制。太康之弟仲康见哥哥久而不归，在部分贵族、臣僚们的保护下，在斟鄩建立了一个小朝廷做了夏王，而且也得到了部分诸侯、方伯的暗中拥护。仲康是一个无大作为的人物，不但无力复国，而且不到二十岁就死了。当时属于夏的有穷国的势力很大，后羿以为从此可以统治天下，没有将仲康的小朝廷放在心上，只受寒浞的引诱而一心打猎玩乐。

仲康死后，在斟鄩存的夏族小朝廷，由仲康年幼之子相继位为王。此时夏王室势力有所发展，引起了后羿和寒浞的注意，于是后羿以武力威逼相及其夏王室。年幼的夏王相，在王室贵族们的保护下，迁居到帝丘（今河南濮阳）。到帝丘以后，得到了同姓的斟灌氏和斟寻氏两个诸侯的帮助，使夏王室的势力又开始重新壮大。

斟灌氏和斟寻氏是夏王朝所封的两个姒姓诸侯国。斟灌氏封国在今山东寿光，斟寻氏封在太康建都的地方（今河南巩义市）。后羿取代夏政以后，斟寻氏被迫迁去与斟灌氏为邻（今山东潍县）。由于相迁居帝丘，得到斟灌氏和斟寻氏的帮助势力壮大也影响了一些原来忠实于夏王朝的诸侯和方国，他们都对相表示拥护，这就引起了寒浞的恐惧。

寒浞霸占了后羿的妻妾之后，生了两个儿子，大的取名叫浇，小的取名叫豷，长大后皆勇力过人。而寒浞"恃其谗慝诈伪而不德于民"，即是仗恃着自己

的奸诈，善于用作伪缺德的手段欺骗人民，而不是对人民真正的施以恩德。为了扩大有穷国的势力，统治天下。把大儿子浇封在过（今山东莱州市北），小儿子豷封在戈（今河南杞县与太康一带）。虽然如此，但对相的存在，总觉得不放心，因为相自从迁到帝丘以后，也在斟灌、斟寻两个诸侯的协助下，尽力地扩充实力，准备消灭寒浞，夺回失去的政权。

夏王朝建立以后，分布在祖国东部地区的是一些古夷人氏族、部落，都先后臣服于夏。但是自"夏后氏太康失德，夷人始叛"。也就是说，太康的所作所为丧失了人心，东夷的各氏族、部落就开始叛夏。有穷国的后羿本来就是东夷中的一个氏族，在夷人中有很大的影响。后羿夺取夏王朝的政权以后，东夷中的一些部落就拥护有穷国。相被逼迁至帝丘，斟灌、斟寻二国又与夷人为邻相处。相在二斟的协助下扩充实力，首先就与夷人发生了矛盾。相传在夏相到帝丘以后的初期，就发生过"征淮夷"和"征风夷及黄夷"的战争。

淮夷是族居在淮河流域一个较大的部落。风夷和黄夷都是族居在现在山东和江苏北部的所谓"九夷"中的两种，这两个靠近海边的部落，就其力量来说，当然敌不过斟灌和斟寻的联合军队。由于对风夷和黄夷的战争的胜利，有的夷人又重新臣服夏，所以又有"后相七年，于夷来宾"的情况。于夷也是九种夷人之一。到了商代，于夷被称为盂方，其族居地在今河南睢县一带。"来宾"就是来向夏相致礼朝贺，表示臣服。

由于在相初期对东夷的征伐取得一些胜利，引起寒浞的恐惧，于是寒浞命他的大儿子浇"帅师灭斟灌"。第二年，浇又帅师伐斟寻氏。斟寻氏虽势孤力薄，但还是和浇"大战于潍"。斟寻氏凭借着潍水之险与浇大战。因浇兵多而勇猛，结果被浇"覆其舟，灭之"。

浇灭了斟灌氏和斟寻之后，即挥师直抵帝丘。相因"二斟"被灭，势孤无援，结果被浇杀死。相自迁居帝丘到被杀约二十多年。此后有穷国的势力又有所壮大，寒浞愈加骄横。但各方诸侯、方国灭寒浞、恢复夏王朝统治的势力也同时在壮大。

在后羿逐太康代夏政时，夏王朝中有不少臣僚，服事后羿为有穷国的臣僚。其中有一个叫伯靡的臣子，见后羿被家众杀了以后，寒浞夺取了有穷国王位，

就弃官逃走，逃到一个叫有鬲的诸侯国（今山东德州北），依附于有鬲氏。并且得到了有鬲氏的支持，也在积蓄力量，准备灭寒浞，恢复夏王朝的统治。

寒浞命浇杀相时，相的妃子后缗已怀孕在身，见相被杀，就从城墙一个洞中逃了出来。后缗是夏王朝诸侯有仍氏之女，所以逃出来后就直奔有仍（今山东济宁）。后缗回到娘家不久便生了个儿子，这个相的遗腹子就是少康。有仍氏因少康是夏后氏之遗孤，对他特别爱护。少康长大后，有仍氏便命他做了牧正，也就是主管畜牧的官。少康长大以后，知道了自己的身世，对寒浞和浇满怀仇恨。同时又随时警惕着，怕浇知道他是相之子而加害于他。

因为有仍是一个较小的诸侯，少康在那里做牧正之事，没过多久就被浇得知，派了一个叫椒的人前往有仍寻找少康。椒还没有到有仍，少康便得到了消息，就从有仍逃奔到有虞（今河南虞城）。有虞的诸侯叫虞思，是有虞氏之后，世代与夏后氏亲善，得知少康是夏相之子，就热情接纳。命少康做有虞国的庖正，也就是掌管膳食的官。这样安排少康是为了避免浇来杀害。"虞思于是妻之以二姚，而邑诸纶，有田一成，有众一旅"。虞思把自己两个女儿嫁给少康，又把纶（今河南虞城东）这个地方分给他住。在此地，少康有十里见方的土地，有五百个人供其使用。少康广泛施恩布德，团结群众，准备复国，并且暗中收集夏王朝的人，又安抚在夏王朝中做过官的人，还派了自己身边一个叫女艾的人混到过城中去打探情况，派自己的儿子季杼到戈城去诱惑豷。

就在少康准备灭浇、豷的同时，依附于有鬲的伯靡也在积极地准备行动。所谓"靡自有鬲氏，收二国之烬"，就是将斟灌、斟寻二国的残余部队招抚到有鬲，重新武装起来。此二国流散的人，与浇有亡国之仇，不但易于招抚集中，而还十分勇敢。伯靡得知在有虞的少康是相的遗子，夏后氏之根苗尚存，就以禹之功德来鼓动人们参加灭寒浞的队伍。因此很快就组织了一支很有战斗力的武装。他率领这支队伍一路未受什么阻力就攻入有穷国都穷石，寒浞未及防避就被众军所杀。伯靡又帅师直奔有虞迎少康回到夏邑。少康又命伯靡助女艾在过城诛杀了浇，灭了过国。浇一死，在戈的豷也就孤立无援。季杼见时机已到，就乘机杀了豷，灭了戈国。有穷国也就被灭亡了。

伯靡和夏后氏的贵族们拥少康继位为夏王，"复禹之迹，祀夏配天，不失旧物"。各地的诸侯、方伯得知少康回到了夏都，恢复了夏禹的业绩，奉祀夏的祖先和天帝，维护了夏朝原有的统治，又都纷纷带着贡物前来朝贺以前旧朝的天子。

夏王朝自太康时被后羿夺取政权，失去了对全国的统治以后，经过了三代人、约四十年的斗争，又重新夺回政权，恢复了夏后氏奴隶主贵族的统治。自此夏王朝对全国的统治才最后巩固，所以后世史家们称少康灭有穷重建夏王朝的统治为"少康中兴"。

夏杼东征

夏王少康由于经历过一段时间的流离生活，即位以前，先依有仍氏而做牧正，后又被逼逃归有虞氏做了疱正。在管理畜牧和膳食的过程中，接触过平民和奴隶，他了解了平民和奴隶们的疾苦。而他之所以能复国继续做了夏王，是由于得到人民的帮助和拥护。他深知要保住祖业，巩固统治地位，就必须得到人民的拥护，要使人民拥护夏王朝，就要关心人民的生产和生活，不能像祖父太康一样，不关心人民生产而"盘游无度"。所以，他即位以后，恢复了稷官来管理农业生产。相传稷官是管理按时播种五谷的官，在禹时是由周族的祖先后稷担任。到了太康时，才"去稷不务"。因太康只知打猎游玩，废稷官，农业生产得不到良好管理，以至误国。

虽然自禹平治水土以后，黄河中下游地区不再是"洪水横流，泛滥于天下"，但是每年到了雨季，河水上涨，近河两岸的农田，仍然要受河水之患。而自后羿代夏以后，统治阶级内部的争夺不断，河道失治，因此水患又成为发展农业生产的一大阻碍。而要使人民安心从事农业生产，必须对黄河加以治理。少康即位后恢复了管理水利工程的水官——水正，任命商侯冥为水正，"使商侯冥治河"。

相传冥是商侯始祖契的五世孙，契因"佐禹治水有功"，"封于商，赐姓子氏"。夏朝建立之后，契之后被封为诸侯，所以少康任命商侯冥去治理黄河的水

患。冥自从做了水正以后，勤勤恳恳的从事治水。自少康中期到他儿子杼即位后，先后约二十多年时间里，冥是身先士卒，率领黄河沿岸的人民将水患消除，使农业生产有了较大的发展。在杼继位以后的十三年，"冥勤其官而水死"。即冥在勤恳的治水过程中，被淹死在水中。因为冥是勤于职守而死，后人对他报以隆重的祭祀。冥也是我国古代史上一位有名的治水英雄。

少康重建夏王朝以后，由于关心生产，治理水患，使社会生产有了较快的发展，王朝的统治也得以巩固，但对于东夷诸部落、方国的时服时叛，终是一大忧患。少康即位初年，东夷中只有"方夷来宾"，所以与东夷的关系仍处于敌对状态。少康想对东夷进行征伐，就在准备力量时，少康却得病而死。相传少康在位二十一年，死后由其子杼继位为夏王。

杼继位以后，继承少康的遗志，积极准备征伐东夷。相传杼为了战争的需要发明了矛和甲。矛是进攻的武器，甲是防御的衣服。这时甲当然还不是铜甲，而是皮甲，用兽皮制成的，如犀牛甲之类。因为东夷人善射，有了皮甲就能防身。当其完成征伐东夷的准备以后，为了战争的需要，又迁都老丘（今河南开封市陈留镇北），然后出兵征伐东夷。

杼率兵征伐东夷的过程中，得到沿途各地诸侯、方国的支持，所以较顺利地征服了分布在今河南东部、山东和江苏北部一带的夷人部落，而且一直打到大海之滨。古代把现在的黄海称为东海，所以传说中记载："征于东海及三寿，得一狐九尾"。"三寿"有的记载为"王寿"，是东夷中的一个部落，其确切的令地已无从考证，只知是靠近大海的地方。杼打到三寿，三寿臣服并献上一种名叫"九尾狐"的白狐，当时能见白狐则为祥瑞，所以"九尾狐"又叫"瑞兽"，传说只有天下太平时期，才能见到。杼征东夷，不但使东夷诸部落臣服，而且还获得了一只"九尾狐"，便高兴地班师回朝。过了不久，他死去了，死时年仅二十七岁。杼虽然年纪很轻，但是"杼能帅禹者也，故夏后氏报焉"。在夏族后人看来。杼是能继承禹的事业的一个名王，不但能巩固夏王朝的统治，而且还重新征服东夷诸部落，所以死后受到后人隆重的祭祀，受到后世的尊重。

因为杼征东夷的胜利，夏王朝的威望在各地诸侯、方国中又大大增高，一些原来叛离的又重新臣服于夏。所谓"九夷来御"，"九夷"就是分布在淮水和泗水流域的九种夷人部落。他们是畎夷、于夷、方夷、黄夷、白夷、赤夷、玄夷、风夷、阳夷。这些夷人部落自夏王朝建立后，时服时叛，经夏杼东征后，他们又共同臣服于夏，而且还到夏王都来进献方物，表示愿意听夏王的调遣。到此时期，夏王朝与东方诸夷人的关系才算是有一个较大的改善。这对东部夷人分布地区的社会经济和文化的发展，起到了促进作用。

残暴的夏桀

夏王朝的统治持续了 400 多年，到了公元前 16 世纪，夏朝的最后一个王夏桀在位。夏桀是中国历史上有名的暴君之一。据说他文武双全，双手可以把铁钩拉直。但他重用佞臣，排斥忠良，不修内政，而且残酷压榨百姓，导致朝野内外矛盾重重。

残暴的夏桀

夏桀迷恋女色，后宫美女如云，其中最受宠爱的是妹喜。他即位后的第三十三年，发兵征伐有施氏，有施氏抵挡不住，进贡给他一个美女，名叫妹喜，为有施氏之妹。夏桀十分宠爱妹喜，特地建造了富丽堂皇的琼室、象廊、瑶台和玉床，供他和妹喜荒淫无耻地享乐。夏桀对妹喜宠爱有加，言听计从。妹喜听腻了琴瑟之声，偶然间听到布帛撕裂的声音，觉得非常新鲜、悦耳。夏桀便向全国征集大量布帛，堆放在宫中，令宫人不断地撕帛，以博美人一笑。

夏桀对饮食十分讲究，常吃的是西北出产的蔬菜、东海里捕捞来的大鱼，

调味的作料是南方出产的生姜、北方出产的海盐。为了供应他一个人的膳食，得有成百上千人替他种菜、捕鱼、运输、烹调。夏桀又是个酒鬼，特别喜欢喝酒。他喝酒还有个怪脾气，必须喝十分清澈的酒，酒一浑浊，他就要杀厨师，许多厨师就因此断送了性命。夏桀喝醉了酒以后，还要拿人当马骑着玩耍。谁要是不肯让他骑，就要挨一顿痛打甚至被杀头。

夏桀喜欢阿谀奉承的人，讨厌直言规劝他的人。有个大臣叫关龙逄，看到夏桀胡作非为，便进谏道："天子谦恭而讲究信义，节俭又爱护贤才，天下才能安定。陛下奢侈无度，嗜杀成性，弄得百姓怨声载道，长此以往，天下就危险了。"桀听了大怒，将关龙逄处死，还说："天上有太阳，我就是国家的太阳，太阳灭亡，我才会灭亡。"他还召集所属各部首领开会，准备发动讨伐其他部落的战争。这样，夏桀也就日益失去人心，夏朝的统治也越来越腐朽了。

正当夏朝势力日渐衰落的时候，黄河下游的商部落的势力强大起来了。商部落的首领汤看到夏桀众叛亲离，便积极地收揽人心，壮大力量，准备进攻夏朝。汤历数夏桀的暴虐无道，号召夏的属国叛夏归商，对不肯归附的，就出兵攻灭。

商汤先后灭掉了葛（今河南省睢县北）、韦（今河南省滑县东南）、顾（今山东省范县东南）等夏朝属国，以剪除桀的羽翼。商汤越战越强，十一征而无敌于天下，使夏桀陷于孤立的境地。汤还迁都于亳（今河南商丘），以此为前进的据点，准备最后攻灭夏朝。

而汤在不断征讨夏的属国的同时，大量地向夏朝进贡各种珍奇异宝，并贿赂桀的近臣。桀收到这些珍宝，又有哪些佞臣在他耳边说汤的好话，也就因此对商的所作所为不闻不问，双方的力量在不知不觉中此消彼长了。

汤和宰相伊尹见时机成熟，就由汤召集部众，出兵伐夏，直逼夏的重镇鸣条（今山西省安邑县西）。

桀得到消息，亲自带兵赶到鸣条。两军交战，桀登上附近的小山顶观战。忽然天降大雨，桀又急忙从山顶奔下避雨。夏军将士本来就已经不愿再为桀卖命，此时，也乘机纷纷逃散。夏桀制止不住，只得仓皇逃入城内。商军在后紧追，桀不敢久留，匆忙携带妹喜和珍宝登上一艘小船，渡江逃到南巢（今安徽

省巢县）。后又被汤追上俘获，被放逐。

桀和妹喜养尊处优惯了，在这荒僻山乡，无人服侍，自己又不会劳动，最终被活活饿死于卧牛山，夏朝宣告灭亡。

忠臣关龙逢

民众诅咒太阳骂夏桀

夏桀除了贪恋女色，荒淫无道，整日过着花天酒地的放荡生活，不理朝政外，他还无休止地搜刮人民，进行残酷地剥削、压迫，把他们的血汗都榨光了，就征发他们来服劳役。被征发来服劳役的民众，敢怒不敢言，就用消极怠工的方式进行对抗，不执行监督官吏的命令。因为夏桀经常把自己比作天上的太阳，所以服劳役的民众对着天上的太阳诅咒道："你这个太阳啊，什么时候才能命丧，我与你一起灭亡！"民众表面上诅咒的是太阳，但实际上是指桑骂槐，痛骂的是夏桀。

佞臣花言巧语当丞相

在国家局势的危难关头，君主的身边总有两种大臣：即佞臣和忠臣。佞臣用花言巧语向君主献媚，说天下局势稳定，政权巩固，百姓们感恩戴德，你君王永保天命。这样可以得到君主的恩宠，容易升官发财。但佞臣这样的吹牛拍马，阿谀奉承，掩盖矛盾，粉饰太平，会使君主越来越胡作非为，最后导致国家灭亡。夏桀时有两个著名的佞臣，一个名叫干辛，一个名叫侯侈，他们都当了夏桀的丞相。干辛对夏桀百般诏媚，说尽好话，而对诸侯和百姓，耀武扬威，进行凌辱和苛刻剥削。侯侈，又叫"推侈""推哆"或"推移"。他能说会道，颠倒是非，内心险恶，手段狠毒。他投君主之所好，善于掌握君主的心理而操纵君主的行为。这些佞臣，成事不足，败事有余，把桀一步步推向深渊。

忠臣直言劝谏遭杀戮

在桀的身边，也有一些忠臣。当时最著名的忠臣叫"关龙逢"。他看见桀大肆搜刮民脂民膏，终日过着荒淫无耻的生活，诸侯叛离，人民怨愤，一旦边境

有外族入侵，国家命运就危在旦夕，因而他手捧"皇图"，来到倾宫求见桀。皇图是古代王朝绘制的宣扬帝王祖先功绩的大幅图画，它的作用是留给后代帝王们看，使他们弘扬祖先的功德，效法祖先们治理国家的业绩，把王朝一代代继续下去。关龙逄捧去的皇图绘有大禹治水、涂山诸侯大会等宏伟的图景和壮阔的场面。他的目的是要桀效法先王，像夏王朝的始祖大禹那样节俭爱民。因为只有这样，才能得到诸侯和人民的拥戴，使国家长治久安。关龙逄一边手捧皇图给桀看，

夏桀

进行规劝和诱导；一边严肃地进谏道："古代的人君，身行礼义，爱民节财，故国家安定而身自长寿。现在你作为君主，用财大肆挥霍，好像有无穷无尽的来源；杀人唯恐不多，好像割草一样。长此下去，如果不改，天灾一定会降临，而诛杀一定会轮到君的头上。我的君王，你一定要改变啊！"说罢，立在倾宫中不出去，希望夏桀醒悟。桀见他话中有不祥之意，并且态度激昂，行动傲慢，不禁大怒，便令边上的卫士把关龙逄拉出去斩了，把皇图也一起焚毁。关龙逄被桀处以极刑，先斩其四肢，然后再杀头，让其慢慢死去，惨状目不忍睹。

在朝的大臣们听说关龙逄忠言谏桀，得到如此的下场，不禁心寒胆栗，纷纷有离夏朝远去之意。而桀对逆耳忠言更加反感，态度更加骄横暴虐。这样一来，桀边上的忠臣越来越少，佞臣越来越多，离大难临头的日子已为期不远了。

终古奔商

天壤之别的两个世界

历史上每当一个王朝或政权将要灭亡的时候，总有一些大臣或贤士弃暗投明，跑到敌对的国家去。古今中外，概莫能外。夏王朝传到桀，君主享乐腐化，

不问国家的政事和人民的生活，专制暴虐，滥杀无辜。当时在夏桀周围的，都是些阿谀奉承的佞臣，投合君主的意思，沆瀣一气，互相串通，道德沦丧，世风日下。由于贪官污吏残酷的剥削和压迫，人民无法正常地进行农业生产，因此田地荒芜，野草丛生，害虫遮天蔽日，呈现出一片衰败景象。

在夏王朝的东面，有一个叫"亳"的地方，就在现今的河南商丘市东南，那里是诸侯国商的所在地。商国的首领叫汤，他待民宽厚，附近的人民都来归附于他。汤又虚心纳谏，礼贤下士，重用能人，所以商国政治清明，君臣和睦。人民都安居乐业，农田里庄稼茂盛，谷穗壮实，年年丰收。夏王朝和商国相隔只有几百里地，然而两地的政治、经济状况却有天壤之别，看上去简直是两个世界。官吏和人民纷纷离夏投商，是很自然的事。

伊尹劝诫不成由桀归汤

当时伊尹正在夏王朝担任一个小官职。伊尹，姓伊，名挚，因为他后来当了"尹"的官职，所以人们都称他为"伊尹"。伊尹在夏王朝宫廷中听见群臣唱这样的歌："河水滔滔啊，船和桨都败坏了！我的帝王荒废政事啊，快快归向东方的亳，亳正在一天天壮大啊！"也有人这样唱："快乐啊，快乐啊，四匹公马矫健拉车啊，六根缰绳粗壮有力啊，离开不善而到善的地方去，怎么不快乐啊！"伊尹听了这些唱词，知道夏王朝的气数将尽，就举着"觞"跑到桀所在的地方。"觞"就是酒杯，和伤亡的"伤"同音，举觞就象征着国家将要伤亡，用以提醒桀警惕。伊尹对桀大声劝诫道："君王终日不理朝政，不听群臣忠告，大命将要逝去，灭亡就在眼前啊！"桀看了看伊尹，忽然大笑起来，不屑一顾地说："你又在制造妖言了。我有天下，就好像天上有太阳。太阳有伤亡的日子吗？太阳灭亡，我才会灭亡呢！"伊尹见夏桀已经无药可救，便急忙打点行装，朝商国奔去。汤见伊尹明白事理，才能出众，立刻任他为丞相。

终古顺应大势离夏奔商

夏王朝有一个太史令叫"终古"。太史令是记录政事的长官，兼管天象、历法。终古多次向桀进言，规劝他要爱惜民力，关心人民的疾苦，夏桀都置若罔闻。眼看夏朝将要灭亡，他将无处容身，便拿出多年记录的史事、绘制的天文

图及计算的历法，暗自哭泣。他得不到夏桀的重视，夏朝灭亡后，这些东西也将成为旧物，再也不能发挥作用了。他思前想后，最后也像其他官吏一样，带着自己的记事本和图法，奔往商汤之国。商汤见夏朝的太史令也奔来了，喜出望外，遍告四方诸侯说："夏王无道，暴虐百姓，他使父兄穷困，使功臣受辱。他轻视贤良的人，抛弃德义，听信谗言。广大民众，怨声载道。守法之臣，都自动归于商国。"商汤利用夏朝官员的纷纷来归发布告示，他这是为推翻夏王朝的统治大造舆论。

伊尹归汤和终古奔商，表现了当时的大势所趋，人心所向。

拘禁阴谋

出了一个馊主意

夏桀听说东邻的商国政治清明，官吏廉洁，人民都能安居乐业，农田庄稼一片兴旺，特别是夏王朝的官员，如伊尹、终古等，一个个投奔商国。夏桀意识到这不是一个好兆头。他还听说，商国的国君汤，年轻有为，办事精明，有远见卓识。商国还在制造武器，训练军队，莫不是要来进攻夏王朝？想到这里，夏桀全身不寒而栗。他和旁边的佞臣商量，出了一个馊主意：借故召商汤来夏都有要事面谈，等他来了之后，便把他逮捕，关进监狱，这样夏朝就不会有商国的威胁了。如果商汤不来，说明他心中有鬼，便可以发兵去攻他。

明知凶多，还要前往

于是，一道传令下到商国，要汤马上来见夏王。汤知道夏桀旁边有一帮奸臣，诡计多端，此去凶多吉少。但是，商国现在的国力还不能和夏朝对抗，如果对传令置之不理，很可能引起夏朝军队来攻，后果将不堪设想。在衡量了去还是不去的利弊之后，商汤决定还是去走一趟，看夏桀能把自己怎么样。果然不出所料，商汤一进入夏都，就被拘禁起来，夏桀把他关押在"夏台"。这是夏朝的中央监狱，专门囚禁重要的犯人。

商汤早就在夏桀周围买通了间谍。夏桀最喜欢的琬和琰两名女子，商汤曾托人给以"千金"的代价，使她们为商国服务。琬和琰也知道商国欣欣向荣，必定大有希望；而夏桀专制暴虐，总有一天会走向灭亡。为自己的前途考虑，琬和琰接受了聘金，愿与商汤合作。自从商汤被拘禁后，两个女子每天在夏桀面前讲好话，说商汤是忠于夏桀的，是夏王朝的忠实卫士，他不会有叛逆之心，他制造武器和练兵是为了保卫夏王朝。商汤在监狱中也不断向夏桀陈词，表示自己的忠心，永远向夏王朝称臣纳贡，做夏桀的马前卒。由于两位得宠女子的说情，商汤自己又不断表白对夏桀的忠诚，夏桀觉得商汤确实没有违抗自己的行为，拘禁的时间长了，对各地诸侯的影响不好，因而便把他释放归国。

夏桀拘禁商汤、欲把他置于死地的阴谋，因为夏桀的昏庸和商汤的机智终于没有能够得逞。

夏王朝的疆域

夏朝是我国历史上第一个奴隶制王朝，打破了由三皇五帝时期传承下来的禅让制，开创了一种全新的政治体系—世袭制，世袭制的中心是家族继承。文献记载的夏代疆域，以《尚书·禹贡》最为详细，但是学术界对其创作时代的意见也最为分歧。

传统的意见认定《禹贡》为夏书，如崔述《唐虞考信录》说《尚书·禹贡》，"篇名以贡，纪贡制也；贡冠以禹，志禹功也"。因此所述九州、五服，认为是禹所规划制定，导山导水也是禹所主持治理；而"东渐于海，西被于流沙，朔南暨，声教讫于四海"，都认为是夏王朝的领土范围。到了近代，始有人打破传统旧说，并根据新的资料，运用新的观点对此提出各种新说。20世纪初，王国维曾认为《禹贡》，"文字稍平易简洁，或系后世重编，然至少也必为周初人所作"。近人辛树帜对此加以系统发挥，说是"《禹贡》成书时代，应在西周的文、武、周公、成、康全盛时代，下至穆王为止"，其内容也"与西周初年政治

相合，因此得出《禹贡》即西周初年经济政治的产物"。另外，康有为等人又说《禹贡》当为春秋晚期孔子所作。

20世纪30年代，"《禹贡》学派"兴起，顾颉刚首倡《禹贡》作于战国一说，此说引起学术界的强烈反响。顾先生主要提出以下几点作为论据：一是《禹贡》所述以王都为中心方圆五千里的五服区划，"只是假想的纸上文章"，现实中不可能存在，而且它与所述的九州范围以及古代中国政治地理实况相互矛盾，并不符合；二是该文所述内方、外方二山，扬州、梁州二州都是春秋以后出现的名称；三是"中国之于铜器时代进于铁器时代，始于春秋而盛于战国，这是确定不移的事实。《禹贡》的梁州贡物有铁和镂，镂是刚金即钢，这更不是虞、夏时代所可有"；四是《禹贡》所述的地理范围，"东南只到震泽（即今太湖），南方只到衡山，北方只到恒山，可见作者的地理知识仅限于公元前280年以前七国所达到的疆域"。据此，顾颉刚结论说："我们可以猜测，它是公元前第3世纪前期的作品，较秦始皇统一的时代约早六十年。"今按顾氏所说甚是，《禹贡》一文当为战国时代的作品。《禹贡》所述的九州规模，不仅夏王朝不可能有，就是在商代，根据甲骨卜辞可知，除了商王畿之外，四土四方还是部族、方国林立，其中多数部族、方国与中央王朝关系时合时离；西周时期也是封建诸侯，大邦小邦都保持着一定的独立状态，中央王室除了在王畿内，也同样无力在全国范围内建立九州机构以进行统治。再者，夏代的生产力还相当低下，科学技术还很原始，也不可能像《禹贡》所述对土壤认识得那样细致。这只有到了战国时期，随着铁器的普遍应用，生产力的进一步提高，商品经济的进一步发展，各地交往的频繁，才能为《禹贡》创作奠定物质上和思想上的基础。适应着经济发展的需要，人们要求政治上统一的愿望愈加强烈起来，《禹贡》正是当时思想家们为未来的统一设想出来的一种政治方案，这种方案虽然带有一定程度的乌托邦性质，它却恰恰反映着秦王朝统一前夕的时代特点。

但是，《禹贡》既然托古于禹，它就应当包含有可以假托的且为当时众所公认的一些夏代史实，否则在百家争鸣的战国时代，它就不可能有存在的余地。其中"禹划九州"，不仅见于《禹贡》，而且也见于其他先秦资料，屈原《天问》云："鲧何所营？禹何所成？……九州安错？川谷何湾？"王逸注："言九州

错厕，禹何所分别之？"是知楚人屈原也认为最早的九州是禹所划分的。《山海经·海内经》："鲧是始布土，均定九州。"又云："帝乃命禹卒布土以定九州。"《左传·宣公三年》："昔夏之方有德也，远方图物，贡金九牧。"杜预注："使九州之牧贡金。"春秋前期的《叔夷钟》铭云："咸有九州，处瑀（禹）之堵（土）。"这里都把九州与禹和夏部族密切地联系在一起。又《左传·襄公四年》记魏绛云："周辛甲之为太史也，命百官，官箴王阙，于《虞人之箴》曰：'芒芒禹迹，画为九州，经启九道。'"所有这些记载都说明，禹划九州应当是实际存在过的事隋。

不过禹虽然划过九州，而这个九州决然不像《禹贡》所述那样大的范围。关于夏代九州所在，以往徐中舒、辛树帜等先生认为当即《左传》中司马侯所说的九州，这是完全可信的。须知九州是我国历史上最早的地域组织，它的形成地区大致需要具备以下三个条件：一是这个地区经济发展相对较快，贫富差别较大，使原来平等的氏族成员已经分裂成为互相对立的阶级；二是随着经济的发展，人们交往频繁，一些不同氏族部落的成员有可能较多地杂居在一起，而阶级的分化，较多的杂居，导致了血缘氏族组织迅速走向瓦解和崩溃；三是国家政权对这个地区有很大的权威，从而有力量根据自身的需要建立起地方权力机构。基于以上三点，可见当时的九州应当形成于夏王朝经济上比较发展、政治上比较巩固的地区，也就是夏王朝的中心区。而司马侯所说的九州地望正与夏王朝的中心区相符合，这里首先将其九州范围略述如下，以便说明这个问题。

《左传·昭公四年》：司马侯对曰："恃险与马，而虞邻国之难，是三殆也。四岳、三涂、阳城、大室、荆山、中南，九州之险也，是不一姓。"这六个地名都是山名，此六山既为"九州之险"，因此，弄清这六山的地望，也就了解到古代九州的大致范围。

四岳："四岳"如前节所述，也即"大岳"，既为族名，又是部族首领名，又是山名。王符《潜夫论·志氏姓》："炎帝苗胄，四岳、伯夷。"此四岳当为族名。《尚书·尧典》："帝曰：'咨，四岳……汝能庸命巽朕位。'岳曰：'否德忝帝位。'"此四岳又是部族首领名，而"四岳、三涂、阳城、大室"，此四岳也

即大岳'当为山名'殆无疑问。《左传·庄公二十二年》载周史曰："姜，大岳之后也，山岳则配天。"如前所述，大岳族是古老的炎帝族的后裔，最早当以居住于大岳山而得名，因而也把此山作为配祭天地的神灵。大岳山又称崧岳山，《诗经·大雅·崧高》："崧高维岳，骏极于天；维岳降神，生甫及申。"《毛诗故训佳》（以下简称《毛传》）曰："崧，高貌，山大而高曰崧。"孔颖达疏引刘熙《释名》曰："崧，竦也，亦高称也。"是崧岳也即高岳、大岳之意。《史记·齐太公世家》云："太公望吕尚者，东海上人。其先祖尝为四岳，佐禹平水土，甚有功，虞夏之际封于吕，或封于申，姓姜氏。"吕国即申国，吕、申二族既同为四岳后裔，也即大岳后裔，又为崧岳降神所生，是知大岳山实为崧岳山无疑。崧岳所指，自《尔雅》以来许多学者认为就是现在河南省登封市的嵩山，此说不确，前人已辨其非是。《尔雅·释山》："山大而高，崧。"邢昺疏："季巡曰：'高大曰嵩。'此则山高大者自名崧，本不指中岳。"胡渭《<禹贡>锥指》云："《左传·昭公四年》司马侯曰：'四岳、三涂、阳城、大室'。太室即嵩高也，于四岳外别言之，亦可见嵩高时不为岳矣。"嵩山于《国语·周语》称作"崇山"，《左传》称作"太室"，《逸周书·度邑》称之为"天室"，《尚书·禹贡》又称作"外方"，称作"中岳"，可能是汉代以后的事。四岳既与太室并提，则四岳不是嵩山明显可知，因此申、吕二族发源地的崧岳不可能是现在所称作的嵩山，而是指的另外一山，如前章所述，这座崧岳应当就是指的现在所称作的河南宜阳县的岳顶山。

三涂：杜预注："在河南陆浑县南。"孔颖达疏引《释例·土地名》云："河南陆浑县南山名。"《水经·伊水》：伊水"又东北过陆浑县南"。郦道元注："伊水径其下历峡，北流即古三涂山也。杜预《释地》曰：'山在县南。'阚骃《十三州志》云：'山在东南。'今是山在陆浑故城东南八十许里。"顾祖禹《读史方舆纪要》卷八十四：三涂山在"嵩县西南十里"。《大清一统志·河南省·河南府》山川条下："三涂山在嵩县西南……旧志在今县西南十里伊水北，俗呼为崖口，又曰水门。"清代嵩县即今河南省嵩县，陆浑即今嵩县东北的陆浑镇。三涂山与岳顶山南北相距20余公里，是豫西山区通往伊洛盆地的交通要道，因此构成古代九州的险要之一。

阳城：杜预注："在阳城县东北。"西晋阳城县就是在今河南省登封市告成镇发现的古阳城遗址。城墙的最下层筑于春秋而上层沿用于汉唐，城的东北，山岭起伏，即古代的阳城山。《水经·洧水》："洧水出河南密县西南马领山。"郦道元注："水出山下，亦言出颍川阳城山，山在阳城县之东北，盖马领之统目焉。"是知阳城山又名马领山，位于古阳城县即今登封市告成镇东北，与杜预所注正相符合。

大室：杜预注："在河南阳城县西北。"大室今称太室山，是嵩山的主峰，位于古阳城县西北10余公里。阳城、太室二山相对，地处伊洛盆地通往豫东南淮河平原的交通要道，为古代九州的又一险要地带。

荆山：杜预注："在新城沶乡县南。"即今湖北省南漳县北，此说不确。顾颉刚《史林杂识·瓜州》云："'荆山'者，《史记·封禅书》曰：'黄帝采首山铜，铸鼎于荆山下。鼎既成，有龙垂胡髯下迎黄帝……故后世因名其处曰鼎湖。'《水经注·河水篇》曰：'湖水又北径湖县东而北流入于河。'《魏土地记》曰：'弘农，湖县有轩辕黄帝登仙处。'"汉之湖县为今河南阌乡县，首山在今山西永济市，隔河相望，故传说中之黄帝可采铜于彼而铸鼎于此。《汉书·地理志·京兆尹》湖县条下，谭其骧释云："古有胡国，相传东周初为郑武公所灭，见《竹书纪年》与《韩非子》……县南有地名鼎湖，传说为黄帝铸鼎之处，故武帝更名湖。"鼎湖位于今河南省灵宝市西阳平镇，湖的东岸有一高地就是历代传说的黄帝铸鼎原，又名荆山。又《尚书·禹贡》云："荆岐既旅，终南惇物……导岍及岐，至于荆山。"孔颖达疏引《汉书·地理志》云："《禹贡》北条荆山在冯翊怀德县南。"顾颉刚《<禹贡>注释》云："荆山，即雍州'荆岐既旅'的北条荆山，《汉书·地理志》说：'左冯翊怀德，《禹贡》北条荆山在南，下有强梁原。'汉怀德县即今陕西朝邑县，荆山在朝邑县西南三十二里。强梁原即《水经·河水注》所称的朝坂，为荆山的北麓，陕西《同州府志》说：'华原，在朝邑县西，绕北而东，以绝于河，古河濡也，一名朝坂，亦谓之华原山。'盖此导岍山、岐山至于荆山之麓，直抵河濡，所以说：'至于荆山，逾于河。'"朝邑东南距阳平约50公里，《左传》所说的荆山，大致应在这一地区。

中南：杜预注："在始平武功县南。"即今陕西省武功县南，此说可商。今

按中南一名终南，《诗经·秦风·终南》云："终南何有？有条有梅。"《毛传》曰："终南，周之名山中南也。"《括地志》云："终南山，一名中南山。"终南所指，历来说法不一，《汉书·地理志·右扶风》武功县下，班固自注："太壹山，古文以为终南。"《水经注》《括地志》等承袭此说。但是张衡《西京赋》说："于前则终南、太一。"李善注："此云终南、太一，不得为一山明矣。盖终南，南山之总名，太一，一山之别号耳。"柳宗元《终南山祠堂碑》云："惟终南，据天之中，在都之南，西至于褒斜，又西至于陇首以临于戎；东至于商颜，又东至于太华，以据于关。实能作固，以屏王室。"顾祖禹《读史方舆纪要》卷二十五云："终南脉起昆仑，尾衔嵩岳。"《尚书·禹贡》云："荆岐既旅，终南惇物。"顾颉刚注："终南山即秦岭山。"可见自汉以来许多人都认为终南、太一所指不同，并非一山。"终南，南山之总名"，所指包括西起陇首、东至于太华的整个秦岭山脉，而太一山只是终南的一峰，并不能概括整个终南山。荆山南与秦岭即中南相对，地当为关中盆地通往关东的咽喉要道，古代的潼关、函谷关都在其间，无疑应是古代九州地区的险要地带。

以上论述了作为九州之险的六山地望，这六山地望就构成了古代九州的大致范围。六山全部分布于今河南西部伊河，洛河、颖河、汝河流域一带以及豫、陕交界地区，由此可知，这里也就是古代九州所在的地区。

如上所述，太室山即今嵩山周围乃是夏部族的发祥地，由于夏部族从事着以农业为主的经济活动，过着相对稳定的定居生活，因此进入阶级社会以后，这里在相当长的时间内都是夏王朝的政治中心区。《水经·颖水注》引徐广曰："河南、阳城、阳翟，则夏地也。"汉代河南即今河南省洛阳市地区，阳城即今河南省登封市告成镇，阳翟即今河南省禹州市，这三地都曾是夏王朝的都居，它们都位于太室山即嵩山的南北地区。而在伊河、洛河上游的豫西山区，则是炎帝族后裔共工部族、姜戎部族的聚居区。《国语·鲁语上》："共工氏之伯九有也，其子曰后土，能平九土，故祀以为社。"《礼记·祭法》又云："共工氏之霸九州也。"说明共工部族也曾是九州地区的主要居民。共工也是四岳族的祖先，四岳以后发展为姜戎部族，《国语·周语下》记禹治水时有共工"从孙四岳佐之"而受到皇天的嘉奖。《左传·襄公十四年》记戎子驹支说："惠公蠲其大德，

谓我诸戎是四岳之裔胄也。"戎族有相当多的部分沿袭着祖先故地，居住于豫西山区，他们被冠以地名称之为"九州之戎"。《左传·哀公四年》："士蔑乃致九州之戎。"杜预注："九州戎，在晋阴地陆浑者。"晋之阴地所在，《左传·宣公二年》："夏，晋赵盾救焦，遂自阴地及诸侯之师侵郑。"杜预注："阴地，晋河南山北自上洛以东至陆浑。"高士奇《春秋地名考略》卷四云："晋上洛，今西安府洛南县；陆浑，今河南府嵩县；其地南阻终南，北临大河，所谓河南山北也……今卢氏县有阴地城。"清代洛南县，即今陕西省洛南县；陆浑，即今河南省嵩县西北的陆浑镇；卢氏县，即今河南省卢氏县。由此可知，"九州之戎"分布的地区，当在今陕西省上洛县以东至今河南省嵩县一带，这里正是古代九州的西部地区。

"九州之戎"因居于阴地，又称为"阴戎"，《左传·昭公九年》："晋梁丙、张超，率阴戎伐颍。"杜预注："阴戎，陆浑之戎。"这里因地处伊河、洛河上游，"九州之戎"又称作"伊雒之戎"，又因地处古"九州"的西部，又称作"西戎"。《山海经·中次二经》云："又西三百里曰阳山……阳水出焉，而化流注于伊水……又西二百里曰昆吾之山，其上多赤铜……又西百二十里曰蒌山，蒌水出焉，而北流注于伊水。"郭璞注：昆吾山"出名铜，色赤如火，以之作刀，切玉如割泥也。周穆王时，西戎献之，《尸子》所谓'昆吾之剑'也"。"昆吾之剑"当出于昆吾山，"西戎"也当居于昆吾山区才能获得昆吾之剑。昆吾山位于阳山和蒌山之间，毕沅《集解》云："阳山当在今河南嵩县"，"蒌山当在今河南卢氏县西南"。可知古昆吾山当在今河南嵩县和卢氏县之间的伊水沿岸。"西戎"族最早也当居住于这一地区。戎族既为四岳的后裔，也当属于姜姓，故文献又称之为"姜戎"。

这里的戎族有的居于蛮地因而又称之为蛮族，故"九州之戎"又称作"蛮氏"和"蛮子"。"蛮""苗"一声之转，故又称作"苗民"。《左传·成公六年》："伊雒之戎陆浑蛮氏侵宋。"杜预注："蛮氏，戎别种也，河南高碑店市东南有蛮城，"《汉书·地理志·河南郡》新成县下班固自注："蛮中，故戎蛮子国。"《大清一统志·河南省·河南府》古迹条下："蛮城在今汝州西南。"清代汝州即今河南省汝州市，古戎蛮子国当位于今汝州市西南。《山海经·中次二经》：“又西二百里，曰蔓渠之山……伊水出焉，而东流注于洛。”毕沅《集解》：“即闷顿山，在今河南卢氏县东南百六十里。”《水经·伊水》：“伊水出南阳鲁阳县西蔓渠山。”杨守敬疏引阎若璩云：“伊水出卢氏县东峦山，一名闷顿岭（钱坫云：蔓渠即闷顿，声相近），在今县东南百六十里。”清代卢氏县即今河南省卢氏县。按，蔓与曼音同相通，《左传·昭公十三年》：“蔓成然故事蔡公。”《史记·楚世家》又写作“曼成然”是其证。曼与蛮也音同相通，《左传·哀公四年》：“晋人执戎蛮子赤。”《公羊传》又写作“戎曼”是其证。因此伊水发源的蔓渠山也可称之为蛮渠山，在今卢氏县东南约80公里。《水经·伊水注》又云：“伊水又与蛮水合，水出卢氏县之蛮谷，东流入于伊。”熊会贞疏：“今蛮谷岭，在嵩县西。”清代蛮谷岭今称蛮峪，在嵩县西南约10公里。以上所述蛮谷、蛮水和蔓渠山等地名，都可能是古代蛮族的聚居区。

总之，豫西山区即古代九州地区是炎帝后裔共工部族、姜戎部族和苗蛮部族的聚居区，他们与居住于嵩山周围的夏部族为邻，时而发生冲突，但也经常密切往来，逐渐混居并融合在一起。“共之从孙四岳”佐禹治水有功于世，禹也曾把姜戎部族的益作为自己的助手和接班人。《墨子·尚贤上》：“禹举益于阴方之中，授之政，九州成。”“阴方”即上文所说的阴地，益既被举“于阴方之中”，显然可知他应是姜戎族人。益，《尚书·舜典》称作“伯益”，《史记·秦本纪》又称作“柏翳”，他是秦人的祖先。《国语·郑语》云：“嬴，伯翳之后也。”《汉书·地理志》又云：“嬴，伯益之后也。”王国维《观堂集林·秦都邑考》云：“秦之祖先，起于戎狄。”说明伯益是古戎族的著名首领之一。《史记·太史公自序》：“维秦之先，伯翳佐禹。”《论衡·逢遇》又云：“禹王天下，伯益辅治。”伯益佐禹治理政事，甚有成绩，故又被禹推荐接替自己的职务，《孟子·万章上》：“禹荐益于天，七年，禹崩。三年之丧毕，益避禹之子于箕山之阴。”正是由于夏、戎两族关系密切，禹在益的辅佐之下才得以统一和治理了九州地区。

文献记载夏代都邑多有变迁，夏代各王经常迁徙。但是虽然如此，作为政治中心的都邑，理应位于夏王朝统治比较牢固的地区，也即夏王朝的政治中心区。根据现有资料可知，夏王朝的都邑多数仍然位于上述九州的范围之内。

禹

古本《竹书纪年》云：禹"居阳城"。《孟子·万章上》："禹避舜之子商均于阳城。"《史记·封禅书·正义》又引《世本》云："夏禹都阳城。"但是《世本》又说："（禹）又都平阳（今山西临汾），或在安邑（今山西夏县），或在晋阳（今山西太原）。"《汉书·地理志·颍川郡》下，班固自注云："阳翟，夏禹国。"西晋皇甫谧《帝王世纪》综合上述诸说：以为"禹受封为夏伯，在《禹贡》豫州外方之南……今河南阳翟是也。受禅都平阳，或在安邑，或在晋阳……然则居阳城者，自谓禹避商均时，非都也。"这种调和的说法不足为信，因为到底禹居哪里连作者自己也拿不准，而且作为一个以农业为经济基础的部族，既居河南，旋居山西，迁徙往来无常处，实际是不可能的。因此我们只能相信早期的、多数的文献记载，认定禹"居阳城"，无可疑义。关于阳城的地望，历来说法不一，不过多数学者根据多数文献记载认为当在今河南省登封市境内，这是完全可信的。《汉书·地理志·颍川郡》阳城县下："阳城山，洧水所出。"阳城山以傍于阳城县而得名，其地望如上所述，在今登封市告成镇东北。《孟子·万章上》，赵岐注："阳城，箕山之阴，皆嵩山下深谷之中。"《国语·周语上》，韦昭注："夏居阳城，崇高所近。"《太平御览·地部四》嵩山条下又引韦昭注："崇、嵩字古通用，夏都阳城，嵩山在焉。"《史记·夏本纪·正义》："阳城县在嵩山南二十三里。"又引《括地志》："阳城县在箕山北十三里。"《括地志》又云："嵩高山，亦名太室山，亦名外方山，在洛州阳城县北二十三里。"《水经·颍水》："颍水出颍川阳城县西北少室山。"郦道元注："五渡水东南流入颍水，颍水径其县故城南，昔舜禅禹，禹避商均，伯益避启，并于此也。……县南对箕山。"杨守敬疏："后魏复置为阳城郡，治在今登封市东南三十五里。"《大清一统志·河南省·河南府》古迹条下："阳城故城在登封市东南。《孟子》：'禹避舜之子于阳城。'《世本》：'夏后居阳城'。……汉置阳城县，属颍川郡……唐万岁登封元年改曰告成……《旧志》：今为告成镇，在县东三十五里。"该书山川条下又引《元和志》云："嵩高山在告成县西北三十三里。"清代告成镇，即唐代告成县，在此以前称作阳城，今仍称告成镇，位于河南省登封市东南约15公里，南与箕山隔颍水相望，北距嵩山10余公里，上述文献所记的"禹居阳城"就在此地。

"禹居阳城"在今告成镇一带，不仅文献记载比较明确，而且还有考古资料作为旁证。按，"禹居阳城"一说始于战国时期，见于古本《竹书纪年》和《孟子》。1977年，考古工作者曾在今告成镇的东北隅、古阳城山的南侧，发现一座战国时期的城址，"城垣南北长约2000米，东西宽约700米，呈长方形"，"从保存较高的北城墙揭示出来的夯杵窝印痕来看，城墙下部的夯土层不但较薄，而且夯土层面上的夯杵窝印痕，多半是圆口圆底，夯径一般在3—4厘米，窝深1—2厘米，它和新郑市'郑韩故城'春秋时期夯土城墙的夯杵窝印痕相同；而北城墙上部的夯土层不但较厚，而且夯土层面上的夯痕多为口径较大而底部又较平，或为大圆窝，类似'郑韩故城'战国时期夯土城墙的印痕。同时，在北城墙上部的夯土层中，还发现包含有极少量春秋和战国时期的陶片，没有发现更晚的遗物。因此，我们初步认为这座夯土城垣应是春秋、战国时期建成的"。特别值得注意的是，在这座古城址内还发现有成批的带字陶片，其中有些陶片上印有"阳城仓器"的陶文，文字多印于战国时期陶豆盘的中心，字体工整，结构严谨，应为当时官府的印记。这就确凿地证明这座城址就是春秋、战国时期阳城故址，也是迄今所发现的唯一一座春秋、战国时期的阳城故址。这就为探讨"禹居阳城"的地望提供出一个有力的证据，证明战国时期人们所说的"禹居阳城"应当就在这一地区。因为文献所记"禹居阳城"其他地方，还没有发现这样一座春秋、战国时期的阳城遗迹。

在发现阳城城址的同时，考古工作者还在告成镇的西侧发现一座河南龙山文化晚期的城址，据发掘报告称：城堡基址位于告成镇西侧的王城岗上，北据丘陵，南临颍水，隔河相望就是著名的箕山，东傍五渡水，西边是一片开阔的地带。城堡的城墙已经残毁无存，只留有部分的城墙基址。基址整体略呈南北向的正方形，周长约400米，城址面积约1万平方米。城内的中部、西部和东北部发现有10余处大小不等的龙山晚期的夯土建筑基址，夯土层内发现有10余座埋有完整或残破人骨的灰坑，这"很可能与当时用人作为奠基有关"，所以，这些夯土建筑基址应是当时城内重要的夯土建筑基址。

由于这座城址所处的时代和地望，与文献所记"禹居阳城"的时代和地望基本符合，因此许多学者都认为它应当就是"禹居阳城"的故址，这是可信的，至少说它也应当就是"禹居阳城"故址的一个组成部分或其附属建筑。

启

夏部族，史书又称夏后氏，其冠以夏名，大概开始于启。启以前的鲧和禹，先秦文献多单称鲧和禹，或称"崇伯鲧"和"崇禹"。至于启，则多称"夏启"或"夏后启"，是知夏族一名自夏启的时候始著称于世。但是夏部族何以命名为夏，则是历来众说纷纭。一说夏人所建国家为夏，因此整个部族就称作夏部族，《史记·夏本纪》："禹为姒姓，其后分封，用国为姓，故有夏后氏。"张守节《正义》："夏者，帝禹封国号也。"二说认为夏部族因居于夏水流域而得夏名，章太炎《中华民国解》："夏之为名实因夏水而得，是水或谓之夏，或谓之汉……本出武都，至汉中而始盛，地在雍梁之际。"但是，蒙文通谓"汉水名夏，乃楚庄王以后事"，就是说春秋以前汉水尚不称夏水，因此夏部族不可能以此水而得名。三说今山西夏县古称安邑，又称"夏墟"，或称"大夏"，应为夏部族的发源地。然而"夏墟"也可能与"殷墟"同一性质，当为夏王朝灭亡后的废墟，《史记·殷本纪》云："桀败于有娀之墟，桀奔于鸣条。"《正义》引《括地志》云："高涯原在蒲州安邑县北三十里南阪口，即古鸣条陌也。鸣条战地，在安邑西。"《正义》又云："按《记》云：'桀败于有娀之墟。'有娀当在蒲州也。"可知山西安邑实为夏王朝最后灭亡之所在，无法证明这里是夏王朝的发祥地。我们认为夏部族仍当因居于夏地而得名，不过这个夏地既不在夏水，也不在夏墟，而应当在阳翟，即今河南禹州地区。

史书记载夏人在今河南禹州地区活动甚多，而且这个地区在古代多有称作为夏地者。《史记·货殖列传》："颍川、南阳，夏人之居也。"《集解》引徐广曰："禹居阳翟。"《汉书·地理志·颍川郡》阳翟县下，班固自注："夏禹国。"《帝王世纪》："禹受封为夏伯，在《禹贡》豫州外方之南……今河南阳翟是也。"《水经·颍水注》："颍水自竭东径阳翟县故城北，夏禹始封于此，为夏国。"《史记·夏本纪·正义》引《括地志》云："夏亭故城在汝州郏城县东北五十四里，盖夏后所封也。"郏城县东北正当古阳翟境内。《吴越春秋》："启遂即天子之位，治国于夏。"今本《竹书纪年》："帝启：元年癸亥，帝即位于夏邑，大飨诸侯于钧

台。"《左传·昭公四年》云："夏启有钧台之享。"杜预注："启，禹子也。河南阳翟县南有钧台陂，盖启享诸侯于此。"《后汉书·郡国志·颍川郡》阳翟县下，刘昭注补："有钧台陂，《帝王世纪》曰：'在县西。'"《水经·颍水》："颍水又东南过阳翟县北。"郦道元注："蜗水东径三封山东，东南历大陵西。《归藏·易》曰：'启筮享神于大陵之上。'即钧台也……其水又东南流，水积为陂，陂方十里，俗谓之钧台陂，盖陂指台取名也。"杨守敬疏："按《书抄》八十二、《初学记》二十四、《御览》八十二并引《归藏·易》曰：'夏后启筮享神于大陵而上钧台。'……《元和志》：'钧台在阳翟县南十五里。'在今禹州南。"钧台又称作夏台，《史记·夏本纪》云："（桀）乃召汤而囚之夏台。"《索隐》："夏曰均台，皇甫谧云'地在阳翟'是也。"《夏本纪》又云："桀谓人曰：'吾悔不遂杀汤于夏台，使至此。'"可见夏人已自称钧台为夏台。《大清一统志·河南·开封府》古迹条下："阳翟故城，即今禹州治。"清代禹州，即今河南省禹州市。以上资料说明，今禹州地区自禹、启以来，即成为夏人的主要活动地域，并在这里建立起夏王朝国家政权。夏人夏朝当以在这里久居并建立国家政权而称作为夏，此地则因古代盛产夏翟鸟而称作夏地。

今河南禹州古称阳翟，阳翟一名的由来，当因古代此地盛产翟鸟而得名。按翟，《说文·羽部》："山雉也，尾长。"徐锴《说文系传》："古谓雉为翟。"《尔雅·释鸟》："鸐，山雉。"郭璞注："长尾者。"郝懿行疏："鸐者，当作翟，俗加鸟，非。《释文》作翟。"李时珍《本草纲目》卷四十八云："翟居山林，故得山名。"由此可知，古代的翟鸟，就是现今所称作的山鸡。古代有翟鸟多栖息于今河南伊河、洛河以南东至于江淮间地区者，桂馨《说文解字义证》引《本草嘉祐图经》云："江淮、伊洛间有一种尾长而小者为山鸡，人多畜之樊中，则所谓翟，山鸡者也。"《尔雅·释鸟》又云："伊洛而南，素质，五采皆备成章曰翚。"郭璞注："翚亦雉属，言其毛色光鲜。"翚即一种羽毛鲜艳的山鸡。今河南禹州正位于伊洛以南偏东地区，地处伏牛山东麓，北、西、南三面环山，颇适于翟鸟的栖息，《禹州志·山川志》引《旧志》云：翟山，在"州西四十里"。说明这里在古代当为翟鸟即山鸡的聚集之地。20 世纪 70 年代，我们在禹州南襄县境发掘出一座西周初期的墓葬，该墓出土的铜器中，铸有长尾鸟的族徽，显然就是山鸡的象形，可知在西周时期，仍有以翟鸟为图腾的部族居住在这个地区。我国古代以鸟兽命名为地名者甚多，辛树帜《禹贡新解》附录引林之奇曰："古之地名取诸鸟兽，如虎牢、犬丘之类多矣。《左传》：'公如死鸟。'杜注云：'死鸟，卫地。'"阳翟一地应是古代以鸟命名为地名的一个。

阳翟在春秋时期又称作栎，《春秋·桓公十五年》："秋，九月，郑伯突入于栎。"杜预注："栎，郑别都也，今河南阳翟县。"《史记·郑世家》："夏，厉公出居边邑栎。"《集解》引宋忠曰：栎，"今颍川阳翟县"。郦道元《水经·颍水注》引王隐曰："阳翟本栎也。"阳翟所以又称作栎，是因为翟鸟又称作栎。《山海经·西山经》："西南三百里，曰女床之山……有鸟焉，其状如翟而五彩文。"郭璞注："翟似雉而大，长尾。或作翟。"朱骏声《说文通训定声》也云：翟，"从羽，从隹，会意字。亦作翟，作鸰"。是知翟鸟又称作鸰鸟。鸰鸟又称作栎，《山海经·西次三经》云："又西二百二十里，曰三危之山……有鸟焉，一首而三身，其状如鸰……"郭璞注："鸰似雕，黑文，赤颈，音洛。"《山海经·西山经》又云："又西……曰天帝之山……有鸟焉，其状如鹑，黑文而赤翁，名曰栎。"毕沅《集解》引《说文》云："翁，颈毛也。"所谓黑纹赤翁也即黑文赤颈，现今我们所看到的雄性山鸡就是背上羽毛多黑色点纹，颈部羽毛呈暗红色。由此可知，鸰与栎同是指的翟鸟，三者是一鸟而异名，就是说春秋时期此地称之为栎，也同样是因此地多出翟鸟也即栎鸟而得名。

翟鸟又称作夏翟。《尚书·禹贡》云："羽畎夏翟。"孔颖达《正义》："《释鸟》云：'翟，山雉。'此言夏翟，则夏翟共为雉名。"就是说夏翟与翟都是山鸡的名称。桂馥《说文解字义证》引胡渭曰："师旷《禽经》：'五彩备曰翬，亦曰夏翟。'注云：'雉尾至夏则光鲜也。'……郭璞《尔雅》注云：'伊洛而南，素质，五采皆备曰翬。'《诗》云：'如翬斯飞。'言其文之奂散也，翬即夏翟审矣。"可知翟鸟因其羽毛光泽鲜艳而称之为夏翟。

夏翟在古代又单称作夏。《春秋穀梁传·隐公五年》："穀梁子曰：舞夏。"范宁《集解》："夏，大也；大谓大雉，大雉，翟雉。"这里所谓"舞夏"，即以翟鸟羽毛作为舞具之意。《周礼·天官·冢宰》："夏采，下士四人。"郑玄注："夏采，夏翟羽色。《禹贡》徐州贡夏翟之羽。"《周礼·天官·染人》："染人掌染丝帛……秋染夏，冬献功。"郑玄注："染夏者，染五色。谓之'夏'者，其色以夏狄为饰。"贾公彦疏："《夏采》及《禹贡》'羽畎夏狄'，皆谓'夏'为五色之翟……云染夏者，染五色者，谓'夏'即与'五色雉'同名'夏'，故知染五色也。故郑即云谓之'夏'者，其色以'夏狄'为饰。"按，夏狄即夏翟，《诗经·邶风·简兮》："右手秉翟。"《韩诗》作"秉狄"。《尚书·禹贡》："羽畎夏翟。"《史记·夏本纪》作"羽畎夏狄"是其证。由此可知，翟鸟在古代曾称作夏翟，又单称作"夏"，"夏"即"夏翟"鸟的初称。如果此释不误，今河南禹州地区曾以翟鸟命为地名，翟鸟以其羽毛鲜艳又称作"夏"，因而此地最早当称作"夏"地，后称作夏翟，至春秋、战国时期才称作栎和阳翟。称栎者，乃翟鸟之异名，称阳翟者，当因古夏、阳二字音、义相近通用之故。按，夏，胡雅切，古音属匣纽阴声鱼部；阳，与章切，古音属喻纽阳声阳部。钱大昕以为匣母三、四等，轻读也有似喻母者，故匣、喻二纽同属喉音，古为双声；喻、阳二部阴阳对转，也为叠韵。古夏、阳二字既为双声叠韵，故可通假。又夏、阳二字义也相近。如上所述，夏有光明鲜艳之意，《诗经·周颂·载见》："龙旗阳阳。"《毛传》曰："阳阳，言有文章也。"也即漂亮美好之意。《尔雅·释天》："夏为朱明。"又云："夏为昊天。"郭璞注："言气皓旰。"邢昺疏："皓旰，日光出之貌也。"《说文·阝部》："阳，高明也。"阳，段注云："日之所照曰阳。"是古夏、阳二字都有太阳光明高照之义。《尔雅·释诂》又云："夏……大也。"邢昺疏引《方言》曰："自关而西，秦、晋之间，凡物之壮大而爱伟之谓之夏。"而《战国策·秦策一》记张仪说秦王曰："臣闻天下阴燕阳魏，连荆固齐。"高诱注："阴，小；阳，大。"是夏与阳均有"大"义。以上几点，说明夏、阳二字于古音、义相近，可相通假，阳翟当是从夏翟一名演变而来。《汉书·地理志·颍川郡》阳翟县下，班固自注云："夏禹国。"清人吴调阳《<汉书·地理志>详释》云："阳翟，今禹州。注云：'夏禹国。'按：禹都本在郑栎……地多夏翟，故国号夏。"吴氏所说是正确的，启以武力夺权称王，在这里建立起国家政权，此地以多有夏翟而著称于世，夏翟又单称作"夏"，夏王朝实因建立于夏地即后世的阳翟而被称作为夏王朝，夏王朝的建立者也开始被称为夏部族。

《穆天子传》云："丙辰，天子南游于黄口台之丘，以观夏后启之所居，乃口于启室。"黄口台所在，《水经·洧水注》云："洧水又东南，赤涧水注之，水出武定冈东南，流径皇台冈下。"丁山以为古黄、皇相通，"意者，洧、皇之间，即夏后启所居"。其地在今河南省新密市古城寨一带。近年来，考古工作者曾在这里发现二里头文化早期的新寨遗址（见本书第四章），当与文献所记的夏后启所居有密切的关系。若如此，则夏王朝为了向北发展，其政治中心由颍水流域沿嵩山东麓逐渐北移，至太康时期已迁都于伊河、洛河下游地区。

太康

《史记·夏本纪·正义》引《汲冢古文》云："太康居斟鄩。"斟鄩所在，其有两说：一说在今山东潍坊一带。《左传·襄公四年》："灭斟灌及斟寻氏。"杜预注："二国夏同姓诸侯……乐安寿光县东南有灌亭，北海平寿县东南有斟亭。"《汉书·地理志·北海郡》平寿县下颜师古注："应劭曰：'故斟鄩，禹后，今斟城是也。'……斟音斟。"《史记·夏本纪·正义》引《括地志》云："斟鄩故城，今青州北海市是也。"《索隐》又引张敖《地理记》云："济南平寿县，其地即古斟鄩国。"《水经·巨洋水注》：溉水"北径斟亭西北……按《地理志》：北海有斟县。京相璠曰：'故斟鄩国，禹后，西北去灌亭九十里。'"杨守敬疏："在今潍县东南五十里。"清代潍县即今山东省潍坊市。二说在今河南巩义和偃师市一带。《尚书序》："太康失邦，昆弟五人，须于洛汭，作《五子之歌》。"《史记·夏本纪》又云："帝太康失国，昆弟五人，须于洛、汭，作《五子之歌》。"《续汉书·郡国志·河南尹》巩县下，刘昭注补引皇甫谧《帝王世纪》曰："夏太康五弟须于雒、汭，在县东北三十里。"《水经·巨洋水注》引薛瓒《汉书集注》云："按《汲郡古文》：'……斟鄩在河南，非平寿也。'又云：'太康居斟鄩，羿亦居之，桀又居之。'《尚书序》曰：'太康失国，兄弟五人，徯于洛、汭。'此即太康之居为近洛也。余考瓒所据今河南有鄩地。"《水经·洛水》：洛水"又东过偃师县南。"郦道元注："洛水又北径偃师城东，东北历鄩中，水南谓之南鄩，亦曰上鄩也……而鄩水注之，水出北山鄩溪……鄩水又东南于訾城西北，东入洛水。故京相璠曰：'今巩洛渡北有鄩谷水，东入洛谓之下鄩，故有上鄩、下鄩之名，亦谓之北鄩，于是有南鄩、北鄩之称矣。'又有鄩城，盖周大夫郭隍之旧邑。"杨守敬疏:"《括地志》云:'故郡城在巩县西南五十八里。'与郭溪相近。"《水经·洛水》又云:洛水"又东北过巩县东,又北入于河"。郦道元注:"洛水又东径巩县故城南……又东北流入于河,《山海经》曰:'洛水成皋西人河'是也,谓之洛、汭……昔夏太康失政,为羿所逐,其昆弟五人,须于洛汭,作《五子之歌》于是地矣。"杨守敬疏:"故城在今(巩)县西南三十里。"又云:洛、汭"在巩县东北三十里"。清代巩县即今河南省巩义市,洛汭即在其东北,则斟鄩故地当在今巩义市西南洛水一带,《史记·夏本纪·正义》引臣瓒曰:"斟鄩在河南,盖后迁北海也。"这个论断是正确的。

众所周知,20世纪50年代以来,考古工作者根据上述文献记载,为寻找"夏墟"在这里展开了大规模的考古调查工作,发现了众多的二里头文化遗址,特别是在巩义市西南发现了大型的二里头文化的稍柴遗址,在偃师市西南发现了大型的二里头文化遗址。二里头文化为夏文化,二里头遗址为夏都,这已为学术界众所公认(详见本书第四章),根据文献记载,二里头遗址应当就是夏都"斟鄩"的故地。

仲康

今本《竹书纪年》云:"帝(仲康)即位,居斟鄩。"

少康

自"太康失国"以来,夏王朝统治集团四处流亡,颠沛流离,无复建都可言。"少康中兴"以后,才又恢复原来都邑,《通鉴地理通释》云:"少康中兴,复还旧都。"今本《竹书纪年》云:"少康自纶归于夏邑。"又云:"于是夏众灭浞,奉少康归于夏邑。"这里所说的"旧都""夏邑",应当就是指的太康所都的斟鄩故地。

孔甲

《吕氏春秋·音初》云:"夏后氏孔甲田于东阳萯山。"萯山所在,《水经·河水注》云:"河水又东,溴水入焉。《山海经》曰:'和山上无草木……吉神泰逢司之,是于萯山之阳,出入有光。'……皇甫谧《帝王世纪》以为即东首阳山也。盖是山之殊目矣。"《元和郡县图志·河南府》偃师县下:"首阳山在县西北二十五里。"乾隆《偃师县志》卷三云:"首阳山,一曰首山,一曰萯山,在县西北二十八里。"即今偃师市北陇海铁路东首阳山车站一带。孔甲田猎于此，其都邑也当在此不远。此地西南距二里头遗址约 10 余公里，可见孔甲都邑当仍在斟鄩故地。

桀

古本《竹书纪年》："太康居斟鄩，羿亦居之，桀又居之。"《战国策·魏策一》："夫夏桀之国，左天门之阴，而右天溪之阳，庐、睪在其北，伊、洛出其南。"《史记·孙子吴起列传》用汉代地名解释这段话说："夏桀之居，左河济，右泰华，伊阙在其南，羊肠在其北。"这里所说的河、

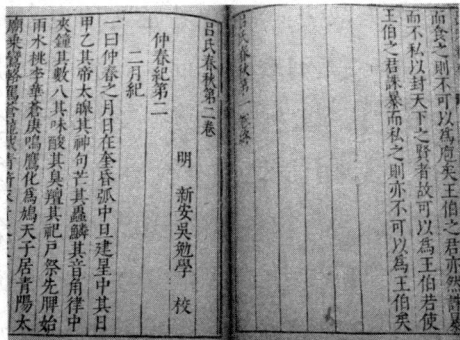

《吕氏春秋》书影

济，即指位于今郑州市附近的黄河与济水交叉处一带。"泰华"即指今陕西省的华山。"伊阙"即指今河南省洛阳市以南的龙门山口，"龙门"一名起自于隋，在此以前称之为伊阙，因伊水在此由南向北穿过而得名。"羊肠"当指今黄河北岸的太行山口——羊肠坂。《史记·魏世家》："昔者魏伐赵，断羊肠，拔阏与。"《正义》："羊肠坂道在太行山上，南口怀州，北口潞州。"《史记·赵世家》："羊肠之西，句注之南。"《正义》：羊肠"太行山坂道名，南属怀州，北属泽州"。张琦《战国策释地》："今泽州府西南四十五里天井关南，即羊肠坂。"唐代潞州即今山西省长治市，泽州即今山西省晋城市，在长治市南，怀州即今河南省沁阳市。据此可知，吴起所说的羊肠，就是指北起长治市，向南穿过太行山，进入河南沁阳地区的一条隘道。如此则夏王桀时期的政治中心，当在东起今河南郑州市、西到陕西华阴市、北自太行山南、南至龙门一带的伊河、洛河流域地区。《国语·周语上》："昔伊、洛竭而夏亡。"说明直至夏王朝灭亡，其政治中心一直就在这一地区。

由上所述，可见夏王朝都邑虽然屡经迁徙，但主要仍在以嵩山周围为中心的古代九州地区，说明古代九州地区长期以来都是夏王朝的政治中心区。

对于夏代的九州组织机构，由于资料缺乏，我们现在还无法了解。九州之"九"，大概是言其众多之意，未必就是整整九个州，"九州"当是若干个州的意思。《说文·川部》："州，水中可居者曰州。周绕其旁，从重川。昔尧遭洪水，

民居水中高土，故曰九州。"可知州原是禹治理洪水过后，大片高地重新露出水面，人们得以聚居于此。郝懿行《尔雅义疏》："《王制》注云：'州，犹聚也。'"即居民聚居区之意。《说文》又云：州，"一曰畴也，各畴其土而生也"。段玉裁注："畴，耕治之田也，人各耕治以为生。"古代中原地区以农业为经济基础，人们聚居于此，首先需要耕耘土地以发展农业生产，每州以有大面积农田为其主要特征，故州又有农田之意。《周礼·地官》："五党为州。"又云："党正，各掌其党之政令教治。"贾公彦疏："五家为比，五比为闾，四闾为族，五族为党。"可知各州的居民仍是以一定的血缘关系为基础形成起来的群体。由此推知，夏代的九州可能是在夏王朝统治的中心区，以若干大片自然高地区域为基础，由地缘关系结合松散的血缘关系为纽带形成起来的、主要从事农业生产的居民聚居区。《逸周书·大匡·程典》记有"三州之侯"和"六州之侯"，当时州的首领可能称作为"侯"。如上所述，夏代九州的居民主要是夏部族和姜戎部族，其东部主要分布着夏部族，其西部主要分布着姜戎部族，有些聚居区则两族已互相混居。文献记载夏部族的祖先鲧和姜戎部族的祖先共工的事迹相类，鲧之子禹和共工之子勾龙的事迹相类，苗民本是姜戎部族的一支，但又称出自夏部族的祖先颛顼，可见两族已逐渐混居融合在一起。

夏代九州作为一种新生的地域组织，它还处于比较原始的状态，而且这种地域组织仅能建立在夏王朝的政治中心区，还不能将其推行于全国范围；在全国范围内，夏王朝中央政府采用分封同姓和异姓部族方国的办法来进行管理和统治。《史记·夏本纪》云："禹为姒姓，其后分封，用国为姓，故有夏后氏、有扈氏、有男氏、斟寻氏、彤城氏、褒氏、费氏、杞氏、缯氏、辛氏、冥氏、斟戈氏。"我们推断这 12 个姒姓方国连同一些异姓方国共同构成以夏后氏为主体的夏王朝国家政权。其中 11 个姒姓方国与夏朝中央王室既存在着血缘上的宗法关系，又存在着政治上的分封关系和经济上的贡赋关系，从而与夏朝中央王室密切联系在一起，因此他们的分布地域，大致构成夏王朝的领土范围。这些部族方国的分布地域，文献记载大致如下：

有扈氏

当以立国于扈地而得名。扈地所在，东汉以前未能确指，《汉书·地理志·右扶风》鄂县条下，班固自注："鄂，古国，有扈谷亭。扈，夏启所伐。"西汉鄂县，在今陕西省西安市鄠邑区境内。但是此说自唐时孔颖达已开始怀疑其非是。近代王国维作《殷墟卜辞中所见地名考》，指出卜辞中"雇字，古书多作扈。《诗·小雅·桑扈》《左传》及《尔雅》之'九扈'，皆借雇为扈。然则《春秋》庄公二十三年'盟扈'之扈，殆本作雇。杜预云：'荥阳卷县北有扈亭（今怀庆府原武县）。'"陈梦家据此认为"雇为夏代的诸侯，《商颂·长发》：'韦顾既伐，昆吾夏桀。'所伐之韦、顾，皆在黄河以北的豫北地区，韦在滑县东境，而顾即《世本》'有扈氏与夏同姓'之扈"。以后顾颉刚、刘起釪等均赞同王说，以为夏代有扈氏故地，"就是殷代的'雇'，也就是周代的鲁庄公二十三年及文公七年、十五年、十七年'诸侯盟于扈'之扈。地点即今郑州以北黄河北岸的原武一带"。此说论据确凿，可成定论。

有男氏

男与南古音同，相通用。《左传·昭公十三年》："郑伯，男也。"《国语·周语中》："郑伯，南也。"秦嘉谟辑补《世本》云："按南与男，古音同，故《世本》或作南，或作男，《史记》亦作男也。"可知有男氏也称有南氏。有南氏当以立国于南地而得名，《逸周书·史记解》："昔有南氏有二臣贵宠，力均势敌，竞进争权，下争朋党，君弗能禁，南氏以分。"《水经·江水注》引韩婴叙《诗》云："其地在南郡、南阳之间。"即今河南省南阳及汉水以北地区。

斟寻氏

当以立国于斟鄩故地而得名。斟鄩所在，如上所述，在今河南省巩义市西南和偃师市一带。这里的二里头遗址当即夏都斟鄩，而稍柴遗址可能就是斟寻氏方国的故地。

彤城氏

当以立国于彤地而得名。《尚书·顾命》：乃同召"彤伯"，孔颖达《正义》引王肃云："彤，姒姓之国。"《史记·夏本纪·索隐》："周有彤伯，盖彤城氏之后。"《史记·魏世家》："（惠王）二十一年，与秦会彤。"又《资治通鉴》周纪二："秦、魏遇于彤。"胡三省注："彤，周彤伯所封之国……其地当在汉京兆

郑县界。"即今陕西省华县境内，夏代彤国当在此地。

褒氏

当以立国于褒地而得名。褒地所在，《史记·周本纪》："幽王嬖爱褒姒。"《正义》引《括地志》云："褒国故城在梁州褒城县东二百里，古褒国也。"即今陕西褒城县境内。但是此地东距夏王朝悬远，未必是夏代褒国。罗泌《路史·国名纪》引郑樵说以为在"蔡之褒信"，即今河南省息县褒信集，此可备一说。陕西姒姓褒国，或其后迁者。

费氏

当以立国于费地而得名。费地所在，《左传·成公十三年》："夏四月戊午，晋侯使吕相绝秦曰：'伐我保城，殄灭我费滑。'"杜预注："费滑，滑国都于费，今缑氏县。"《史记·周本纪》："郑伐滑。"《正义》引《括地志》云："缑氏故城本费城也，在洛州缑氏县南东二十五里也。"《水经·洛水注》："（洛）水又东，休水自南注之……休水又径延寿城南缑氏县治，故滑费，春秋滑国所都也。"罗泌《路史·国名纪》："弗，费也，一作郮……今河南缑氏滑都也。"今据考古调查，故滑城遗址在今河南偃师县缑氏镇东南约10公里，这里最早当为费氏故地，后为滑国都邑。

杞氏

当以立国于杞地而得名。《大戴礼·少间》："（汤）乃放移夏桀……乃迁姒姓于杞。"《史记·留侯世家》记张良曰："昔汤伐桀而封其后于杞。"殷墟卜辞也记有杞地，如卜辞云：

己卯卜，行贞：王其田？在杞。（《合集》24473）

丁酉卜，殷贞：杞侯……（《合集》13890）

是知商代确实有个杞国。此一杞国继续存在于周代，《世本》云："殷汤封夏于杞，周又封之。"《汉书·梅福传》："故武王克殷……封殷于宋，绍夏于杞。"《史记·陈杞世家》："杞东楼公者，夏后禹之后苗裔也。殷时或封或绝。周武王克殷纣，求禹之后，得东楼公，封之于杞，以奉夏后氏祀。"《集解》引宋忠曰："杞，今陈留雍丘县也。"王国维《殷墟卜辞中所见地名考》云："杞，《续汉志》'陈留郡雍丘本杞国（今河南开封府杞县）'是也。"商周杞国，当为夏代所分封的杞氏后裔，故地当在今河南省杞县境内。

缯氏

当以立国于缯地而得名。缯与曾、鄫古相通用，《世本》云："曾氏，夏少康封其少子曲烈于鄫。"《左传·僖公十四年》杜预注："鄫国今琅邪鄫县。"但是高士奇《春秋地名考略》云：曾"其初封似不在琅邪……《哀》四年：楚致方城之外于缯关，岂其故墟乎？"认为古代曾国当在今河南方城县境内。今按殷墟卜辞屡记有"曽"地，于省吾释为"曾"，了山又云："曽读为曾，《水经》：'潧水出郑县西北平地，东过其县北，又东南过其县东，又南，入于洧水。'……潧、洧，今《毛诗》本作'溱与洧'。溱水介于现今的河南省新郑与密县之间……卜辞所谓'王师于曾'，也该在此。即《春秋》所谓'鄫子'，与夫《曾伯黎簋》之曾，都可能为甲翼骨面诸种刻辞所见的曾氏之后。"甲骨卜辞所记的曾氏，当即夏代曾氏之后，早期生活于今河南新密、新郑间的潧水流域，而后南迁于方城以及东方地区。

辛氏

当以立国于辛地而得名。《世本》云："夏启封支子于莘，莘、辛声相近，遂为辛氏。"又云："莘氏，用国为氏。文王妃家。"莘国所在，《水经·河水注》："河水又东径郃阳城东，周威烈王之十七年，魏文侯伐秦至郑，还筑汾阴郃阳，即此城也。故有莘邑矣，为太姒之国。"《大清一统志·陕西同州府》古迹条下："莘国城在郃阳县东南。"清代郃阳县即今陕西省合阳县。又《史记·周本纪·正义》引《括地志》云："古莘国城在同州河西县南二十里。《世本》云：'莘国，姒姓，夏禹之后。'"同州河西县，即今陕西大荔县，大荔、合阳二县相邻近，夏代辛国当在大荔、合阳二县之间。

冥氏

当以立国于冥地而得名。《世本》云："冥氏，分封用国为氏。"秦嘉谟释云："按，《路史·后纪》十四注引《春秋公子谱》：'郻出姒氏。'即冥即郻也。《左氏·僖二年传》：'冀为不道，入自颠转，伐郻三门。'当即其旧地也。"其

地所在,《左传·僖公二年》杜预注:"郇,虞邑,河东大阳县东北有颠軨坂。"《史记·楚世家·正义》引《括地志》云:"故郇城在陕州河北县东十里,虞邑也。杜预云:'河东大阳有郇城'是也。"河东大阳,陕州河北,即今山西平陆县境内,夏代冥氏当在此地。

斟戈氏

当以立国于戈地而得名。《世本》云:"戈氏,分封用国为氏,斟戈即斟灌氏。"《左传·襄公四年》杜预注:"戈在宋、郑之间。"顾颉刚《中国历史地图集》以为在今河南杞县附近,兹从其说。《史记·夏本纪·索隐》又云:"斟戈氏,按《左传》《系本》皆云斟灌氏。"《水经·巨洋水注》引薛瓒《汉书集注》云:"按《汲郡古文》:'相居斟灌',东郡灌是也。明帝以封周后,改曰卫。"古代东郡即今河南省濮阳市境。

以上我们论述了夏代11个姒姓方国的分布地域,这个分布地域包括西起华山以东、东达豫东平原、北至古黄河北岸、南到南阳盆地这方圆千余里的中原地区。它们在一定程度上起着夏王朝地方政权的作用,因此,它们所分布的地域的总和,大致上应当就是夏王朝的领土范围。

夏王朝的四邻

夏王朝历史上惯称为"夏",是中国史书中记载的第一个世袭制朝代。根据文献记载,在夏王朝的周围,还分布着一些著名的异姓部族方国。这些部族方国与夏王朝之间既不存在血缘上的宗法关系,也不存在政治上的分封关系。当夏王朝强盛的时候,它们附属于夏王朝并缴纳贡赋;在相反的情况下,它们则保持独立与夏王朝平等往来,有时则与夏王朝处于敌对状态。现将这些异姓部族联盟或方国集团依次介绍如下:

在夏王朝的西方和西北方,除分布有大岳族即姜戎部族以外,还生活着姬姓的先周部族。周族传说中的祖先称作帝喾,《国语·鲁语上》和《礼记·祭法》都说:"周人禘喾而郊稷,祖文王而宗武王。"帝喾又称帝俊,《山海经·大

荒西经》云："帝俊生后稷。"郭璞注："俊宜为喾。"《史记·五帝本纪·索隐》引皇甫谧曰："帝喾名俊也。"可知帝喾与帝俊实是一人而异名。《史记·周本纪》："周后稷名弃，其母有邰氏女，曰姜原。"《正义》引《说文》云："邰，炎帝之后，姜姓，封邰，周弃外家。"姬周与姜戎两族有着互通婚姻的关系。

关于周族的发祥地，前人多认为周族最早当活动于关中渭水流域，即今陕西岐山和武功县境内。近世钱穆、邹衡等则认为周族当起源于今山西省汾水流域，钱氏早年有《周初地理考》一文论之甚祥，近年著《<史记>地名考》又略加申述云："今山西稷山县南五十里有稷山，一名稷神山，俗呼稷王山，相传为后稷始教稼穑地。《左传·宣公十五年》'晋侯治兵于稷'是也。周阳城在闻喜县东二十九里。古山、古水在绛县西北，盖古公所居。董泽在闻喜县东北四十里，疑《诗》云：'笃公刘'，笃、董声转而讹。《左传》：'魏、骀、芮、毕、岐，吾西土也。'岐、毕近在河西，魏、芮则在河东，骀即有邰……疑骀之得名，以古台骀氏之所处，则正与上述稷山、周阳、古水、董泽地望相近。论周人之始起者，当于此求之。"邹衡从考古学的角度进一步论证了周人当源于山西地区，邹氏曾著有《论先周文化》详论此说，近年又略加申述云："山西、陕北同关中的文化关系……除太原光社出的联裆鬲、锁链状鬲腰、鬲和甗的平足根和蛋形瓮鼎与先周文化同类器物相似外，武功郑家坡出的绳纹平底小盆、绳纹敛口钵、绳纹敞口簋、锁链纹腰的甗等，都可在太原光社、许坦、东太堡等地找到其祖型。更引人注目的是，1982年在关中淳化县黑豆嘴出土的四件金耳环，其形制与陕北清涧县解家沟寺嫣出的6件金耳环完全相同，与往年在山西石楼县桃花渚、后兰家沟、永和县下辛角以及太谷县白燕等地出土的也没有两样……总之，关中地区的先周文化，通过淳化县的考古新发现，更直接地同山西、陕北的光社文化区域发生了联系，为姬周文化东来说提供了新的证据。《诗·大雅·绵》言周人'自土沮漆'而到达周原，我以为'土'应即山西石楼县，漆水应如司马贞和张守节所言，即今北洛水，就是说，周人大概自石楼县过黄河南下，过北洛水，再取道耀县、淳化县、乾县而进入周原。"周人来到这里以后，与当地部族相融合，"贬戎狄之俗，而营筑城郭室屋，而邑别居之，作五官有司"，迅速进入文明历史的新阶段。

在夏王朝的北方，即古黄河以北，生活着著名的先商部族。商人传说中的祖先也是帝喾，《国语·鲁语上》："商人禘舜而祖契，郊冥而宗汤。"韦昭注："舜当为喾，字之误也。"《礼记·祭法》云："殷人禘喾而郊冥，祖契而宗汤。"可知商人与周人同源，都是帝喾族的后裔。

商族既与周族同源，其发祥地也应在今山西南部地区。《史记·殷本纪》："殷契，母曰简狄，有娀氏之女。"《集解》引《淮南子》曰："有娀在不周之北。"《正义》云"按《记》云：'桀败于有娀之墟。'有娀当在蒲州也。"唐代蒲州即今山西西南永济市境内。《殷本纪》又云："桀败于有娀之墟，桀奔于鸣条。"《正义》引《括地志》云："高涯原在蒲州安邑县北三十里南阪口，即古鸣条陌也。鸣条战地，在安邑西。"唐代安邑即今山西省夏县境内，与永济市相近。鸣条既在夏县境内，有娀之墟在永济市是完全合理的。"有娀氏"为姜戎部族的一支，如上所述，姜戎部族很早就生活于豫西、晋南地区，商人的始祖契即为帝喾和有娀氏所生，显然可知，商族最早当起源于今永济地区。

契于后世又被称为玄王，《荀子·成相》云："契玄王。"《国语·周语下》又云："玄王勤商，十有四世而兴。"《史记·殷本纪》记这14世的世系如下（据殷墟卜辞修改）：

契—昭明—相土—昌若—曹圉—冥—振—微—报乙—报丙—报丁—主壬—主癸—天乙（成汤）

这14世，史学界称之为商族的先公时期，也就是我们所称作的先商时期。关于先商部族的活动地域，可从下述商族先公迁居地域知其大概。《尚书·书序》："自契至于成汤，八迁。"《史记·殷本纪》："成汤，自契至汤八迁。"张衡《西京赋》也说："殷人屡迁，前八而后五。"可知自汉代以来，都认为先商部族曾有8次大规模的迁徙活动。但是对于商族八迁的地方，西晋的皇甫谧已认为"史失其传，故不得详"（《诗经·商颂》孔疏引）。后世学者虽为此作了辛勤的努力，而意见仍然颇不一致，这里在前人研究的基础上略加探讨如下：

蕃

《水经·渭水注》："渭水又东径峦都城北，故蕃邑，殷契之所居。《世本》曰：'契居蕃。'阚骃曰：'蕃在郑西。'然则今峦城是矣。"杨守敬疏引《清一统志》：峦都"城在华州西北"。清代华州在今陕西华县东，此地东距山西永济约80公里。又按，蕃之本字当作"番"，《太平御览》卷一五五引《世本》与《帝王世纪》均作"契居番"。番与蒲音同相通，《史记·赵世家》："秦攻番吾。"《正义》："番又作蒲。"《史记·苏秦列传》："逾漳据番吾。"《集解》引徐广曰："常山有蒲吾县。"《正义》："番又音蒲。"因此"契居番"也可称作"契居蒲"。如上所述，今山西永济市，唐代称蒲州，古代又单称为蒲，《水经·河水》：河水"又南过蒲坂县西"。郦道元注："《地理志》曰：县故蒲也。王莽更名蒲城……或言蒲坂，或言平阳及潘者也。"番、潘、蒲古音同，皆相通。蒲城以有蒲山而得名，《水经·河水注》引《山海经》曰："蒲山之首，曰甘枣之山。"杨守敬疏引《括地志》云："蒲州河东县雷首山，一名中条山，一名历山，亦名首阳山，一名蒲山，一名襄山，亦名甘枣山，亦名猪山。"因此，契所居的番地，可能因袭于祖先的故居，居于蒲地，即今永济市地区。

砥石

《世本·居篇》："昭明居砥石。"砥石所在，《荀子·成相》杨惊注：砥石"或曰即砥柱也"。砥柱，山名，即今河南三门峡。此地西距商族发祥地蒲坂约80公里，昭明所居的砥石应当就在这里，从而说明商族自昭明时起开始沿黄河北岸，东迁首先到达了今河南三门峡对面的黄河沿岸地区。

商

《荀子·成相》云："契玄王，生昭明，居于砥石迁于商。"此商地或即殷墟卜辞中所记的商地。殷墟卜辞记有商、大邑商、天邑商等地名，大邑商（《合集》36482）、天邑商（《合集》36541）见于晚期卜辞，当指为商朝王都，即现今所称作的安阳殷墟。商作为地名有两种含义：一为邑名，早期卜辞中的商邑当指为现今所称作的安阳殷墟，晚期卜辞中的商邑，当指为朝歌，即今河南淇县；二为地区名，指为商代王畿，其范围大致包括今河南省北部的焦作、新乡、鹤壁和安阳四个市区。此地西距砥石100余公里，昭明所迁的商地，应当就在这个地区。

商丘

《世本·居篇》："相土徙商丘。"《左传·襄公九年》："陶唐氏之火正阏伯

居商丘……相土因之，故商主大火。"《史记·殷本纪·索隐》："相土佐夏，功著于商，《诗·商颂》曰'相土烈烈，海外有截'是也。《左传》曰：'昔陶唐氏火正阏伯居商丘，相土因之。'是始封商也。…'商'字本是古人在祭坛上祭祀大火心星之象形，相土因负责观测祭祀大火心星以定农时季节而著称于世，久而久之，以他为首领的部族也就称之为"商"族，该族所定居的地方也被后世称之为商丘。商丘在殷墟卜辞中又称作"丘商"（《合集》7838），其地所在，《太平御览》卷一五五引《帝王世纪》云："《世本》：'契居蕃，相（土）徙商丘。'本颛顼之墟，故陶唐氏火正阏伯之所居也。故《春秋传》曰：'阏伯居商丘，祀大火，相（土）因之，故商主大火。'谓之辰，故辰为商星。今濮阳是也。"《水经·瓠子河注》云："河水旧东决径濮阳城东北，故卫也，帝颛顼之墟。昔颛顼自穷桑徙此，号曰商丘，或谓之帝丘。本陶唐氏火正阏伯之所居，亦夏伯昆吾之都，殷相土又都之，故《春秋传》曰：阏伯居商丘，相土因之，是也。"杨守敬疏：濮阳故城"在今开州西南三十里"。清代开州即今河南省濮阳县。相土所迁的商丘当在今濮阳县西南的濮阳故地区。

易水

商族在先公王亥（《史记·殷本纪》称之为振）时期曾活动于易水流域。《山海经·大荒东经》："有困民国，勾姓而食。有人曰王亥，两手操鸟，方食其头。王亥托于有易、河伯仆牛。有易杀王亥，取仆牛。"郭璞注引《竹书纪年》曰："殷王子亥宾于有易而淫焉，有易之君绵臣杀而放之。是故殷主（上）甲微假师于河伯以伐有易，灭之，遂杀其君绵臣也。"《楚辞·天问》又云："该（亥）秉季德，厥父是臧，胡终弊于有扈（易），牧夫牛羊？……恒秉季德，焉得夫朴牛？何往营班禄，不但还来？"王国维据此考证说："《天问》《大荒东经》及郭注所引《竹书》参证之，实记王亥、王恒及上甲微三世之事，而《山海经》《竹书》之有易，《天问》作有扈，乃字之误……（有易）其国当在大河之北，或在易水左右。盖商之先，自冥治河，王亥迁殷，已由商丘越大河而北，故游牧于有易高爽之地，服牛之利，即发见于此。"

殷

今本《竹书纪年》："夏帝芒三十三年，商侯迁于殷。"殷地所在，《水経·沁水注》："朱沟自枝渠东南径州城南，又东经怀城南，又东经殷城北。郭缘生《述征记》曰：'河之北岸，河内怀县有殷城。'……余按《竹书纪年》云：秦师伐郑，次于怀，城殷，即是城也。"杨守敬疏引《元和志》："武陟县本汉怀县地，故殷城在县东南十里"。唐代武陟县即今河南省武陟县，故殷城当在今县东南近郊，位于黄河北岸，商侯所迁的殷城当在此地。

商丘

今本《竹书纪年》又云：夏后帝孔甲"九年陟，殷侯复归于商丘"。

亳

商汤居于亳，文献记载颇多。亳地所在，历来众说纷纭，莫衷一是。近年邹衡认为就是在河南郑州发现的郑州商城城址，论据坚实，兹从其说。

以上我们简单地论述了商族先公时期迁居的几个地点，认为商族原来发祥于今山西西南部的有娀之墟，自昭明时期逐步东迁，后来长期生活于今河南北部一带，并在这里迅速发展壮大起来。至成汤前后，商人始渡河南下而居于亳，在这里建立起商王朝的第一个强大的都邑。兹将上述八迁地望列表如下：

迁居地	迁居者	今地名考
蕃	契居此	今山西永济市西
砥石	昭明居此	今山西平陆县黄河沿岸
商	昭明迁此，相土因之	今河南北部地区
商邱	相土居此	今河南濮阳县境内
有易	王亥仆牛于此	今河北漳水流域
殷		今河南武陟县东南
商丘		今河南濮阳县境内
亳	汤居此	今河南郑州商代城址

在夏王朝的东方，生活着东夷部族，《墨子·节葬下》："禹东教乎九夷。"九，言其多意，说明在禹的时候，东方已生活着众多的夷族。东夷部族可能出自大皞氏族，《左传·昭公十七年》："大皞氏以龙纪，故为龙师而龙名……陈，大皞之墟也。"杜预注："大皞伏牺氏，风姓之祖也。"《左传·僖公二十一年》："任、宿、须句、颛臾，风姓也，实司大皞与有济之祀。"风与凤古为一字，甲骨文风字即写作凤。大昊氏姓风即姓凤，也就是以凤鸟为其崇拜的图腾。古代

中华上下五千年

夏　朝

一五一

少嗥氏当即大嗥氏族的一个分支,《左传·昭公十七年》记郯子曰:"我高祖少嗥挚之立也,凤鸟适至,故纪于鸟,为鸟师而鸟名。"也是以凤鸟为其崇拜的图腾。《左传·定公四年》:"因商奄之民,命以伯禽,而封于少嗥之虚。"杜预注:"少嗥虚,曲阜也,在鲁城内。"古少嗥氏族最早当生活在今山东曲阜县境内。以后随着社会经济的发展,大嗥和少嗥氏族人口不断增多,从而分化出众多的氏族和部落。《通鉴外纪》卷二引《竹书纪年》曰:夏后相"二年,征黄夷"。雷学淇《竹书纪年义证》卷八云:"《后汉书·东夷传》曰:'夷有九种,曰畎夷、于夷、方夷、黄夷、白夷、赤夷、玄夷、风夷、阳夷。'……黄、白、赤、玄,以服色而别者,与方、风等皆近海之夷。"这些夷族在夏代又称之为"鸟夷"(《史记·夏本纪》),他们分布于西起豫东平原,东达东海之滨,北到古济水地区,南至淮河流域(这里的夷族又称之为"淮夷")等夏王朝的东方地区,与夏王朝长期有着密切的联系。

在夏王朝以南生活着苗蛮部族,如上所述,他们原是中原地区夏部族或姜戎部族的一个分支,迁居到南方以后与当地土著相融合而形成起的强大部族。苗蛮部族又称作"三苗",三,言其多意,说明他们是一个庞大的部族群体。他们最早当生活于今河南南部至湖北之间的汉水流域地区,《战国策·魏策一》记吴起说:"昔者三苗之居,左彭蠡之波,右洞庭之水,文山在其南,而衡山在其北。恃此险也,为政不善,而禹放逐之。"钱穆《古三苗疆域考》据《汉书·地理志》认为,这里所说的衡山,当即河南南召县的雉衡山,文山当为《国语·齐语》所记桓公伐楚,济汝逾方城所望见的汶山,古彭蠡、洞庭也不是后世所指的鄱、洞二湖。由此推测,苗蛮部族在夏代或其稍前,当生活在河南南阳盆地与湖北江汉平原之间。

夏小正

夏朝的历法和生活情况

夏朝文化中有一件宝贵的遗产,就是《夏小正》。这是一篇按月份记载物候、气象、天文、农事、田猎等活动的文献。现保存在西汉戴德编的《大戴礼记》中。夏朝的文字，在考古发掘中，只是在出土的陶器上发现过一些刻画符号。但在先秦典籍中，有很多地方引用过《夏书》，还有"禹刑"，在《尚书》中也有几篇"夏书"。从夏代有书籍和刑法来看，它不可能只是在口头流传，而应该有最早的文字把这些内容记载下来。传说"仓颉造字"，仓颉是黄帝的臣下，那么到夏代也有了一段较长时间的造字过程。现存的《夏小正》，分经文和传文两部分，经文记载的内容，据现代学者考证，就是夏朝的历法和生活情况；传文就是注文，其注释部分，则是战国至秦汉间的学者加上去的。

《夏小正》中记载的物候和人的活动情况非常有趣

正月：蛰虫开始出土，大雁飞向北方，野鸡振翼鸣叫，鱼从结冰的水底上浮，田鼠出洞了，水獭捕鱼陈列水边，园中见有韭菜长出来，柳树长出新芽，梅、李、山桃开花了，农夫开始治理田亩。

二月：到田中去种黍，羊开始生羔，捕鱼的时候到了，堇菜长出来可以采摘，昆虫蠕动了，燕子来到家中作巢，黄鹂开始鸣叫，芸豆结实可以收获。

三月：桑树萌发，杨树抽枝，蝼蛄鸣叫，桐树开花，斑鸠鸣叫，开始养蚕。

四月：蜻虫和蛤蟆开始鸣叫了，园中的杏树结果了，开始执小驹使其驾车。

五月：浮游的小虫大量产生，伯劳鸟开始鸣叫了，蝉也鸣叫了，煮梅子、蓄兰草以为香料，开始吃瓜。

六月：煮山桃储藏起来作为食品，鹰开始搏击捕杀小动物。

七月：芦苇开花，小狸长大了，池水中长出浮萍，扫帚草长成了，寒蝉开始鸣叫，雨也下得多起来。

八月：瓜成熟了开始采摘，枣也开始剥取，栗裂皮而自动脱落，鹿交配成功而生养，田鼠损害庄稼。

九月：大雁迁往南方，燕子升空飞去，各种野兽入穴，菊花盛开，此时开始种麦。

十月：捕捉野兽的时节来到了，乌鸦忽高忽低地飞翔，夜变得长起来。

十一月：国王进行狩猎活动，陈列精良的弓箭，麋鹿坠落其角，商旅不行，万物不通。

十二月：鸳鸟高飞鸣叫，昆虫潜入地下，掌管水泽的虞人设网捕鱼。

最符合人们活动规律的历法

上面所记的物候和人的活动情况，是当时长期经验的积累。值得注意的是，这里所用的历法是夏历。古代人们把十二个地支，即子、丑、寅、卯、辰、巳、午、未、申、酉、戌、亥，和一年的十二个月互相配合。以通常有冬至的那一月配子，第二月配丑，第三月配寅，直至第十二月配亥。如果以有冬至的那一月作为一年的正月，这样的历法叫作"建子"；以冬至后第二月作为一年的正月，这样的历法叫作"建丑"；以冬至后第三月作为一年的正月，这样的历法叫作"建寅"。传说古代夏、商、周三朝的历法都不同："夏正建寅，殷正建丑，周正建子"，即夏代把一年的正月放在冬至后的第三月，殷代即商代把一年的正月放在冬至后的第二月，周代把一年的正月放在有冬至的那一月。在这三种历法中，只有夏历最符合人们的活动规律。因为冬至后的第三个月，正是春天的开始，万物复苏，大地更新，农民们开始下地劳动。把这个月作为新年的正月，最受农民的欢迎，也最便于管理农业。

夏历在中国的深远影响

自《夏小正》用夏历记录了一年十二个月的物候和农事活动的规律后，受到人们的普遍重视。春秋时代的孔子说："我欲观察夏朝兴亡的道理，所以到夏王后代所在的杞国，但那里找不到这方面的文献，却得到了夏时。"所谓"夏时"，就是按月记载物候和农事活动的《夏小正》。孔子认为这个文献非常好，所以他主张"行夏之时"。汉代司马迁写《史记》时还说："学者多传《夏小正》。"汉初的历法仍然用夏正"建寅"。直到现在我们所用的农历，也叫阴历，冬至一般在十一月，而冬至后的第三个月才是新年的开始，正是采用的夏历。可见《夏小正》记载的夏历，在中国历史上的深远影响。

商朝

商帝系表

前 1600—前 1046

商前期（前 1600—前 1300）

汤		
太丁		
外丙		
中壬		
太甲		
沃丁		
太庚		
小甲		
雍己		
太戊		
中丁		
外壬		
河亶甲		
祖乙		
祖辛		
沃甲		
祖丁		
南庚		
阳甲		
盘庚（迁殷前）		

商后期（前 1300—前 1046）

盘庚（迁殷后）		
小辛	（50）	前 1300
小乙		
武丁	（59）	前 1250
祖庚		
祖甲		
廪辛	（44）	前 1191
康丁		
武乙	（35）	前 1147
文丁	（11）	前 1112
帝乙	（26）	前 1101
帝辛（纣）	（30）	前 1075

成汤建商

成汤是契的第十四代孙。相传他的母亲扶都怀孕时，曾梦到一道白气贯穿明月，几天之后就生下了汤。由于汤的功绩很大，人们常在他名字前加上不同的形容词或天干号，如商汤、成汤、天乙汤、大乙汤等。史书上因此说"汤有七名"，以形容他名字之多。

不管名字如何，汤的确是一个英明的领导人才。商在他的治理下，比先前更加繁荣强盛。然而，雄心勃勃的汤并不满足于此，他真正的理想是灭亡夏朝、消灭夏桀这个暴君，取其位而代之，并且开始了积极的准备。

从始祖契开始，商族已经经历了8次迁徙。到了汤的时候，他又将部落的居住地迁回了祖先契曾经居住过的亳。从亳到夏朝的都城，是一片平原旷地，几乎没有什么山河阻挡，特别有利于军队进攻。迁亳之后，汤对内注意宽以待民，与民谋利，从而获得国内民众的拥护和支持，在商族内部形成了百姓亲附、安居乐业的局面。对外关系上，他尽力扩大自己的影响，力图取得各方国和部落的拥护。

据说有一次，成汤和几个大臣到郊外游猎。在一个小树林中，他们看到一个老人正在布设捕鸟的网。老人在四面都支好网，然后拜了几拜，祷告四面八方的鸟都能入网。成汤看到这种情景，就走上前去劝阻，让老人把布下的网收起一面。这就是"网开一面"这个成语的由来。于是国人都争相传颂，说成汤对天上的鸟都如此仁慈，何况对百姓呢。

人心所向，汤在民众的心中更具有号召力了，不仅本族人拥护他，连夏人甚至其他方国的人也都争相归附，出现了《史记·夏本纪》中记载的"汤修德，诸侯皆归商"的局面。

汤的一系列活动自然引起了夏桀的注意。夏桀深恐汤的势力壮大会威胁他的统治，于是将汤骗到夏国，软禁在夏台（位于今河南禹县）。商国的右相伊尹设计将汤救出，并为汤正确分析了敌强我弱的形势，建议汤表面仍向夏桀表示臣服，暗中积蓄力量，才是上策。汤信服地采纳了他的建议。

由于夏桀的苛暴，夏的同盟者九夷中的一些部落已经忍受不了夏的压榨勒索，逐渐叛离夏朝，力量对比逐渐向有利于汤的方面转化。这时，伊尹又给汤献计：不给夏朝进贡，来观察夏朝的反应。夏桀见汤不来进贡，便召集九夷之师伐商。汤赶紧谢罪求饶，夏桀便让九夷退兵了。九夷人因此觉得受了夏桀的戏弄，心中愤愤不平。次年，汤又不进贡，夏桀再召九夷之师伐商，九夷之师却不响应桀的号令了。这样，夏桀已处于孤立无援的境地，灭夏的时机成熟了。

汤知道机不可失，果断地决定大举进攻。他召集将士，借上天的旨意来动员将士，有功者将给予奖赏，不从者会受到惩罚。汤从亳起兵，矛头直指夏都。夏桀对商汤的进攻并未做认真准备，只得调集兵力仓促应战。成汤的将士们恨不得夏桀早早灭亡，作战非常勇敢，甫一接战，夏军就大败而逃。

成汤回师亳都，即位为王，3000诸侯前来朝贺。他把夏禹所铸的九鼎移到亳都，从此商王朝取代了夏王朝，成为中国历史上第二个奴隶制国家——商朝。

伊尹囚君

商汤灭夏，是我国奴隶社会中一个奴隶主的总代表去革另一个奴隶主总代表的命。商汤是位既有文治又有武功的帝王，他爱才爱将，品德高尚，再加上右相伊尹和左相仲虺的辅佐，商朝全国呈现出一片欣欣向荣的景象。百姓安居乐业，兵士勤于练兵，满朝臣子也是兢兢业业。

古时候，人们的科学知识十分匮乏，因对许多自然现象不理解加以神化，下雨、打闪、打雷都被看作鬼神的安排。那时从国君到臣子再到黎民百姓对鬼神都十分尊敬，认为一切天灾人祸都是上天的旨意。

过去老百姓是靠天吃饭的，如果遇上天气好，农业的收成就好，百姓就可以少挨饿；如果遇上天气不好，一年颗粒无收，百姓就得挨饿受苦。在闹灾荒时，饿死人的现象时有发生，所以老百姓对上天更是敬畏，时时祈祷老天保佑。商朝刚刚建立，一切都呈现新气象时，一场大旱悄然而至。这场大旱着实罕见，地上草木枯干，老百姓吃水都成问题，有的小动物都被渴死了。这可急坏了贤德的商汤，他焦急万分，天天祈祷上天，保佑大商举国臣民。可是老天不知怎么回事，依然烈日当头，太阳火辣辣地照耀着大地，河水早已枯竭，大地已干裂。这样的旱情持续了7年，百姓饿死无数，加上天气特别热，中暑而亡的人数也不少。商汤也十分相信鬼神，心想：一定是自己有些行为不对惹了鬼神，上天怪罪下来，让我大商王朝受此罪。他开始自责，思考自己的行为举动，怎么也想不出自己哪里得罪了上天。

伊尹

这一天，商汤穿戴整齐，神情异常严肃，跪倒在地拜求鬼神。这时的商汤又黑又瘦，他为国事日夜操劳，又心系百姓之疾苦，所以寝食难安。商汤诚恳地对上天说："老天爷，求求您了，您可怜一下我大商朝的百姓吧，他们是无辜的。如果您认为我大商朝有错，那么一切错都是我的，与我的臣民没有关系，如果您降下甘霖，我愿一人受罚。"在后边一起祈祷的臣子听了商汤的话，感动得直流泪，心想：国王真是一代明君，宁可牺牲自己，也不愿意让百姓遭受疾苦。

不知是上天真的被感动了，还是气候本该如此。不久，天空阴云突起，连成了一片，越来越低，百姓纷纷出城来求雨，一声晴天霹雳，大雨倾盆而降，举国上下立时成了欢乐的海洋。商汤率领众臣子出了宫，站在雨中，接受雨的洗礼，他瘦弱的身躯却显得那么坚挺。他两手伸向天空，仰天长笑，大叫："老天有眼，老天有眼，我大商朝又有希望了！"不久商汤求雨之事举国上下都知道了，老百姓本来就十分爱戴商汤，这一下更是万分钦佩。商汤爱民如子，百姓纷纷颂扬。在那连续大旱的几年里，商汤把国库的粮食发放给百姓充饥，虽然那根本不够，但百姓拥护商汤，没有一个地方发生反叛，仍十分安定。

大雨过后，草木皆绿，农业更是呈现一派新景象，畜牧业也发展了。从那

以后，连续几年都风调雨顺，五谷丰收，百姓喜不自言。由于日夜操劳，商汤病倒了。他知道自己活不了多久了，拉着伊尹的手说："我在世的时间不会太久了，我大商王朝终于走出了困境，我心满意足，可唯一让我放心不下的是国家社稷和黎民百姓。太子早死，余下的儿孙年龄尚小，不堪重用，我大商王朝的江山只有指望你了。"伊尹十分难过，对商汤说："国王您放心吧，好好休养，上天会保佑您的，您不必担心国家事务，我会帮您处理的。"商汤放心地点点头。

商汤的病终究没有好起来，不久便离开了人世。伊尹忍着巨大的悲痛为国王举行了隆重的葬礼，全国上下都沉浸于悲痛之中，百姓们哭成一片，深深哀悼这位贤德的国君。伊尹也是思潮起伏，百感交集，想起自己得到商汤的重用，与商汤一起出生入死，经历了风风雨雨，从商部落弱小到逐渐壮大，再到灭夏，建立大商朝；而今国王已闭上了眼睛，如何辅佐幼主快快长大成人，治理商朝天下，自己肩上的担子异常重大。

商汤死后，伊尹按照先主的旨意辅佐幼主治理天下。商汤长子早亡，次子登上王位，两年后次子又病死。伊尹十分痛心，唯恐商朝天下毁在自己手里，对不起先帝的恩泽。伊尹又推三皇子继位，而三皇子4年之后也病死。伊尹越来越觉得对不起先帝，心情越来越沉重。没有办法，伊尹只好推商汤的孙子——太甲登上王位，而太甲年幼无知，又生性好玩。伊尹无奈，只好将他带在身边，整日给他讲治国之道，讲他爷爷治国打仗的事，讲夏桀如何灭亡。伊尹希望太甲能从中吸取教训，增长见识，掌握治国之道，可太甲无心聆听，渐渐产生了厌烦情绪。老臣伊尹常常面对商汤的遗像，暗暗落泪，深深自责。

几年过去了，太甲已渐渐长大，可仍无心治国，伊尹准备好好"教训"太甲一下。

祭祀的日子到了，太甲也跟着队伍来到桐宫。太甲觉得祭祀实在无聊，若不是先王的祭礼和伊尹的叮嘱，他肯定是不会参加的。伊尹为先王祭礼，心感愧对先王，没有把太甲抚养成人。看上去伊尹已老了许多，他接过主祭人手中的祭词，恭恭敬敬地诵读。听倦了祭词的太甲东张西望，可他仔细一听祭词的内容，吓出了一身冷汗。原来伊尹感觉自己无能，没有完成先王的遗嘱，没有把太甲抚养成人，决定把太甲留在桐宫。太甲听后，连连后退，他吓傻了，原来伊尹早想"教训"一下太甲，把他囚禁在桐宫。

伊尹头也不回地乘车返回王宫，两行老泪已流下，那张憔悴的脸越发苍老。他也是出于无奈，才囚禁了太甲，大臣们没有反对，一是伊尹德高望重，大家相信他忠贞不贰，二是大家都认为太甲这样荒废朝政，迟早有一天，用血汗换来的江山会断送在他手里，所以都觉得伊尹做得很对。

太甲被囚禁在桐宫里，眼望外边的世界，自己却没有自由，心里不禁怨恨老臣伊尹。三天过去了，他觉得好像过了三年。第四天，门忽然开了，老臣伊尹来了。太甲本以为伊尹会放他出去，可伊尹却说："每天不得贪睡，必须从早到晚读历代贤王的遗训和勤政的事迹。"起初太甲还不读，到了后来，他实在觉得无聊才开始读书，越读越觉得自己的无才，越读越发奋，而且常常思自己的过错，痛恨自己以前的荒废，觉得自己有愧于先祖先宗。他也渐渐明白了伊尹的一片苦心，对这位身经百战的老臣肃然起敬。

转眼三年过去了，太甲在桐宫学到了许多知识，老臣伊尹心感一丝安慰。在这三年里，老臣伊尹代理太甲行政，他没有夺权之意，众位臣子也言听计从。在这一段时间，商朝社会安定，农业、畜牧业都迅速发展。

这一天，伊尹又来到桐宫，太甲起身相迎，而伊尹却跪倒在地，对太甲说："微臣斗胆将国王囚禁在此三年有余，如今微臣前来迎国王回宫。臣囚王有罪，请国王治罪。"太甲两眼含泪，明白了伊尹的用心，猛地跪在伊尹面前说道："老人家无罪，都是我让您费尽心思，实在是惭愧。"太甲和伊尹相拥而泣。

太甲穿上了王袍，戴上王冠，重新复位。他勤于政务，国家安定富足。

30年后太甲病死，伊尹又辅佐太甲之子沃丁继位。而不久，这位德高望重的老臣也离开了人间。100多岁的伊尹为商朝贡献了毕生的心血。消息一传开，举国上下哭声一片。伊尹在百姓之中已被看作是国家的栋梁，有他在，国家就会安康。各地老百姓都自发地为他举行各种仪式，以示纪念。

沃丁以先王之礼为他举行了隆重的葬礼，为他修建了墓地和祠堂。到现在伊尹的墓地和祠堂还保留着，历史将永远记载着这位贤德的老功臣。

高宗武丁

商朝在武丁统治时期，出现了昌盛的局面。武丁死后被人们尊称为"高宗"。

武丁是盘庚的侄儿。盘庚迁都殷后，使商朝得到了复兴，使我国奴隶社会发展到了一个新阶段。盘庚死后，其弟小辛继位。小辛死后，武丁的父亲小乙继位。而小辛、小乙都无才，商朝又开始走向没落。武丁年少的时候生活在民间，深知百姓疾苦。

在商朝，奴隶制盛行，奴隶不被当作人，而是奴隶主的私有品，可以买卖，甚至屠杀。有一个奴隶叫傅说，他才华出众，足智多谋，平时只是默默耕

武丁

作，从不多说，但是对国家大事十分关心。后来他认识了一个叫武丁的杂役，二人一见如故，很有缘分。武丁有一日对傅说说："假如我有一天做了国王，我一定让你做我的宰相。"傅说以为武丁说梦话，他不知道武丁正是国王小乙的儿子，由于小乙听信小人的谗言，把武丁给放逐了。

武丁继位时，商王朝的统治一度衰微。他下定决心使商王朝强盛起来，但是他刚刚继位，根基不稳，他决定找一位有才能的人辅佐自己治理江山社稷。这时他想起了当奴隶的傅说。但是武丁没法直接和臣子说想请一位奴隶入宫，因为那时他自己的地位尚未稳固。

于是武丁说他梦见了一位贤才，在傅岩住，天帝为磨炼他的意志，把他贬为奴隶，此人能帮我治理国家。之后武丁命人按他的描述画了傅说的画像，派人速到傅岩把这位有才德的人请来。

众臣将信将疑，可国王下了命令就得照办。这一天差人来到傅岩，对照图像，果然有一个和画像一模一样的人。立即把奴隶主叫来，让他打开傅说的枷锁，奴隶主一看是宫里的差人，不敢怠慢，立即为傅说取下枷锁，换上一套华丽的衣服，然后扶他到车中。

几天之后，傅说来到了宫中，他做梦也没想到自己会来到王宫。来到宫中，傅说赶紧下跪，武丁也不多言。命其他臣子退下，才走到傅说面前，对傅说说："傅说，你抬起头来。"傅说抬头一看是武丁，大吃一惊，不知怎么回事。武丁就把自己的身世和傅说说了一遍，又把自己编造梦中遇贤才之事和傅说说了一遍。

第二天早朝，武丁当着满朝文武的面任命傅说为左相，帮助他处理国家政事。

从此武丁在傅说的辅佐之下，对农业、牧业生产十分关心，整天勤于朝政，与傅说共同商讨治国之道。大臣们对武丁也是唯命是听，认为他是神的化身。

傅说对武丁说，你我都受过苦，都知道奴隶的生活，一定要禁止随意屠杀奴隶。武丁觉得很有道理，一一答应，并公布了许多法令。武丁的政策得到了百姓的拥护，在百姓中的威望日渐提高。

武丁重新任命各级官员，将三年来尽职尽责的大臣提拔重用，而那些擅离职守的则被放逐。武丁对大臣声称这是天帝的旨意，那些被放逐的大臣虽有怨言也不敢违背，因为武丁执行的是天意。

在武丁统治时期，国力日益强大。商王朝也不安于现状，四处举兵，武丁曾率军队征伐西北方向的土方、鬼方、吉方、羌方，以及江淮流域的虎方，又攻伐荆楚。商朝的势力已经扩展到长江以南地区。每到一地，武丁都对当地臣民说他是按天帝的旨意行事，如果违背他的旨意，就是不尊重天意。

在武丁时期，商王朝的统治达到极盛，历史上这一时期被称为"武丁盛世"。

武丁与他的三个王后

武丁是商王盘庚之侄，商王小乙之子，商朝第二十三任君主，夏商周断代工程将武丁在位 59 年，武丁在位时期，勤于政事，任用刑徒出身的傅说及甘盘、祖己等贤能之人辅政，励精图治，使商朝政治、经济、军事、文化得到空前发展，史称"武丁盛世"。公元前 1192 年，武丁去世，庙号高宗，死后由其子祖庚继位。

在战场上，他英勇无比，叱咤风云。可是到了老年，他却变得十分固执，在凄凉中度过了余生。

武丁继位后，第一个王后叫妇好。此女子长发披肩，长长的眼睫，明亮而智慧的双眼，不仅长得漂亮，而且聪明、贤淑。她对武丁关心有加，对下人也是十分体贴，深受下人的拥戴。妇好还多谋善战，经常为武丁治理天下献计献策，武丁有什么心烦之事，都和自己的爱妻一一陈述。妇好帮助武丁东征西讨，平定了不少部落的反叛。

武丁为有这样一个妻子而感到骄傲和自豪。两个人从没有吵过嘴，恩恩爱爱，相敬如宾。然而天有不测风云，一日妇好染上了一种怪病，医官们反复诊断也不知得了什么病。武丁焦急万分，发出命令，如果天下谁能医好妇好的病，一定重重有赏。可是那时医术十分落后，宫中的医官都医不好，其他地方的人更无能为力。武丁开始祈祷上天保佑妇好早日康复。武丁诚心诚意，可是上天和先祖没能给武丁带来好运，妇好的病不但没有好转，反而日渐加重。妇好那时已为武丁生下了一个男孩，取名叫孝己。妇好知道自己不能再活多久了，看着寸步不离她的武丁日益消瘦，心疼地说："国王，你不能总是陪在我身边，你应该以社稷为己任，我不能再陪你多久了，我没有别的请求，只求你把孝己抚养成人，让他有所作为，我也就心满意足了。"说完，妇好轻轻闭上了眼睛。武丁泪如泉涌，异常痛心。他发下命令，举国上下为妇好悼念。

从此，武丁好像变了一个人似的。以前威风凛凛、神采奕奕的武丁，现如

今郁郁寡欢，整天沉迷于往事的回忆中。每当把儿子孝己叫到身边读书时，他总是情不自禁地想起妇好来。妇好战场上英姿飒爽，是一个女豪杰；生活中千娇百媚，是一位贤妻良母。武丁没有忘记妇好临终前的话，整日教孝己读书，给他讲治国之道。

"莫道不销魂，帘卷西风，人比黄花瘦。"自从妇好离开武丁后，武丁更加消瘦，意志日渐消沉，对于政事也是时理时不理。大臣们不忍心看到国王为了妇好而丢下江山不理，于是他们又选出了一位非常漂亮的王后。新王后也十分贤惠，但是武丁心里只有妇好，根本看不上新王后。新王后只好默默承受着这一切，她想：等她的儿子出生后，武丁就会喜欢她了。新王后后来生了一个儿子，取名叫祖庚，但这根本没有引起武丁的欢心。武丁心里仍然只有妇好，对孝己也是疼爱有加。新王后心里不是滋味，整天忧忧郁郁，不久便染病而亡。对于新王后的死，武丁没有悲伤，反而更加怀念妇好了。

第二位王后死后很久，武丁才立了第三个王后。由于妇好故去的时间已经很久了，武丁对妇好的思念也减轻了。而新王后是一位漂亮而又不安于现状的女人，她不能容忍武丁想念一个死去的女人，所以她想尽一切办法，用花言巧语博得武丁的欢心。武丁的心渐渐地被这个娇媚动人的新王后所吸引，于是注意力放在了新王后身上。武丁又恢复了往日的笑声，又勤于朝政，大臣们轻轻地松了一口气。可是谁也没有想到第三位王后特别自私。虽然武丁对妇好渐渐忘记，但对孝己仍十分关心疼爱，新王后看在眼里，恨在心上。她想方设法让武丁疏远孝己，好让自己的儿子祖甲有机会得到武丁的赏识，有朝一日能够继承王位。

又过了几年，武丁年岁已高，身体日益衰老。有一次他得了重病，请了许多名医，可病情不见好转。这个自私自利的王后一看机会来了，买通了几名巫师，让他们对武丁说他的病是妇好的阴魂捣的鬼，妇好想带走武丁。几个巫师异口同声，武丁不知是王后的计谋，听后十分生气。孝己天天去看望父王，武丁刚听完巫师的话，孝己就进来了，武丁对孝己无缘无故地发起了脾气。孝己还没见过父王对自己发过这么大的脾气，不知自己什么地方做错了。第二天孝己又去见武丁，武丁病仍没减轻，又对孝己发了脾气，孝己十分委屈。渐渐地孝己不再去见武丁了。

而这一切，王后看在眼里，喜在心上。她想：太好了，我一定要让我儿子登上王位，我不能就此了结。

一次武丁和王后在一起，不知是病折磨的武丁还是王后的话惹怒了他，武丁突然发起脾气，乱扔乱砸东西，地上满是碎器皿。王后则悄悄退出，找到孝己，对孝己说你父王想找你商议继位之事。孝己听后心里十分高兴，心想：父王以前对我发脾气可能是病折磨的，如今他病情稍轻，一定是想把王位交给我，还是父王最心疼我。想到此，孝己一扫往日对武丁的责怨，兴冲冲跑到武丁的居室，问父王有何事相托。武丁本来心情就不好，一听孝己如此发问，更是气不打一处来，一想孝己有继承王位的意思，这分明是盼着自己早早死去，于是破口大骂，孝己不知所措。以前武丁虽对孝己发过脾气，可从没有骂过孝己。这次不仅大骂，还派人将孝己驱逐出宫，将妇好的墓地封起来，不让孝己祭拜母亲。

聪明的孝己已明白这是新王后使的诡计，可后悔已经晚了。他想起了早逝的母亲，不禁泪流满面。他举目无亲，一个人孤零零地在荒郊野地里行走，想去母亲墓前诉诉苦，可武丁早已派官兵将妇好的墓地封了起来。孝己被蛮横的士兵赶了出来，伤心欲绝，走了一天又渴又饿，倒在野地里就睡。他梦见母亲双手抚摸着他的头，流着眼泪看着他，轻轻地呼唤：儿啊，别和他们在一起了，你太受气了，和娘一起生活吧！孝己醒后心想一定是娘托梦给他。于是，有苦说不出的孝己悄悄地结束了自己的生命，倒在了荒郊野地里。而这时武丁还被蒙在鼓里，不知是新王后的计谋。

自从孝己被自己赶走，武丁的病情也越发加重，时常做噩梦，梦见自己的妻子妇好向他索要孝己。当武丁听说孝己被逼自杀，心里悔恨不已。

武丁病情加重，且年岁已高，不得不选继承人了。孝己已死，祖庚无能，只有祖甲继位了。可祖甲为人正直，他知道是母亲逼走孝己，他不想留下千古骂名，让别人在背后说长道短，于是连夜逃跑了。

病重的武丁一听说祖甲逃跑，愣愣地发了一会儿呆，就永远地闭上了双眼。

武丁一世英名，老年却是如此悲凉地度过，至死也不明白是新王后逼死了孝己。

盘庚迁都

　　盘庚迁都是发生在商朝中后期的一次历史事件，是指盘庚继位后，为了挽救政治危机，决定迁都于殷（今河南安阳），今殷墟遗址。商汤建立商朝的时候，最早的国都在亳。在以后三百年当中，都城一共搬迁了五次。这是因为王族内部经常争夺王位，发生内乱；再加上黄河下游常常闹水灾。有一次发大水，把都城全淹了，就不得不搬家。

　　从商汤开始传了二十个王，王位传到盘庚手里。盘庚是个能干的君主，他为了改变当时社会不安定的局面，决心再一次迁都。

　　可是，大多数贵族贪图安逸，都不愿意搬迁。一部分有势力的贵族还煽动平民起来反对，闹得很厉害。

　　盘庚面对强大的反对势力，并没有动摇迁都的决心。他把反对迁都的贵族找来，耐心地劝说他们："我要你们搬迁，是为了想安定我们的国家。你们不但不谅解我的苦心，反而发生无谓的惊慌。你们想要改变我的主意，这是办不到的。"

盘庚

　　由于盘庚坚持迁都的主张，挫败了反对势力，终于带着平民和奴隶，渡过黄河，搬迁到殷。在那里整顿商朝的政治，使衰落的商朝出现了复兴的局面，以后二百多年，一直没有迁都。所以商朝又称作殷商，或者殷朝。

　　从那时候起，经过三千多年的漫长日子，商朝的国都早就变为废墟了。到了近代，人们在安阳小屯村一带发掘出大量古代的遗物，证明那里曾经是商朝国都的遗址，就叫它"殷墟"。

从殷墟发掘出来的遗物中，有龟甲和兽骨十多万片，在这些龟甲和兽骨上都刻着很难认的文字。经过考古学家的研究，才把这些文字弄清楚。原来商朝的统治阶级是十分迷信鬼神的。他们在祭祀、打猎、出征的时候，都要用龟甲和兽骨来占卜一下，是吉利或是不吉利。占卜之后，就把当时发生的情况和占卜的结果用文字刻在龟甲、兽骨上。这种文字和现在的文字有很大的不同，后来就把它叫作"甲骨文"。现在我们使用的汉字就是从甲骨文演变过来的。

在殷墟发掘的遗物中，还发现了大量的青铜器皿、兵器，种类很多，制作很精巧。有一个叫作"司母戊"的大方鼎，重量有八百七十五公斤，高一百三十多厘米，大鼎上还刻着富丽堂皇的花纹。这样大的青铜器，说明在殷商时期，冶铜的技术和艺术水平都是很高的。但是也可以想象得出，像这样巨大的精美的大鼎，不知道渗透着多少奴隶的血汗！

考古工作者还在殷墟发掘了殷商奴隶主的墓穴。在安阳武官村一座商王大墓中，除了大量的珍珠宝玉等奢侈的陪葬品之外，还有许多奴隶被活活杀死殉葬。在大墓旁边的墓道里，一面堆着许多无头尸骨，一面排列着许多头颅。据甲骨片上的文字记载，他们祭祀祖先，也大批屠杀奴隶做供品，最多的竟达到两千六百多个。这是当年奴隶主残酷迫害奴隶的罪证。

从殷墟出土的甲骨文中，我们对殷商时期的社会情况有了比较确凿的考证。所以说，我国最早有文字记载的历史，是从商朝开始的。

祖甲改革

武丁在位59年而病死，他的后代为他立庙，尊称为高宗，古书中又称为武王，说他"享国百年"，就是说他活了一百岁。其实他在位59年，死时大约是80多岁。从甲骨卜辞中知道他有三个入于祀典的王后，分别为妣戊、妣辛、妣癸，第一个王后生祖己（孝己）以后死去，续立的王后生了祖庚，后来继承王位，后来也死去。再立的王后生的儿子叫祖甲。

祖甲出生时，武丁已年老，老来得子，分外宠爱。祖己死后，已经立了祖

庚为太子，武丁又听了续妻的话，想废祖庚而改立他宠爱的祖甲为太子。祖甲从小知礼义，认为这是不合于商王朝的制度，是不义的，怕引起王室内部兄弟间争夺王位的矛盾，重演"九世之乱"的局面。他便偷偷地离开王都，到当年他父亲生活过的平民家中去。他也学着武丁当年在民间一样，和平民们在一起生活，参加一些劳动，了解平民和奴隶们的生活状况，武丁此时年老而无力顾及祖甲的出走，后来得知祖甲是逃到他当年生活的地方去和"小人"们在一起，也就放心不管了。武丁死后，王位就由祖庚来继承。

祖庚名曜，甲骨文中也称祖庚，即位时年纪已经不小，若按武丁死时年纪在 80 以上，则祖庚即位时也是 60 岁左右的老人了。因武丁给他打下了个巩固的统治基础，开创了一个强盛的局面，他即位后，坐享了约 10 年的清福就病死了。

祖庚死后，祖甲继王位。祖甲名载，古书中一般称作"帝甲"，晚期甲骨文中也称祖甲、廪辛，康丁时期的卜辞中称为父甲。祖甲即位时正是商王朝最兴旺的时期，这时期是四方称臣，远近纳贡。在王族内部也因武丁统治有方，在位时就将一些有势力的王室亲贵们分封到大邑商的四周和一些被征服的方国中去担任官职或者是戍守，他们共同捍卫商王朝对四方的统治，这就减少了王族内部许多争权夺利的矛盾。

祖甲在民间生活了一段时期，亲自看到平民和奴隶们的生产和生活状况。尤其是武丁时期长时期对四方的征伐，经常征召平民和奴隶去当兵打仗。虽然征服了许多的方国，开拓了不少的疆土，但也造成了许多人家破人亡，生活十分贫困，所以他"作其即位，爰知小人之依，能保惠于庶民，不敢侮鳏寡"。也就是说祖甲懂得要巩固商王朝的统治，没有人民是不行的，要给人民一个休养生息的时间，不再加重他们的负担，使他们能安定地生产和生活。所以在祖甲时期，没有大的征伐战争。

祖甲急于求成，想用过激之政建立历史上贤王们曾有过的功绩。他的改革涉及了国政的方方面面，其中包括：将历代先王分为亲疏不同的大宗和小宗，并把相应的祭祀之庙也分为大小两种；他还改革文字和历法，力图留名青史；同时，对殷人最为看重的占卜之道也做了种种限制。这些改革措施，在当时就引起守旧派的强烈反对。在他之后的六代商王的朝野上下，随之也就出现了革

新派与守旧派之间的不断争执和相互打击，直到把王朝的政治资源耗尽。

祖甲末年为了限制大大小小的奴隶主贵族对人民过分盘剥、过多榨取方国的贡物，怕这些大小亲贵们的奢侈、贪心引起方国和人民的反抗，削弱商王朝的统治。他下令将先祖成汤所定的刑法——《汤刑》加以修订，想借祖宗的威力以严刑来限制这些不肖子孙。可是这样一来，反而使得这些亲贵们对祖甲不满，故意对他刁难。当朝不朝，应贡的也不贡，大有各自为政之势，于是商王朝的统治实际上被削弱。

武乙 "射天而戏"

武乙名瞿，是商朝第二十八任君主，甲骨文中称为武乙或武祖乙，商末的铜器铭文中也称武乙，是直系先王。武乙酷好田猎，他在位三十多年的时间里，大部分时间是用在田猎上。为了巩固其统治，他除对西部地区叛商的各方国继续命武将去征伐外，还伐过处今湖北秭归的归伯。在对西部地区各方国的征伐中最大的战斗算是伐旨方，数千军队经几次战斗之后，征服了旨方，并且俘虏了旨方两千人。由于武乙以重兵对付西部地区的方国，迫使得西部地区除羌人外，都臣服于商，使商王朝的统治又得以巩固。

武乙末年和周族的君臣关系有所发展。武乙、文丁时期的卜辞中有"命周侯，今生月无祸"的记载。这是占卜商王要受命周侯作某件事、从现在至下一个月（生月）有无灾祸的卜辞。周族在武丁时期的卜辞中称作"周方"或"周"。周族擅长农业，到戎狄地区，就定居开垦土地从事耕种，所以一直在戎狄地区生活了十几代。入商以后传至古公亶父时，戎狄便多次与古公亶父发生冲突，最后还是受不了其他部落的排挤，便率领族人离开居住了十几代的豳地（今陕西旬邑西），来到岐山下（今陕西岐山），在那里开辟土地，修建城邑，建立家园，此地就是古书中的"周原"。

后来古公亶父病死，季历即位为周侯。来到岐山下以后，利用周原这片有良好自然条件的土地，大力发展农业，影响所及，连附近地区的一些氏族、部

落也归附于周侯。季历即位以后，又加以发展，势力逐渐强大。这时商周关系正处于融洽时期，商王武乙对周侯季历授以征伐大权。于是季历率兵西伐程（今陕西咸阳市）、北征义渠（今宁夏固原），灭了程，活捉了义渠首领，自此周的声威大震。季历为了表示对商王朝的忠诚，在武乙末年带了贡物来到商朝见武乙。武乙见周侯在西部地区虽然势力强大，但还是臣服于商王朝，非常高兴，便赏赐给季历三十里土地、美玉十双、良马十匹。

商朝人对上天及鬼神十分迷信，史官们也常借占卜、祭祀干涉国王的行为。武乙却相信只有用武力才能统治天下。为加强王权，武乙命人作木偶为"天神"，让一名史官代"天神"和他赌博。结果，武乙连赢三局，他便因此认为"天神"不灵，并命人剥下这些木偶"天神"的衣冠，抽打、污辱不算，还毁坏了这些所谓的"天神"。武乙又命人缝制了一个大皮囊，将其注满动物的血液，并将皮囊挂在高杆上。武乙命群臣前来，看着他亲自用箭射破皮囊。囊中的血流落于地，武丁称之为"射天"。此后，就再也没人敢干涉武乙的行为了，否则就是对天的大不敬。

武乙酷好狩猎，经常沉溺于游猎之中。一次，武乙狩猎于黄河渭水之间，忽遇大雷雨，因躲避不及，被一阵雷电击死，武乙本来死于自然现象，但因他对"天神"百般污辱，激起了群臣的不满，于是，武乙的不正常死亡就给迷信很深的商人提供了触怒天神、受到诛罚的借口。

帝乙归妹

早在商朝武乙时，商曾授给居住西部的周族首领季历以征伐大权，命其率兵西征，灭程、义渠等部，季历为表示对商王朝的臣服，还亲带贡物到商来朝见，受到武乙的赏赐。文丁即位之后，周季历对商朝仍勤劳王事、率军征讨反商部落，文丁即位后第二年，居住在燕京山（今在山西静乐北）的燕京戎反对商朝，季历率兵征伐，结果反倒被燕京戎所击败。两年之后，居住在余吾（今在山西长治西北）的余吾戎反对商朝，季历又率兵去征伐，将其打败，余吾戎投降周人。于是季历遣派使者到商向商王文丁报捷，文丁听了十分高兴，并任命季历为商朝牧师（地方长官），管理商朝西部地区的征伐事宜。又过了三年，季历开始征伐始呼戎，打败了它使之投降臣服。几年以后，季历再次出兵，又征伐了翳徒戎，将其俘获的三名翳徒戎的首领，向商王献捷。商王文丁见周人越来越向东发展，开始对周产生猜忌，十分融洽的商周间的臣服关系开始有了改变。

文丁借季历献俘报捷，装作高兴给予嘉奖，还以祭祀时所用、美玉所雕制盛酒的圭瓒和以黍、香草酿制的香酒常赐季历。文丁又加封季历为西伯，命其统领西部地区，季历也非常开心。住了段时间后，季历向文丁辞行，要返回周地时，文丁不准，只许其随从回国，而将季历囚禁起来。经此突变，连气带恨的季历便死在商朝了。

季历死后，其子昌即位为周侯。两年后，文丁也死了，帝乙继了王位。昌为报父仇，准备兵力向商进攻，而此时位于商王朝东南的夷方也先后同孟方、林方等部落叛乱，反对商朝。帝乙为了避免东西两方同时受敌，也为了修好因其父杀季历而紧张的商周间的关系，采用了和亲的办法来缓和与西部周人的矛盾。

帝乙有一胞妹，生得端庄秀丽。为了与周人和好，帝乙决定采用和亲的办法缓和商周矛盾。帝乙先派遣使臣到周，先向周侯昌表示歉意，表示双方父辈所做之事业已过去，商王现在想将自己的妹妹嫁与周侯昌为妻，使双方结为亲家。当时周族的势力虽然逐渐强大，如今的商朝势力虽不如前，毕竟还是统率全国的天子，叛商者还不及臣商者多，周要与商王朝相抗衡，恐为时尚早。考虑来去，周伯答应了和亲一事，又备办了贡物，遣使臣入商朝见商王帝乙，商定吉日迎娶帝乙之妹。帝乙不但亲为选定迎亲之日，还特意准备了十分丰厚的陪嫁财物，派自己的亲军卫队护送其妹到周成亲。还命昌继其父为西伯，昌也尽力将婚事办得隆重盛大，亲自去渭水相迎，造船在水中搭成浮桥。周人自称"小邦周"，而今能同商王之妹联姻，觉得是"天作之合"，商周双方皆大欢喜。

帝乙嫁妹与周，使恶化了的商周关系得以恢复。帝乙可以征伐夷方，专门对付东南方的敌人。而周人在西部力量得以日益增强。

帝乙征伐

武丁死后，祖庚和祖甲在位其间没有什么大的战争。祖甲"淫乱"，在位 33 年，社会矛盾开始激化。其后的几代商王，更是"惟耽乐之从"，加紧对商朝内外的搜刮和奴役。商朝西部的方国部落不堪这种压榨，群起反抗，沉重地打击了商朝的统治。

廪辛、康丁时期，时有战争发生，对芐（古文生僻字，现代汉语不常用）方、叔方、羌方、系方等方国进行了长时期的征伐，并征调卫、虎、受等十几族"王众"出戍，但始终没有把西部方国部落的反抗完全镇压下去。武乙时候，羌方又和旨方联合起义。武乙率、沚国等诸侯进攻旨方，途中俘虏了旨方人民几千人。武乙到河谓之间田猎，被雷震死。其子文丁即位，曾经征伐归国（今湖北秭归）。

商朝末年，江、淮之间的夷人又强盛起来。武乙时，他们"分迁淮岱，渐居中土"，威胁着商朝的后方，商朝不得不集中主要兵力对付来犯的夷人。到帝乙时候，进行了对夷方，即岛夷与淮夷的战争。帝乙九年二月，夷方已有大举进攻商朝的打算。商王出征夷方，在今河南睢县附近的盂方于中途截击商师，帝乙于是率诸侯亲征盂方伯炎，取得了胜利。帝乙十年九月，又出征夷方，到达淮水流域的攸国。商王与攸侯喜合兵，出征夷方及林方，直到次年三月才胜利而归。帝乙十五年，再次率诸侯出征夷方，经过的地区更远，包括齐、顾等地。

纣伐东夷

帝乙死后，由他的儿子帝辛继王位，帝辛就是纣王，据《史记》记载，殷纣王非但不是昏庸无能之辈，反而还是勇力过人、天赋聪颖、才思出众之人。他"智足以拒谏，言足以饰非，矜人臣以能，高天下以声，以为皆出己之下"。

纣能言善辩，遇事自以为是，不听臣僚们的劝谏。嗜酒，常作长夜之饮。爱玩乐，喜美女歌姬。好大喜功，性情残忍，对反对他的臣僚，往往加以酷刑，轻者致残，重则丧命。

因大兴土木，修建离宫别馆，纣消耗了大量的资财。为了弥补费用的不足，纣加重赋税，把这些负担转嫁在人民身上，下令在全国增加赋税，规定属国进贡的方物由每年一次增加到两次。这些举指引起了属国的不满。此时期能够按时进贡的属国已逐渐减少，纣见此情景，便下令召集各诸侯前来黎地（今山西黎城）相会。

黎地距商都很近，纣便点齐了亲军卫队，先在黎地布置了一个威武的会场。到了相会之期，纣率领全副武装的商军来到会场，各地诸侯陆续来到以后，看见刀枪林立，戒备森严，便知纣要举行"大蒐"，古代的"大蒐"是一种阅兵的典礼，又是一次军事大检阅。商代的正规军自武丁征伐四方以来，算是训练有素的。平常不出征时，经常要随商王去田猎，一次田猎，也就是一次练兵活动。而纣布置的这次在黎地的大蒐，是有意在各诸侯面前示威，阅兵过后，纣便向各诸侯、方国宣布，各地要加倍按期进贡赋税、方物。在强大的武力威逼下，各诸侯只好同意。不想东夷的首领未等会散就逃了回去，拒贡赋叛商。这就是古书中说的"商纣为黎之蒐，东夷叛之"。

东夷叛商，纣十分恼火，决定征伐东夷，于是加紧准备出兵，增加的军费开支，除了压榨人民外，对一些诸侯国，就用武力威逼进贡，在商王朝的沁阳（即衣）田猎区附近有一个小小的属国有苏氏（今河南武涉东），因地小人稀，出产不富，无力给纣进交年年增加的贡赋，纣认为有苏氏是有意对抗，便派兵前去征讨。有苏氏无力抗御，得知纣喜欢美女，便从族人中挑出一个叫妲己的美女献给纣以求和，纣见妲己生得很美，便撤兵免贡，班师回朝。

伐有苏氏以后，纣率领了上万的商军又向东南进发去伐东夷。人方是东夷中的一方国，是纣所征伐的主要目标，但纣所征伐的东夷方国还不止人方一个。纣又下令东方各诸侯国也出兵协助征伐，所以伐东夷的战争规模是很大的。尤其引起东夷恐惧的是在商军中出现一支用象组成的"象队"，这些象生长在中原地区，被捉住以后饲养驯服，用作驮运工具，后来又被商军调驯来做进攻敌人的"武器"。古书中说:"商人服象为虐于东夷"。

毕竟力量悬殊,东夷各部落经不起商的大军压境,经过几次战斗以后,只好投降。纣为了防止东夷再叛,将商军留在东夷地区戍守,然后带着俘虏师班回朝。此后东夷未再叛商,朝聘往来经常不断。因有大批商军在东夷地区长年驻守,加上经济和文化交流,商文化传播到东夷,加速了东南地区的发展,东南地区的一些生产技术,如农作物中一些品种的种植,手工业生产中的一些制作技术也传到中原地区。此后两地的经济文化交流日趋频繁。

箕子装疯卖傻

箕子是纣的庶兄,为帝乙的庶妃所生,比纣年长几岁。因为他有一块封地在箕,即今山西太谷东北,封为子爵,故人称"箕子"。他的名字叫什么,现在已经不清楚了。箕子对纣当殷王能否治理好国家十分关心。他头脑灵敏,能见小知大。有一次,纣吃饭要用象牙筷子,箕子就开始感到不安。他感叹道:"用象牙筷子吃饭,那么盛饭菜和饮酒的器具一定不会用粗陋的土器,而必将用犀牛角或美玉做的杯子,用象牙筷、美玉杯一定不会吃普通的饭菜,而必将吃象肉、豹子胎这些珍奇美味之物,吃象肉、豹子胎的,一定不会穿粗布短衣住在茅屋之下,而必将锦衣九重而建筑广室高台,出门时驾起豪华的马车。奢侈浪费、滥用民力之风从此开始,发展下去将会怎样呢?令人忧虑啊!"果然不多时,纣开始大建官室,造起酒池肉林,挥霍财物,纵情享乐,不顾百姓的穷困和国家的危亡。对于纣的所作所为,箕子也做过劝谏,但纣根本不放在心上,我行我素。

等到王子比干因直言极谏被纣挖心处死,纣的长兄微子启听说如此惨祸逃亡失踪,有人劝箕子也远走高飞,以避灾难。箕子冷静地分析说:"知道君不会听你的话还要去劝谏,这是愚蠢的行动;但如果当臣下的因谏君不听而逃亡出去,这是彰明君主的罪恶而自己取悦于小民,我也不忍去做那样的事啊!"箕子知道谏纣无用,又不肯逃亡而使君的罪恶在民间流传,于是就披头散发,假装疯子，混在奴隶中间。这样，一方面可以使别人认为箕子精神错乱，能够原谅他不去劝谏；一方面可以使纣认为箕子是精神病患者，而不加害于他。

箕子虽然蓬头垢面，装疯卖傻，内心却十分痛苦。他经常隐藏起来，独自一人弹奏三弦琴，嘴里哼着他自己编的小调，神情抑郁悲伤。后来人们把他编的小调唱词搜集起来，成为一本文集。因为箕子虽然怨恨失意，犹守礼义，心胸坦然，不改其贞操，所以把这本唱词文集题名叫《箕子操》。可惜这本凄楚动人的唱词文集后来散失了，没有流传到今天。

箕子装疯卖傻的行为并未能逃脱纣的惩罚，纣闻讯箕子的表现十分奇怪，还是把他囚禁起来，关在一间牢房里，限制他的行动自由。但当时人们却给了箕子很高的评价说："箕子尽其对君主的忠心，见到比干的惨死，为免遭其祸而伪装如此，真是既仁且智，到了极点！"纣的三个亲戚，王子比干、微子启、箕子，在纣作恶多端、国家危难之际，各有不同的表现和遭遇，也显示了各人的思想品格和临事决断的个性。

飞廉和恶来

商纣身边有许多佞臣、谀臣和奸臣，他们或者向纣虚报天下太平，使纣长期沉湎酒色，他们或者出谋划策，帮助纣抢掠美女钱财，或者挑拨离间，陷害忠良。纣的昏庸残暴，全靠这些人为虎作伥，充当爪牙。随着商朝的灭亡，这些人也得到了他们应有的下场。

对助纣为虐者斩首示众

谀臣费仲，是商纣的执政大臣。他经常出点子，教纣如何搜刮财物；又在纣面前拨弄是非，告诉纣哪个诸侯和大臣是危险人物，应加防范和诛杀。对西伯昌，他就曾经唆使纣囚禁过，并多次劝说纣加以诛杀。还有一个佞臣左强，也是纣非常宠幸的人物。他经常教纣如何物色美女，纵情享乐，如何对忠臣施以酷刑，对诸侯施加压力。武王攻入商都，当即把这两个助纣为虐的奸臣斩首示众。

创作靡靡乐舞者投水身亡

有一个乐官名师延，最善于制作靡靡之乐。纣喜欢在靡靡之乐的伴奏下看美女跳舞，这些靡靡之乐大都是师延创作的。他一面创作和教人演奏靡靡之乐，一面训练舞女进行各种妖冶的舞蹈，以满足纣的淫欲。纣终日沉醉在音乐舞蹈里，不理朝政。有人称师延创作的音乐是"亡国之声"，创作的舞蹈是"亡国之舞"。师延得知商朝兵败，便向东逃到濮水（在今河南范县南）。他心想自己的一生都为纣寻欢作乐而创作靡靡之音、绵绵之舞，臭名昭著，周军肯定要惩罚他，活着还有什么意思？他便自投濮水，溺水身亡。据说自师延投水身亡后，濮水上经常传出靡靡之音，闻此声者就有亡国的危险。这当然是出于后人的编造，但由此可见师延作乐编舞，在促使商纣灭亡中所起的作用。

父子帮凶的可耻下场

商纣还有两个宠幸的大臣，名叫飞廉和恶来，他们父子俩都是后来秦国国君的先祖。飞廉是个飞毛腿，行走特别快，恶来异常有力，一人可以抵挡数人的搏击。这样，飞廉就当了纣的通讯员，恶来当了纣的保镖，经常出入在纣的身边。恶来喜欢说别人的坏话，有不少诸侯和大臣因为恶来的诋毁而受到纣的惩罚，因此积怨很多。周武王伐纣时，恶来狂妄不服，周军很快把他杀死。其时飞廉在北方为纣置办石棺，好让纣死后躺在坚固的石棺中。办好差事回来，纣已自杀，他就在霍太山，即今山西霍山上建了一个祭坛，向纣报告办事经过。据说，飞廉在霍太山上得到同样一口石头棺材，上面刻有字说："上帝命令处父不参加殷乱，赐你石棺以华耀氏族。"刻字中的"处父"是飞廉的别号。飞廉被上帝赐死的故事，当然是编出来的。实际情形是，飞廉得知儿子恶来在战争中牺牲，自己又不能再回到朝歌，十分伤心。不久就病死了，死后就葬在霍太山上。飞廉和恶来，这一对父子帮凶，同样没有好结果。

孝己的冤屈

商王武丁有三个正妻

商朝社会，名义上实行一夫一妻制，但统治阶级的贵族往往三妻四妾。在

许多妻妾中，社会规定，只有一个是正妻，其他的都是妾，历代商王除了一个正妻为王后外，还有不少妃子。王后死后，可以再立一个王后。原配正妻和后来续为正妻的，死后都要在宗庙中列位供奉。后人祭祀先王时，有的配以正妻同祭。祭祀时称正妻为"先妣"。从商代甲骨文看，武丁的正妻在祭祀卜辞中有妣戊、妣辛、妣癸三个。这说明，武丁除了原配正妻外，至少以后还续配了两个正妻为王后。据史书记载，武丁在位59年，他的寿命有"百岁"。这样长寿的帝王，有三个王后是很自然的。

长子孝己立为太子

武丁的原配正妻生有一子，因为是己日生的，所以叫"祖己"。祖己为人诚恳憨厚，特别孝顺父母。父母的饮食起居、冷暖病痛，他都挂在心上，精心照顾。传说他一晚上要起来五次，看看父母睡得好不好。因为他的孝行感动了父母长辈和亲戚朋友，所以大家又给他起了个名字，叫"孝己"。

古代祭祀祖先时，往往用受祭祖先的子孙一人来充当死去的祖先，接受人们的礼拜。这充当祖先的人，叫作"尸"。孝己因为老实厚道，亲戚长辈都喜欢他，而且他又是武丁的长子，所以王族祭祖时，经常叫孝己当"尸"。当尸的人祭祀前要洗去身上的污垢，换上清洁的衣服，同时要不吃荤腥，不饮酒，戒除一切嗜好，在一间清洁的房屋中住上三天至七天，这叫作"斋戒"。孝己对于当尸和斋戒，总是乐呵呵地听从亲戚长辈的安排，从无二话。由于受到王族中大多数人的喜爱，武丁早年就立孝己为太子。

继母加害，父亲昏庸致恶果

可是，孝己的母亲在孝己正要成年时突然去世了。父亲武丁在原配正妻去世后，不久又续立了一位正妻做王后。孝己对于继母，虽然格外地尽孝，但继母时常在武丁面前说他的坏话。武丁的后妻也生有一子。为了使自己的儿子成为太子，后妻不惜采用捏造事实、恶意诽谤的办法来加害孝己。武丁在后妻不断的谗言蛊惑下，狠了狠心，把孝己流放到远处。孝己是个意志脆弱的人，他受不了如此的冤枉和虐待，在流放之地吃不下饭，睡不着觉，没有多久，便因忧愤过度猝死在野外。

前妻之子早年丧母受到继母的虐待，父亲因为听信后妻谗言而迫害前妻之子，这本来是一场相当普通的家庭纠纷，但是，孝己之死却牵涉王位的继承问题。孝己懦弱老实，只有以死来表明自己的清白无辜。武丁昏庸，听信妇人之言，造成了不可弥补的错误和损失。这种行为，自然受到王族亲戚、大臣和人民的指责，在武丁的一生行事中，留下了一个不小的污点。

鬼侯遭殃

为求荣华富贵把女儿扔进火坑

商纣王专制暴虐，胡作非为，为了巩固政权，就拉拢一批势力做爪牙。当时商纣任命西伯昌、鬼侯、鄂侯为"三公"，这是商纣宫廷中最高的官职。"西伯"就是周侯。商纣继续任命周侯昌为西伯，当西方诸侯之长。鬼侯有的书上记载为"九侯"，其诸侯国的位置在今河北磁县西南，就在商王畿的北边。鄂侯有的书上做"邘侯"，其诸侯国在今河南沁阳市，位于商王畿的南边。

鬼侯当了商王朝的三公，喜出望外，受宠若惊。鬼侯有个女儿，生得如花似玉，十分美丽。他知道商纣喜欢女色，为了讨好商纣，竟把自己的女儿进献给纣。一个父亲，为了自己的荣华富贵，把亲生女儿往火坑里推，这样的人，不但失去了做父亲的起码道德，其结果往往也不会有好的下场。

不愿苟合招来杀身之祸

果然，商纣看见鬼侯的女儿眉开眼笑，立刻就想动手动脚。鬼侯的女儿早就听说商纣玩弄女性的种种行径，对商纣有一种憎恶的情绪。后来又听说商纣与妲己整天泡在一起，在酒池肉林中做乌七八糟的勾当，心中更增添了厌恶的感情。现在见到商纣又要来糟蹋自己，便躲闪回避，公然表示不愿干那种事。这一来，惹怒了商纣。当时，妲己正好来到商纣身边，见鬼侯女儿容貌美丽，商纣喜新厌旧，不禁醋性大发。她一边哭泣，一边编造谎言，说鬼侯的女儿早已与一男青年私订终身，有了关系。商纣一听此言，更加怒火中烧，立刻命人把鬼侯的女儿拉出去斩了。商纣又想到，鬼侯竟把这样的女儿进献给自己，岂

不存心使自己难堪！于是，命人把鬼侯也一起杀了，并处以醢刑，即把他的尸体剁成肉酱。

替好友辩解被晒成肉干示众

与鬼侯一起做三公的鄂侯，平时与鬼侯感情甚好，他听说鬼侯因为进献女儿惹出祸来，就立刻来到商纣面前进行争辩。鄂侯对好友及其女儿的被杀表示万分悲痛，哭述鬼侯对商王本是一片忠心，他的女儿也是一个忠贞纯洁的少女，从来没有半点不轨的行为；鬼侯效忠商王得到如此下场，这在大臣中将会产生什么影响！鄂侯的感情激昂慷慨，哭诉声、争辩声越来越大。商纣感到鄂侯态度蛮横，对自己不尊重，于是，命人对鄂侯处以脯刑，即把鄂侯杀了后晒成肉干示众。

商纣一怒之下杀了三人，斩了鬼侯的女儿，把鬼侯剁成肉酱，把鄂侯晒成肉干，其手段之残忍令人发指！商纣如此惨无人道，天下的诸侯和人民都对他咬牙切齿，恨之入骨。他的名声和处境越来越坏。

比干死谏纣王

公元前11世纪，商朝的王冠传到了它的最后一个帝王——商纣王的头上。

商朝在纣王的父亲帝乙的时候，就已摇摇欲坠。纣王继位后，不但不想着如何振兴先王的基业，反而一味地寻欢作乐。为了维护其统治，他设置了"炮烙之刑"，在铜网下设置炭火，将那些反对他、规劝他的人放在上面活活烤死。

纣王的残暴，激起了全国人民的愤怒，各地诸侯相继起兵，反抗纣王的统治。

公元前1029年，周武王经过精心的准备后，在周的国都岐下（在今陕西岐山）举行了出征誓师。周武王以车装载着他父亲周文王的牌位，率领着周国的军队，浩浩荡荡地向朝歌进发。

说来也巧，周军横渡黄河时，船到中流，有白鱼跃入武王的坐船中；渡过黄河后，又有一团红火自天而降，在武王的营帐上空消失，发出巨大的声响。

吕尚、周公旦便向战士们宣扬说，这是上天帮助武王灭纣的吉祥征兆。周军将士深信不疑，战士们欢呼雀跃，更增强了灭纣的决心。

周武王出兵东进的消息传出后，各路诸侯纷纷响应，从各地率领自己的军队汇聚孟津。众诸侯对纣王的荒淫残暴早就愤恨不已，只是没有找到一个领头人，不敢发难，现见武王有意伐纣，又早就听说周武王是仁德之人，便一致推举武王为领袖，率领大家征讨纣王。

商纣王

纣王仍旧天天和那些佞臣饮酒作乐。微子一再劝谏纣王说："现在天下充满反殷情绪，就像布满了干柴，只要一有火星，便会形成燎原之势。若陛下还不修德治民，只怕殷商难保了。"

纣王充耳不闻。他说："天命佑我商朝，诸侯能把我殷商怎么样！"

微子望天长叹，退出宫来，对太师、少师说："殷王不可辅佐，殷朝的天数已尽。现周武王贤明，我们还是投奔周武王去吧！"

太师、少师也早就对纣王强烈不满，只是畏于纣王的淫威，敢怒而不敢言，现见微子有意归周，便立即赞同。于是，太师、少师带着殷朝的祭器和乐器，和微子一起偷偷地投奔了周武王。

比干见此，说："作为君王的臣子，不能不以死谏争。"于是，强谏纣王。纣王早就怨恨这个爱管闲事的叔叔，现见比干在众大臣面前指责自己，不禁大怒，说："我听说圣人的心有七窍，今天我倒要看看你的心有几个窍。"说罢，命令武士将比干按倒在地，剖开比干的胸，掏出比干的心，让每个大臣传看，大臣们个个战战兢兢。

箕子见比干被杀，怕自己也难免，便吞炭装疯。纣王还怕箕子说话噪耳，有碍他淫乐，又将箕子囚禁起来。

周武王见"三仁"有的逃归自己，有的被杀，有的被囚禁，朝臣分崩离析，百姓已完全叛离纣王，觉得伐纣的时机已完全成熟，于是发布檄文，遍告诸侯

说："殷商罪恶滔天，上天抛弃殷商，我们要遵天命讨伐殷商。"诸侯云集响应。

殷商灭亡

商的政治腐败导致商统治力量的削弱，许多小国便纷纷从商的控制下摆脱出来。曾长时期屈从于商的周，这时乘机拉拢一些小国，以壮大自己的力量。《左传》说周文王"帅殷之叛国以事纣"，出现了三分天下周人有其二的局面。商要被周灭掉已成定局。

公元前1227年周武王发布讨纣檄文，率领戎车三百乘、虎贲（敢死队）三千人，甲士四万五千人，东进伐纣。武王的军队来到孟津，会合了讨纣的各路人马，并争取到庸、蜀、羌、微、卢、彭等国的军队的支持。周武王在孟津举行了誓师大会，随后即率众渡黄河北上进攻。

纣王闻讯，慌忙集中商军南下，与周军会战于牧野（今河南汲县）。战前，周武王再次宣布了纣的罪行，誓死灭纣，周军士气大振，而"纣师虽众，皆无战之心"。纣王将临时编成的奴隶兵队放在头阵，奴隶们一接触到周军，即掉转戈头，向商军杀去。周军在倒戈的商军的协助下，直抵朝歌城下。纣王眼看大势已去，便登上鹿台，自焚而死，结束了自己暴虐的一生。这就是历史上著名的"牧野之战"。尔后，周武王率领诸侯们进入朝歌，命人将纣王的尸体抬出，割下头颅挂在大白旗上示众，并于次日举行了隆重的礼仪，宣告天下："周朝灭掉了商朝，我受天命管理天下。"随后，周武王迅速分兵四出，征讨商朝各地的诸侯，基本上控制了商朝原来的统治地区。

纣死后，其子武庚受封于周。周初叛乱被平定之后，周以微子代武庚。尽管"殷祀"还保存了很长时间，但作为一个朝代而言，纣王之死是商朝寿终正寝的标志。

纣王的亡国，是内外交困的结果。纣王之前，武丁的四方征战已使殷商的国力大损，而祖甲的政治改革则使殷商内部的统治上层内讧不断。而纣王的个性，又不是那种以慢功见长的人。当他的急功政策受到朝野内外的反对时，不

是采取说服的手段，而是不断高压，甚至不惜滥用杀戮，以至于怨声载道，臣民对他离心离德。为了转移国内的一片反对声，纣王又开始了对外征战。特别是在对东方各部落的攻伐中，耗时损财，国力大减。这些因素结合起来，终于导致了商的灭亡。

商代社会生活

绚烂多姿的服饰

由于商代距今时间久远，而衣服又属于难于保存的物品，所以到目前为止，还没有发现商代的服装实物。现在研究商代人穿衣打扮，除了通过古代文献对商代服饰的零散记载外，主要靠考古发现的商代玉、石、铜、陶人像雕塑所显示的衣冠来推测。

尚处奴隶社会的商代是一个由奴隶主贵族统治的朝代，处处显示着等级的高低，在穿着上亦不例外。奴隶和平民的衣饰简陋，而奴隶主贵族则要考究得多。

从衣料上看，商代平民和奴隶穿着的大多是植物草茎编织品，手工粗劣，色调单一。而奴隶主贵族们的则相当讲究，衣料大致分两种，即"衣"与"裘"。

"衣"是纺织品的统称，这些纺织品又可以细分为丝帛布和麻、葛布。比较起来，当时的贵族们更偏好前者，即那些柔软舒适的丝绸织物。商代的工匠们纺线主要使用纺轮，石制和陶制的都已经十分普遍。根据考古发现，那些几千年前的工匠们不但已经有了缫丝技术，而且还掌握了如何为麻葛、蚕丝纤维脱去表面胶质的方法，经过脱胶处理的纤维相当结实耐用。此外，他们还掌握了用羊、马、牛等动物的毛制作毛织物的技术。

"裘"是兽皮制成的衣服的统称。"裘"在商代属于比较贵重的服装，这个名字也一直沿用至今，含义几乎没有发生过变化。

在服饰上，商代人穿衣打扮最基本的模式就是"衣"与"裳"。"衣裳"这

个词在现代泛指衣服，但在古时是有很大区别的，"衣"专指上衣和上装，而"裳"则是所有下装的统称。而且，当时的人下装是不包括裤子的，而只有裙子。商代人一般就是上衣下裳，然后在腰间束一条宽带。

同样，商代各个等级所穿的衣服也存在着明显差别。大多数奴隶们实际上是没有衣服穿的，只能赤身露体，或是在腰间束条布带。贵族们的服装样式则很精致讲究，而且不同等级的贵族们服饰也不尽相同，主要体现在上衣的长度和领口的形式上。

据专家考证，当时中原地区的高级权贵们，衣服一般都带有华丽的图案或花纹，上衣的长度到达臀部，袖口比较窄，袖子盖住手腕，无论男女，下身都系一条带褶的短裙。他们的衣领和衣襟与现代的西装相差不大，两边衣襟交叠在胸前，只不过商代人的右襟要压在左襟上，与现代正好相反。中小贵族们所穿的衣服样式和高级贵族们大致相同，只是上衣的长度稍长，前襟在膝盖以下，后襟要达到足部，而且衣服上一般没有花纹。下层平民和奴隶则更简陋，衣服一般是圆领，下摆一直拖到地面。

商代人已经开始逐渐摆脱了光脚走路的习惯，因此鞋子的质地和式样也显得尤为重要。平民和奴隶大多数仍是赤脚，但也有用树皮、草、麻等材料编成草鞋来穿的。这样的草鞋只有鞋底，用绳子穿起来系在脚面上，就勉强算是一双鞋了。高级贵族们的鞋子多是皮制的，鞋帮比较高，鞋尖向上翘，鞋底是平的。上层集团的统治者和妇女们的鞋子则多是丝织品，同样是平底高帮。中下层贵族们的鞋要简陋一些，多是用麻葛布制成的，式样大致相仿。

除了衣服和鞋子，商朝人也开始有了戴帽的习惯。不过当时的帽子式样很单调，戴的人也不多，他们更愿意注重发型和首饰方面的装扮。当时的人喜欢使用玉制或骨制的簪子来别住头发，已经能做出很多种别致的发型。他们还喜欢在衣襟上镶上漂亮的花边，在衣角、腰带上垂挂各种佩饰，并佩戴手镯、项链等饰物。制作这类饰物的材料也是多种多样，除了有玉制和骨制的之外，还有石头、蚌、贝壳等许多种材料，制作的工艺已经颇为精致。

中华饮食基础的奠定

民以食为天，据专家考证，商代时，中国的饮食就已经发展到了一定的水平。不仅有了主食和副食之分，还有了为王公贵族专门服务的厨师，而且在厨师中已经有了详细的分工，也基本上掌握了目前常用的煮、腌、蒸、烤等多种烹饪方法，为中国饮食名扬世界奠定了初步基础。

据考证，商代时的平民和奴隶通常是一日两餐，两次开饭时间大致相当于现代上午九点和下午五点。王公贵族们则是一日三餐的，除了上述两餐之外，还要在晚上加一顿"宵夜"。

根据对甲骨文资料和其他一些考古资料的研究，专家们认为商代种植的作物最普遍的是"粟稷"和"黍"。"粟稷"是当时占最主要地位的粮食作物，这个名称是当时的叫法，实际就是小米。它之所以能成为商代人最主要的粮食，是因为在当时的农业发展状况下，耐旱的特性使它成为所有农作物中最容易种植的，而且产量比其他粮食作物要高一些，又更易于保存，因此地位最为重要。"黍"就是黍子（去皮后就称为黄米），它的产量不如粟稷，却是酿酒所必需，因此种植也颇为广泛。除了粟稷和黍，商代人也种植麦、稻、菽（豆）等作物，但这些东西在当时都属于奢侈品，只有贵族们才可能享用到。

商代副食与现代相仿，肉食的种类与现代基本没有差别。瓜果、蔬菜等素食的种类虽然远不如现代的丰富，但在当时是属于贵族们的奢侈品，平民和奴隶几乎没什么机会尝到。

据考证，商代人的烹饪方法已经相当高明了。商代的名相伊尹就曾是一位高明的厨师，《史记·殷本纪》里说他曾"负鼎俎，以滋味说汤，至于王道"，以饮食滋味为商汤诠释治国之道。从他关于烹调的精彩讲解来猜测，商代的厨师们多半已经能烹调出各种精致的美味，否则这位宰相大概无法通过饮食来说明那般深刻的道理的。根据对磨盘、杵臼这些商代前就已出现的粮食加工器具的研究，有的专家认为商代人很可能已经懂得用麦子制作面食，而甑和甗这两种炊具的大量发现，证明商代人一定已经开始在蒸饭吃了。他们肉食的烹饪方法更是多样，炖和煮是最普遍的方法，此外还有烤、晒干等，并且能够制作腌肉和腊肉。而且当时的炊具也已经有了明显的分工，譬如鼎用来煮肉，鬲用来煮粥。

商代人喜欢喝酒在学术界早已成为共识。在《诗经》中就有很多反映商代

人喜欢喝酒的文字，大批酒器的出土再次证明了这一事实。不仅有喝酒用的爵、斝、角，存酒用的壶、卣、罍；还有盛酒、调酒、温酒用的。商代还没有今天的白酒，当时的酒酒精度也较低，主要有用粮食酿造的米酒和用水果酿造的甜酒。

商代人在多数情况下，直接用手抓着吃饭。但那时已有了筷子，筷子只有吃蔬菜和肉食时才使用。另外还有一种被考古界称为"匕"的食具，和今天勺子的用途非常类似，但和如今的勺子在样式上却很不一样。匕大部分都是用骨头做成的，前端呈扁平状，被磨制得极其光滑。他们盛放饮食的器具也有了明确的分工，盛饭和盛菜的器具、盛放主食和盛放副食的器具都是有区别的。商代人盛饭用的器具主要是青铜制或是陶制的"簋"，商代的"簋"多为圆形，有两只耳；盛肉的器具主要是盘和豆，盛酒的器具则多为青铜器。当时还没有出现桌子和椅子，吃饭时就席地而坐，因此为了方便起见，当时的食具都带有高高的足。

安居乐业

商代人建造的房屋设计更加合理，居住也更加舒适。从出土的台基、筑洞和建筑构建来看，商城内大有宫殿，小有地穴，单间与套间并存，回廊与重檐掩映，居住条件已经相当不错了。

商代的房舍建筑，已不仅仅是人们遮风避雨的需要，更是身份地位高低的标志。奴隶主贵族们已经住上了数百平方米的寝殿，拥有宽大的回廊和凸出墙壁的重檐，室内"宫墙文画，雕琢刻镂"，被称为"四阿重屋"。而地穴式的房屋，在商城内虽然仍可见到，并且数量也不少，但它已经不是最好的房屋，甚至可以说是最差的了。这种地穴式的房屋是奴隶或者下等平民的居所。

专家推测，商代的平民居室内应该已经有了诸如土床、灶、灰炕席等一些比较简单的家具和陈设。当时的家具陈设很少有木制品，大多是泥土垒造的。屋内最大的家具要算床，当时所谓"床"的概念与现代的不同，是兼有坐具和卧具两种功能的家具，一般的半地穴式房屋中都筑有一到两个长方形的土床，床上铺着竹席或苇席。席在商代还是具有非常重要的作用，不但床上需要铺席，人们坐在地上时也需要席子，乃至死后也是需要用席子包裹着放入棺材中的。

中华上下五千年

商朝

一八五

灶则是居室中做饭的地方，多位于屋子的墙角和墙根处。居室内还有特意挖出的壁龛，用来放置杂物，以及灰坑一类的坑洞，大体上类似于今天的储物柜或是垃圾桶。此外还有俎和禁两种青铜器，其造型和基本功能类似于现代的桌、箱、柜一类的家具，大概也是它们的雏形。

从今天所能见到的商代建筑来看，当时的人已经掌握了颇为高超的居室设计技术，地面划线，以水测平、日影定向等技术已经出现，而且手法相当先进。商代宫殿已经修盖了屋檐，既能保护外围的木结构免受日晒雨淋，又增加了建筑的美观性。目前我们所见到的宫殿建筑中，主要的形式有三大类：四合院式、回廊式和复合式。第一种类似北京胡同中的四合院格局，台基是正方形，四周有围墙，圈出庭院，正殿在北，其余三面都建有廊庑，第二种也是方形，不过屋室都并列在台基上，周围是回廊，廊外有柱子支撑着的挑檐，挑檐凸出，上端是重檐，第三种属于前两种的复合。有趣的是，甲骨文中有一个字，形状与"高"很相似，就像是在屋顶上又加了一层，有的专家认为，这很可能表明当时的宫殿已经有了阁楼建筑。

行踪遍天下

"商人"的称呼该是商族人善经商的最好见证，这种买卖经营的传统使他们的足迹遍及天下，加之商代的上层统治者们为了方便对内统治和对外扩张，一向都很重视道路交通的发展状况，因此商代人活动范围之广、交通网络之发达，是令现代人都难以置信的。

当时的交通发达，不仅在王都内有很好的体现，更引人注目的是由王都通向全国各地的道路交通网络。当时一共有 6 条主要干道，第一条通往徐淮地区；第二条通往东北地区；第三条从河南安阳通往山东益都；第四条通往湖北、湖南、江西等南方各地区；第五条沿着渭水而建，直接通往陕西，可以直达西北各部落；第六条经过太行山向西北延伸。这 6 条主干道与无数大小道路相连通，形成了一个由王都辐射往整个统治区域及各小方国的庞大的交通网络。

商代的交通网络如此发达与其统治者对于道路建设的重视是分不开的，不过仍然存在其客观上的原因，那就是生产的需要。众所周知，商代以制造青铜器而闻名，其实在当时，作为统治中心的王都附近地区是不出产青铜制造业所

必需的各种原料的，全都需要到很远的地方去运，这也使得人们不得不把解决交通问题摆在了显著的位置上。再加上当时重商的传统，使许多人都愿意到远方去，这在客观上也促使当时各种地理知识的积累和完善，这对于交通的发展实际是起了很大作用的。

在交通工具上，商代人也已经比前人更进了一步。他们已经学会了用牛和马来作为脚力。据考证，居住在中原地区的人们很早就已经开始养牛了，因为牛的负载力很强，又性情温和，容易驱使，因此到商代时已经成为非常普遍的家畜，尤其受到当时中下层民众的偏爱。不过牛虽然耐力强，却也有速度慢的缺点，只适合长途运输货物，或是拉一些比较笨重的货物，高层的奴隶主贵族们是不会对其青眼有加的。贵族们出行基本都是乘坐轻便、快捷的马车，牛车仅仅是他们用来运送笨重货物时的用具。

商代遗址中大量马车的发现，使人们确信商代人已经懂得驾驭马车了，不过据考证，马车的用途并不仅仅一种。作为交通工具是最重要的，其次就是作为战车，然后便是作为狩猎之用。河南安阳曾出土了数十件商代晚期的马车，车子的主体是木质结构，有两个轮子，多数是两匹马拉一辆车。

从历史文献和考古发现推测，当时的人们乘车时都是采取跪坐的姿势的，因为这样比较舒服，同时可以用手扶住车栏杆。乘车时，主人一般坐在右边，乘客在左，因为古人虽然以右为尊，但在乘车时正好相反，左边才是尊位。

据考证，商代时已经出现了水上交通，而当时最主要的交通工具是"舟"。但从当时的自然条件以及技术条件来看，要造船实际上是一件相当不容易的事，再加上受种种社会条件的限制，坐船绝对不是一般平民能享受得到的，只有贵族们才有条件乘船在水上漂游。各阶层的贵族官员都有自己相应等级的船，而商王更有自己专门使用的船，称为"王舟"。

即便如此，当时的水上交通的确已经有了相当的发展，舟船的作用并不仅仅局限于渡河之用。根据甲骨文的记载，在各地交通要道以及河道交叉的地方，已经出现了"津渡"，作用即类似于现代的码头。不过它们是由政府专门设来供贵族们来往之用的。而且有的专家认为，当时很可能已经出现了专为贵族们提供行船动力的"纤夫"，但他们并非像后来的纤夫们一样，以肩拉纤绳拽动船前

行，而是在水中使力推动船前进。但具体情况是否真的如此，仍有待进一步考证。

通过上面所有的考证和描述，我们可以看出，商代时的生产力已经发展到了相当的水平，在衣、食、住、行诸多方面都有着很明显的体现。他们已经能够充分利用自己已掌握的对自然界的认识以及各种科学技术知识，来丰富自己的生活，为生产和生活的各个方面创造便利条件。但与此同时也不难看出，在当时的社会条件下，无论优越的物质生活，或是先进的社会文化，都只有高高在上的贵族奴隶主才能享受得到，而作为社会下等阶层的平民和奴隶，仍过着悲惨的生活。客观地说，相较于原始社会，奴隶制社会的确是一个历史的进步，但当时等级制度的森严、社会的不平等、底层人民生活的悲苦，仍是不禁让人叹息的。

"龙骨"复苏

关于甲骨文的发现，还有一段传奇的故事。这些龟甲、兽骨在地下沉睡了数千年，直到清代光绪二十五年（1899）才被发现。当时由于今天河南省安阳城西北五里处的小屯村洹水决堤，冲出许多甲骨，人们以为是龙骨，便用来当药材治病。这些"龙骨"被药材商收购之后，辗转卖到各地。

这年夏天，当时官居国子监祭酒的著名学者王懿荣得了疟疾。他懂得医术，自己开了个方子，命人从菜市口一个药店抓了一服中药。手下人买回去之后，他一检查，发现药中所抓的龙骨，上面有刻画的痕迹，便仔细地瞧了瞧。这一瞧不要紧，他发现这些刻画，似乎是某种文字，其字类似于金文，应该历史相当久远。王懿荣凭着自己广博的文史知识，断定这一定是古代文化的真品。他非常高兴，马上命人去那家药店有多少全都给买过来。在不到一年的时间，他共收集各类骨片1500多片，对其进行了初步的研究，进一步确认这些龟甲兽骨上的文字就是殷人"刀笔"文字，当时人们称它们为"契文""刻辞"或"书契"等等。王懿荣的发现将中国有文字可考的历史提前了1000多年。史学家终于找到了研究殷商史的文献典册。然而，遗憾的是，被誉为发现甲骨第一人的王懿荣与甲骨文的缘分却只有不到一年的时间，就在王懿荣发现甲骨的第二年，即 1900 年，八国联军进攻北京，腐败的清政府任命身为文职官员的王懿荣为京师团练大臣，率兵防守京城，终因寡不敌众，王懿荣惨败而归。在家里，他毅然写下"主忧臣辱，主辱臣死"的绝命词，携夫人及儿媳投井自尽，以身殉国。学者王懿荣对甲骨上文字的偶然发现，为中国研究殷墟甲骨文字之始。自此以后，殷墟甲骨才从"药材"变为研究的文物。

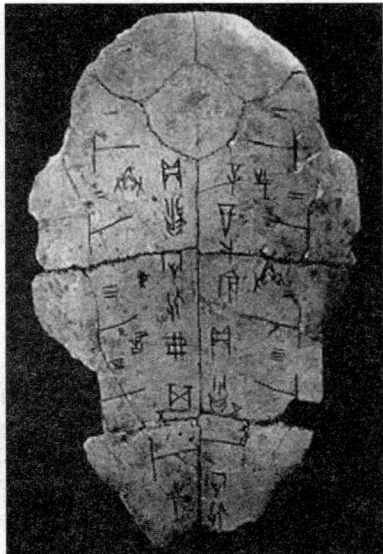

甲骨文

王懿荣有一个非常要好的朋友，就是因写《老残游记》而闻名的清代文学家刘鹗。王懿荣虽然为国壮烈牺牲，但他为官清廉，家中没有余钱，他死后，家人想把他的遗体运回老家山东福山（今山东烟台市境内），都没有能力。这时候有人建议王懿荣的儿子把他父亲收藏的甲骨卖掉，刘鹗听说这一消息，生怕这些甲骨再次遗失，于是就把王懿荣收藏的甲骨全买了下来。刘鹗一来把王懿荣的甲骨继承下来，二来又自己搜集。当时刘鹗跟罗振玉关系也很好，罗振玉在刘鹗家中看到这些甲骨，觉得这些甲骨意义重大，就敦促刘鹗把它编成书出版，此书就是著名的《铁云藏龟》，这是甲骨学史上第一部著录书。因为过去王懿荣搜集甲骨秘不示人，只是作为古董放在家里欣赏，学术界知道的人很少，更无法进行研究，而刘鹗的贡献正在于他使得甲骨文的广泛研究成为可能，对后世甲骨研究产生了深远影响。从此以后，甲骨文流向学术界，由学者的书斋走向了社会，由古董变成了史料。

在甲骨文的收集研究方面除王懿荣、刘鹗之外，还有四位学者我们不能忘记。这就是罗振玉、王国维、董作宾、郭沫若，因为他们四人的名号中都一个"堂"字（罗雪堂、王观堂、董彦堂、郭鼎堂），所以被尊称为"甲骨四堂"。罗振玉还最早探知了安阳小屯为甲骨文的出土地，并考证出这就是"武乙之都"。博学大师王国维是中国近代最著名的学者之一，王国维从甲骨文中发现了商代诸王的排列，纠正了《史记》中记载的个别错误，证明了司马迁的《史记》的确是一部信史。王国维从1917年写的《殷卜辞中所见先公先王考》一书，被誉为甲骨文发现19年来第一篇具有重大学术价值的科学论文。郭沫若评价说："王国维的业绩是新史学的开山。"董作宾是殷墟科学发掘的开创人、甲骨学宗师。他在史语所工作期间，先后9次参加、主持或监察殷墟科学发掘，为殷墟科学发掘做出了贡献。他所提出的分期研究的10项标准，把甲骨学研究推向了一个全新的阶段。郭沫若是1928年在日本开始研究甲骨文的。1929年8月，他出版了《甲骨文字研究》一书，他以马克思主义唯物史观来研究商代社会，推出了一系列著名的著作。他研究甲骨文虽然起步较晚，然而起点高，方法新，因而一出手就高屋建瓴地超过了前人，晚年他又任大型甲骨文集汇编《甲骨文合集》的主编，使甲骨文的研究有了进一步的发展。

1949年以后，甲骨学研究更进入到深入发展阶段。老一代甲骨学家继续努力，新成果不断涌现。在老一辈甲骨学家言传身教之下，又培养造就了一批又一批的甲骨学者。甲骨文新材料的不断出土，在文字的考释、分期断代研究方面有了进一步的深入发展；利用甲骨文资料对商史的研究也取得了许多新的成果；安阳殷墟以外商代遗址的发现，西周甲骨文的发现和研究，更扩大了甲骨学研究的领域。

通灵神骨

甲骨文是中国的一种古老文字，又称"契文"、"甲骨卜辞"、殷墟文字或"龟甲兽骨文"。是汉字的早期形式，是现存中国王朝时期最古老的一种成熟文字，最早出土于河南省安阳市殷墟。

甲骨文是商代的一种占卜祭祀文字，之所以把这些文字刻在龟甲或兽骨之上，是因为古人认为龟能通神。灵龟为中国古代守护四方的四神之一，即所谓左青龙右白虎，前朱雀后玄武，北方之神玄武就是灵龟的化身。因为古代生产

力低下，科学技术不发达，很多事情都不能得到合理解释，于是古人就制造出一套原始宗教系统。有什么事都靠占卜来决定，要通过灵媒来沟通人神，通晓天意。从远古的三皇五帝，到近代帝王，每决定重大之事都得进行占卜，商人更是迷信得不得了。商人信鬼，天天卜，遇事卜，大事小事都要卜，他们一般把龟壳取来，用枣核形的凿将龟壳打几个眼，然后拿火在打的眼上一烧，烧得甲骨出现了裂纹，巫师们根据这些裂纹解释占卜的结果。因为他们不管什么事都要占卜，所以留下很多占卜记录，这些卜辞用青铜刀或玉刀刻在甲骨之上，就是今天所看到的甲骨文。

1899 年，当第一片殷墟甲骨被确定是先民镌刻的文字时，世界为之震惊。到目前为止，一共发现了 15 万片甲骨（虽然这一数字学者们还有争议）。如果按字进行统计，现在发现的甲骨文大约有 4000 多个单字。但经学者们考证研究，一致公认的也就有 1000 多字。虽然仅有 1000 多字，但是读通基本的甲骨文片子已经可以了。因为剩下不认识的字，也可能是地名，也可能是人名，跟现代字已经失去了任何联系，也就不好考证了。所以利用这十几万片甲骨，学者们已经能大体解读有关商代社会历史、政治、经济、文化的主要内容，为揭开商代后期从盘庚迁殷到商代灭亡的史实迈出了重要的一步。

神奇的铸造技术

青铜器的冶铸方法与青铜器的造型及装饰方法密切相关。我们都知道，青铜器是铸成的，不是敲击或剜凿而成的。在对河南安阳商代晚期铸铜工场遗址发掘的过程中，我们逐步了解了当时的青铜冶铸技术。

在商代晚期的铸铜工场遗址中我们发现，当时的铜矿原料是不含硫的孔雀石（氧化铜），矿砂中夹杂着赤铁矿。这些原料被放在一种当地农民称之为"将军盔"的红黄色陶质器中，加热到 1000 度左右方可熔化。这样高的温度，可能有鼓风设备，燃料主要是木炭。

制造青铜器的范是陶制的，由内范、外范多块拼成。铸造的基本过程大概是：用特制的泥做成待铸器的实心泥模，然后在泥模上分块翻制外范。外范做好之后，加以适当修整，并在外范上加刻精细的花纹，之后再将小块外范拼接成大块，在器范底部制作铭文范。内范的做法是在泥模上刮去一层，这层空隙就是待铸器的厚度。等制作好浇口和冒口后，用约600度左右的温度将之焙烧成陶质，对合成的整体范预热并灌注铜液。待铜液冷却后，打碎整范，取出青铜器。

从上述工序流程可以看出，铸造一件小型青铜器需要多么复杂的过程。如果铸造像司母戊方鼎这样的重器（长110厘米、高133厘米，重875公斤），可以想象一下，需要多少块陶范，需要多少人翻范、制模、液化铜汁、浇铸、拼接！没有数百人同时劳作，是根本无法完成的。

在安阳商代晚期的铸铜工场遗址中，我们看到，当时陶范的选料、配料、塑模、翻范、花纹刻制都极为考究；浑铸、分铸、铸接、叠铸技术也非常成熟，充分显示了我们先人的聪明才智。而直接用陶范翻铸青铜器只是古代青铜器铸造的一般方法。除此之外，商代已出现了其他多种铸造办法，例如：两次铸法创造了铜器上的提梁或链条，特别是链条的铸造，是金属熔冶技术上的重大发明。蜡模法——在翻铸结构较复杂或镂空的装饰时，范型的设计比较困难，往往内用蜡模，外加湿柔陶泥涂墁，干后自然成范。然后加烧使蜡熔解流出，遗留的空隙被浇铸时的铜液填充，即可成型。但蜡模法在战国以前是否已经使用，现在尚难以证实。

不断成熟的商代青铜器

商代的青铜器经历了一个漫长的发展过程，这个过程可以简单地分为早、中、晚三个时期。

商代早期的青铜器是与考古学的二里冈文化期相当的商代青铜器。这一时期的青铜礼器、兵器等都较二里头文化所代表的夏代青铜制品有了很大的进步，不仅种类和数量有所增加，在冶铸技术、装饰工艺方面也表现出较高的水平。

这个时期相当于商汤立国之时，是中国青铜文化走向繁荣的重要时期。

这一时期除了铸造青铜工具和兵器外，铸造的容器主要有鼎、鬲、甗、簋、爵、觚、斝、罍、瓿、壶、盘等。虽然器类较为简单，但已经普遍形成爵、觚、斝三者成套的酒器组合。商代青铜礼器的体制已初步形成。而且，这一时期的青铜器容器具有独特的造型。例如，鼎、鬲等食器一般有三个足与器身相连，而其中必有一足与一耳成垂直线，在视觉上有不平衡感。而当时铸造的大型器物，已采用了分体铸造的技术，其工艺已达到了一定高度。花纹较简单，仅有粗线和细线的变体兽面纹。

商代中晚期的青铜器大致属于殷墟时代。因为商代晚期的青铜器代表了高度繁荣的青铜文化，所以研究商代中晚期青铜器对于研究中国青铜时代从初期到鼎盛的历史具有重要意义。

商代中期青铜器的发现较为分散，以河北、北京、安徽等地出土的青铜器比较典型。其器形特征为：爵的流已放宽，并出现圆体爵；平底斝已较少见，表现出一定的工艺水平。其中，斝的底部多向下鼓出，在空锥状足的基础上，出现了截面为丁字形的足；大口有肩尊，有了较大的发展，出现了厚重雄伟的造型；罍的体型比例较早期有明显的降低而呈宽肩的样式；鼎、鬲等器物开始出现三足与两耳对称的样式；而且瓿开始出现。这一时期器物上的纹饰分为两类：一类是变形动物纹，构图简略，但线条细而密集，有别于早期纹饰线条粗犷的风格；另一类是用繁密的雷纹和排列整齐的羽状纹构成的兽面纹，双目突出，但头像与体子仍没有明显的区分。这一时期的青铜器一般不铸铭文，个别器物铸有氏族徽记。

商代晚期的青铜器指武丁至帝辛时的器物，可分为前、后两个阶段。新出的器形有方彝、高颈椭扁体壶。觥、盂、鼎、鬲、簋、甗等食器有较大的发展。爵已盛行圆体型式。觚的腹部细长趋势明显。斝在前段仍是与爵、觚相伴的酒器，后段似乎已退出酒器组合之列。方彝发展较快。鸟兽形象的器物也很盛行。青铜器上的铭文有所发展，尤其在殷墟文化后段，铭文加长，内容趋向记史，据此已能确定一批绝对年代可考的标准器。这一时期器物的纹饰趋于繁缛，形成地纹和主纹相重叠的多层花纹。主纹普遍采用浮雕形式，以动物和神怪为主

题，地纹普遍采用雷纹，而且花纹往往布满全器。另外这一时期扉棱和牺首等装饰手法也有很大的发展。

非凡的器形和纹饰

商代青铜器的造型变化丰富，说明了青铜器的铸造要符合当时贵族生活繁杂的要求，也足以看出工匠们非凡的艺术创造。器形的创造利用了技术上的各种可能条件，加三足器、四足器、提梁、链条等都是主要的创造。这些器形的美学价值在于形象的创造满足了一定的情感要求。富于变化的各种造型给人以多样的印象，有挺拔、稳重、秀美等不同的感觉。

青铜器上的装饰纹样和造型一样，也体现了商代工艺家卓越的艺术匠思。商代青铜器上流行装饰饕餮、夔龙、夔凤等等幻想出的神话动物。相传的"饕餮纹"，是宋代人根据《吕氏春秋》的记载而定的名称。饕餮是古代绘画形象中罕有的正面形象。夔龙、夔凤都是侧面形象，大多只表现一只脚，所以冠之以"夔"字。夔龙、夔凤时常和饕餮纹混合组织，例如相对称的一对夔龙，就共同组成了一个饕餮纹。饕餮纹一般布置在器物的主要装饰面上。夔龙、夔凤纹则在次要的装饰面上。

商代青铜器上的装饰纹样也有直接取材于现实动物的。最多的是蛇、牛、虎、象、鹿、蝉、蚕等。而在此基础上，龙纹大量出现，成为商周青铜器中常见的纹饰之一。从商代早期至春秋战国时期，龙纹的变化形式较多，大致可分为以下几种：

（1）爬行龙纹，即龙纹形象，和兽面纹一样，此种龙纹也有各种不同的类型，其盛行时代约在商代早期至西周早期。

（2）双体龙纹，即以一个龙头的正面形象为中心，躯体向两侧展开，常饰于青铜器颈部的狭长范围内，流行于商晚期至西周中期。

（3）卷龙纹，龙的躯体作卷曲状，其中一种是龙头的正面形象居中，躯体盘绕其外，形成一圆形，多饰于盘的中心，见于商末周初。

几何纹样也是商代青铜器多用的纹样。除了排成行列的四瓣纹及圆涡纹外，最多的是不规则的云雷纹，常装饰在空白处，作为底纹，或装饰在上面所说的幻想的或现实的动物纹样之上。

总的来说，商代青铜器大多装饰丰富，花纹布满全体，并有上下层次；也有少数青铜器装饰简单，甚至朴素无饰或仅有一道弦纹。除了平面纹饰之外，商代青铜器上也往往有凸起的立体装饰。如器物的耳上或白金錾上的牺首，或某些器盖上的兽形钮。这些兽形具有商代雕塑的一般风格特点及商代雕塑处理形象的特殊手法。

变异的纹饰——金文

文字从来都被视为文明确立的标志之一。辉煌的商文明不仅留给我们举世瞩目的甲骨文，还开创了在青铜器上铸刻铭文的传统。这些青铜器铭文习称金文，不仅有重要的史料价值，而且由于铭文的字体、布局、内容随着时代发展而发生变化，所以铭文也是青铜器断代的重要标准之一。目前所见考古发掘出土的有铭青铜器，以商代晚期为最早，但有少数传世的二里冈上层期的青铜器也铸有铭文。我们现在还不能很好地解释为什么这些属于早商的青铜器竟然也铸有铭文。只能推测，其发现甚少的原因也许是由于那个时期在青铜器上铸铭尚未成为风气。

商代晚期的铭文最常见的有：氏族名号、本家族死去先人的名号、作器者名。由于商代晚期铭文多数属于这些内容，所以此时期铭文字数一般只有几个字。这种商代金文可谓言短意深。从其常见形式可以知道它们反映了当时商人的家族形态、家族制度与宗教观念等重要问题。

商代晚期由于青铜铸造技术的提高，在铜器上铸造铭文的开始增多，出现了铸有10多字，甚至几十个字的长篇铭文。这些较长的铭文内容多涉及商代晚期重要的战事、王室祭祀活动、王室与贵族关系等，有的还标出了作器时间。而且，这些金文有着鲜明的时代特色。那些表示人体、动物、植物、器物的字，

在字形上有较浓的象形意味。取人体形象的文字，头部常作粗圆点，腿部做下跪形状。这种字形并不表明此时文字还处于原始阶段（这从同时的或较早的甲骨文字即可得知），而只是一种美化手段，是郑重的表示。绝大多数笔画浑厚，首尾出锋，转折处多有波折。字形大小也不统一，铭文布局亦不齐整，竖虽基本上成行，但横却不成排。

卓越的艺术成就

商代青铜器的造型在数千年的文化发展及艺术发展中，居于显要的地位，成为中国古代文化的标志。其在表现性和装饰性的统一方面有极高的成就。就现在所见到的商代青铜器而言，既有工艺美术价值，又有一定的实用价值。

商代青铜器的纹饰主要选择自然界的动物，通过或是真实地，或是幻想地表现，展现了工匠们丰富的想象力。在形象处理上，对于个别形象，首先抓住其总的神态及外形上的主要特征，再加以极有概括力的处理，并大胆地运用夸张的手法，有很好的装饰效果。个别作品神态刻画入微，即使技法单纯古拙，也能在表现物象的同时表达丰富的主观情感。可以说在装饰美术及工艺方面商代开创了中国工艺美术的一系列优良传统。在长期的发展中，商代工艺美术形成了一些规律性的装饰手法，例如：造型与装饰的统一效果，纹样组织的对比统一效果，以及造型、装饰与实用相结合等等。

另外，商代青铜器的装饰在设计时就知道利用铸造技术上的特点，避免铸造技术上的种种困难。比如，商代青铜器上往往有突出的觚棱，就是因为主动利用陶范拼合时有不能完全密合的缺点而产生的。而且每一块陶范上的花纹各自形成一完整单位，以避免两范拼合时花纹相错，因而取得对称或重复连续花纹的效果。青铜器上装饰面的分割也是由于陶范的分块，因而装饰和造型是密切结合的。商代青铜器的铸造方法与造型及装饰方法的密切联系，展现了中国工艺美术中艺术与技术相结合的优良传统。

"尚鬼" 的文化传统

　　丰富多彩的青铜纹饰不仅展现了古代先民卓越的艺术才智，同时也在表达着他们的宇宙观、世界观，向我们传达着他们内心深处的真实情感。商代是华夏民族融合发展的重要时期，各氏族、部落仍然保持着自己古老的图腾文化，这些古老的图腾不仅仍然是部族的标志，同时也被铸刻在青铜器之上，成为青铜纹饰的重要内容之一。而且，"商人尚鬼"，无论有什么事情都要卜筮一番。应该说对鬼神的信仰和对祖先亡灵的崇拜，是原始人类最普遍的意识。而商人则把这种原始意识转用来维护统治者的权威和统治秩序，成为最初的因而也是相当简陋的国家意识形态。这些意识形态的内容以写实图像的形态表现在青铜器上，就形成了各式各样的纹饰。

　　以饕餮为突出代表的商代青铜器纹饰，已不同于神异的几何抽象纹饰，它们在现实世界中并不存在，它们是为统治者的利益、需要而想象编造出来的神秘形象。它们要呈现的是一种神秘的威力和狞厉的美。吃人的饕餮一方面是恐怖的化身，另一方面也是保护的神祇。它是对异族恐吓的化身，又拥有对本族保护的神力。饕餮的神秘恐怖是和不可阻挡的历史力量结合在一起的，那个时代必须通过血与火的威力才能开辟自己的道路向前跨进，正是这种超人的历史力量构成了青铜艺术狞厉美的本质。新兴的阶级要用这种方式肯定自己的地位，这在商人的鬼神信仰中同样有所体现。

　　商人所信奉的鬼神虽然多种多样，但其中最重要的却是君王的祖先。在《尚书·盘庚》篇中，这一点表现得尤其清楚。《盘庚》是商代中期君主盘庚决定迁都时对臣僚发表的讲演记录，从中可以看出：历代先王和臣僚们的祖先虽已离开人世，却仍然在天界保持着君臣关系。如果人间的臣僚们违背了君主的旨意，他们的祖先就会要求先王对他们降下灾祸，以示惩罚；相反，如果他们顺从君主，就会得到先王的保佑。这足以看出，在商人的观念中，君王的祖先——神拥有最高的权威，是人间权力的来源。于是，氏族部落的全民性变为了过眼云烟，奴隶主

们正在用手中的权力将自己的既得利益固化在生活的每一个角落，青铜器纹饰用无声的语言在告诉我们时代的暗流已在推进历史的车轮滚滚向前。

古蜀国的都城——三星堆

古蜀重现

广汉，古称雒县，是古蜀文明曾经栖息的故地。古老的雁水从它的北面蜿蜒向东，沿河而上的不远处，就是今天蜚声于世的三星堆遗址。这里已探明的

三星堆展馆

遗址面积现在已经达到 12 平方公里，从 20 世纪初发现第一块玉器至今，三星堆遗址已出土的金器、玉器、青铜器、石璧、陶器、象牙等文物数不胜数。它的出现，不仅使四川地区的历史向前推进了千余年，证明了商周时期的古蜀国已经具有强大的实力和灿烂的文明，而且为中国这个充满儒雅之美的国度，注入了不可思议的强烈力度与阳刚之气。更重要的是，它的出现，无疑为中华民族多元一体的起源提供了确凿的证据。几十年来，三星堆一直以其独特的艺术魅力和文化内涵，令整个世界为其赞叹不已。

三星堆遗址最早的发现始于 20 世纪 20 年代末。1929 年春天，广汉月亮湾，当地乡绅燕道诚的儿子燕青宝在自己的宅子旁挖水沟时，不经意间发掘出了一窖精美的玉器，就此惊醒了沉睡几千年的古蜀王国，历史的大门悄然洞开。这次出土的器物总量达 400 余件，其浓厚的古蜀地域特色使得"广汉玉器"一时

间声名鹊起，引起了文物界和考古界的广泛关注。

1934 年，当时华西大学（今四川大学）的美籍教授葛维汉和他的助手林名均带领考古队进驻月亮湾，对遗址进行发掘。这是三星堆历史上的第一次正式考古发掘，取得了大量的资料和标本，他们的成果在当时就得到了郭沫若的高度评价。但三星堆到底是中原古文化的支系还是独立的古蜀文明，仍是一片模糊。新中国成立以后，又有许多著名学者在这里考察，考古工作者也不断有新的发现。但是，直到 1964 年，冯汉骥教授才做出"这一带遗址如此密集，很可能是古代蜀国的一个中心都邑"的论断。此后，农民们也在掏粪坑、开自留地，甚至拾柴摘菜时，发现了不少玉器、古陶、铜虎等物。然而，这一切并没有让古蜀王国的面貌变得更加清晰。

1980 年，四川省文物考古研究所、四川省博物馆、四川大学历史系联合对三星堆遗址进行大规模考古发掘，发掘出的大片房屋遗址等古代遗迹，使这里再度引起了海内外的热切关注。不过真正使三星堆名扬世界的，则是 1986 年 7 月至 9 月间两个大型祭祀坑的相继出土，上千件造型奇特、制作精美的国宝级文物重现天日，这次的发现震动了全国，也震惊了世界，"三星堆文化"被世界所认可，三星堆被惊讶的世人赞誉为"世界第九奇迹"。

然而这里带给学术界的一系列谜一般的问题才刚刚拉开序幕。对于三星堆文化究竟来自何方，留下如此灿烂文化的先民们是何族属，文物学家和考古学家们至今没能找到一个明确的答案。多数学者们认为三星堆文化与岷江上游的石棺葬文化有着相当密切的联系，而对于这里的居民是羌氐、巴人、濮人、越人、东夷，抑或是其他部族，仍然没有一个统一的结论。而且，对于古蜀国究竟是一个附属于中原王朝的部落联盟，还是一个已经相对独立的早期国家，这里的宗教形态是原始的自然崇拜或是神灵崇拜，也仍然是一个难解的谜。不过学者们普遍取得共识的是，三星堆文化应该是当地土著文化与外来文化交汇、融合的产物，是多种文化互相影响的结果。这对研究中国古代的民族与文化上当然具有不可忽视的、意义非凡的影响。

传奇故都

"蚕丛及鱼凫，开国何茫然。尔来四万八千岁，不与秦塞通人烟"，这是大诗人李白对于古老而神秘的蜀地发出的感叹，这自古以来就虚幻莫测的古蜀传说，却因为三星堆的发现而蓦然间真实地展现在世人面前，将蜀地的历史由从前的春秋战国时期上溯到了千余年前的商周时期。

三星堆除了没有发现可识读的文字，只有陶器、玉璋和金杖上有些带争议的符号外，已经发现了大量的住宅和祭祀场所，以及陶器、玉器、铜器的作坊和大量的生活用品和作为祭祀用的艺术品，这些已足以证明当时已经产生了早期的国家。所以，多数学者认为三星堆遗址，是古蜀国的一座都城。但这座都城还有许多空白，有待考古工作者拿出更多的文物来证明，才能使人们真正地了解这座古城的风貌。

三星堆众多的祭祀用品都带有浓厚的原始宗教的性质。由于蜀人"其氏族无定，或以父名母姓为号"的习俗，所以蜀人没有详细的世系，但从蚕丛、柏灌、鱼凫、杜宇、开明几代王的名字，我们依稀能得到某些信息。可以看出，杜宇以前的王的称号带有明显的图腾意义。学者们已经证实，杜宇时已进入农业社会，所以，其名号只是一种图腾时代的孑遗。从三星堆出土的器物和图饰分析，在杜宇时，古蜀国已是奴隶制的国家，可能大立铜人是王者之像，金杖是王权象征。许多小型的无头武士铜像，可能是"职业军人"。那戴象冠的半身像，可能是一位高级官员。头戴平顶双角冠而跪坐的铜人，大概是小吏。头顶酒尊，赤膊而跪的，估计是奴隶。杜宇后期，由于疆域与势力范围的扩大，与周边王国和民族的接触，迅速地影响着社会内部结构。若说三星堆成为一座"城市"，也当在这个时期。尚属人们揣测的"象形文字"，也许是这时才出现。开明以后，世系变得较前四代清楚了些。"丛帝生卢帝，卢帝生保子帝"，从这两代看，卢，无论作为饭器，或作为兵器之一部（矛之柄），绝无图腾之意、保子即婴儿的意思，是说保子帝年幼即位。而九世"始立宗庙，以酒为醴，乐曰荆，人尚赤，帝称王"，这已是完全的"文明社会"了。所以，作为象征原始宗教的神像、神树已经消失，代之的是真正具有"礼器"性质的青铜器。从以上看，古蜀国是到杜宇时代才进入文明社会，到开明时才真正完成。而这种完成，既受到中原文化的影响，也受到其他外来文化的影响。所以，三星堆文化是多种文化复合的反映。

巴蜀神器

　　殷商时期，以三星堆为中心的古蜀王国，在进行祭祀活动中大量使用了青铜器，由此出现了一大批人和动物、植物的立体塑像和人兽形状的饰件，成为早期巴蜀青铜器的典范之作。在相对比较独立的发展过程中，巴蜀青铜器孕育出了与当时中原青铜器迥然不同的艺术风格，创造了一种令人耳目一新的新美学典范，在阴柔的古代东方艺术中开辟出一处鲜明活跃、别具一格的领域。

　　目前在三星堆遗址中发掘出的青铜器主要可以分为人像、神像、神树、神坛、灵兽、礼器、祭器等几大类。人像类包括数十件人头像、或立或跪坐的小型人像以及各种真人大小的青铜像，神像类主要是各种青铜面具和饰物，神树已发掘的共有8株，其中最大的一株高达4米；神坛通过塑造灵兽、祭师、神殿构成宏大场面，展现出当时人对于自然与人类的独到理解，以及他们这种思想在艺术上的表现；礼器类包括各种青铜礼器，其中主要是尊、罍等器具；祭器则主要是祭祀中需要使用的各种物品。这些青铜器皆造型古朴而夸张，又不失真实，无不表达出中国的先民对于"永恒"的祈求，即使在几千年后的今天，使人仍不禁要叹服于这种气势的磅礴与做工的精细间巨大跨度的完美结合。

　　在如此浩如烟海的青铜艺术品中，最令人叹为观止的则是那些造型各异的青铜人像。"青铜立人像"正是其中最卓越的代表。这尊雕像给人的突出印象，就是其垂直、尖锐的造型因素形成的强烈的视觉震撼力，其基座和人物的衣摆都是方直、尖锐的几何元素，与人像自身浑圆的躯体相映衬，使雕像展现出一种与自然相剥离的动态的意向。人像头部、眼睛、嘴部都极度夸张——阔大并极力向后刻画，使人从三个方向观看都能获得完整的视觉印象，感受到凝固在其间的沉重金属特有的精神震撼力。整个雕像抽象的造型将蕴藏在其中无言的力量展现得淋漓尽致，同时又令人感到余味不尽，观之不厌。

　　三星堆的青铜雕塑不仅形式多样，种类上也绝不单调，包含了圆雕、高浮雕、浅浮雕、透雕、线刻等所有我们知道的雕刻技法和表现形式。其中的立人像、人头像、神树等都属于圆雕作品，另一件著名作品"铜面具"则是其高浮雕作品的代表作，它可以说是三星堆出土的神秘色彩最浓厚的青铜器。这件凸眼大耳的巨型人面具两眼宽大硕长，瞳孔为两个凸出的圆柱，呈桃形的耳尖竭力外伸，嘴阔及耳，颌下并蓄一部宽带状胡须，奇异的五官造型和巨大体积使其具有了一种厚重威严的宗教气息，同时又蒙上了一层莫测的神秘色彩，使面对它的人们得以深切地感受到当年制作者所传达的凝固在时间中的流动的生命和领悟。其他作品无论人像、兽像、礼器等也皆传达出了类似的精神，即一种鲜活的生命力，即使是静止地看，也给人风雷欲动、气象万千的感觉，质朴与狞厉的和谐复调，也是三星堆青铜器留给人们最难忘的印象。

玉垒浮云

从燕家院子第一次挖出三星堆文物开始，各种玉石器，就是除了陶器之外最多的物品。中国人崇玉之风，至今不衰。三星堆的玉石器，虽不及中原精美，却有自己的特色。

三星堆的玉器原料，大多来自玉垒山。今彭州市诸山均为玉垒山系。玉垒山龙神岗有玉石岩产玉，与灌县西山相同。至今，白水河一带，仍有蛇纹石矿。三星堆出土的玉器，以蛇纹石玉为主，它有深黑、深绿和淡绿等几种，玉璋多以此种石制成。玉戈、玉刀则多用蛇纹石化大理岩，也就是蛇纹石和大理岩的混合物，其颜色混杂，多现白色条纹，并有黄褐色或红色斑点。玉琮为透闪石玉所制，它的成分、硬度、密度基本上与新疆的和田石一致，是一种半透明、有光泽的软玉。而三星堆大型玉边璋、大璧则用的是汉白玉。这些玉料基本上都出自岷山和玉垒山。

石璧最大的外径达 70.5 厘米，重百斤以上；小者外径为 11 厘米，厚仅 1 毫米。璋的规格从十几厘米到百多厘米都有，大小长短不同，是由于玉料本身的大小使然，还是由于祭礼的需要造成大小不同的璋；其大小长短，有无规矩？因未见介绍，也无法详做考查，只好存疑。因为璋为六瑞之一，其形制有明文记载，《周礼·玉人》讲道："大璋、中璋九寸，边璋七寸。射四寸，厚寸。黄金勺，青金外，朱中。鼻寸，衡四寸。有缫。天子以巡守，宗祝以前马。""牙璋、中璋七寸，射二寸，厚寸，以起军旅，以治兵守。"而三星堆出土的玉璋，都与此规格不合。看来，蜀人使用玉璧、玉璋，一定另有一套规矩，尚有待学者们进一步研究。

值得一提的是，三星堆玉器中有一柄青灰色的石边璋。其状顶端一为钝角，

一为锐角，射部和柄部两面，均阴刻有两组图案。而每组又分为5幅，并以平行线相隔，图中有站立和跪状的人，有大山、太阳以及符号、"S"形勾连云雷纹、手纹和牙璋的形象等。这件珍品，通长达 54.4 厘米，其雕刻技术代表着三星堆所有玉器的最高水平。而这些图案的意义，学者们仁者见仁，智者见智，各有解说，尚待考证。

神的艺术

无论是被称为"天地间的祝颂"的青铜艺术，还是那些质朴浑厚的玉器作品，都让三星堆散发着诱人的艺术魅力，但这绝不仅仅是这块巴蜀文明精魄所在之地的全部。三星堆之所以具有其独到的动人心魄之处，不只是在于这里出土的文物本身，更重要的则在于透过那些艺术品所传达的来自远古时代的精神和文化内涵。据推断，三星堆的艺术品多是用于宗教祭祀活动之物，是人类奉献于神前的圣洁之物，传达着人们对于神的信仰和尊崇，也恰恰不经意地展现了他们对于世界的理解，寄托了他们某种对于宗教和神灵既敬且畏、却有无限好奇的祈求和灵感。

即使关于他们的宗教信仰究竟是神灵崇拜、祖先崇拜，抑或自然崇拜难以定论，但他们的宗教性已经通过具体的艺术形式表达了出来，这一点确凿无疑。遗址出土的神树、神坛、神殿无不体现出一种强烈的宗教气息，生动地表现了当时宗教祭祀活动的特点，成为研究当时蜀地社会文化最直接、最形象的资料。

可以说，以质朴、夸张而优美的形象塑造展现复杂、庞大而神秘的精神内蕴和文化体系，是三星堆文化最显著的一个特征。也正因如此，蕴藏在三星堆艺术品之间的那种古老凝重而又充满生命活力的理念才显得格外鲜明，格外强烈，使它那传奇的历史、奇异的文化、神秘的信仰，永远播撒出一种神话般的色彩，留给人的是经久的赞叹和无限的想象，在巴蜀大地上流传下一段不可磨灭的传奇。

妇好墓

发现与发掘

妇好墓位于河南省安阳市小屯村的西北地，那里原是一片高出周围农田的

岗地，在"农业学大寨"的时代，因为要平整该地，考古队赶在平整之前，试探性地发掘，没想到竟然有惊人的发现。

该墓基口长5.6米、宽4米、深约8米。当时对这个面积仅有20多平方米的竖穴墓，并未抱有过高的希望，但出人意料的是在挖掘墓的填土中就不断发现各种遗物。最先在距地表深约3米处发现了一件残陶爵，紧接着在墓穴东北部又发现了一件大理岩的石臼，这些发现引起了考古队高度重视，于是继续深入发掘。很快，在距墓口深5.6米处，发现了叠压在一起的3件象牙杯和大量骨笄，在其南面则布满不同质料的随葬品，有石豆、成对的石鸟、精美的骨刻刀和一面铜镜，另有散放的骨笄多件。待取出上层遗物之后，露出压在下面的遗物，又有两面铜镜、小石壶、石垒、石罐、玉管、玛瑙珠等器物，均色泽鲜艳，工艺十分精美。考古队继续发掘，在接近地下水面时，仍不断发现遗物，其中最重要的是刻有"司辛"二字的石牛、靠着墓壁的殉人骨架和狗骨架。经抽水处理后，在墓葬北边一些大型铜器逐渐显露，大方鼎最先露出水面。从椁室中部向下发掘，很快进入棺室，棺内布满玉器，玉戈、玉人、铜器等也不断被发现。

该墓被发现之后，专家们根据出土青铜器上的铭文以及其他甲骨卜辞、传世文献等资料，确认其为武丁妻子妇好之墓。因为殷墟发现的商王墓，规模虽很大，但早已被盗掘一空，直到妇好墓被发掘，才使人们一睹商王室墓葬的奢华。该墓位于殷墟宫殿宗庙区丙组基址西南，是1928年以来殷墟宫殿宗庙区最重要的考古发现之一，是殷墟科学发掘以来发现的、唯一保存完整的商代王室成员墓葬，也是唯一能与甲骨文相印证而确定年代与墓主身份的商代王室成员墓，所以受到了学术界的广泛关注，其发现为揭开武丁时期许多重大历史事件提供了原始材料。

妇好其人

妇好是商王武丁的妻子，商代著名女将。其名好，"妇"为亲属称谓，铭文中又称其为"母辛"。

妇好的名字在甲骨文中频繁出现，不只因为她是商王的妻子，更重要的是，她曾是活跃在武丁时期的一名杰出的政治活动家和军事家。妇好武艺超群，力

大过人。现在出土的大量甲骨卜辞表明，在武丁对周边方国、部族的一系列战争中，妇好多次受命代商王征集兵员，屡任军将征战沙场，协助武丁南征北战，建立丰功伟业，使武丁时期的商王朝处于极盛时代。她曾统兵1.3万人攻羌方，俘获大批羌人，成为武丁时一次征战率兵最多的将领，参加并指挥对土方、巴方、夷方等重大作战。在对巴方作战中，她率军布阵设伏，断巴方军退路，待武丁自东面击溃巴方军，将其驱入伏地，予以歼灭，这是中国战争史上记载的最早的伏击战。

妇好作为女统帅，每次出征，都带着成千上万的人马。有一卜辞写着："登妇好三千，登旅万，呼伐羌"，意思就是商王征发妇好所属3000人和其他士兵1万人，命妇好率领他们去征伐羌国。1.3万人的队伍在当时来说，可谓规模巨大，而妇好不仅自己握有重兵、亲临战阵，在某些时候她还指挥其他军事将领，起到军事统筹的作用，可以说，当时妇女在军事方面有着至高无上的权威，这一点可以从她的墓室文物中得到佐证。妇好墓中曾出土了四把铜钺，两大两小，上面都刻有"妇好"二字的铭文。两把大铜钺，每把都重达八九千克。这两把巨大厚重的铜钺象征着商王朝极高的王权，而这样的象征物被当作殉葬品随同妇好下葬，妇女在当时的地位是不言自明的。

妇好的权威应该是在一次次成功的军事征伐中得以确立的，她的军事征伐也为商王朝政权的巩固做出了重要贡献。

在武丁之前，距商朝都城（今河南安阳小屯村附近）正北数百公里的土方部族常常侵扰商朝边境，这是个强悍的部族，他们一进入商朝所属的田猎区即肆无忌惮，随意掠虏人口财物。商王曾对土方部族进行过多次战争，都未能制服敌人，土方部族仍连年不断地南下侵扰，这种情况一直持续到武丁时期。武丁即位后，命妇好率兵讨伐土方，妇好率领军队彻底挫败了土方军队。土方从此老实起来，再也不敢侵扰商地，并且其势力也从此衰落下去。

当时位于商朝东南方的夷国虽然国力并不强盛，但是为了生存，他们也偶尔突发奇兵侵入商朝疆土杀人掠物。妇好受武丁之命再次带兵迎敌。但是她来到前线却按兵不动，而是暗中窥探敌军动态，等待出击时机。当时机成熟，妇好带军猛然全线出击，夷国军队一败涂地。只此一仗，就让夷国人领略到了妇

好的厉害，夷国人此后再也不敢滋扰生事了。

商朝对巴方的军事胜利也是妇好的战绩之一。巴方位于商朝的西南方，这个部族可以说是商朝的宿敌，与商朝时常发生战争。为了摧毁巴方，武丁曾亲自出兵杀敌。这次战斗打响前，武丁与妇好议定计谋：武丁带领精锐部队去偷袭巴军军营，而妇好则率兵在巴军退路方向预先埋伏，准备痛击巴方退兵。武丁带领的商兵的突然出现令巴军惊慌失措，巴军不及应战即纷纷溃逃，正好落入商军所设的埋伏圈内。妇好指挥伏兵迎头截杀，全歼了巴方的这支军队。

除了以上几次成功的征战，妇好还打退了西北方羌国的入侵。她的勇武善战和英才大略令商朝周围的那些少数民族部族不敢轻举妄动。她的威名甚至一直延续到她死后。

在"国之大事，在祀与戎"的商代，妇好还经常受命主持祭天、祭先祖、祭神等各类祭典，又任占卜之官，是武丁统治集团的重要成员，这一点从妇好墓中出土的文物中可以推测出来。妇好墓中大批用于祭祀的青铜器上都刻有"妇好"铭文，在那些巨型炊器上，这种铭文尤其多见。联系考古学家们以前在殷墟的考古发现——一些刻有"妇好"整治的龟甲——可以推测，妇好应是商王朝的一个卜官，她在生前经常受命主持祭祀盛典，这种祭祀盛典往往规模巨大，而妇好参加这种祭祀活动也十分频繁。

商人尤重占卜，占卜用的是甲骨（龟甲或兽骨）。甲骨在用于占卜之前需要经过"整治"处理，即将甲骨上残留的肉渣皮筋等剔去，洗净削平，待甲骨干燥后，用特制的青铜钻在上面钻出一定数目和一定间隔的小圆孔。整治工作在今天看来是一件简单而低下的活儿，但在当时却有着神圣的意义，能够胜任整治甲骨的只有卜官。龟甲和兽骨不经整治是烧炙不出裂纹的，因此这项工作十分重要。占卜工作也要由卜官来完成。占卜程序如下：卜官用火柱烧炙甲骨上的小圆孔，使甲骨表面呈现出一些裂纹。卜官再根据裂纹的纹理和纹理的走向判断凶吉，以决定某件事情能不能做。最后卜官将占卜的结果和以后将要发生的事情刻写在同一块甲骨上。

妇好能担任卜官，并能刻写甲骨文字，说明当时她不仅有着相当高的文化水平，而且在商王朝奴隶主统治集团中有着显赫的地位。

武丁对妇好可谓敬爱有加，在妇好生时就时常占卜她的起居、健康、生育等方面的情况；在妇好去世后，武丁为祭祀她，在其墓圹上修建了宗庙建筑，墓上建有享堂。在武丁之后的历代商王心目中，妇好一直享有崇高的地位。武丁死后，他的后人没有把妇好作为依附于武丁的妻子，将其尸体移入大墓与武丁合葬，而是单独保留了妇好的墓穴，祭祀祖先时也单独为妇好举行祭祀。这可以看作是母系氏族社会的一种遗风，处于奴隶社会阶段的商朝，宗法制度尚未健全，妇女在社会中占有一定地位，至于妇好这样的贵族妇女，则更能在一定程度上发挥她的聪明才智，甚至在沙场上立下显赫战功。

随葬精品

由于武丁极其宠爱妇好，所以，在妇好去世后，武丁在其墓葬内放置了大量的随葬品，使妇好也能在死后享受她生前所享有的一切特权。在出土的1928件随葬品中，包括有铜器、玉石器、骨牙器等，还有近7000枚的海贝，其中60件的铜器中，带有"妇好""好"字铭文的就有109件。这些铜器都是武丁时期青铜器中的精品，而妇好三联甗（古文生僻字，现代汉语不常用）、妇好偶方彝、妇好鸮尊和司母辛四足觥更是极其罕见的珍品。

妇好三联甗是目前所见到的唯一的一种复合炊具。甗本身便是由甑、鬲组成的复合炊具，但由若干个甗联为一体这样一种特殊的样式，他处都没有发现，妇好三联甗是独一无二的一件。这件三联甗是由并列的3个甑和1个长方形中空的案状的鬲组成的。3个甑为单独的个体，都为兽首双耳，口径为32.6厘米—33厘米，高为26.2厘米—26.6厘米。案上有3个鬲口，用来承接甑体。使用时，在鬲下烧火加热，这样鬲内的水产生水蒸气进入3个甑内，3个甑中分别放置不同的食品，以此来使甑内食物蒸熟。在甑与鬲之间有穿孔的"箅"，起到隔板的作用。在中间鬲口的内壁、甑的内壁及两耳下的外壁，都有"妇好"二字铭文。三联甗卓尔不凡的构思与造型固然令人称奇，其外表丰富而和谐的装饰也足以让人流连驻足。甑外壁口沿下各有两道扉棱，饰有夔龙纹和圆涡纹。方案形鬲的顶面上铸有3条缠身龙纹，四角为牛首纹，案四周侧面分别饰有垂三角纹和12条动态极强、面目狰狞的夔龙，中间用大圆涡纹相隔。此甑的形制、构思和纹饰都极为特殊和精巧，充分反映了商代青铜铸造技术和装饰艺术。

　　妇好偶方彝，通高 60 厘米，长 88.2 厘米，重 71 千克，主要用于盛载食物。此器物较为独特，为长方形，从外观上看像由两个方彝联合而成，每一侧面皆有一个象头形装饰物，器身都用兽面纹装饰。其盖似屋顶形，顶两端置钮。器内有铸铭"妇好"两字，其造型凝重雄伟，纹饰精美富丽，铸造工艺高超，形制独特，宛如一座殿堂，是殷墟青铜器中的珍品。

　　妇好鸮尊，通高 45.9 厘米，重 16.7 千克。整体作鸮形，头部微微向上昂起，宽大的尾部和粗壮有力的双足，共同支撑躯体。鸮的神态端庄，有王者之气，不是一般自然界中的猛禽可比。周身纹饰精细，背后靠颈处有錾，錾端饰兽头，面中部及胸前中部各有一道扉棱，冠面外侧有羽纹，内侧饰倒夔纹。在鸮的背部还铸有一只作飞翔状的鸟和一条小巧的夔龙，整个器形透视着雄健苍劲的气势。商代超绝的青铜工艺和工匠高雅的审美情趣及浪漫气质，在此得到了充分体现。

　　司母辛四足觥，高 36 厘米，重 8.5 千克，是一件样子很奇特的盛酒器。从整体形状看，应是四足奇兽。若再仔细观看，前部似牛呈立兽状，头上有卷曲的犄角，中脊至尾为卷龙纹，后部呈鸟状，足为两蹄两爪，究竟是何神兽，有待考古学家进一步考证。该器从嘴至尾为器盖，通体饰细腻精致的纹饰，盖内与器身内均有"司母辛"三字铭文。其丰富的想象力，巧夺天工的工艺让我们不得不叹服商代艺术家的巧思。

　　另外，妇好墓葬中出土的铜钺，是死者生前拥有军权的象征。而墓中的四面铜镜，表明至少在商王武丁时期中国已使用铜镜。随葬玉石器中，多为商代玉器中的精品。10 余件玉石人物雕像，是研究当时衣冠发式的珍贵资料。另有 3 件带把象牙杯，也是罕见的古代艺术瑰宝。而妇好墓中出土的玉龙，龙身短小，并出现单一的云雷纹、重环纹、菱形纹等装饰，龙尾似刃，薄而锋利，有一定的实用价值。

　　妇好墓的发现为我们研究商代武丁时期的历史、社会风貌提供了丰富的史料，从奢华的墓葬反观历史，妇好这位女中豪杰，同时又是一个残暴的奴隶主贵族，让人不得不感慨"一将功成万骨枯"，千秋功过又有谁能说得清楚。

嗜酒的商人

美酒甘醴

中国造酒的历史，可以上溯到上古时期。《诗经》中"八月剥枣，十月获稻。为此春酒，以介眉寿"的诗句，表明中国酒的兴起，已有 5000 年的历史了。据考古学家证明，在近现代出土的新石器时代的陶器制品中，已有了专用的酒器，说明在原始社会，中国酿酒已很盛行。以后经过夏、商两代，饮酒的器具也越来越多。在出土的商代文物中，青铜酒器占相当大的比重，说明当时饮酒的风气确实很盛。

当时的酒精饮料有酒、醴和鬯。用蘖法酿醴，在远古时期也可能是中国的酿造技术之一。商代甲骨文中对醴和蘖都有记载。

除了"酒""醴"之外，殷商的酒类中还有"鬯"。鬯是以黑黍为原料，加入郁金香草（也是一种中药）酿制而成的一种酒，它也是最早有文字记载的药酒，常被用于祭祀和占卜。《周礼》中记载："王崩，大肆以柜鬯渳"。意思是说在帝王驾崩后，用鬯酒来洗浴其尸身，可长时间地保持不腐。目前还无法证明商代是否有类似的防腐术，不过"鬯"在商代作为一种酒类是被甲骨文所证实的。

在中国，谷物粮食酿造的酒一直处于优势地位，而果酒所占的份额很小。

1980 年，研究者在发掘一个河南商代后期的古墓时，发现了一个密封的铜卣。分析表明，铜卣中的残留液体为葡萄酒。这个发现说明中国在 3000 多年前的商代就有了葡萄酒。不过当时酿造葡萄酒是采用人工栽培的葡萄还是野生的葡萄，这一点尚没有资料可以证明。

另外，在商中期的一个酿酒作坊遗址中，研究者还在一个陶瓮中发现了枣、李子、桃等果物。这个发现可以作为上一个发现的佐证，它使人们有理由相信，在商代，除了用谷物原料酿造的酒外，用葡萄等果物酿造的酒也已经成为人们日常宴饮的美味。

中国古代的啤酒——醴

人们总以为啤酒是舶来品，不是中国人自己的东西，认为中国自古以来从没有啤酒，但是，根据古代的资料，早在远古时代，中国就有类似于啤酒的酒精饮料，古人称之为醴。大约在汉代后，醴被酒曲酿造的黄酒所淘汰，中国自产的啤酒——醴才退出了历史舞台，一直到西方人打开中国国门时，国人才再一次知道啤酒这种饮料。因此很多人认为啤酒是舶来品也就不足为奇了。

啤酒是以发芽的谷物为原料，经磨碎、糖化、发酵酿制而成的。与这种类似，在中国远古时期的醴是用谷芽酿造的，即所谓的蘖法酿醴。《周礼·天官·酒正》中也有"醴齐"，醴在远古时代应属于一类酒精含量非常低的饮料。在殷商的卜辞中出现了"蘖"（谷芽）和"醴"这两个字，而且出现的频率不低。综合卜辞中的有关条文，可以看出蘖和醴的生产过程。蘖法酿醴的过程与啤酒的生产过程基本相同。

第一是蘖的生产。殷商的卜辞中有大量关于蘖黍、蘖粟等方面的记载。这说明用于发芽的谷物种类是比较丰富的。第二是"作醴"。就是把发芽的谷物浸泡在水中，进行糖化、酒化，再接着是过滤。卜辞中还有"新醴"和"旧醴"之分，新醴是刚刚酿成的，旧醴是经过贮藏的。

后来的酒曲酿酒与蘖法酿醴可谓一脉相承。用蘖酿醴可能是用水浸渍蘖后，让其自然发酵。酒曲酿酒开始也是用同样的方法浸泡，但由于原始的酒曲糖化发酵力不强，可能酒曲本身就是发酵原料，所以这种方法并没有得以广泛推广；后来由于提高了酒曲的糖化发酵能力，就可加入新鲜的米饭，酿成的酒酒度也就能提高。这样曲法酿酒就淘汰了蘖法酿醴。

不过，蘖法酿醴这种酿酒方式在中国的酿酒业中也曾经占据过不可替代的地位。其历史跨度可能远远超过了目前的酒曲酿醴法。

全民嗜酒

商人嗜好喝酒，以至饮酒之风弥漫在整个社会的每一个角落。

商王祭祀先祖，一定用酒食美味作为享礼。关于商纣王的嗜酒，史料记载甚多。《史记·殷本纪》称其"以酒为池，悬肉为林，使男女裸相逐其间，为长夜之饮。"《史记正义》引《太公六韬》解释说："纣为酒池，迴船槽丘而牛饮者三千余人为辈。"《大戴礼记·少闲第七十六》称纣"荒耽于酒，淫扶于乐，德昏政乱。"

《尚书·酒诰》中也专门谈到了商朝的统治者是如何因酒误国、因酒丧国的。其文曰："惟荒腆于酒，不惟自息乃逸，厥心疾很，不克畏死。""诞唯民怨，庶群自酒，腥闻在上，故天降丧于殷。"可见酒食醉饱的生活，为商代整个贵族统治集团成员所崇尚，而且愈演愈烈，最终酿成了亡国之祸。作为周代初期的作品，《尚书·酒诰》的真实性无可置疑。但由于《尚书·酒诰》毕竟是周代统治者的训诫之辞，难免有失偏颇。而为它把商代的嗜酒现象仅仅局限于统治阶层。事实上商人嗜酒是一种当时社会的普遍现象，是一种社会风气。而且商人嗜酒所体现的是一种精神状态，这种风气不只在贵族统治阶层中恣意蔓延，还逐渐泛滥于一般平民阶层之中，从而影响着当时的整个社会风气。

这一点从商代平民墓中发掘情况就可以看出，根据 1969—1977 年在殷墟西区墓地发掘的成果，平民墓中最常见的随葬品是陶制酒器觚、爵，加上铜制或铅制的觚、爵，其数量约占随葬品总量的 60% 左右。前期主要为觚、爵配食器豆或鬲，后期主要为觚、爵配盘、鬲、罐之类，没有觚、爵的墓极少。可见，饮酒之风在平民上中下阶层之中已非常盛行。还有一小部分中小型墓，即使随葬品的种类和数量都不多，墓主生前社会地位较为卑微，但也总要与酒发生一些瓜葛，这些发现足以反映商代寻常平民的饮酒嗜好。

殷商酒礼

在贵族统治者之间，崇尚饮酒始终贯穿商王朝的始终，这一点在贵族葬制方面有着非常明显的反应。曾有研究者对郑州商城、辉县、温县、殷墟等商朝中心统治区内 77 座不同时期贵族墓内出土的青铜礼器进行总体考察比较，发现以觚和爵为核心的酒器组合方式，几乎贯穿了整个商代。郑州商城个别贵族墓还以象牙觚替代铜觚。殷墟各期墓葬中，虽然铜礼器种类逐渐增多，但是觚、爵仍是组合的核心。

商代后期比前期墓葬的器类搭配更加繁复，并逐渐形成了酒器加炊器、食器、盛器、水器和礼乐器的完善组合。考古学家邹衡最早注意到"商礼"以酒

器瓟、爵数目来区分墓主的身份。在考古研究中，他发现凡是酒器大都放置在棺椁内，而炊食器都放在棺椁外，两者与墓主人显然存在着亲疏不同的关系，所以说早商礼器已经是重酒器而轻炊食器了。这种重酒器的礼制，一直延续到晚商时期。在殷墟妇好墓中，共出土了210件青铜容器，其中单酒器的数量就约占74％。事实上这种以酒器数量表示墓主人的身份地位的习俗，正式建立是从商代前期开始，并一直延续到后期的重酒之风上的。

愈演愈盛的重酒之风最终使得青铜铸就的酒器深深渗入了"明贵贱，辨等列"的"礼"的时代内涵。酒器的质量和数量也最终成了"经国家，定社稷，序人民"的重要礼制象征。其发展到最后，必然会导致统治者的酒醉沉湎，荒于政务，社会和政治等各方面矛盾的降临，当然也就不可避免了。

器中藏礼

以青铜酒器瓟、爵的拥有套数来辨别贵族身份尊卑的商代社会传统，在近年来发掘的商代墓葬中逐步显露出了清晰的等级规制。根据统计，自商王之下，各地商墓随葬青铜瓟、爵的套数，从高到低大体可以分为50、10、6、5、4、3、2、1套等共计8个等级，呈现出一种金字塔式的结构特征。

第一等级可拥有50套以上以青铜瓟、爵为中心的酒器组合，他们包括殷商王室中最上层的权贵，和受宠爱的王妃；

第二等级可拥有10套以青铜瓟、爵为中心的酒器组合，它们的主人是殷商王朝的高级权贵或者军事统帅，同时也可能包括各地方国的君主；

第三等级是6套酒器的使用者，他们的身份很可能是各地方国的上层显贵；

第四等级是5套酒器的使用者，这一等级的人群基本上是各地方国的高级官员或属于在商王朝受有封地的贵戚；

第五等级的使用者可拥有4套以青铜瓟、爵为中心的酒器组合，他们包括商王身边的侍卫、各地方国的一般军事将领和地方强族；

第六等级可享有3套酒器，其身份应该是中等权贵；

第七等级可拥有2套，这一等级的人数较多，具体可包括一般贵族子弟、有一定社会地位的中等武官，还有弱小土著族的酋长；

第八等级是1套酒器的使用者，这一等级的人群十分广泛。大致属于末流贵族和中上层自由平民。其中末流贵族可能具体包括支族之长、下级武官等。

在这 8 个等级中，前两个等级可谓是金字塔的最顶端；第二、第三、第四等级代表着金字塔结构的次顶层；第五、第六、第七等级基本上处于金字塔结构的中间层；第八等级则属于金字塔等级的庞大下层。

当然，在这一等级之下，是广大的下层平民和奴隶，精美而又代表身份地位的青铜酒器自然与他们无缘。尽管嗜酒之风深入社会的每一个角落，但对于他们来说，能拥有几件陶酒器就已经是非常幸运的事情了。

西周

西周帝系表

前1046—前771

武王（姬发）	（4）	前1046
成王（姬诵）	（22）	前1042
康王（姬钊）	（25）	前1020
昭王（姬瑕）	（19）	前995
穆王（姬满）	（55）共王当年改元	前976
共王（姬繄扈）	（23）	前922
懿王（姬囏）	（8）	前899
孝王（姬辟方）	（6）	前891
夷王（姬燮）	（8）	前885
厉王（姬胡）	（37）共和当年改元	前877
共和	（14）	前841
宣王（姬静）	（46）	前827
幽王（姬宫涅）	（11）	前781

文王访贤

姬昌是商朝时诸侯国周的国君，历史上把他称为"文王"。周文王从小就跟在祖父和父亲身边，耳濡目染，懂得了很多为政做官之道。商纣王残暴多疑。当时四方诸侯都手握重兵，纣王怕于己不利，便将姬昌、九侯、鄂侯骗入朝歌（今河南淇县）囚禁起来。纣王听说九侯的女儿貌似天仙，便将九侯女召入宫中。可是九侯女性情刚烈，誓死不从。纣王一怒之下将其杀死。后来，纣王又杀了九侯和鄂侯，众臣忧心如焚。姬昌的儿子伯邑考决定前往朝歌营救父亲。谁知他刚到朝歌便被纣王杀死，并做成肉汤，送给姬昌，让他尝尝儿子的肉味道如何。伯邑考被杀，他的弟弟姬发悲痛万分，他决心尽快救回父亲。于是他一面派人送去大量财宝和美女，一面向纣王求情，最后总算救回父亲姬昌。

周文王回来后，想起儿子伯邑考的惨死和纣王的暴虐无道，决心把国家治理好，让周国强大起来，等到时机成熟时去讨伐殷商。但是，他缺少一个才干出众、能文能武的贤士辅佐他。他时常留心寻访这样的贤士。有一次，他在梦中看见天帝带来一个须眉皓齿的老人，天帝对他说："昌，赐给你一个好老师和好帮手，他的名字叫望。"文王赶紧倒身下拜，那个老人也一同倒身下拜，这时，梦

周文王

醒了。文王觉得这个梦好奇怪呀，如果所梦是真，到哪里才能找到这个叫望的人呢？后来有一次文王出去打猎，出行前他叫太史替他卜了一卦。太史占卜后，随口唱了一支歌，歌词大意是："到渭水边上去打猎，将会有很大的收获。得到贤人是公侯，上天赐你的好帮手。"文王听后满心欢喜，他遵照歌词的指示，带领着大队人马来到渭水的蟠溪。

在茂密的林木深处，有一汪碧绿的潭水，在潭边坐着一位胡须银亮的老者。

老者坐在一束白茅草上，戴着竹编的斗笠，穿着青布衣服，正静静地垂钓。文王定睛一看，老者的状貌和风度就像是梦中见过的那个站在天帝身后的老人。文王赶紧跳下车子，恭恭敬敬地走到老人身边，向老人行礼问好。老者不慌不忙，从容对答，神情态度十分镇定自若。文王没有说出自己的身份，他和老人谈了很久，从治国方略到风土民情，两人越谈越投缘，竟忘记了时间，转眼太阳已经要西沉了。文王知道，眼前这位老者就是自己所要寻访的那个见识超卓、学问渊博的大贤人。于是文王请老人坐上自己的车子，他亲自驾车，回到了都城。一到都城，他就拜老人做了国师，称他为"太公望"。

太公望本来姓姜，所以人们又叫他'姜太公'。他的祖先曾因帮助大禹治水有功，被封在吕这个地方，所以他又叫吕尚或吕望。姜太公博学多才，一直胸怀报效国家的心愿，可是他的大半生几乎就是在默默无闻、穷困而颠沛的状态下度过了。他曾经在朝歌杀过牛，在孟津卖过饭。到了晚年，他来到渭水，在风景秀美、人迹罕至的蟠溪岸边，盖上一座茅屋，以钓鱼为生。在他内心深处隐藏着一个希望：总有一天，会遇见一位贤明的君主，能赏识他的才能，来重用他，使他满腹的经纶抱负能得以施展。当他看见一个王者打扮的人向他走来时，他的心跳动得多么厉害呀，可是他抑制住了情绪的激动，表现出了和平时一样悠闲自得的神态。一幕戏剧性的会见终于结束了……文王访贤，起用姜尚；渭水垂钓，太公得志。自此，姜太公帮助周文王治理国家，打败西戎，消灭了附近几个敌国，把势力扩展到长江、汉水流域，教化南蛮，取得当时天下的三分之二，接着便对朝歌展开了进逼之势。

武王伐纣战牧野

西伯侯一直不忘食子肉的耻辱，他想亲自率兵灭了商朝，杀了那个毫无人性的纣。可是由于他日夜为国事操劳，终于不幸病倒，临死前他对儿子姬发说："儿啊，一定要完成我的遗愿，推翻商纣，杀了他，为你死去的哥哥报仇，为天下百姓除忧。一定要勤于国事，不可荒废朝政，有事多和太公商议，不可独断专行。"周文王又对姜子牙说："太公你为我西伯侯日夜操劳，辛苦你了。我别无所求，只求你把姬发抚养成人，将来让他有一番作为，完成我的遗志，灭了商朝。"姜子牙握着周文王的手，两眼含泪，默默点头，对文王说："西伯侯，您放心吧！我一定尽忠尽职，帮助少主共同治理天下，您安心休养吧。"

西伯侯带着终生遗憾——没能亲手杀纣，匆匆地闭上了他那疲劳的双眼。大臣和姬发泪流不止，百姓得知这个消息后，也悲痛万分。

西伯侯姬昌死后，次子姬发继位，他就是历史上著名的周武王。周武王也是一位明君，他时刻不忘父亲的教诲，一心想完成父亲未完成的事业，举兵灭商。周武王在姜子牙的辅佐下，很快就学会了许多治国之道，带兵打仗之法。姜子牙与周武王商议，想测一测自己与众诸侯的实力和信心。他们想出了一个好办法，决定在孟津举行一次军事演习。周武王用车载着父亲文王的牌位，率领着兵士直指孟津。天下八百诸侯一下子从四面八方云集而至，他们恨透了商纣，恨不得早早举兵灭纣。八百诸侯与武王在孟津会师，周武王发表了声讨纣王的檄文。但是周武王不独断专行，他征求军师姜子牙和其他诸侯首领的意见，有的说时机已成熟，可以一举推翻商朝，有的说现在时机还未成熟，不能轻易出兵。姜子牙站出来，对大家说："大家先别急，稍等一会儿便知晓。"过了一会儿，一个人匆匆赶到，对周武王和姜子牙说了几句话。姜子牙点点头，之后对大家说："据可靠消息，现在商纣已经调集了军队，准备和我们一拼。我们的力量还不够，我希望大家先冷静一下，回去之后继续招兵，加强军事训练，有朝一日，商纣放松了警惕，我们再一举消灭他。"原来，那个人是姜子牙事先派去朝歌打探军情的。各诸侯首领纷纷回去。

又过了两年，商的许多重臣都被纣王杀的杀、关的关、逃的逃，纣王的惨无人道达到了登峰造极的地步。他的叔父比干为人忠厚，眼看着商朝天下将断送在纣王手里，多次劝他废去酷刑、远离美女、加强军事训练。起初纣王还没有恼怒，可比干说得多了，纣王终于露出了残暴的本性，不但比干的性命没有保住，连心也被纣王挖掉了。商纣的两个兄弟箕子和微子一看自己叔父都被商纣杀死，自己也没有多长时间活在世上了。于是箕子装疯，本想逃过一劫，可还是被纣王关了起来。微子只好隐姓埋名，悄悄换上了百姓的衣服，逃了出去，

过起了隐居生活。

　　周武王和姜子牙得知这些消息后，认为商王朝已到了一触即溃的腐朽程度，于是他们准备大举攻打商。周武王派人通报各诸侯共同伐商。很快，各诸侯纷纷来汇合，由武王亲自指挥，这支人马大约 5 万人、300 辆兵车，浩浩荡荡直奔朝歌。

　　这一日纣王正在寻欢作乐，忽听有人报说周武王率 5 万人马来攻打商，现已驻扎在牧野，大怒，忙从东夷各地调遣商军，同时征用大批奴隶编成军队，又调集了商都的亲兵、卫队，组成了 70 万大军。纣王心想，你一个臣子竟然敢攻打我，我要让你知道我的厉害，看是我 70 万大军厉害，还是你 5 万人厉害。等我捉住你，一定将你剁成肉酱。

　　商纣王亲自率 70 万大军到牧野准备与武王一战。商纣王的军队在数量上占了绝对优势，可他万万没想到他的残暴早已失去了人心，特别是占多一半的奴隶对纣王更是恨之入骨，恨不得纣王早日被杀。纣王把奴隶放在头阵，让他们去冲锋陷阵。可这些奴隶一看到周武王的军队，立时倒戈投降，有的奴隶掉转矛头去攻打商军，商军立时乱成一团。这时周军士气更旺，连杀带砍，摧枯拉朽，商军顿时全线溃退，武王很顺利地攻入朝歌。

　　商纣王做梦也没有想到自己会被周武王打败，他想不通为什么自己军队人数众多，却打不过周武王的军队。他不理解，为什么奴隶反过来打自己的军队。他一看自己已没有能力与周武王抗衡了，又知道自己杀死了周武王的哥哥伯邑考，做成人肉汤给周文王喝，还把周文王囚禁了好多年，周武王一旦捉住他，绝对不会放过他，必然会被处死。于是他穿戴整齐，昏昏然登上了鹿台。鹿台是象征他无上权威的地方，可如今却是他的断头台。他把多年来搜刮的美玉宝器堆放在身边，想死后也要让这些宝物陪伴自己。他还想找一名美女和他一起去死，可那些美女早已四处逃跑了。在鹿台上，这个罪大恶极的商纣王向四处环顾了一下，一看整个朝歌都是周兵，于是周身缠上白布，放火自焚而死。

　　周武王得知纣自杀而死，立即召集参战诸侯，宣布牧野之战大获全胜。牧野之战是我国历史上一次非常著名的以少胜多的经典之战。它说明了人心向背是作战取胜的关键。

周武王来到鹿台，这个鹿台记录了商纣王的条条罪状，今日终于可以算一算了。武王举起弓箭，对着鹿台连射三箭，亲自砍下了商纣王的人头，挂在旗杆上示众。周武王思绪万千，终于为父亲和兄长报了仇，为天下百姓斩除了这个恶人。

天下百姓得知纣王已死，都十分高兴，纷纷庆祝。

第二天，周武王举行了隆重的祭祀。他神情严肃地向西方拜过先祖，心里默默地说着："父王，儿已给您报仇雪耻。今后我一定不忘记您的教诲，做一代明君，兴我大周王国，让百姓安居乐业。"

祭祀完毕后，周武王威风凛凛、飒爽英姿地站在诸侯王臣面前，各家诸侯早已从四面八方云集在这里。周武王对着各家诸侯王臣大声地宣布："我们大周朝终于灭了商朝，杀了那个暴君。这是天帝的旨意，上天的安排。从今以后，我要按着上天的旨意治理天下。"

自此西周王朝正式建立了，我国历史又向前迈进了一大步。

死不食周粟

在遥远的孤竹国，有一个老国王，老国王有三个儿子，可他不喜欢长子，也不喜欢小儿子，只喜欢次子。

长子伯夷，秉性忠厚，不会变通，更不会溜须拍马。他与父王在一起的时候，也不会顺着父王的意思去说，而是按着自己的想法去说，有时为了一点小事，时常和他父亲争论起来。虽然按照惯例应立伯夷为世子，但老国王不想让伯夷继位，就立叔齐为世子。

老国王心里有打算，他非常喜欢次子叔齐。叔齐为人聪明，也十分忠厚，而且十分懂礼貌，不像大哥那样时常为一点小事就和父亲争论。叔齐也时常和父亲在一起谈论国家大事，叔齐总是先听父王的意见，有不一致的便委婉地提出来。父亲如果一再坚持，叔齐就不再和父亲理论，因为他不想再让已上了年纪的父亲为一点小事而生气。另外，叔齐也十分尊敬长兄伯夷，虽然自己被立为世子，但有问题仍经常向长兄请教。伯夷也很喜欢这个聪明的弟弟，虽然自己的世子位置被叔齐占了，但他不怨弟弟，他知道这是父王所为。

孤竹国的国王一天天老了，终于有一天得了一场大病，经过医治，也不见好转。老国王知道自己活不了多久了，临终前把叔齐叫到身边对他说："儿啊，我们孤竹国的江山社稷要你治理了，一定不要辜负我的希望，把孤竹国治理好，让百姓过上好日子。"叔齐本想对父王说他不想继承王位，而应让哥哥伯夷继位，但看到父亲那张苍白的脸，知道父亲没有多久就会离开人世，所以没有和父亲争论，只是含着泪点点头。老国王又把长子伯夷叫到身边，对伯夷说："儿啊，我不立你为世子，怪父王吗？我觉得你弟弟叔齐聪明，有治国之道，才立他为世子，只希望我孤竹国强大起来，你要好好辅佐你兄弟。"伯夷看到父亲的病如此重，也就没说什么。老国王放心不下，又把身边的大臣叫过来，千叮咛，万嘱咐，一定要让叔齐当国王。

老国王离开了人世，不放心地走了。

叔齐是知书达理之人，他不想违背先祖留下的规矩，留下历史的骂名，被别人说长道短。于是叔齐找到哥哥伯夷，想请哥哥伯夷当国王。伯夷起初还生父王的气，可一见弟弟如此，觉得自己真的不如弟弟胸襟开阔，便对叔齐说："贤弟，你是世子，又博学多才，知道治国安邦之道。父王临终前再三叮嘱一定要立你为王，父命怎能违呢？"但叔齐不灰心，对哥哥说："父命难违，可是我们也不能违背先祖的规矩呀！"叔齐再三恳求伯夷，伯夷只好答应。

夜里，伯夷翻来覆去，不能入睡，想起弟弟的一言一行，越来越觉得弟弟能够治好国家，自己怎么办才能让弟弟安心当国王呢？于是伯夷在第二天早晨，早早起来，打点了一下行装，悄悄离开了王宫。

而弟弟叔齐夜里也睡不着，心想：长兄如此厚道，一定能治理好我们孤竹国，一定让长兄明天就继位，以免夜长梦多。于是第二天早晨，他匆匆穿戴整齐，就去找哥哥，可到哥哥住处一看，哥哥已经走了。叔齐十分难过，他知道大哥不想为难他才离开王宫出走的。叔齐想：在这种情况下，我再继位，岂不更被天下人耻笑了吗？我一定要找到大哥，和大哥生活在一起。于是叔齐也悄悄离开了王宫。

伯夷、叔齐都出走了，众大臣没有办法，只好让那个生性爱玩的老三继位。老三整天荒废朝政，孤竹国日渐衰落。

叔齐离家出走后，多方打听，历经长途跋涉，受尽了千辛万苦，终于见到了自己朝思暮想的哥哥。兄弟俩一见，涕泪交流，紧紧抱在一起，久久不分开。两人一商议，决定不再回宫，找一个安静的地方生活下来，过一种和平安乐的生活。

那时，正是商纣王统治时期。纣王昏庸无道，百姓苦不堪言，到哪里去找一个好住处呢？后来他们遇到一位白胡子老者，老人说：“西伯侯姬昌那里国泰民安，政通人和，是一个世外桃源，是安身的好场所。”

于是伯夷和叔齐又经过几天的行走，终于来到了周国。一看这里果真如那位白胡子老者所说那样，不仅环境优美，而且政治清明，百姓富足安康，处处是一派平和安定的气象。

哥俩就在这里安顿了下来，在其他人的帮助下盖了一个小茅屋，又拥有了一片自己的土地，每年只交很少的赋税。哥俩觉得很满足，觉得周国的文王、武王确实是两位不可多得的君主。

一天，伯夷、叔齐正在田间劳作，忽闻一片嘈杂声，只见人马浩浩荡荡，由远而来。他俩循声望去，只见周武王和姜子牙正坐在车上，挥师东进。他俩不知武王去攻打谁，一打听才得知是去攻打那个昏君商纣。一般的平民百姓得知这一消息，无不拍手叫好，而这哥俩一听却大吃一惊，这怎么办呢？纣王再昏庸、残暴也毕竟是众诸侯的天子，为臣的就应该忠心不贰，而不应该去攻打商纣。于是二人丢下手上的农活，不顾生死地冲到队伍面前，截下了周武王的车，对周武王说：“武王，您是一位明君，可为什么攻打商纣？”周武王答曰：“商纣祸国殃民，弄得民不聊生。商纣昏庸无道，十分残暴，百姓忍无可忍，我是顺应民意。”伯夷、叔齐又说道：“昏君是昏君，但毕竟是一国之君，我们做臣子的只有相劝，而不能反叛，那样是大逆不道，讨伐纣王就是欺君罔上。”周武王一听无法和他们理论，就让官兵将二人推到路边，人马浩浩荡荡直奔前去，只留下烟尘和伯夷、叔齐二人相伴。二人十分生气，自言自语道：“不义之师，不仁之师。”

没过多久，这支人马又杀了回来。伯夷和叔齐二人高兴得不得了，以为是自己对周武王苦口婆心的劝告起了作用，使周武王猛醒，又改变了主意。于是二人又安下心来，耕田种地。可他俩不知道这次是周武王的军事演习，他想测一测自己的军事实力和军心。

又过了两年，周武王认为灭商的时机已经成熟，再度起兵，挥师东进，在牧野大败商军，一直攻打到商都朝歌，最后纣王放火自焚。二人得知此消息后，觉得周武王与纣王没有什么两样，都一样残暴，他俩再也不想生活在这里了。

于是伯夷、叔齐二人连夜离开这里，经过几天几夜的奔波劳苦，来到了人烟稀少的首阳山（今山西省南）。他俩决定在此定居下来，再也不与周人往来。他俩认为周人都是反臣，不能与他们生活在一起，不与周人说话，不种周人的地，不吃周人地里长的粮食。

但整个天下都已是周朝天下，他俩不吃周朝的粮食，只好吃野菜、树叶充饥。有的好心人想给他们点吃的，他俩却不要，对周人说：宁可饿死，也绝不吃周朝的粮食。没过多久，二人便饿死在首阳山。

二人死不食周粟很快传到了周武王耳里，武王认为这是自己的罪过，他暗暗下决心一定要让百姓过上富足的好日子。

于是周武王体验百姓生活，了解百姓疾苦，成了一位受人尊敬的好国君，在百姓中的威望也越来越高。

周公吐哺 天下归心

周武王建立周王朝后，将天下按照功劳的大小分封给了为他出生入死的功臣和亲属。周武王想通过这种方式，让为他出生入死的功臣和亲属感到安慰，心存感激，借此巩固自己的地位。

当时商朝虽已灭掉，商纣自杀，可残余力量还存在，而且势力还相当大，这对刚刚建立的周王朝有不小的威胁。周武王为了安抚这部分残余力量的首领，把殷都全部留给了纣王的儿子武庚，并且封武庚为殷侯，同时派自己的三个兄弟管叔鲜、蔡叔度和霍叔处去帮助武庚治理殷都。说是帮助治理，实际上是为了防止武庚反叛，是监视武庚的。因此这三个人也被称为"三监"。

周武王这一做法，十分周密，他认为这样可以很好地控制武庚。他对三个兄弟说："到达殷都后，掌握实际大权，让武庚只有个虚名，这样武庚想反也反不了。"但是周武王万万没有想到，两三年后，三监却和武庚联合起来，共同反叛朝廷。

周武王一生打打杀杀，呕心沥血，勤于朝政，对待百姓也十分关心。由于操劳过度，没过两年，他就得了重病。可当时周武王的儿子只有 13 岁，年龄太小，武王放心不下。让谁辅佐幼主呢？周武王想找一位可靠的人，于是他想到了周公旦。临死前，周武王把周公旦叫到身边，请求他辅佐年幼无知的周成王。周武王拉着周公旦的手，亲切地说："我大周朝能否兴旺发达，我大周王朝臣民能否安康富足，千斤重担就都交给你了。"周公旦为人忠厚，望着周武王深深地点了点头。

周公

周武王不久便死了，周公便将国家这副担子挑了起来。他一方面辅佐幼主，让他读书，给他讲治国之道，让他知道历代前贤的优良品质，给他讲夏桀、商纣如何残暴，最后如何灭亡；另一方面周公修订制度，严明法纪，真可谓"一休三握发，一饭三吐哺"。也就是说周公日理万机，时间安排得非常紧，洗一次头、吃一顿饭中间，往往要处理几件政事。后来为了颂扬周公的精神，人们留下了"周公吐哺，天下归心"的美谈，许多贤才都纷纷归附周公。

周公日夜操劳，勤于朝政，自己很少有时间去休养，但他毫无怨言。可这并没有换来应有的回报，相反他却卷入了一场谣言之中。

渐渐地，周公发现身边的人有些不对劲，成王同他说话时，也和以前大不相同，言辞闪烁，目光游离。周公不知是怎么回事。这一天周公正在处理政事，召公和姜太公对周公说，他们想回到封地去，不想在宫中了。周公大吃一惊，不知为什么，便忙问二人原因。召公和姜太公也不说谎，便答道："外面早已议论纷纷，说你独揽大权，独断专行，迟早有一天你会废了成王，自立为天子的。既然这样，我们也不想留在宫中了，我们只想到封地去。"周公一听，顿时火冒三丈，气得胡子都要竖起来了。周公心想就连两位德高望重的功臣都不信任自己，自己怎么不伤心欲绝呢？当时，周公老泪纵横，只好向二位表明了心迹，绝不会自立为天子，只是想把幼主扶养成人。第二天周成王已满十五岁，周公为成王举行了"冠礼"仪式，然后将一切事安排妥当。

参加完成王"冠礼"仪式后，周公带着几名随从离开了镐京。周公此次离开镐京，是为了查明此事。不久他便查明了，造谣的不是别人，正是自己的亲兄弟，三监中的管叔鲜和蔡叔度。管叔鲜是文王的三儿子，而周公是四儿子。管叔鲜认为辅佐成王的人应该是他，按"兄终弟及"的习惯怎么能轮上周公呢？所以他心里愤愤不平，认为哥哥周武王也太偏心了，别人都有封地，却把我们哥三个派去只当一个监视人的苦差事。他越想越不是滋味，总想找时机报复一下周公和周成王。他便和蔡叔度商量了一番，蔡叔度心里也不平衡，也是一肚子怨气。二人臭味相投，便想出了一条计策，散布谣言，说周公想废成王，自立天子。而纣王的儿子早知道武王派来三个弟弟是监视自己的，现听说管叔鲜和蔡叔度给周公造谣，心里乐开了花，巴不得周室闹内讧，好借此良机举兵反叛。

自从周公离开镐京后，武庚便和东夷首领以及一些边远小国加紧了联系，将反叛之事提上了日程。他们想利用周公不在朝中，而周成王年龄尚小这个天赐良机，举兵造反。

这一年，镐京不知怎么回事，周室不安宁，天气也作怪。镐京一带连降暴雨，雨水之大，历史罕见，淹没了不少地方。周成王虽然年幼，可也十分关心周王朝的江山社稷，他看到暴雨不停，会殃及百姓，整天夜不能眠。他没有别的办法，只好到祖庙祈祷占卜。在那里，周成王发现了一篇祷词，是周公写的。上面写着周公甘愿以自己的性命去代替周武王的性命，为了周王朝的江山社稷付出一切，死而后已。成王一看，感动得两眼含泪，这才明白自己错怪了周公。

成王立即派人将周公召回，请他继续辅佐朝政。周公回到镐京，立刻进行军事准备，他知道管叔鲜和蔡叔度既然敢造谣言，就很有可能造反。不出所料，没过几日，管蔡二人便会同武庚起兵造反，一些小国也不甘寂寞，跟着起哄，加入了反叛的行列。

周公早已做好了准备，他授权姜太公带领人马征服不服周朝管辖的各个诸侯国，自己带领一部分人马去征服"三监"和武庚。三年过去，周公率领人马直接打到了殷都，将暴君之子武庚斩首示众。管叔鲜一看武庚被斩，知道已经没有能力反抗了，又无颜再见周公，便上吊自杀了。周公把蔡叔度、霍叔处两个无知的兄弟流放贬职。

姜太公率领人马，经过几年的征战，征服了所有不服周朝管辖的诸侯国。

平定了叛乱，周王朝的地位得到了巩固。

周公东征之后，觉得镐京离东部的中原地区很远，不便于控制，便决定在东部建立一座新都城——洛邑。自此，周朝便有了两个并立都城。

转眼间，7 年过去了，周成王已长大成人。周公帮助成王执政已 7 年有余，周朝的统治在周公的治理下得到了进一步的巩固。周公无论在臣子中还是百姓中威信都相当高。众臣眼里，周公俨然是天子，他们认为周公迟早有一天会自立为天子。于是有的大臣想拍周公的马屁，带人到周公府中，请周公继位称王。周成王得知此事，惴惴不安，他也认为周公会取而代之，自立为王。周公面对那些大臣，连忙称谢，将他们送出府。

第二天上朝时，周公神情严肃，众臣以为周公必然会登基，可周公却说："我奉武王之命，辅佐幼主，代理朝政已长达 7 年，如今成王已长大成人，有能力统管我们周王朝了。从今天起，成王要亲理朝政，如有不服者，推出去斩首。"众臣一听大吃一惊，他们以为周公要登基称王，正准备向周公行君臣之礼，可万万没想到周公如此做法。

周成王再一次为周公所感动，他跪下来请求周公继续代理朝政。可是周公主意已定，毅然离开镐京，去了新建的都城——洛邑。

周公到了洛邑后，继续为国事操劳并抽空看望周成王。每次见面，周公都直言不讳，劝成王做一代明君。成王十分谦逊，对周公的话都牢记心中。成王还让史官把周公的话记录下来，整理成册。几次见面，周公的话竟被编成两篇

文章，一篇为《无逸》，另一篇为《立政》。现在，这两篇文章我们可以从《尚书》中查到。

周公终于累垮了身体，在洛邑病死了。周成王悲痛万分，以天子之礼将周公葬到文王、武王的墓地。

我们现在一提周公，仍然为周公的精神所感动。他襟怀坦荡，不为私利，他的美德被后人世世代代传颂。

周公死后，周成王为周公修了一座周庙，记载着周公一生不朽的功勋。这座周庙至今还在，就坐落于洛阳市劳动人民公园附近。

周公制礼作乐

孔子曾说："殷因于夏礼，所损益，可知也；周因于殷礼，所损益，可知也。其或继周者，虽百世，可知也。"在孔子看来，夏、商、周在礼仪制度上的变化是"损益"的关系，即有所减损或增益。殷承于夏，周又承于殷，在周代以后虽然经过百世也还能看出它们的承接关系。

孔子对夏、商、周三代文化因承关系的论断放在中国的历史长河来说，可谓公断，然而单就夏、商、周三代而言，其变化还是比较显著的。因此近代史学大家王国维在其名著《殷周制度论》中说："中国政治与文化之变革，莫剧于殷周之际。"周人的礼乐制度既因于殷礼，因为当时殷人的文化水平确实高于兴起于西方的小国周；但在周公、成王之后，周人的礼与殷人的礼差异很大，由此可断定周人在革殷商之命后，继而革殷商之礼，这个巨大的变革即为周公的"制礼作乐"。

关于周公制礼作乐的记录始见于《左传·文公十八年》，其中记载季文子的话说："先君周公制礼作乐曰：'则以观德，德以处事，事以度功，功以事民。'"鲁为周公之子伯禽所建的封国，奉周公为始祖。季文子是鲁国的世家子弟，所在的春秋时代距离西周并不久远，他的话应该是可信的。而且根据殷商周初的甲骨文和金文以及后世文献考证，武王之后的周礼与殷商有较大区别。

而武王去世之后，成王幼弱，能继承大统并改制的只能是践天子之位而摄政的周公，所以说周公制礼作乐应该确有其事。那么，周公到底制了什么礼，作了什么乐呢？

《尚书·召诰》记载周公总结夏、商灭亡的经验教训时说道："我虽然不知道夏、商的统治应该延续多少年，但是它们因为不敬阙德故而失去了天命，早早离开了历史舞台。"然后，他们又对殷人"先鬼而后礼"的天命思想进行了反思。周人已经认识到"天命无常"，即天命会发生转移，而这个转移的基点就是"德"，是民心所系。也就是说天命以人心向背为根据决定王权的兴衰，而民心的向背又取决于统治者的"德"。于是周公提出"敬德保民"的思想，将殷人的重神事转移到人事中来，同时用礼乐制度来表现和巩固周人之"德"。可见周公的制礼作乐，是基于"德"的观念。

至于西周的具体典章制度、礼仪规范、干戚乐舞，则见于反映周代礼仪的"三礼"——《周礼》《仪礼》和《礼记》。根据"三礼"的记载，西周礼仪是一套繁复而严谨的等级制度，如规范日常生活的冠礼、丧礼、聘礼、乡饮酒礼、士相见礼，规范祭祀的祭礼、饮食宴客的飨礼，规范君臣上下之制的觐礼、朝礼以及军队的出征礼仪——军礼等。这些礼仪规范的目的在于使"衣服有制，宫室有度，人徒有数，丧祭械用皆有等宜"，可见西周贵族生活在严密的等级规范里。

与礼同源于祭祀的乐——娱神的乐舞，与礼相须为用，不可分割。"乐由中出，礼由外作"，即礼从外在来规范人伦，而乐则是通过舞乐来使这种制度深入人心，使之从内心发出对礼的欣然认同。所以上古说：礼以范人，而乐以和民。在西周，乐舞与礼仪相配，有十分严格的制度，不同的等级配以不同的乐舞。

严格来说，周公制礼作乐并非是说在周公之前没有礼乐，而是周公对礼乐进行了新的定义和规范，使之更符合西周政权统治的需要。周公之前的礼乐在周公革新之后发生了转向，而中国文明也在周公之后发生了转向。所以周公制礼作乐对西周以及整个后世的中国文化都起了不可估量的作用。

西周乐舞

《礼记·乐记》说："乐由天作，礼以地制"，"乐者，天地之和也；礼者，天地之序也。和故万物皆化，序故群物皆别。"周公制礼作乐就是希望用礼别人，用乐和民，使整个西周社会既能尊卑有别，又能和睦融融。

西周的"乐"包括乐德、乐语、乐舞以及乐理。《周礼·春官宗伯》记载大司乐的职责为："以乐德教国子：中、和、祗、庸、孝、友。以乐语教国子：兴、道、讽、诵、言、语。以六舞教国子：《云门》《大卷》《大咸》《大韶》《大夏》《大濩》《大武》。以六律、六同、五声、八音、大合乐，以致鬼、神、示，以和邦国、以谐万民、以安宾客、以说远人，以作动物。乃分乐而序之，以祭、以享、以祀。"这一段话涵盖了乐的内容、作用及其使用方法，可以说是对西周乐舞的基本概述。

其中"中、和、祗、庸、孝、友"为乐德。《礼记·乐记》说，乐舞和乐器只是乐的末节而非根本，其根本则为德。"乐由心生"，乐是德的体现，故以不偏不倚的"中"、中节的"和"、庄敬的"祗"、恒常的"庸"、尊老的"孝"以及团结兄弟的"友"，作为乐应体现的德。

"兴、道、讽、诵、言、语"是乐词的六种形式：托物言志为"兴"，直言其事为"道"，微言刺讥为"讽"，以声节之为"诵"，发端为"言"，答复为"语"。

"六舞"是颂扬六代圣主的舞蹈：《云门》和《大卷》是歌颂黄帝的乐舞，象征他的德行像日出云卷一样；《大咸》也叫《咸池》，是歌颂尧的乐舞，象征他的德无所不施；《大韶》是颂扬舜的乐舞，表示他能够继承尧的圣德；《大夏》是歌颂大禹的乐舞，表示他的德能光大中国；《大濩》是歌颂商汤的乐舞，表示他的德使天下皆得其所；《大武》是歌颂武王的乐舞，表示其德能成就武功。乐舞又分为文舞和武舞，执盾牌而舞的"干舞"与执斧钺而舞的"戚舞"皆为武舞，执长尾雉羽毛而舞的"羽舞"和执牦牛尾而舞的"牦舞"同为文舞，以象

征百兽率舞。此外根据《周礼》记载还有持五彩缯而舞的"帔舞"，以五彩为羽象征凤凰来仪的"皇舞"以及仿效四夷来朝拜周王的"大舞"。

"六律"指由黄钟等六种乐器演奏的节律，称为阳律；"六同"指大吕等六种乐器演奏的节律，称为"吕律"，也称为"阴律"。阳律与阴律合称为十二律。"五声"指宫、商、角、徵、羽五个音阶；"八音"指金（钟）、石（磬）、丝（弦）、竹（管）、匏（笙）、土（埙）、革（鼓）、木（祝）八种乐器。

周的统治者认为，这些音乐在郊庙前演奏可以致鬼神，赐给诸侯可以和万邦，用在乡射可以谐万民，用在宴饮飨食时可以安宾客，用在四方诸侯方国来朝时可以愉悦远方的客人，还能使鸟兽也一起欢歌乐舞。可见乐的功用非凡，既可以祭祀天人鬼神，又可以合同万民，愉悦宾客、远人，使一切在礼制之下，又可以各得其所。

"礼乐相须为用"，有礼的地方就一定配以乐。礼以祭礼为重，乐亦如此，而且根据祭祀对象的不同要用不同的乐。《周礼》记载："乃奏黄钟，歌大吕，舞《云门》，以祀天神；乃奏大蔟，歌应钟，舞《咸池》，以祭地底；乃奏姑洗，歌南吕；舞《大韶》，以祀四望；乃奏蕤宾，歌函钟……""国之大事，在祀与戎"，除了祭礼用乐之外，具有军事演习性质的射礼也用乐，且根据级别不同而用不同的乐。

此外，乡饮酒礼和燕礼也要用乐。根据《仪礼·乡饮酒礼》记载，乡饮酒礼所做的乐分为升歌、笙奏、间歌、合乐4个部分：主人向宾客敬酒之后，乐工4人（一般是鼓瑟两人，歌唱两人）升堂，在堂上歌唱《诗经·小雅》的《鹿鸣》《四牡》和《皇皇者华》，用笙伴奏，所以叫升歌。歌唱结束，吹笙者退到堂下，吹奏《小雅》的《南陔》《白华》和《华黍》，称之为"笙奏"。然后是堂上歌唱和堂下笙奏交替进行，称之为"间歌"：先歌唱《小雅》的《鱼丽》，次奏笙奏《由庚》；再歌唱《南有嘉鱼》，次奏《崇丘》；又歌唱《南山有台》，次奏《由仪》。最后是升歌和笙奏相和，奏唱《周南》的《关雎》《葛覃》《卷耳》，以及《召南》的《鹊巢》《采蘩》《采蘋》。

燕礼是诸侯宴请大夫或贵宾的礼仪，虽然用于诸侯之家，但重在娱乐性，不是大礼，所以用的乐与乡饮酒礼相同。

西周的礼是等级社会的标志，乐也一样，是等级身份的象征。不同等级的贵族所用的乐也有严格要求，如乐舞规定天子用"八佾"，诸侯用"六佾"，大夫用"四佾"。古时乐舞的行列，1行为8人，称为1佾，天子用8佾即有8行共64人。传说东周时，礼崩乐坏，诸侯大夫僭越礼制的事常有发生，如鲁国季氏本应该只用4佾，而僭礼用了天子的8佾，孔子闻听后气愤地说道："是可忍，孰不可忍！"就是说连这种僭越王制的事都忍心做了，还有什么犯上作乱的事不会做呢？

除了乐舞人数有规定外，乐器的使用也有严格规定：天子"宫县"就是四面都悬挂乐器；诸侯"轩县"则去掉南面以避王，悬三面；大夫"判县"又去掉北面，悬左右两面；士"特县"就是只在东面或阶间悬挂。1978年，湖北随县发现了的曾侯乙墓，墓葬中的乐器陈列情况，和《周礼》所说相同：墓室的东西两壁悬挂着编钟，北面悬挂着编磬，这正是诸侯"轩县"的实例。

西周之世，乐与礼都是等级身份的象征，又是和同万物的至德之音，富有深意。而到了春秋以后，随着礼崩乐坏，民间出现的郑、卫的新乐，因其行伍杂乱，奸声淫溺，男女混杂，尊卑不分，所以被君子称为"靡靡之音"。

学在官府

相传夏代的教育机构为庠、序。"庠"兼有奉养、教育和粮仓的作用。"序"是进行射箭训练的场所，可看作是武士学校。到了商朝，贵族教育有了很大发展，除了庠、序之外，还有兼教音乐的"瞽宗"和专门进行教学的"学"。商人的"学"有大学和小学之分，教育内容以礼乐和射技为主。周承接了夏、商两代的文明而又有了较大发展，是奴隶制的鼎盛时期，故西周一代，文化发达，礼乐昌明，贵族教育也有了更大发展。西周的学校以地域分为国学和乡学。国学是中央官学，乡学为地方官学。以学习阶段分为大学和小学，其教育内容以礼、乐、射、御、书、数"六艺"为主。

《大戴礼记·保傅》记载：上古时的贵族子弟8岁入小学，15岁即束发"成童"后入大学。《礼记·内则》则把贵族子弟的教育分为 3 个阶段：6 至 9 岁在家中学习简单的数字、方名及干支纪日等方法；10 岁外出就学，即入小学，学习写字、音乐等；15 岁入大学，学习礼乐；20 岁举行成人仪式——冠礼，之后开始学习礼仪。这些记述具体数目虽有出入，但基本是幼年入小学，成童入大学。

那么小学和大学又是怎样设置的呢？小学建在都城的宫内，而大学建在都城郊外，辟雍和泮宫分别是天子和诸侯所读的大学场所。"辟雍"的形制特征是四周环绕着水池，中间为圆形的高地，上面建有厅堂式的草屋。四面环绕的水池称为"辟"，中间的高地称为"雍"。辟雍也叫"明堂"，兼作天子祭祀和朝见诸侯、处理政事的地方。"泮宫"的形制与辟雍相似，但是级别低于辟雍，西、南面为水，东、北面则为墙。

辟雍和泮宫不仅是贵族子弟学习的场所，还是贵族成员举行集体行礼、集会、聚餐以及练武的场所。西周的地方官学——庠、序，是乡饮酒礼和乡射礼举行的地方，所以大学的辟雍和泮宫也是天子和诸侯协同贵族举行乡饮酒礼和射礼的场所。在上古时候，乡饮酒礼和射礼一般是连在一起举行的，《仪礼·射义》说："卿大夫士之射也，必先行乡饮酒礼。"乡饮酒礼目的在于"尚齿"和养老，射礼的目的在于"尚功"和练武，虽然不尽相同，但都同是为了尊尊、亲亲，加强贵族的团结力和战斗力。

西周的大学教育内容是学习礼、乐、射、御、书、敬"六艺"，而以礼、乐、射、御为主。"礼乐相须为用"，所以大学学习礼也学习乐；射箭、驾车是用于战场的必要技能，所以也是学习的重要内容，并且在学校举行的射礼，并非单纯是学习和训练骑射技术，同时还是天子考察和选择军事人才的有效方式。各地的诸侯国每年都要从地方挑选优秀的士贡给天子，而天子就在大学的射宫测试他们的技能，按照才能的高低授予他们爵位和官职。一般而言，大学的学习时间为 7 至 9 年，每 2 年考核 1 次。7 年考核合格后称之为"小成"，9 年考核合格后称之为"大成"，达到大成之后，就有资格获取官吏职位。

西周一代的教育，无论是国学还是乡学都是由国家负责的，所以有"学在官府"的说法。负责教育的教师由国家官吏担任，在大学，由大乐正掌管，下

面有小乐正、大胥、小胥、太傅、少傅、师氏、师保等；在乡学，由大司徒主管，下面有乡师、乡大夫、党正等。大学教育以礼、乐、射、御为主，小学则以书、数为主。西周的贵族教育已相当完备，其教学形式和内容都对后世产生了较大影响，进而奠定了中国两千年封建正统教育的基础。

手工业与商业

西周承夏、商，其文明在夏、商两代的基础上得到进一步发展，手工业水平也达到了相当的高度。在克商之前，周作为文明程度不高的属国，其手工业水平远低于商朝。克商之后，周王朝直接接管了商朝的大量工匠，这些技能娴熟的匠人随着分封四处流布，再加上周统治者的重视（如周公鉴于殷人酗酒亡国的教训，曾发布严格的禁酒令，一旦发现"群饮"，格杀勿论，唯独对掌管手工业的百工网开一面），西周的手工业水平迅速赶上并超过了商朝。尤其是青铜铸造业，在生产数量、铸造技术、品种变化上都大有发展。其他如车辆制造业、制陶业、纺织业、建筑业等都有不同程度的发展。随着农业和手工业的发展，西周的商业也有了新的发展，成为社会经济不可或缺的一个部门。但是，西周的手工业和商业都由官府经营，即所谓的"工商食官"：一切手工业生产和商品交易都在官府控制下进行，这是周代社会的一个重要特点。

青铜铸造业

西周最主要的手工业仍然是青铜铸造业，它在商代的基础上又有了长足发展，在数量上比商代更多，分布范围也更广。

西周出土的青铜器虽然没有像商朝的司母戊那样的巨鼎，最大的大盂鼎也不过153.5千克，但是在数量上远远超过商代。周原是西周的发祥地，在这里出土的窖藏或随葬青铜器群也特别密集，仅从1890年到1960年间就发现了7处窖藏青铜器群，一处从几十件到百余件不等。早在汉宣帝时，就曾出土过尸臣鼎，后来西周铭文最长的毛公鼎、最重的大盂鼎以及西周年代最古的大丰簋等都相继在这里出土。其他地方如陕西扶风分别于1942年和1976年两次发掘了上百件青铜器。

　　除了在数量上大胜于前人外，西周青铜器在品种上也有很多变化。殷人喜欢饮酒，酒器特别流行，而西周革殷之弊，减少了酒器铸造，增加了炊饮器具，并出现了新品种，如食具簋、盨、盆等，水器匜，乐器编钟，兵器剑、戟等，另外还出现了用于外出的行器和陪嫁的媵器等。根据出土发现，西周青铜铸造业因分封而得以广泛分布。商王朝的青铜铸造作坊主要集中在黄河中下游腹地，而到了西周，除了王畿之外，大小封国以至边远的少数民族地区都有自己的青铜铸造作坊，同时也形成了有地域特征的青铜文化，如北方夏家店上层文化、西部甘肃青海地区的沙井文化、卡约文化等。

　　西周的青铜器铸造技术也有了很大发展。在河南洛阳北窑村发现的青铜铸造遗址是周王室的大型铸造坊。从该遗址出土的熔铜炉残片看，当时用于铸造的燃料是木炭，采用的是"内加热"法。当时的熔炉有大、中、小三种类型，分别铸造大小型号不同的铜器。大熔炉的直径有 1 米左右，从 4 个鼓风口鼓风，温度可达 1200—1500 度，可以一次溶解大量的青铜铸液，用于浇灌诸如大盂鼎、大克鼎那样的大型青铜器。用于鼓风的皮囊是用牛皮做的，4 个鼓风口的直径分别为 13—14 厘米。这种青铜器铸造炉除了用于冶铜之外，还用于冶炼琉璃。当冶炼青铜器的熔炉温度达到 1080 度时，随着孔雀石、锡矿石的溶解，会产生玻璃质的矿渣。其中有丝状或块状的硅化合物，由于铜粒子的渗入而结成浅蓝色或绿色的结晶体，这就是琉璃，可以用来做装饰品。可以说美丽的琉璃是青铜冶炼的副产品。

　　西周青铜器铸造技术的纯熟还体现在陶范制作技术的改进上。在商朝时，一个模型只能翻一次范，所以商代出土的青铜器没有一件是完全相同的，而西周则一模翻制数范，大大提高了生产效率。当时陶范所用的土由石英砂、黏土和少量蚌壳粉组成，沙粒极细，是经过反复筛析、混料处理过的。在同一块陶范上往往配用两种范土，外范内壁层和内范外壁层用细腻紧密的范土，用以保证铸件表面的光洁度并增强铸液的流动性；外范外壁和内范的芯用粗大、松散的范土，以增加陶范的透气性。范土配好后，就先制作泥模，塑造出铸具的模型，描绘或刻画花纹和铭文，然后制成陶范。有的青铜器并不是完全用模具浇

灌出来的，因为当时人们已经掌握了焊接技术，有的附件是铸造出来以后才焊接上去的。

随着铸造技术的发展，西周后期青铜器的器壁由厚重变为轻薄，纹饰也由繁缛趋向简朴。由于陶范技术的进步，器壁上刻铸的铭文十分普遍，篇幅也逐渐加长。在扶风白家村出土的 103 件青铜器中，就有 70 多件刻有铭文，其中墙盘有 280 多个字。而西周后期的毛公鼎有铭文 32 行，共 497 字，与《尚书·周书》中的篇章一般长。而且这些铭文具有艺术性创作的倾向，例如从大克鼎、颂壶的铭文上看，很明显能看出泥模上为写字而划的方格。

西周青铜器铸造的技术不仅纯熟发达，人们还将这种技术以配剂的形式做了总结。《周礼·考工记》记载："金有六齐：六分其金而锡居一，谓之钟鼎之齐；五分其金而锡居二，谓之斧斤之齐；四分其金而锡居一，谓之戈戟之齐；三分其金而锡居一，谓之大刃之齐；五分其金而锡居二，谓之削杀矢之齐；金锡半，谓之鉴燧之齐。"这里的"齐"指配方剂量，即青铜器铸造原料中铜与锡的比例。根据考证，除了铸造兵器的配剂量与事实有出入外，这份配料单基本正确，而且专家对商末以至战国的六百多件青铜器进行定量分析后发现，钟鼎类青铜器的合金锡占的比重一直保持在 14%—16% 左右，与《考工记》记载完全一致。可见西周的青铜器铸造技术已经达到了相当的高度。

车辆制造业

周代的车辆制造业也很发达。《考工记》说："周人上舆，故一器而工聚焉者，车为多。"在铜器铭文和上古文献中有贵族大量用车的记载，如《禹鼎》有"戎车百乘"，《诗经·六月》有"元戎十乘，以启先行"等。周代是"工商食官"，这些戎车一般由地方按军赋缴纳，或直接由官府制造。按照《考工记》记载，周代的车分为两类：一类是一辕驾四马用于战争、行猎或行旅的戎车，称之为兵车、田车或乘车；一类是两辕驾一牛的用于运输的牛车，称之为大车、柏车或羊车。当时的车全由木制，靠胶筋皮革加固，几乎不用金属，所以对造车技巧要求非常高。《考工记》所列"攻木之工"有 7 种，其中就有轮、舆、车 3 种专门制车的工匠。周人造车，分工明细，各司其职，车轮和车盖专门由"轮人"制造，车厢专门由"舆人"制造，车辕则由"辀人"负责。

漆器和陶瓷制造业

漆器作为礼器和实用器皿，在周的地位仅次于青铜器。西周的漆器在商的基础上更加流光溢彩，彩绘以朱、黑、褐三色为主，如湖北蕲春毛家嘴出土的漆杯，以黑、棕色为底色，上面绘有两条红色回纹和雷纹的装饰带，在两带之间绘有间隔的回涡纹和几何图案。西周的漆器除彩绘外，还有雕花。即在木胎上雕出花纹图案再加以髹漆。这种工艺在商代已有，到了周代得到发展，其中出土于琉璃河的漆瓠是此种工艺的精品。西周的漆器工艺还有一个突出成就，就是在漆器的主要部分和易损部分包上铜或镶上青铜附件，便于长期使用。

西周的陶瓷业在商代的基础上也有所发展，陶器依然是生活中应用最广的器皿。西周的陶器，早期以红色粗泥绳纹陶为主，主要器皿有鬲、簋、豆、鼎、碗、盆、尊、缸等；晚期以泥质素面陶为主，器类以鬲、甗、豆、盂、罐、瓮为常见。这时的制陶技术以轮制为主。与商代相比，器形更加丰富，胎质更为细腻，施釉水平也显著提高。釉色以青色和黄色为主，故又称"原始青瓷"。这种原始青瓷，烧制时的温度达到1200度，胎质结构细腻，吸水性差，已接近瓷器。

纺织业

纺织业也是西周手工业的一个重要部门。在《诗经》中有很多关于桑蚕、纺织的篇章，如《豳风·七月》"蚕月条桑，取彼斧戕，以伐远扬，猗彼女桑。七月鸣鵙八月载绩，载玄载黄，我朱孔阳，为公子裳。"诗中不仅反映了采桑、养蚕、纺织的场面，还反映了西周染色的情况。纺织物的染色技术在西周有了很大提高，《周礼·天官》说由"染人"专门掌管丝帛的染色技术。染料用矿物和植物，染绛色用茜，青色用蓝。《诗经·唐风》中也提到了鲜艳的枕头，灿烂的锦被，可见西周的丝绸织染业已有相当高的水平。当时在黄河、渭水流域，桑蚕业很普遍，在陕西、河南的西周墓葬中，都有栩栩如生的玉蚕发现。

除了丝帛外，西周最主要的纺织品还以麻、葛为主。在西周，人们已经掌握了池水沤麻的微生物脱胶法——将麻皮沤泡后把纤维分离出来。在西周的贵族墓葬群中，经常有纺织品遗物出土，其中不仅有平纹织品，还有斜纹提花织

物，如在陕西宝鸡茹家庄的墓葬中，发现一片带有斜纹提花菱纹的织物残片，这种菱形图案是用提花机织出来的。此外，西周时期已经出现了用"辫子股"绣的刺绣针法，这种刺绣针法一直流传到今天。

商业

随着农业和手工业的发展，产品的丰富，西周的商品交换和货币关系也有了新的发展，但是这些交换仍然在官府的控制之下，即所谓的"工商食官"，所以进程缓慢。根据《考工记》记载，西周都邑的建设布局是"左祖右社，前朝后市"，即都城的左边建的是祭祀祖先的宗庙，右边是祭祀社神的社坛，前面是处理政务的官府，后面才是用于交易的市场，这样的布局便于官府对商品贸易的控制。在官府建立的市场上，有专门掌管商品交易的"胥师"一职，负责察看上市的货物是否合乎规定；另有"质人"，对买卖双方进行监督，主持和颁发双方制定的契约。

西周的市场分为"大市""朝市"和"夕市"三种："大市"就是太阳偏西时开张的市场，以"百族"为主，即以自由民和贵族派人来买东西为主；"朝市"就是在太阳刚刚升起的时候开张的市场，以商贾为主，"夕市"就是傍晚时开张的市场，以贩夫走卒为主。官府对市场管理十分严格，对交换的商品也有规定，《礼记·王制》说：圭璧金璋、命服命车、宗庙之器、牺牲等象征身份尊贵之物和祭祀礼器统统不能在市场交易。即使允许用于交易的日常用具、兵车、布帛、五谷、禽兽等，不符合规格也不能上市场交易，一旦被"胥师"发现，"即诛伐之"。

到了西周中期，由于私有观念的发展，属于公有制的田地在贵族间也出现了买卖。格伯簋的铭文中记载了格伯曾以"三十田"换取"良马"四匹；另一件彝铭记载，贵族矩伯以"十田"换一件瑾璋，以"三田"换用赤琥、麋鹿皮做的披肩以及蔽膝等物。从中看出不仅田地可以用来交换，连作为礼器的玉器也用来交换，可见西周中后期交易很盛，渐渐超出了官府的控制范围。此外，民间的物物交换也十分频繁。《诗经·卫风·氓》说："氓之蚩蚩，抱布贸丝"，即抱着布匹来交换丝织品。本来货物交易就兴起于田边或井边，人们用多余的东西交换所需的物品。这种民间的物物交换成为自然经济的有效补充形式。

西周商品交换使用的货币以贝为主，除了天然贝壳外，还有玉贝、陶贝、石贝及骨贝。计算贝的单位为"朋"，一朋约为5贝。当时"十田"市值80朋，"三田"市值20朋。除了用贝作为交换媒介外，青铜器也成了可以流通的货币，使用单位称为"寽"，一"寽"相当于一朋半，价值较高。西周后期的留鼎铭文记载，5个奴隶价值"百寽"。由于青铜器本身价值就高，在承担货币职能后，逐渐取代贝成为重要的货币。

贵族生活

"天子建国，诸侯立家，卿置侧室，大夫有二宗，士有隶子弟。"在贵族统治阶级内经过层层分封，形成了诸侯、卿大夫、士3个不同的贵族阶层。"天子建国"，即天子通过分封建国，而分封的各个诸侯之间也有地位高低不同，分公、侯、伯、子、男五等，他们是地方最高统治者，是王之下的第二级统治者。"诸侯立家"，即诸侯把自己的庶子分出去建立家室，有食采邑的大夫，也有无采邑而食田的大夫，大夫成为贵族统治阶层的第三级。大夫下面继续分封，庶子为士，一般没有采邑，只有食田，士成为贵族的最后一级。这些贵族因分封和宗法而形成不同的等级，他们也生活在不同等级的礼乐规范当中，从衣食住行到生老病死，从射御田猎到飨食宴饮，从待人接物到聘问拜会，无一不在礼制当中，无时不体现出与身份相符的礼仪。

衣食住行

西周贵族的帽子有冕、弁和冠等。冕是王公诸侯的首服；弁是从天子到士的全体贵族常用的首服。冕和弁的区别在于弁是前后一样平，而冕则是前面比后面低出一寸多。冕前面的穗带——旒，则依据爵位的高低而多寡不一。冠是贵族常戴的首服，所有贵族的子弟年满20后都要举行冠礼，表示他已经成人。在举行冠礼的时候，来宾要为他加3次冠：首先加黑色的布冠——缁布冠，表示从此有参政的权利；然后加皮弁，表示从此以后有承担狩猎和战斗的义务；第三次加爵弁，表示从此以后有参加祭祀等礼仪的资格。在加冠之后，再穿上成

年贵族的衣服：黑色的衣，浅绛色的裳。

上衣和下裳是贵族常穿的服饰。上衣右衽，即衣襟在右边，由胸前围包背部，这是从商朝直到战国时期的常见服饰；下裳像今天的裙子，由7幅布围成，前3幅后4幅，两侧重叠处相连，所以前面方正平整，两侧有褶裥。除了上衣下裳之外，还有束在腰间用以蔽膝的"芾"和缠脚绑腿的"斜幅"。这个"芾"不仅仅是蔽膝遮寒之用，更是贵族身份的象征。

"芾"与贵族身上所配的横玉——"珩"（又写作"衡""黄"），一起成为贵族身份的象征。根据西周"命服"制度，即贵族服饰等级制度的规定："朱芾葱珩"是最高贵的等级，所以君王之子生下来就佩戴朱芾和葱珩，此外也赏给具有公爵的执政大臣；次一等的是"赤芾"，《诗经·小雅·才菽》记载诸侯来朝的服饰是："赤芾在股，斜幅在下"。与之相配的是"朱黄"，所以"赤芾朱黄"赏给"卿"一级大臣和诸侯；再次一等的是"赤黼芾"，赏给司土、司工、司林、司卜事等大夫一级官吏；再其次"缁芾黄"，就是黑色的芾和素色的珩，赏给司工、司辅、官司邑人等官吏；最次是"叔芾金黄"——白色的芾和金色的珩，赏赐给小官吏。凡是朝见天子，执行王命或出征，诸侯以及各级官吏必须穿戴命服，这是各级贵族身份的象征。

周人主要以稷为粮食，其中的精品为"粱"，经常与肉并称"粱肉"。黍也是周人的常见粮食，但比稷贵重，常用来招待客人。此外还有菽、麦、稻、麻等粮食。除粮食外，周人以家畜肉类为贵。而西周贵族的食和祭都有不同的等级。从天子、诸侯、卿、大夫、士以至庶人，都要在自己"食"的等级上再升一级用以祭祀。《国语》记载："天子举以太牢（牛、羊、豕三牲），祀以会；诸侯举以特牛（一牛），祀以太牢；卿举以少牢（羊、豕、鱼），祀以特牛；大夫举以特牲，祀以少牢；士食鱼炙，祀以特牲；庶人食菜，祀以鱼。"只有有采邑都鄙的贵族才能食肉，所以大夫以上按吃肉的等级再加一级祭祀；士只有鱼吃，用特牲祭祀；庶人只能吃菜，所以用鱼祭祀。

根据《诗经·大雅·绵》记载，古公父刚到周原时"陶复陶穴，未有家室"，这种"陶复陶穴"是一种在底部用火烧硬的半穴式居处，自新石器时代以来一直长期使用，周建国之后，用夯土版筑技术修建宫室，克商之后大兴土木建造宫室，而普通百姓仍居住在半地穴的居处里。虽然至今没有发现西周介于简陋穴居和复杂宫室宗庙之间的建筑，但从西周礼制用乐可知，西周贵族居所至少有厅、堂、阼、阶，用以演奏、摆放乐器并接待客人。西周房屋的内部陈设，大致以席和几为主。室内设席，所以登堂入室都必须脱鞋。《周礼》说："室中度以几，堂中度以筵，宫中度以寻"。"筵"即为"席"，1"筵"9尺，所以筵和几常常作为古人的度量单位。一般堂上陈设的情形是：门内设有屏风和幄帐，靠南的窗间设有饰以黑白杂绘的席，西面是镶边的蒲席和饰以贝壳的几；东面是绘有彩画的莞席和镶有玉的几；北面是黑色的篾席和漆几。

在西周，贵族的交通工具是马车。西周的车有驾马的戎车、乘车和载重的牛车。车马不仅是作战和交通工具，也是贵族的身份礼仪象征。一个贵族所用的车马数量以及装饰，都随着等级不同而有所增减。同时诸侯国大小也是按车马数量计算的。

田猎射御

"国之大事，在祀与戎"，所以贵族对田、猎、射、御很重视。在乡学以及大学的辟雍和泮宫都设有射宫，经常举行射礼。在乡间举行乡射礼，在大学举行大射礼。贵族一般在乡饮酒礼和飨礼之后都要举行射礼，不仅娱民，还为了选拔人才。乡射礼和大射礼一样，有三番射礼，第一番射为"三耦"射，即挑选乡中或国中的弟子6人分成上、次、下3组，依次发4箭比试，由于是示范性质的比试，所以射出的结果不予以计算；第二番除"三耦"射外，乡射礼还有主人和众宾参加，大射礼则有国君、公卿、大夫等参加，分成两组比赛，计算射中次数以分胜负，第三番是大家按音乐节奏一起发射。乡射礼与大射礼不同之处在于乡射礼只有一个"侯"——箭靶，而大射礼有三个"侯"，公射"大侯"，大夫射"参侯"，士射"干侯"。"侯"就是用动物皮或在布上绘制动物图像而制成的靶子。《周礼·司裘》说：天子大射用虎侯、熊侯、豹侯，诸侯大射用熊侯、豹侯，卿大夫用麋侯。这些侯的身上还设有箭靶的中心——鹄的。级别比较高级的贵族直接射用兽皮做的侯，而较低级的贵族射用布画兽形的侯。除了射礼之外，一年举行的4次会猎也是贵族大展身手、检阅军队的好时机。

飨食燕饮

贵族间聚会宴饮的礼节，按照等级高低，分为乡大夫主持的乡饮酒礼和高级贵族主持的飨礼。飨礼是天子、诸侯、卿大夫等高级贵族为招待贵宾而举行的酒宴，所以比较隆重。飨礼与乡饮酒礼过程相似，但规格较高，所用的酒也与乡饮酒礼所用的不同。飨礼所用的醴就是由小麦酿造的甜白酒。这种酒经常用于行礼，而非饮用，所以飨礼用醴进一步表现它的礼仪化和形式化。因为飨礼往往是站立着举行，所以又称"立饮"。而且在开始献宾之前，还要用郁鬯来灌，让宾客嗅到香气。这种灌鬯的礼节表示隆重地敬献，只有在飨礼和祭礼中使用。由于飨礼隆重，所用的乐比乡饮酒礼更加繁复。至于燕礼，则是诸侯宴请大夫或贵宾的礼仪，重在娱乐性，不是大礼，所以用的乐与乡饮酒礼相同。

聘问朝会

贽见礼是贵族之间相互交往的见面礼节。诸侯派人出使他国与他国诸侯相见称之为聘礼，是贵族之间高级的会见礼。在出使前，国君要把自己的命圭给使臣，同时授"束帛加璧"，用以拜见诸侯；再授璋和"束帛加琮"，用以拜见诸侯夫人。

诸侯朝觐天子的觐礼是贵族间最高贽见礼。诸侯到近郊时，天子派使臣前来犒劳，行"郊劳"之礼。诸侯入殿门之后，行臣子之礼，把玉献给天子。天子除了受玉之外，还要"抚玉"，表示对臣下的慰勉之意。

人生礼仪

贵族从出生到入土都有一定的礼仪，其中出生、嫁娶、葬礼是人生的三部曲。《诗经·小雅·斯干》是歌颂王室贵族生子的篇章，其中记载了君王之子生下来的礼仪："乃生男子，载寝之床，载衣之裳，载弄之璋……乃生女子，载寝之地，载衣之裼，载弄之瓦。"贵族的子女出生待遇不同：男子弄璋，女子弄瓦，所以后人称生男为"弄璋之喜"，生女为"弄瓦之喜"。不仅如此，嫡长子一生下来就成为该族的大宗，所以礼仪十分隆重，让他穿上衣下裳，还佩戴象征身份的"朱芾斯黄"。到了20岁，就举行成人典礼——冠礼。冠礼之后表示已经正式成人，享有参加祭祀、田猎和朝会的权利。一般贵族子弟在出生后只有名，冠礼之时有来宾为其取字。西周贵族的字往往包括"伯、仲、叔、季"的长幼次序以及"甫"——表示成年之后可以称为人父。在宗法制下，长幼次序也是社会坐标，表示他在这个族群中的地位。

婚礼也是贵族重要的人生礼节。婚礼的第一步为"纳彩"：男家派使者——媒人赟雁到女家行礼，即一个家族向另一个家族要求建立婚姻关系。两家同意联姻之后再问名，然后是纳吉、纳征和请期。纳征具有订婚性质，男家以五匹帛和一对鹿皮送女家作为订婚之礼。请期仍然用雁。最后是迎亲，一般在黄昏，男子亲自赟雁去女家迎亲。成婚之后，新妇要拜见姑舅。贵族之间的联姻往往并不是单纯为了结成伴侣，还有延续宗嗣，结两姓之好的意图。

丧礼是贵族人生的最后礼仪，但也是极其繁复的礼仪。《仪礼》有一半篇幅都用来讨论与丧礼有关的礼节。一般死者刚死之时，要先招魂，无效之后才举办丧礼。亲人以及同宗兄弟要集中起来参加丧礼，国君也要派人前来吊唁慰问。之后依次小殓，然后大殓入棺，最后择日而葬。丧服的等级依照亲疏远近有不同的规格，而国君派使臣不仅吊唁死者，还表示对嗣子地位的确认，所以丧礼也是厘定同族社会关系以及新的宗子关系的场合。

礼不下庶人

《礼记·曲礼》说："礼不下庶人，刑不上大夫。"士是最低一级的贵族，按照嫡长子继承制，士的嫡长子仍为士，而其他庶子则为庶人，从庶人以下即为贱民。礼是调节贵族之间关系的礼仪规范，所以礼就不能下庶人；庶人也不能被礼所保护，一旦获罪，则被降为奴隶。庶人跟士一样易于分化，可以上升为贵族，也可以降为奴隶，是一个极不稳定而成分复杂的阶层。庶人基本可以分为"国人"和"野人"两类，前者是具有参与政治、教育和选拔权利，同时也需履行兵役和劳役义务的国家自由公民，是上一等的庶民，或下一等的士，属于统治阶级；后者主要承担农业生产、无偿服劳役和提供生产产品，是下等庶民，也称为"氓"，属于被统治阶级。

　　根据西周的乡遂制度，周王室直接统治的地区分为国和野。国与野的交界处为郊，也称为"四郊"。在国与郊之间设六乡，郊外至野设六遂，组成西周乡遂制度中的"乡"和"遂"。在周王都城郊外的广大地区，除了直接由周王控制的野地六遂外，还有卿大夫们的采邑——甸、都、鄙，简称"都鄙"。这些野地六遂与卿大夫的都鄙合称为广义的"野"，居住在野的居民称之为"野人"；与之相对的，都城以及四郊之内的六乡则称之为"国"，居住在国内的称之为"国人"。因统治区域的不同区分，居民在国与野之间的迁徙也不同，如《周礼·比长》记载："徙于国中及郊，则从而受之，若徙于他，则为之旌节而行之。若无授旌节，则唯圜土内之。"这里的"圜土"就是用土墙围成的监狱。也就是说六乡居民在国中和四郊范围内迁徙，手续简便，而只要迁出这个地区，必须持旌节而行，没有授予的旌节，就要被捕入狱。

　　国与野并非单纯的地域划分，而且还有居民身份的区分。居住在都城以及六乡之内的国人，其社会组织为乡党——"令五家为比，使之相保；五比为里，使之相受；五里为族，使之相葬；五族为党，使之相救；五党为州，使之相赒；五洲为乡，使之相宾。"这种乡党组织带有浓厚的血缘关系，他们采取的仍是聚族而居的方式，连丧葬也要合族而葬，是氏族组织的残余形式。而居住在野的六遂之民，其社会组织形式是邻里的形式。这种组织形式没有提及各个组织之间的血缘关系，可见是以地域关系、邻里关系为主。

　　居住在乡、遂的居民，享受的待遇也不尽相同。"庶人力于农穑"，庶人是从事农业耕作的主要劳动力，所以国人和野人都有份田，但不同的是野人的份地，是单纯为了农业生产和为贵族服役，而国人的份地是向国家服兵役和劳役的保障。野地的庶民在"方里而井，井九百亩，其中为公田，八家皆私"的井田上耕作，他们必须"公事毕，然后敢治私田"。他们无偿为奴隶主贵族耕作井田制中的公田，而这种无偿的劳动则称之为"助"。除了在公田上无偿劳作外，在自己的份地也要出贡赋。根据《周礼》记载，负责巡查庄稼成果的司稼要"巡野观稼，以年之上下出敛赋"，即根据年成的好坏制定贡赋多寡。此外，六遂的居民还要为贵族狩猎，"取彼狐狸，为公子裘"，将大的野猪献给主子用于祭祀，自己只能留下小的。每当收割完毕，要为奴隶主和官府建造宫室，修葺

屋宇，冬天还要凿冰、藏冰，以备来年奴隶主夏天消暑之用。同时，他们的妻子还要为贵族采桑、织染，"为公子裳"，自己却"无衣无葛"，难以度日。

作为自由民的六乡之民，主要承担军赋、兵役和力役。《周礼·小司徒》说："乃会万民之卒伍而用之：五人为伍，五伍为两，五两为卒，五卒为旅，五旅为师，五师为军，以为军旅，以作田役，一比追胥，以令贡赋。"按照《周礼》记载，西周的军队编制完全与六乡居民的乡党组织相结合：五家为比，每家抽取一人入伍，就成"五人为伍"，以此类推，六乡居民就编成了"六军"。成王之时，西都宗周驻扎着六军之师，即"宗周六师"，而东都由于战事需要，驻扎"成周八师"。这些军队不仅用于战事，还用于田猎和力役，负责追捕逃犯，同时承担六军的军赋。与之相对的六遂之民，没有经常的军队编制，只承担劳役。

六乡之民是贵族政权的有力支柱，承当保家卫国的重任。《周礼·大司徒》说："若国有大故，则致万民于王门"；《小司徒》又说："凡国之大事致民，大故致馀子"。这里的"万民"就是指六乡的正规士卒，"馀子"就是正规士卒外的劳动力。"致民"就是召集军队保卫国家，"致馀子"就是召集六乡中的馀子、羡卒。如果遇到重大事情，如灾寇，就要召集正卒，不够还要召集"馀子"。所以承担兵役的国人又称为"士"，即指甲士、战士。除了保家卫国外，国人还有参与议论国家大事的权利。《周礼·小司徒》说："掌外朝之政，以致万民而询焉，一曰询国危，二曰询国迁，三曰询立君。"即在国家有重大危难或迁徙国都、另立新君的时候，掌政的国君或大臣一定要征询国人的意见。同时国人还有议论国政的权利，所以周厉王因"弥谤"而引发国人暴动。

除了具有参与政治的权利外，六乡居民还有接受教育的权利。在乡里设有国家的乡级教育机构——乡学。《周礼·大司徒》说："以乡三物教万民而宾兴之，一曰六德：智、仁、圣、义、忠、和；二曰六行：孝、友、睦、姻、任、恤；三曰六艺：礼、乐、射、御、书、数。"在乡里，经常举行尊老敬长的乡饮酒礼和选贤任能的乡射礼，前者以和睦乡人为主，后者则是以选举贤能为主。通常在六乡之中，每三年要"大比"一次，通过开展乡射礼，请众庶来评论，然后由乡大夫把武艺高强的人推荐给国君，在国君那里再比试，最后推荐给天

子。这些六乡之民可以通过选拔，成为国家的官吏，负责乡中和军中事务。

工商业者在西周社会中是不可或缺的阶层，其地位与庶人相似，不同之处在于"庶人食力，工商食官"，即庶民是田间劳作的农人，工商业者是官府供养的匠人、贾人。《周礼·春官·大宰》说："以九职任万民：……五曰百工，饬化八材；六曰商贾，阜通货贿……"即在春官九职中有"百工"和"商贾"的职务，他们都是管理官府工匠的官职，"任工以饬材事，贡器物"，"任商以市事，贡货物"。工，即匠人，专门从事手工业生产；商，即商人，从事商品交易。除了官府设置的商贾外，还有"贩夫贩妇"的民间商人。在西周初年，许多殷遗民从事商业，他们"肇牵车牛远服贾，用孝养厥父母"。到了西周后期，商人的势力相当大，郑桓公东迁时，就曾借助商人的势力，并与他们达成协议。商人在西周后期，逐渐登上了历史舞台，以至成为今天商业一词的来源。

《左传》说："庶民工商、皂隶牧圉皆有亲昵以相辅佐"，《国语》也说："庶人工商各守其业，以供其上"，虽然他们都是为奉养奴隶主贵族而从事生产的劳动人民，但是"庶人工商"是拥有自由身份的平民阶层，而"皂隶牧圉"则是专门侍奉贵族的奴隶。尽管如此，在"皂隶牧圉"之间还有等级和分工："皂臣舆，舆臣隶，隶臣僚，僚臣仆，仆臣台。马有圉，牛有牧。"具体而言，奴隶分为庶民获罪奴隶和战俘奴隶。据《周礼·秋官》记载，犯罪的平民："墨者使守城，劓者使守关，宫者使守内，刖者使守囿，髡者使守积"。而战俘奴隶则分为三大类：一是单身的奴隶，称为"鬲"或"讯"，以"匹"或"夫"计算，是战争中的俘虏；二是有家室的奴隶，称之为"臣"，以"家"为单位，他们是被俘虏的夷人及其后代；三是整族沦亡的奴隶。

在西周，以战俘奴隶为主。小盂鼎记载，康王伐鬼方，一次战役就俘获敌人 13081 人；虢季子白盘记载夷王伐猃狁，一次"执讯五十"。在这些战俘中，还有女战俘，大多成为奴隶，并世代为奴，所以《诗经·既醉》说："其仆维何，厘尔女士。厘尔女士，从以子孙。"在上古时期，一旦战争失败，整族都就会变成奴隶，所以连商朝贵族微子在殷商末年都忧心忡忡地说："商其沦丧，我罔为臣仆"。而且一旦成为奴隶之后，地位低下，永难翻身。《易经·遁》说："系遁，有疾厉，畜臣妾吉"，即将奴隶等同于用绳子畜养的牲畜。如果奴隶逃

亡，往往要被抓捕回来。早在文王时期，就制定了"有亡荒越"的制度，即一旦有奴隶逃亡，就要大肆搜索。西周的奴隶不仅身份卑贱，还被随意交换，且价格低廉。当时的奴隶交易，5个奴隶相当于一匹马或一束丝的价格。

《国语》说"皂隶食职"，即奴隶也有各种分工。"臣妾"是从事农业生产的奴隶，可以随土地一起转让；"仆御"是管理车马和驾驭的车奴；"牧"是掌管畜牧的奴隶，"百工"是从事手工业生产的奴隶，由职官集中管理。在西周的大量手工业生产作坊，如冶铜、制骨器、玉器以及纺织业中，都有大量奴隶从事生产劳动。这种奴隶制的生产方式，一直延续到春秋时期。

以德配天

"德"是一个后起的文字，在西周之前没有这个字。文学家和史学家郭沫若认为，在殷墟卜辞及殷人的彝铭中没有"德"这个字，而在周代彝铭如成王时期的班簋和康王时期的大盂鼎却明白地写着"德"字。可见"德"字是在西周之时才出现的文字。德的古字为"惪"，可作"直心"解，即德由心生。为什么在西周之前没有出现"德"字，而在周初的铭文和《尚书·周书》中却连篇累牍地谈到"德"呢？这应该源于商、周之际的巨大变动以及周人对殷人之所以失去天命的思考。

周初统治者在总结殷亡教训时，逐渐发现了德的重要性。《尚书·君奭》有一段告诫后世子孙的话，大意是说保住天命不转移很困难，要继先王圣祖的光辉，发扬他们的传统，并不是单靠占卜就能永保江山。周公也在《尚书·召诰》里谆谆告诫道：夏、商"不敬厥德"才丧失天命，早早离开了历史舞台。唯有"王其德之用"，才能"祈天永年"。

那么，什么是"德"呢？在周人先王那里，"德"首先是帝王的"明德修身"。《尚书·无逸》记载了周公告诫子孙修德养性的话："呜呼！君子所其无逸，先知稼穑之艰难……继自今嗣王，则其无淫于观，于逸，于游，于田，以万民惟正之供。"即作为君王要知道百姓生产的艰辛，不耽于享乐以及优游田猎，而是要勤于政务，作万民的表率。

其次要"明德慎罚"。《尚书·吕刑》是记载西周刑法的篇章，但是它却说，"王曰：'呜呼！敬之哉，官伯族姓，朕言多惧。朕敬于刑，有德刑。'"即要谨慎地使用刑罚，刑只能作为德的辅助工具以教育为目的，而不是一味惩罚报复。

最后是"敬德保民"。《尚书·泰誓》说"惟天地万物父母，唯人万物之灵，亶聪明，作元后，元后作民父母"；《尚书·五逸》"怀保小民，惠鲜鳏寡"，即告诫天子要像天作为万物的父母那样，作民的父母，要像怀抱褓褓的婴孩那样保护你的人民，尤其要照顾那些鳏寡孤独的人，因为他们更需要你的保护。

周人在"天命无常"的基础上得出了"以德配天"的思想。因为天命不是固定在某一人身上，它会发生变异和转移，而这个转移变异的基点就是"德"，是民心所系。也就是说天命以人心向背为根据，决定王权的兴衰，而民心的向背又取决于统治者的"德"。如周公在《召诰》里所说："其惟王位在德元，小民乃惟刑用于天下，越王显……欲王以小民，受天永命。"即只有以德配天，才能够"受天永命"。

周易

《易经》又称《易》或《周易》，共12篇，主要分为"经"和"传"两部

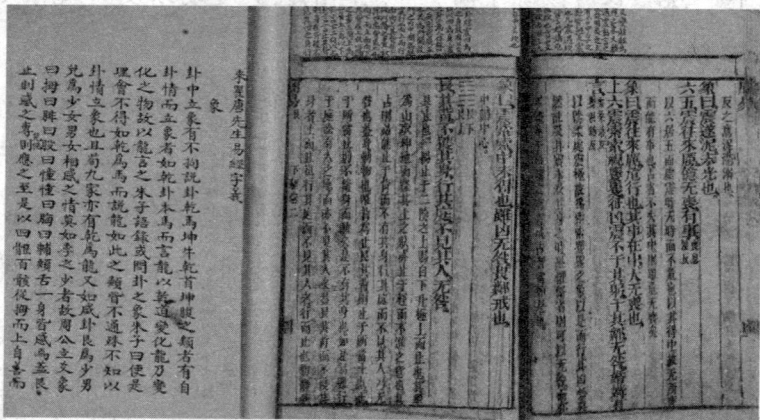

《周易》书影

分。经的部分包括卦、爻两种符号和卦辞、爻辞两种说明性文字，相传为文王

所作。"经"分上下两篇，上经30卦，下经34卦，共计64卦。每卦6爻，共计384爻。卦辞和爻辞中记录了对古代自然现象、社会历史、人事行为等占筮得失、吉凶的断语，所以有人认为《易经》是卜筮之书。"传"的部分由《彖辞》上下、《象辞》上下、《系辞》上下、《文言》《说卦》《序卦》《杂卦》等7部分10篇组成，就是所说的《十翼》。"传"是对"经"的注释和引申，据说是孔子所作。"传"使《易经》从占筮之书变成哲学之书。

《易经》中"经"的部分，大概成书于商周之际，所以也称为《周易》。《周易·系辞下》说："《易》之兴也，其当殷之末世，周之盛德耶？当文王与纣之事耶？"《史记·周本纪》记载西伯文王被商纣王"囚羑里，盖益《易》之八卦为六十四卦"。《日者列传》也说："自伏羲氏作八卦，周文王演为三百八十四爻而天下治"，《汉书·艺文志》记载："至于殷周之际，纣在上位，逆天暴物，文王以诸侯顺命而行道，天人之占可得而效，于是重《易》六爻，作上下篇"。根据史书记载，皆认为《易经》为文王在伏羲所创八卦的基础上所作。同时在周原的甲骨卜辞中有一些异形符号，常见于卜辞或铜器、陶器上。根据史学家判断，这些符号很可能就是用来记录卦象的筮卦数字，足可证明在文王所处的西周早期，筮占的方法已相当成熟。故《易经》中"经"的部分始著于殷周之际，成书于西周的早、中时期的说法可以采信。

《易经》中的"经"可以说是周代时人筮占经验的集成——由文化水准较高的人收集周人的占筮记录加以订补，并将涉世经验、哲理思辨、史事休咎等内容列在卦爻之下，集合成书。至于这个"文化水准较高的人"就自然归于贤能圣德的文王名下。

筮法起源很早，据考古研究，在新石器时代的一些彩陶瓿、罐上就有八卦符号。汉代经学家认为，《连山》就是夏朝总结筮法的筮书；到了商朝，筮法与占卜并用，在殷墟和安阳四盘磨发现的甲骨以及周原的卜甲上，都发现了由数字组成的八卦符号，可知筮法是当时人们沟通神人之间的重要方法之一，《归藏》即为商朝总结筮法的筮书。"周承殷礼而损益之"，周人虽然继承了殷人筮卜两种方法，但更注重于筮法，所以筮法在西周一世逐渐完备和系统化。《汉书·艺文志》说："及秦燔书，而《易》为卜筮之事，传者不绝。"正因为《易

经》为卜筮所用的书，所以才与医药之书同列而未被焚毁，流传至今。

至于《易经》中"传"的部分为孔子所著的传统说法殆难成立。因为孔子几乎没有自己的著作，"传"也不是出自一时一人之手，应是从战国到汉初有关解释《易经》的著作选辑。在战国魏王墓里发现的"竹书"中，有一部《周易》。据杜预说，这部《周易》分上下篇，没有《彖》《象》《系辞》和《文言》。可见，战国时的《易经》本身只有上下篇。早期的《易经》，其"经"和《十翼》是分开的，直到东汉末年，郑玄才把《彖》《象》纂入"经"中。

象数与义理

《易经》内容有象数和义理之分。象数就是《易经》里的卦象、爻象及阴阳奇偶之数，即"经"的部分，义理就是64卦、384爻所蕴含的哲学理论，即"传"的部分。后来易学也分为象数和义理两派，前者强调《易》的符号或符号系统，后者侧重《易》的哲学内涵。其实，二者不能割裂开来分说。《易经》里的哲学原本为象数，然后从象数中阐发出义理，二者犹如树木的根干和枝叶，密切关联，不可分割。

虽然象和数经常连称，但二者还有区别。《系辞传》说："《易》者，象也；象也者，像也"，"八卦成列，象在其中"。即是说《易》的符号和符号系统是世界万物的象征，也就是伏羲氏"近取诸身，远取诸物"的取像代表。在《易经》里，最初的是阴阳二画之象，伏羲画为八卦之象，文王演成64卦之象，在64卦中又各有6爻，共384爻之象；而"数"是指《易》中阴阳、奇偶之数及其交错变化之运的综合之数。

《易传》解释《易经》的64卦的结构为："易有太极，太极生两仪，两仪生四象，四象生八卦"，"八卦成列，象在其中矣；因而重之，爻在其中矣"。具体而言，64卦由八卦演变而来，八卦源于阴阳两画，其中用"— —"来表示阴，用"—"来表示阳，就像用"+"和"-"符号代表正负和阴阳电荷一样，代表阴阳的符号不在于符号本身而在于所代表的事物。而阴阳二物又是源于"太极"。"太极"就是"大一"，这个"一"就是《老子》所说的"道生一，一生二，二生三，三生万物"的"一"，是一个抽象的概念，表示世界宇宙的原始。"太极"就是这个抽象而绝对的原始"一"，"两仪"就是太极派生出来的与

"一"相匹配的两个对立体，即矛盾的对立面。"太极生两仪"可以说就是现今哲学辩证法中一分为二的观点，这里的"两仪"就是指阴阳两仪。"两仪生四象"中的"四象"就是阴阳两仪两两相叠而成的四个卦象：由两个阴叠起来的太阴，由上阳下阴叠起来的少阳，由下阳上阴叠起来的少阴和由双阳叠起来的太阳。"四象生八卦"，就是在"四象"的符号上再叠阴仪或阳仪，形成乾、坤、艮、坎、震、巽、离、兑8个卦象。"八卦成列，象在其中矣"，这八个卦象的名称是人为编订的，分别代表八种不同的性质，如《说卦》所说："乾，健也；坤，顺也；震，动也；巽，入也；坎，陷也；离，丽也；艮，止也；兑，悦也。"

《易经》称八卦为"小成"，大概八卦有了名称之后，就成为一个公式，无论自然界或人类社会，一切事物皆可套用。例如《说卦》列举道："乾为马，坤为牛，震为龙，巽为鸡，坎为豕，离为雉，艮为狗，兑为羊；乾为首，坤为腹，震为足，巽为股，坎为耳，离为目，艮为手，兑为口……"这样的例子不一而足。"因而重之，爻在其中矣"，说的是64卦的形成：以八卦为基础，在此基础上再重以8卦，遂变成64卦，而在这64卦象之中，又包含有6爻的爻象。

根据《易经·系辞》的记载，当时的占筮方法是用50根蓍草来排列组合进行演算，先拣出一根另放，其余的任意分成两份，再以4根为一组计数并排除其余额。这样3次演变后，所剩的蓍草必定为36、32、28、24四个数之一，然后除以4的结果为9、8、7、6，按照奇数象阳、偶数象阴的原则得出一个阴爻或阳爻。单卦由3爻组成，只要演算3次即可；重卦由6爻组成，需要演算6次。得出的卦象再按照卦辞来解释。《易经》经的部分为六十四卦，每卦先列卦象，次列卦名，再列卦辞。每一爻先列爻题，次列爻辞。每一爻均由两个字组成，前一个字为初、二、三、四、五、上，表示爻的次序；后一个字为九或六，表示爻的性质为阴爻还是阳爻。所以每卦六爻的爻题依次为初六、六二、六三、九四、九五、上九。《周易》的卦辞和爻辞共450条，4900多字，此外还有对《易经》进行阐释的10篇传。

义理就是《易经》中所包含的哲学道理。《系辞传》说："夫《易》，彰往而察来，而微显阐幽，开而当名，辨物、正言、断辞则备矣。其称名也小，其取类也大。其旨远，其辞文，其言曲而中，其事肆而隐"，"《易》之为书也，广大备悉。有天道焉，有地道焉，有人道焉"。可见《易》道广泛，无所不包，蕴含着宇宙人生的诸多道理。《易经》的核心思想即为"易"。郑玄在《易赞》和《易论》中说"易"含有3个基本的含义：一是使用简单，简而易懂，二是"易"就是通过不同的卦像分析推测事物的变化，三是宇宙万物永远有它自己不会变易的自然法则——规律。其实变易和不变都是"易"的真髓，通过变易来窥探不易，就是"易"的主旨，因此在《易经》中，基本是根据阴阳两事物的转变来考察事物的变化规律的。

《系辞》说："在天成相，在地成形，变化见矣。是故刚柔相摩，八卦相荡；鼓之以雷霆，润之以风雨；日月运行，一寒一暑；乾道成男，坤道成女"。在八卦的卦象之中，以"--"和"-"代表阴阳二性。之所以以"--"和"—"作为阴阳的基本符号，郭沫若认为"—"为男根之象，"--"为女阴之象，即"画一以像男根，分而为二以像女阴"。这与《系辞传》"乾，其静也专，其动也直"，"坤，其静也翕，其动也辟"的说法基本吻合。

在上古时代，初民们最困惑的是天地间的无中生有现象，在他们的思维里，天地万物是相互交感而生的，而人类男女结合就是阴阳二性相互交感的典型代表。所以在先民社会的自然崇拜里，有很多崇拜物与生殖相关。当人们确信生生不息在于阴阳二性的交感之后，遂把男女生殖推广到天地万物，生殖崇拜也进而演化为宇宙的形成模式。源于男女两性器官形状的阴阳符号遂变成世间所有两两相对事物的代表，其阴阳的思想也就贯穿于《易经》之中。所以《庄子·天下篇》说："《易》以道阴阳"，《系辞下》也说："一阴一阳谓之道"。在《易经》中，也直接出现了4个"道"："小蓄"初九的爻辞说："复自道，何其咎"；"复"卦九四爻说："反复其道，七日来复"，这两个"道"是道路的道；"随"卦九四爻辞说："随有获，贞凶。有孚在道，以明，何咎！"《象传》说："随有获，其义凶也。有孚在道，明功也。"这里的"道"指的是事物发展变化的规律，意思是说跟随事情而有收获，结果是凶兆；如果有诚信，依道行事，哪里会有咎呢？《易经》首次把作为事物发展变化的"道"提出来，对后世中国哲学思想的发挥起了重要作用。

另外，《易经》还主张采取"中行"。"泰"卦九二爻辞说："包荒，用冯河，不遐遗；朋亡，得尚于中行。""包荒"就是大度包容，"冯河"就是勇敢地涉水过河，远处不遗漏；不结朋党，得当而"中行"，就能发扬光大。"复"卦六四爻辞也说："中行独复"，即是说采取中行的手段，就能独自回复到正道上来，另外"益"卦的几处爻辞也提到中行，可见中行之道在《周易》中非常重要。

《周易》背后的周代社会

《易》道广泛，天道、地道和人道无所不包，所以除了探究变易的旨趣和无处不在的阴阳思想外，《易经》还保存了商周时期的大量史料，涵盖了当时社会农业、畜牧、渔猎以及祭祀、征伐、诉讼等诸多内容。

《易经》中经常反映西周的军国大事以及适应周统治者的行事决策。"既济"的九三爻辞说："高宗伐鬼方，三年克之，小人勿用"；"未济"九四爻辞也说："贞吉，悔亡。震，用伐鬼方，三年有赏于大国。"《诗经·鲁颂·閟宫》说："不亏不崩，不震不腾。"郑笺："震、腾皆谓僭逾相侵犯。"所以爻辞里的"震"是指鬼方入侵。这两条爻辞反映了周人在季历时期征讨鬼方而得到商王大量赏赐的事迹。鬼方是殷周之际居于中国西北方的一个方国部落，经常骚扰中原，对商王朝边疆形成威胁。商王武乙时，季历奉商王命令讨伐鬼方，力战 3 年，俘虏了鬼方 20 多个部落首领。商王武乙在周人对鬼方用兵取得初步胜利后，赐给季历土地、玉器以及马匹。又如"屯"卦初九的爻辞说："磐桓，利贞居，利建侯"；"豫"卦的卦辞也说："豫，利建侯，行师。"这里的"建侯"就是建置诸侯，"行师"就是出师征伐，反映了西周初年周公东征和分封诸侯的事情。"离"卦上九爻辞说："王用出征，有嘉斩首，获匪其丑，无咎。""丑"就是俘虏，说的是周王出征，嘉奖斩获敌人首级和擒获敌人的战士。

《易经》的"师"卦可以说是对用兵战术的一个总结："初六，师出以律，否臧凶。"就是说师出必须要有纪律，否则就是凶兆；"在师，中吉，无咎，王三锡命"，即指挥得当，就能取得胜利，获得周王的多次赏赐；"六三，师或舆尸，凶"，这里的"舆"解释为"众"，在周人的祭祀制度里，经常由一个活人扮尸代表被祭祀的祖先，称为"尸"，后来演化成祖先的牌位，所以"尸"解释为"主","舆尸"就是众人做主的意思。这段爻辞的意思是说,如果军队由多人指挥,就是凶兆;"六五,田有禽,利执言,无咎。长子帅师,弟子舆尸,贞凶",即是说在以田猎演练战事时,擒住野兽是有利而没有危害的;如果长子率领军队,众弟子主管,则是凶兆;"上六,大君有命,开国承家,小人勿用","大君"是指周王,"开国"是指建置诸侯,分封建国,"承家"就是分赏卿大夫的官爵,"小人勿用"就是不任用小人,以免发生叛乱。

"国之大事,在祀与戎",除了军国大事之外,《周易》还反映了周代祭祀的情况。"益"卦的"六二"爻辞说:"或益之十朋之龟;弗克违,永贞吉,王用享于帝",反映了周王祭祀上帝的情况。"随"卦的"上六"爻辞说:"拘系之,乃从维之,王用享于西山",说的是周王驾车前往西山,到达后,先把马系好,然后举行祭享。"萃"卦的卦辞也说:"王假(格)有庙,利见大人,亨,利贞。用大牲,吉。利有攸往。"指的是周王来到宗庙,接见许多"大人",祭祀用"大牲"。《周易》的爻辞和卦辞中经常见到"亨""利贞""无咎"等专用词汇以及"大人""小人"等指代名词,皆有其固定含义。

此外,《周易》还反映了西周与方国之间的关系。"比"卦的卦辞说:"不宁方来,后夫凶。""不宁方"就是"不宁侯"或"不廷方",指的是不来朝觐的方国。在西周举行射礼的时候,往往用兽皮或画布做成射箭的靶子,称为"侯",其中就有射不来侯的习惯。《大戴礼记·投壶》记载道:"嗟尔不宁侯,为尔不朝于王所,故抗而射女。"《白虎通义》也说:"名为侯何?明诸侯有不来朝者,则当射之。"西周十分重视与方国的关系问题,经常要征伐不来朝王的诸侯方国,所以当不宁侯来朝见周王时,《周易》认为是吉利的大事。

国人暴动

周厉王姬胡是西周第十代君主。他生性贪婪残暴,为了获得更多的钱财,周厉王不顾百姓的死活,任命和他有相同嗜好的荣夷公为卿士,负责实行"专利"。"专利"就是垄断山林川泽之利,把原来公有的山林川泽宣布国有。他们

霸占了许多湖泊、河流、山川，不准百姓在这些地方打水、捕鱼、伐木、打猎。本来这些资源都是各级贵族和平民共享的，这样一来，就触犯了社会各阶层的利益，引起了下层贵族的不满，而以此为生的平民连生计都无法维持。

西周时，住在城外的农夫叫"野人"，住在城里的平民叫"国人"。当时国人多数是与贵族有宗法或血缘关系的士阶层，有参政议政的权力，王或诸侯经常会就一些重大问题征询他们的意见。所以，他们是一个有一定政治见解、经济实力，也有相当的文化修养的社会群体。由于经常一起参政议政，因此有空的时候，他们常会聚在一起讨论国家大事。实行"专利"后，镐京的国人不满厉王的暴政，怨声载道，纷纷抨击朝政，抵制厉王的政策。

大臣召公听到国人的议论越来越多，不满情绪越来越强烈，连忙进宫禀告厉王说："百姓已经忍受不了啦，街头巷尾议论纷纷，再这样下去，早晚会出大乱子的。"周厉王却满不在乎地说："不用着急，他们不过在诽谤我罢了，我自有办法让他们闭嘴。"于是，他下了一道命令，不许国人像以前那样评议朝政。厉王还专门从卫国招来巫师，要他们四处刺探批评朝政的人，一旦发现在背后议论朝廷、议论君王的人，格杀勿论。于是，国人再也不敢在公众场合谈论任何事情，生怕不小心被卫巫认为是评议朝政。人们在路上碰到熟人，也不敢交谈或打招呼，只用眼色相互示意一下，然后匆匆地走开。镐京城笼罩在一片恐怖的气氛中。

厉王见批评朝政的人逐渐少了，得意扬扬地告诉召公："看见没有？我有能力制止人们的非议，现在他们再也不敢胡说了！"召公早就听说了厉王平息诽谤的办法，劝谏说："您这是用强制的手段来堵住民众的嘴啊！堵住民众的嘴巴，不让他们说话，其后果比堵塞急流直下的江水还要严重。河川被堵就会决口泛滥，伤人更多。用这种办法可以一时堵住百姓的嘴，但是他们的怒气并没有消失，越攒越多，一旦爆发是极为可怕的。"厉王听得昏昏欲睡，摆手让召公退下。

厉王的暴政变本加厉，一年甚过一年，百姓每天都生活在水深火热之中。这样过了3年，公元前841年镐京城内的国人再也忍无可忍，决定举行一次大规模的暴动。他们避过厉王的耳目，私下策划好策略，制定好时间。

一个漆黑的夜晚，镐京城内突然火把点点，越聚越多，都奔向同一个地方——王宫。王宫门前挤满了愤怒的国人，他们敲打着宫门，高喊着让厉王出来受死。厉王平日趾高气扬，其实是个胆小鬼，听到宫外的喊声，早已吓得瘫倒在地。后来，在侍卫的搀扶下，他才慌慌张张带了一批人逃出宫去，一直逃到了黄河岸边，过了黄河到了一个叫彘（今山西霍县东北）的地方才停下来。厉王逃跑后，太子静躲到召公家。愤怒的民众要求召公交出太子。召公在危急关头忍痛割爱，将自己的儿子冒充太子交给国人，不明真相的国人将"太子"活活打死，然后四散而去。

厉王总算保住了自己的性命，镐京是回不去了，国人一定不会放过他的，于是就在彘定居下来，成了一个流亡的君主。

这次以都城四郊的平民为主体的暴动，历史上称为"国人暴动"。这一年，历史上称为"共和元年"。由于《史记》一书由共和元年开始系年记事，因此公元前841年被视为中国历史有确切年代记载的开始。

周幽王烽火戏诸侯

西周末代天子周幽王即位时，国家已经连年灾荒，政局不稳了，但周幽王什么国家大事都不管，只知道吃喝玩乐，过荒淫的日子。在后宫中，周幽王非常宠爱一个叫褒姒的妃子。据说褒姒虽然长得沉鱼落雁，闭月羞花，但是进宫以后从来没笑过。

幽王于是下了悬赏令：无论是谁，只要能让褒姒笑一下，就赏他黄金千两。虢石父给幽王出了个主意："以前先王为了防备西戎入侵，在骊山（今陕西临潼东南）脚下设置了20多座烽火台，一旦有西戎入侵，守关的士兵白天就放烟，夜间就点火。从第一座烽火台开始，一座接着一座地点火或者放烟，附近的诸侯见到烽火，就会发兵来救援。您要是想让娘娘笑，可以和她到骊山游玩几天，到了晚上就点起烽火，诸侯的援兵肯定来。而他们来了却没有敌军，娘娘见那么多人马扑了个空，一定会发笑的。"

幽王为博美人一笑，第二天就带着褒姒来到骊山。当时司徒郑伯友（幽王的叔叔）正在朝中，听到幽王要烽火戏诸侯，急忙来到骊山劝阻幽王："烽火台是先王应急来用的，诸侯以此为信。今无故点火放烟，戏弄诸侯，将来如果真有兵事，即使烽火连台，诸侯必定不信。大王三思啊。"幽王大怒，说："点烽火只是和诸侯们开个玩笑罢了，难道他们还会生我的气不成？"

于是，幽王便下令点烽火。京城附近的诸侯看到烽火，以为镐京遭到了入侵，纷纷连夜率兵赶来救援。可他们到了骊山脚下，却没有见到一个敌人，只听到骊山上鼓乐喧天。周幽王派人对

烽火戏诸侯

诸侯们说："其实没有外敌入侵，只不过是我和王后跟大家开个玩笑罢啦！"诸侯一听此话，无不愤慨，又不好说什么，只好各自带兵走了。褒姒站在山上，看到诸侯们带兵急匆匆赶来，人喊马嘶，乱成一团，最后都一个个悻悻而去，于是冷笑了一声。

就这一声冷笑，笑得周幽王心花怒放，于是赏赐了虢石父千金。从此周幽王更加宠爱褒姒，却不知他已经失信于众诸侯了。

当时的诸侯、贵族以及国人都对幽王宠爱褒姒表示不满，并把周的亡国归咎于褒姒。《诗经》中"妇有长舌，维厉之阶，乱匪降自天，生自妇人"的诗句即反映了国人对褒姒的不满。与此同时，幽王还随意征发赋役，掠夺人民的财物和土地，使得民怨更深。幽王的昏庸无道所导致的天怒人怨，使得统治阶级内部的贵族都感到形势危殆，纷纷另谋出路：大臣皇父在东部另建自己的城邑，司徒郑伯友也到东部寻找立足之地以避祸。

周幽王一意孤行，甚至用废申后和太子宜臼，立褒姒为后、伯服为太子的方法来博取美人的欢心。幽王这不计后果的一废一立，终于招来了灭国之灾。

申后是申侯的女儿。申侯听说幽王废了申后而立了褒姒，就上疏进谏："从前夏桀宠爱妹喜以致夏朝灭亡，商纣宠爱妲己以致商朝灭亡，您现在宠爱褒姒，

还要废太子，这是亡国之兆，请大王不要再这样做了。"幽王一听，勃然大怒，命令虢石父为大将，准备起兵征讨申国。

申侯听说幽王要派人来攻打申国，大吃一惊，申国国小兵少，怎么能抵挡得住天子的军队？大夫吕章出主意说："西戎兵力强大，我们不如请他们出兵帮助我们进攻镐京，逼幽王传位给太子吧。"申侯也没有别的办法，就准备了一车金帛送给西戎，请求借兵攻打镐京，并且许诺，攻下镐京，国库中的所有金帛西戎可以随便拿走。西戎头领欣然答

西周·鸭尊

应，带领大队人马会合了申国的兵马，一起包围了镐京。

幽王一直醉心玩乐，已经好久没有理会政事了，直到异族的人马打到城下，才惊得一跳而起。一看兵临城下，幽王慌得手足无措，想了想，急忙命令手下点起烽火。

烽火台上又高高升起了狼烟，可是附近的诸侯却没有带兵前来援助。幽王率兵与西戎军队战于骊山，大败而归。幽王只好带着褒姒和伯服仓促出逃，结果被杀于骊山脚下，而褒姒则被犬戎掳获而去。在周被攻以致幽王被杀的过程中，各地的诸侯都没有派兵前往营救，除了是"烽火戏诸侯"的恶果之外，更在于周天子已失去了对诸侯的控制，因此诸侯才敢按兵不动，坐山观虎斗。

幽王被杀之后，申侯则联络了一些诸侯拥护前太子宜臼即位，是为平王。西周京畿所在的镐京，由于犬戎破坏，已残败不堪。平王继位后于第二年，即公元前770年，在晋文公、郑武公、卫武公、秦襄公等人的护送下迁都洛邑，建立了东周。历时280多年的西周王朝正式宣告灭亡。

东周（春秋战国）

东周帝系表

前770—前256

平王（姬宜臼）	（51）	前770
桓王（姬林）	（23）	前719
庄王（姬佗）	（15）	前696
釐王（姬胡齐）	（5）	前681
惠王（姬阆）	（25）	前676
襄王（姬郑）	（33）	前651
顷王（姬壬臣）	（6）	前618
匡王（姬班）	（6）	前612
定王（姬瑜）	（21）	前606
简王（姬夷）	（14）	前585
灵王（姬泄心）	（27）	前571
景王（姬贵）	（25）	前544
悼王（姬猛）	（1）	前520
敬王（姬匄）	（44）	前519
元王（姬仁）	（7）	前475
贞定王（姬介）	（28）	前468
哀王（姬去疾）	（1）	前441
思王（姬叔）	（1）	前441
考王（姬嵬）	（15）	前440
威烈王（姬午）	（24）	前425
安王（姬骄）	（26）	前401
烈王（姬喜）	（7）	前375
显王（姬扁）	（48）	前368
慎靓王（姬定）	（6）	前320
赧王（姬延）	（59）	前314

平王迁都

周幽王"烽火戏诸侯"后，犬戎等北方少数民族军队占领了西周王朝的京城，杀死了周幽王，抢走了王宫里的财宝。天下的诸侯们因为痛恨周幽王道德沦丧，没有人肯立刻派出军队来救援京城。

这时候，镇守在大周王朝西面边境的秦襄公却积极动员手下军队，决定去救援京城。对于秦襄公的这个决定，他手下的不少人都表示反对。

有人就对秦襄公说："如今，天下诸侯少说也有上百人，要论钱财和军队的实力，比我们强大的诸侯实在是太多了，可是现在没有一个人愿意去救援京城，就凭我们这么点儿军队能有什么作为呢？这不是拿着鸡蛋去跟石头硬碰吗？而且论起地位的话，您只是一个大夫，根本没有必要承担起诸侯的责任啊。"

秦襄公严肃地说："我只知道，无论是大夫还是诸侯，都是大周的臣子，国家遭受危难的时候，我们做臣子的就应该出一份力。就算我将会在战场上被敌人杀死，那我也是光荣的，如果我继续躲在这里贪生怕死，任凭敌人践踏我们的国家，那我的内心将会承受不住这种耻辱。我不管别人怎么做，我只做我自己应该做的事，我宁愿为国家牺牲，也不愿羞愧地生存下去！"

很快，秦襄公就招集起了自己的全部军队，登上战车，率领军队火速赶往京城。到了京城附近，秦襄公就遇上了犬戎的军队，两军立即就展开了激烈的战斗。秦襄公一身盔甲，在飞奔的战车上，手拿长戈，左右挥舞，一路冲杀过去，犬戎无人可挡。秦襄公的将士们见秦襄公这样勇猛向前，也都拼了性命嘶喊着向犬戎军队猛扑，虽然对于秦襄公来说是敌众我寡，但犬戎军队还是没有占到半点儿便宜。

正在两军打得昏天暗地之时，秦襄公在乱军中看见，有几辆战车正保护着周太子宜臼向他这边靠来。秦襄公立刻指挥身边的将士去保护太子宜臼。这时秦襄公认为自己的兵力太少，不应该和敌人长时间打斗下去，否则就会吃亏了，于是，秦襄公开始命令军队保护着太子宜臼撤退。

后来，秦襄公亲自率兵护送着太子宜臼来到了洛阳。公元前770年，宜臼在洛阳继承大周的王位，成为天子，史称周平王。因为新建的国家把都城从镐京迁到了洛阳，后人又称这个朝代为东周。从此，中国进入了一个漫长的、诸侯纷争割据的年代——春秋时期。

周平王为了酬谢秦襄公，封秦襄公为诸侯，秦国从此建立起来了。

周平王对秦襄公说："现在我国岐山以西的土地都被犬戎占领了，如果你能夺回这些土地，那我就把那些土地全部都赐给你们秦国。"

秦襄公欣喜道："谢大王，臣一定为国家夺回并守卫住这片土地。"

秦襄公回到秦国后，就派遣使者带着礼物去同其他诸侯国建交。之后秦襄公积极训练军队，几乎每年都向犬戎进攻，一寸一寸地为自己的国家开拓疆土。

郑庄公黄泉见母

在周平王成为天子十三年后的某天，郑武公的夫人武姜经过了漫长的痛苦后，生下了一个男婴，给他起名叫寤生。三年后，武姜又给寤生生了个弟弟叫叔段。

因为武姜生寤生的时候难产，所以就很不喜欢他，而把全部的母爱都给了叔段。

郑武公快去世的时候，武姜说："还是咱们的叔段更懂事，更有才能，不如让叔段代替寤生当太子吧。"

郑武公摇了摇头说："不行，寤生是长子，又从来没做错什么，他会治理好国家的。"

不久，郑武公去世了。寤生继承了王位，成为郑庄公。

这时，武姜对郑庄公说："把制地（今郑州市荥阳汜水镇）封给你弟弟吧。"

郑庄公说："母亲，制地那里地势险要，是兵家必争之地，弟弟到那去，我怕会有危险的。"

武姜又说："制地要是不行的话，就把京邑（今郑州市荥阳东南）封给你弟弟吧。"

郑庄公有点儿犯难，因为叫京邑的那个地方的城墙很高，物产非常丰富，百姓也很多，郑庄公担心把弟弟封到那里后，一直梦想当国君的弟弟可能会谋反。

武姜看出了郑庄公不情愿，于是她就说："你父亲去世后，就靠你照顾我和你弟弟了，你却听信一些闲言闲语而怀疑你弟弟，以为他会威胁到你的王位。你怎么能这样啊，他可是你亲弟弟啊。"

郑庄公被母亲说得没有办法，只好答应把京邑封给弟弟叔段。

大夫祭仲知道后，前来劝谏郑庄公说："京邑那座城可比咱们的都城还要大呢，怎么能封给你弟弟呢？"

郑庄公无奈地说："我母亲来求我了，难道我能拒绝吗？"

叔段到了京邑后，就加紧招兵买马，囤积粮草，加固城池，打造兵器。他打算和母亲武姜一起里应外合，率兵冲进都城，把哥哥郑庄公赶下王位，然后自己做国君。

母亲和弟弟的所作所为，郑庄公心里都清楚，但是他始终都不动声色。但是叔段在京邑的胡作非为，引起了祭仲的警惕，他对郑庄公说："京邑修建的城池，实在太大了，已经违反法律的规定了，您怎么能容忍叔段这么做呢？"

郑庄公说："我母亲让他那么做的，我能有什么办法啊？"

祭仲又说："您母亲就是想让叔段回来当国君，您该趁早把叔段安排到别的城市去，不要再让他继续胡作非为了。一直不断生长的野草都很难除掉，何况是您那位受宠爱的亲弟弟呢？"

郑庄公叹了口气说："坏事做得太多的话，最后就会伤害到他自己，咱们还是再等等看吧。"

叔段看郑庄公并不敢管他，于是就更加肆无忌惮，他命令郑国一些地方的官、员和百姓不光效忠郑庄公，还要向他效忠。

郑国大臣公子吕实在看不下去了，对郑庄公说："一个国家怎么能同时有两个国君呢？您打算怎么做呢？如果您真想把王位让给叔段的话，那我就去服侍叔段；如果您不打算让出王位，那就赶紧杀掉叔段，不要让百姓们不知道该听从谁的命令好。"

郑庄公平静地说："用不着杀了他，做这些不义的事是得不到百姓的拥护的，他这样下去，还不知悔改的话，总有一天会害死自己。"

叔段终于做好了谋反的准备，武姜和他约定好了起兵谋反的日子，武姜说："你率领军队来到都城的时候，我会为你打开城门。"

这时有人把叔段起兵谋反的日期，告诉了郑庄公，郑庄公吁了口气说："是时候该解决这一切了。"于是他派公子吕率领两百辆战车去讨伐叔段，同时，京邑里的百姓们也纷纷起来反叛叔段，叔段被公子吕打败，仓皇地逃去了一个叫鄢邑的地方。郑庄公又派兵去攻打鄢邑，叔段又狼狈地逃去了共国（今河南辉县）。

郑庄公也很生他母亲的气，就把他母亲武姜赶出了都城，把她软禁在城颍（今河南临颍西北），还发誓说："不到看见黄泉那天，我们就不再相见！"

但是过了一段时间后，郑庄公又开始思念起自己的母亲，对自己发过的誓很后悔，可是作为国君，他又不能违背誓言。所以他命人在都城建造了一个很高很高的台子，每当他思念母亲的时候，就登上高台面向城颍的方向遥望。

后来有个叫颍考叔的人进都城来给郑庄公进献贡品，郑庄公便请他吃饭。颍考叔在吃饭的时候，只吃别的菜而把肉留下不吃，郑庄公问他："为什么不吃肉啊？"

颍考叔说："臣家里还有老母亲，臣吃过的东西，臣的母亲都吃过，但是从没吃过大王赏赐的肉食，所以臣想把肉带回去给母亲尝尝。"

郑庄公听他这么说，就叹了口气说："哎，真羡慕你有母亲可以孝敬，可是我却不能孝敬我母亲啊。"

"为什么啊？"颍考叔问。

郑庄公便把自己和母亲武姜的事告诉了颍考叔。颍考叔听完后笑着说："这有何可忧愁的呢，只要向下挖地一直挖到看见泉水，再从里面打一条隧道，一直通到您母亲住的地方，您不就可以和母亲见面了吗？这样也不违背您立下的誓言啊。"

郑庄公听到这个办法后，很高兴，立刻就照着做了。于是在隧道中，郑庄

公终于见到了自己日夜思念的母亲，从此母子二人终于和好了。

郑庄公于公元前743年成为郑国君主，一直在王位上坐了43年，直到公元前701年去世。是春秋时代很有作为的一代君主。

宋宣公让国

在郑庄公继承王位的四年前，也就是公元前747年，宋国迎来了一位新国君，他就是宋宣公。

宋宣公的大儿子名叫子与夷，被宋宣公立为了太子。

公元前729年，宋宣公病倒了，他知道自己时日不多了，就把弟弟子和叫到病床前说："子和，我死了以后，你就当国君吧。"

子和赶紧辞让说："大王的好意，臣弟心领了。王位历来都是父死子继的，这是天下诸侯都共同遵守的规定，大王还是把王位传给太子吧。大王请放心，臣弟一定会尽心尽力帮太子治理好国家的。"

宋宣公拉着弟弟子和的手说："子和啊，虽然父王死后，儿子继承王位是古往今来的传统，但是兄长死后，弟弟继承王位，也是天下诸侯都要遵守的规矩啊。你就不要再推辞了。"

子和还是坚持推辞说："大王，您还是让我好好辅佐太子继承王位吧。"

"子和，难道你想让我死了也带着遗憾吗？"宋宣公微微带着怒气问子和。

子和不敢再让宋宣公生气，只好答应了说："大王当心身体，臣弟听从你的安排就是了。"

于是，宋宣公去世后，他的弟弟子和继承了王位，史称宋穆公。

九年后，宋穆公也一病不起了，他把大臣孔父叫进王宫，对他说："我哥哥宣公当年没有让太子继承王位，而是把王位让给了我，我一直都不敢忘记他的恩德。我死了以后，一定要把王位还给我侄儿子与夷，你要好好地辅佐他啊。"

孔父有点为难地说："但是大王，大臣们都想拥立您的儿子子冯继承王位啊。"

宋穆公斩钉截铁地说："千万不能拥立子冯继承王位，那样的话，我死了以后还有什么面目去见九泉之下的宣公呢？"

宋穆公为了消除自己的儿子在国内的势力，就把他送去了郑国居住。

公元前720年，宋穆公病逝。公元前719年，子与夷继承了王位，史称宋殇公。

当时人们议论这件事时说："宋宣公可真是有智慧啊，把王位传给了弟弟宋穆公，成就了兄弟情义，到最后，王位又重新回到了自己儿子的手上。"

宋殇公继承王位，当了十年国君后，被奸臣华督所杀害。华督又从郑国接回了宋穆公的儿子子冯，拥立子冯为国君。公元前710年，子冯继承王位，史称宋庄公。

石碏大义灭亲

宋殇公成为国君的那年，卫国的姬州吁杀掉了自己的哥哥卫桓公姬完，自立为国君。

卫桓公和姬州吁的父亲是卫庄公，卫庄公先在陈国娶了位女子，生下了姬完，并把他立为太子。后来，卫庄公非常宠爱的一个小妾，生下了姬州吁。

卫庄公非常溺爱小儿子姬州吁，什么都依着他，顺着他，使他养成了骄纵狂妄的性格。姬州吁长大后，非常喜欢带兵打仗，卫庄公就让他当了将军。

卫国大夫石碏看到这种情形后，心里很担忧，他对卫庄公说："只有太子才能继承王位，您让小儿子掌握了兵权的话，恐怕会威胁到太子的地位和国家的稳定，如果引发祸乱就不好了。"

卫庄公不以为然地说："你太多虑了，不会有什么事的。"

石碏的儿子石厚和姬州吁关系非常好，天天跟在姬州吁身边。石碏多次告诫儿子不要和姬州吁来往，但他儿子就是不听。

卫庄公去世后，公元前734年，太子姬完继承了王位，史称卫桓公。

卫桓公成为国君的第二年，就免除了弟弟姬州吁的兵权，姬州吁怀着对哥哥卫桓公的仇恨跑出了卫国。十二年后，姬州吁认识了同样是被哥哥赶出了国家的郑国公子叔段，两人臭味相投，成了好朋友。之后，姬州吁不断地聚集收留一些亡命徒，准备回卫国争夺王位。

在外国处心积虑地谋划了十四年后，姬州吁带着一帮亡命徒回到了卫国。在一次宴会上，他刺杀了哥哥卫桓公，然后自己坐上了王位。他当上国君后，就封石厚做了大官。

有一天姬州吁对叔段说："如今我已经把王位抢回来了，你也该回郑国去把王位夺过来，我会出兵帮你的，怎么样？"

叔段非常高兴地说："哈哈哈，那可太好了，如果你能帮我夺回王位，我一定会加倍报答你！"

姬州吁笑着说："客气什么啊，以后我们两个国家就是兄弟之邦了。"

于是姬州吁派使者去游说宋国、陈国和蔡国，邀请他们一起出兵讨伐郑国，这三个国家都答应了。但是他们打了一个小胜仗后就退兵了，叔段还是没有夺回王位。

姬州吁害怕自己因为杀了卫桓公会招来国内人民的不满，他为了转移人民的视线，就不断地对别的国家发动战争，结果却让人民对他越来越仇恨。姬州吁心里很不安，他对石厚说："你回去问问你父亲，看他是否有办法帮我得到百姓们的支持。"

石厚回家后就问父亲石碏："国君想得到百姓们对他的支持，您有什么办法帮助他吗？"

石碏想了一会儿，对儿子说："如果他能得到周天子的接见，那就没人不服他了。"

"那怎么才能得到周天子的接见呢？"石厚又问。

石碏说："我听说陈国的国君和周天子的关系很好，如果姬州吁能亲自去陈国和陈国国君结交成朋友的话，那陈国国君就会替他在周天子面前说好话了，还会安排他朝见周天子。"

石碏出了这么个主意，就是为了要铲除姬州吁。

石厚赶紧进了王宫，把父亲出的主意告诉了姬州吁。姬州吁笑着说："真是个好办法啊，我会重重赏赐你父亲的。"接着姬州吁就带上了丰厚的礼物，和石厚一起去了陈国。

在同一时间，石碏给陈国大臣子针写了一封信说："我们卫国实在太小了，而我也老了，做不了什么事了。现在去你们国家的这两个人，是杀害我们国君的凶手，请您将他们抓起来。"

因为卫桓公的母亲是陈国人，所以陈国听说是姬州吁杀了卫桓公后，就很愤怒。姬州吁和石厚一到陈国，就被陈国人给抓了起来。卫国就派人去陈国杀掉了姬州吁，但是没杀石厚。石碏说："不能因为他是我的儿子，就可以逃过国法的惩罚。"于是他派自己的管家去陈国杀掉了石厚。我们今天所说的"大义灭亲"这个成语，就是这么来的。

公元前 718 年，石碏带领卫国人，把卫桓公的弟弟姬晋从邢国迎接回来，拥立他当国君，史称卫宣公。

囚车里的人才——管仲

周平王东迁洛邑以后的东周，又分春秋和战国两个时期。春秋时期，周王室衰落，周天子名义上是各国共同的君主，实际上他的地位只相当一个中等国的诸侯。一些比较强大的诸侯国家用武力兼并小国，大国之间也互相争夺土地，经常打仗。战胜的大国诸侯，可以号令其他诸侯。这种人称作霸主。

春秋时期第一个称霸的是齐国（都城临淄，在今山东淄博）。齐国是周武王的大功臣太公望的封国，本来是个大国，再加上它利用沿海的资源，生产比较发达，国力就比较强。公元前 686 年，齐国发生了一次内乱。国君齐襄公被杀。襄公有两个兄弟，一个叫公子纠，当时在鲁国（都城在今山东曲阜）；一个叫公子小白，当时在莒国（都城在今树东莒县）。两个人身边都有个师傅，公子纠的师傅叫管仲，公子小白的师傅叫鲍叔牙。两个公子听到齐襄公被杀的消息，都急着要回齐国争夺君位。

鲁国国君鲁庄公决定亲自护送公子纠回齐国。管仲对鲁庄公说："公子小白在莒国，离齐国很近，万一让他先进齐国，事情就麻烦了，让我先带一支人马去截住他。"

不出管仲所料，公子小白正在莒国的护送下赶回齐国，路上，遇到管仲的拦截。管仲拈弓搭箭，对准小白射去。只见小白大叫一声，倒在车里。

管仲

管仲以为小白已经死了，就不慌不忙护送公子纠回到齐国去。哪里知道，他射中的不过是公子小白衣带的钩子，公子小白大叫着倒下，原来是他的计策。等到公子纠和管仲进入齐国国境，小白和鲍叔牙早已抄小道抢先到了国都临淄，小白当上了齐国国君，这就是齐桓公。

齐桓公即位以后，立即发兵打败鲁国，并且通知鲁庄公一定要鲁国杀了公子纠，把管仲送回齐国办罪。鲁庄公没有办法，只好照办。

管仲被关在囚车里送到齐国，鲍叔牙立即向齐桓公推荐管仲。

齐桓公气愤地说："管仲拿箭射我，要我的命，我还能用他吗？"

鲍叔牙说："那会儿他是公子纠的师傅，他用箭射您，正是他对公子纠的忠心。论本领，他比我强得多。主公如果要干一番大事业，管仲可是个用得着的人。"

齐桓公也是个豁达大度的人，听了鲍叔牙的话，不但不办管仲的罪，还立刻任命他为相，让他管理国政。

管仲帮着齐桓公整顿内政，开发富源，大开铁矿，多制农具，提高耕种技术，又大规模拿海水煮盐，鼓励老百姓入海捕鱼。离海比较远的诸侯国不得不依靠齐国供应食盐和海产。别的东西可以不买，盐是非吃不可的，齐国就越来越富强了。

齐桓公一心想当诸侯的霸主，做了霸主就能够发号施令，别的诸侯就得向他进贡，听他的指挥。他对管仲说："现在咱们兵精粮足，是不是可以会合诸侯，共同订立个盟约呢？"

管仲说："咱们凭什么去会合诸侯呢？大家都是周天子下面的诸侯，谁能服谁呢？天子虽说失了势，毕竟是天子，比谁都大。如果主公能够奉天子的命令，会合诸侯，订立盟约，共同尊重天子，抵抗别的部落，往后谁有难处，大伙儿帮他，谁不讲理，大伙儿管他。到了那时候，主公就是自己不要做霸主，别人也得推举您。"

齐桓公说："你说得对，可是怎么着手呢？"

管仲说："办法倒有一个。这会儿新天子才即位，主公可以派个使者向天子朝贺，顺便帮他出个主意，说宋国（都城在今商丘南）现在正发生内乱，新国君位子不稳，国内很不安定。请天子下命令，明确宣布宋国国君的地位。主公拿到天子的命令，就可以用天子的命令来召集诸侯了。这样做，谁也不能反对。"

齐桓公听了，连连点头，决定照着管仲的意见办。

这时候，周朝的天子早已没有实权了。列国诸侯只知道抢夺地盘，兼并土地，已经全忘记还有朝见天子这回事。周釐王刚刚即位，居然有齐国这样一个大国打发使臣来朝贺，打心眼里喜欢，他就请齐桓公去宣布宋国的君位。

公元前681年，齐桓公奉了周釐王的命令，通知各国诸侯到齐国西南边境上北杏开会。

这时候，齐桓公的威望还不高。发出通知以后，一共只来了宋、陈、蔡、郑四个国家。还有几个诸侯国，像鲁、卫、曹、郑（都城在今河南新郑）等国，想瞧瞧风头再说，没有来。

在北杏会议上，大家公推齐桓公当盟主，订立了盟约。盟约上主要的是三条：一是尊重天子，扶助王室；二是抵御别的部落，不让它们进入中原；三是帮助弱小的和有困难的诸侯。

曹刿抗击齐军

齐桓公即位后，依靠管仲的帮助，争取霸主的地位。但是，在他对鲁国的

战争中，却遭到一次不小的挫折。

在齐桓公即位的第二年，也就是公元前684年，齐桓公派兵进攻鲁国。鲁庄公认为齐国一再欺负他们，忍无可忍，决心跟齐国拼一死战。

齐国进攻鲁国，也激起了鲁国人民的愤慨。有个鲁国人曹刿，准备去见鲁庄公，要求参加抗齐的战争。有人劝曹刿说："国家大事，有当大官的操心，您何必去插手呢？"

曹刿说："当大官的目光短浅，未必有好办法。眼看国家危急，哪能不管呢？"说完，他一直到宫门前求见鲁庄公。鲁庄公正在为没有个谋士发愁，听说曹刿求见，连忙把他请了进来。

曹刿见了鲁庄公提出了自己的要求，并且问："请问主公凭什么去抵抗齐军？"

鲁庄公说："平时有什么好吃好穿的，我没敢独占，总是分给大家一起享用。凭这一点，我想大家会支持我。"

曹刿听了直摇头，说："这种小恩小惠，得到好处的人不多，百姓不会为这个支持您。"

鲁庄公说："我在祭祀的时候，倒是挺虔诚的。"

曹刿笑笑说："这种虔诚也算不了什么，神帮不了您的忙。"

鲁庄公想了一下，说："遇到百姓吃官司的时候，我虽然不能一件件查得很清楚，但是尽可能处理得合情合理。"

曹刿这才点头说："这倒是件得民心的事，我看凭这一点可以和齐国打上一仗。"

曹刿请求跟鲁庄公一起上阵，鲁庄公看曹刿胸有成竹的样子，也巴不得他一起去。两个人坐着一辆兵车，带领人马出发。

齐鲁两军在长勺摆开阵势。齐军仗人多，一开始就擂响了战鼓，发动进攻。鲁庄公也准备下令反击，曹刿连忙阻止，说："且慢，还不到时候呢！"

当齐军擂响第二通战鼓的时候，曹刿还是叫鲁庄公按兵不动。鲁军将士看到齐军张牙舞爪的样子，气得摩拳擦掌，但是没有主帅的命令，只好憋着气等待。

齐军主帅看鲁军毫无动静，又下令打第三通鼓。齐军兵士以为鲁军胆怯怕战，耀武扬威地杀了过来。

曹刿这才对鲁庄公说："现在可以下令反攻了。"

鲁军阵地上响起了进军鼓，兵士士气高涨，像猛虎下山般扑了过去。齐军兵士没防到这一招，招架不住鲁军的凌厉攻势，败下阵来。

鲁庄公看到齐军败退，忙不迭要下令追击，曹刿又拉住他说："别着急！"说着，他跳下战车，低下头观察齐军战车留下的车辙；接着，又上车爬到车杆子上，望了望敌方撤退的队形，才说："请主公下令追击吧！"

鲁军兵士听到追击的命令，个个奋勇当先，乘胜追击，终于把齐军赶出鲁国国境。

鲁军取得反攻的胜利，鲁庄公对曹刿镇静自若的指挥暗暗佩服，但是心里总还有个没打开的闷葫芦。回到宫里，他先向曹刿慰劳了几句，就问："头两回齐军击鼓，你为什么不让我反击？"

曹刿说："打仗这件事，全凭士气。对方擂第一通鼓的时候，士气最足；第二通鼓，气就松了一些；到第三通鼓，气已经泄了。对方泄气的时候，我们的兵士却鼓足士气，哪有不打赢的道理？"

鲁庄公接着又问为什么不立刻追击。曹刿说："齐军虽然败退，但它是个大国，兵力强大，说不定他们假装败退，在什么地方设下埋伏，我们不能不防着点儿。后来我看到他们的旗帜东倒西歪，车辙也乱七八糟，才相信他们阵势全乱了，所以才请您下令追击。"

鲁庄公这才恍然大悟，称赞曹刿想得周到。

在曹刿指挥下，鲁国击退了齐军，局势才稳定了下来。

齐桓公九合诸侯

齐桓公为春秋五霸之首，上古五霸之一，与晋文公并称"齐桓晋文"，公元前685—前643年在位，春秋时齐国第十五位国君。

齐国虽然在长勺打了一次败仗，但是这并没有影响齐桓公后来的霸主地位。过了十多年，北方的燕国（都城在今北京）派使者来讨救兵，说燕国被附近的一个部落山戎侵犯，打了败仗。齐桓公就决定率领大军去救燕国。

公元前663年，齐国大军到了燕国，山戎已经抢了一批百姓和财宝逃回去了。

齐国和燕国的军队联合起来，一直向北追去，没想到他们被敌人引进了一个谜谷。那迷谷就像大海一样，没边没沿，怎么也找不到原来的道。

还是管仲想出一个主意来。他对齐桓公说："马也许能认得路，不如找几匹当地的老马，让它们在头里走，也许能走出这个地方。"

齐桓公叫人挑了几匹老马，让它们

齐桓公

领路，这几匹老马果然领着人马出了迷谷。

齐桓公帮助燕国打败山戎以后，邢国也遭到另一个部落狄人的侵犯。齐桓公又带着人马去赶跑了狄人，帮助邢国重筑了城墙。接着，狄人又侵犯卫国，齐桓公帮助卫国在黄河南岸重建国都。就因为这几件事，齐桓公的威望就提高了。只有南方的楚国（都城在今湖北江陵西北），不但不服齐，还跟齐国对立起来，要跟齐国比个高低。

楚国在中国南部，向来不和中原诸侯来往。那时候，中原诸侯把楚国当作"蛮子"看待。但是，楚国人开垦南方的土地，逐步收服了附近的一些部落，慢慢地变成了大国。后来，其国君干脆自称楚王，不把周朝的天子放在眼里。

公元前656年，齐桓公约会了宋、鲁、陈、卫、郑、曹、许七国军队，联合进攻楚国。

楚成王得知消息，也集合了人马准备抵抗。他派了使者去见齐桓公，说："我们大王叫我来请问，齐国在北面，楚国在南面，两国素不往来，真叫作风马牛不相及。为什么你们的兵马要跑到这儿来呢？"

管仲责问说："我们两国虽然相隔很远，但都是周天子封的。当初齐国太公受封的时候，曾经接受一个命令：谁要是不服从天子，齐国有权征讨。你们楚国本来每年向天子进贡包茅（用来滤酒的一种青茅），为什么现在不进贡呢？"使者说："没进贡包茅，这是我们的不是，以后一定进贡。"

使者走后，齐国和诸侯联军又拔营前进，一直到达召陵。

楚成王又派屈完去探问。齐桓公为了显示自己的军威，请屈完一起坐上车去看中原来的各路兵马。屈完一看，果然军容整齐，兵强马壮。

齐桓公趾高气扬地对屈完说："你瞧瞧，这样强大的兵马，谁能抵挡得了？"

屈完淡淡地笑了笑，说："君侯协助天子，讲道义，扶助弱小，人家才佩服你。要是光凭武力的话，那么，咱们国力虽不强，但是用方城（楚国所筑的长城，在今河南方城北至泌阳东北）做城墙，用汉水做壕沟。您就是再多带些人马来，也未必能打得进去。"

齐桓公听屈完说得挺强硬，估计也未必能轻易打败楚国，而且楚国既然已经认了错，答应进贡包茅，也算有了面子。就这样，中原八国诸侯和楚国一起在召陵订立了盟约，各自回国去了。

后来，周王室发生纠纷，齐桓公又帮助太子姬郑巩固了地位。太子即位后，就是周襄王。周襄王为了报答齐桓公，特地派使者把祭祀太庙的祭肉送给齐桓公，算是一份厚礼。

齐桓公趁此机会，又在宋国的葵丘会合诸侯，招待天子使者，并且订立了一个盟约，主要内容是：修水利，防水患，不准把邻国作为水坑；邻国有灾荒来买粮食，不应该禁止；凡是同盟的诸侯，在订立盟约以后，都要友好相待。

这是齐桓公最后一次会合诸侯。像这样大的会合，一共有许多次，历史上称作"九合诸侯"。

公元前645年，管仲病死。过了两年，齐桓公也死去。齐桓公一死，他的五个儿子抢夺君位，齐国发生了内乱，公子昭逃到宋国。齐国的霸主地位也就结束了。

骊姬之乱

骊姬是春秋时期骊戎国君之女，晋献公妃子，晋君奚齐的生母。晋献公一共有六个妻子，生了五个儿子，齐姜生了太子申生，狐姬生了重耳，小戎子生了夷吾，骊姬生了奚齐，骊姬的陪嫁妹妹生了卓子。

晋献公宠爱骊姬，想立她为夫人，刚好在献公十二年（前666），骊姬生下奚齐。骊姬更加受宠，子以母贵，献公便打算废掉太子，立奚齐为自己的继承人。晋献公就让太子申生去驻守曲沃，公子重耳去驻守蒲，公子夷吾去驻守屈。献公与骊姬的儿子奚齐就驻守在绛。这么一安排，晋国人都知道太子申生不能继位了。献公的这几个儿子——太子申生、重耳、夷吾都很贤能，品德高尚，受到晋人的尊重。可是，献公有了骊姬，又有了奚齐，就疏远了这三个能干的儿子。

十九年（前659），献公私下对骊姬说："我想废掉太子，让奚齐代替他。"骊姬假装不同意，哭着说："诸侯们都知道太子已经立好了，而且太子还多次统率军队，百姓都归附他，为什么因为我就废掉嫡长子而立庶子，您一定这样做，我就自杀。"骊姬表面上赞扬太子，但暗中却让人中伤太子，想立自己的儿子为太子。

二十一年（前657），骊姬对太子申生说："君王曾梦见你的母亲齐姜，你应立即去曲沃祭祀母亲，回来后把胙肉献给父王。"太子连忙赶到曲沃去祭祀母亲，回晋都后，把胙肉奉送给献公。献公当时出去打猎了，太子便把胙肉放在宫中。献公不在宫中，骊姬偷偷派人在胙肉上放了毒药。过了两天，献公回宫，厨师把胙肉献

莲鹤方壶 春秋青铜器

给献公，献公正想享用，骊姬从旁阻止说："胙肉来自远方，应尝尝它。"厨师把胙肉倒在地上，狗吃后立即死了，宦臣吃了也死了。骊姬哭着说："太子怎么

这么残忍呢！连自己的父亲都想杀死，他是想接替您啊！"

太子申生听到这件事后，逃到新城。献公非常生气，就杀死了太子的老师杜原款。有人对太子说："把毒药放到胙肉里的就是骊姬，太子为什么不自己去说清楚呢？"

太子说："我父亲年老了，没有骊姬将睡不安稳，食不甘味。父亲知道真相后，会对骊姬很生气。这不行。"

有人又对太子说："那你赶快逃到别的国家去吧。"

太子说："带着这个罪名逃跑，谁能接纳我呢？"申生于是在新城自杀了。

这时，重耳、夷吾来朝见国君。骊姬又趁机陷害他们。他们十分害怕，赶紧逃亡了。

献公二十六年（前652），献公死，骊姬的儿子奚齐继立，奚齐只有15岁，以荀息为国相。这年十月，大夫里克杀了刚刚即位的奚齐，可怜当时晋献公还没有安葬，尸骨未寒。里克想迎接重耳回国即位，重耳谢绝，所以里克只好请重耳的弟弟夷吾登上宝座，为晋惠公。过了两年，骊姬诬害太子的罪迹暴露，也被杀死了。再后来，历经磨难的重耳终于回到晋国，是为晋文公，晋文公时期，晋国一度成为春秋霸主。

重耳的磨难

重耳就是春秋五霸之一的晋文公，他是晋献公的儿子。当初，晋献公因为宠爱骊姬，重耳被打发去守护蒲城，二十一年（前657），太子申生受骊姬诬陷，自杀而死。重耳当时正在晋国都城绛，因为害怕被杀，没有向父亲辞别就逃回了蒲城，他的父亲晋献公派勃鞮谋杀重耳，勃鞮割断了重耳的袖子，重耳爬墙侥幸逃走。重耳的母亲是狄国人，他就逃到狄。跟随他一起到狄的有五个品德高尚、才能出众的朋友：赵衰、狐偃咎犯、贾佗、先轸、魏武子。

重耳在狄国娶妻生子。到第五年的时候，晋献公去世了，大臣里克杀死奚齐和骊姬，让人迎接重耳回国，想拥立重耳。重耳怕被杀，坚决辞谢了。后来，

晋国又迎接重耳的弟弟夷吾并拥立了他，这就是惠公。惠公七年（前644）时，惠公又派宦者履鞮带人去谋杀重耳。重耳得知消息，就与赵衰等人商量，说："我听说齐桓公喜好善行，有志称霸，体恤诸侯。现在听说管仲、隰朋都去世了，齐也想寻找贤能的人辅佐，为何不前往呢?"于是，重耳又踏上了去齐国的路途。离开狄时，重耳对妻子说："等我25年不回来，你就改嫁。"妻子笑着回答："等到25年，我坟上的柏树都长大了。但我还是要等着你。"重耳在狄共居住十二年才离开。

重耳复国图

重耳经过卫国，卫文公对他很不礼貌。走在路上，饿了，向村民讨饭，村民把土放在容器中献给他。重耳很不高兴，赵衰说："土象征着拥有土地，你应该行礼接受它。"

重耳到了齐国，齐桓公厚礼招待他，并把同家族的一个少女齐姜嫁给重耳。重耳在齐国住得很满足。两年后，齐桓公去世，正赶上竖刀等人发起内乱，齐孝公即位，诸侯的军队多次来侵犯。重耳在齐总共住了5年，他爱恋齐姜和安逸的生活，不想离开齐国。赵衰、咎犯有一天在一棵桑树下商量离齐之事，一个女奴听到他们的密谈，回屋后偷偷告诉了齐姜。齐姜因为害怕女奴泄露秘密，不但没有给她奖赏，反而马上把她给杀了。

齐姜也劝告重耳赶快离开齐国，但是重耳不肯。重耳说："人生来就是寻求安逸享乐的，何必管其他事，我就死在齐国，哪儿也不去了。"妻子说："您是一国的公子，走投无路才到这里，您的这些随从把您当作他们的生命。您不

赶快回国，报答劳苦的臣子，却贪恋女色，我真为您感到羞耻。"齐姜和赵衰等人用计灌醉了重耳，用车载着他离开了齐国。

重耳一行又经过曹国、宋国、郑国，都不怎么受欢迎。后来，到了楚国。楚成王设宴接待他，并问他以后打算如何报答楚国。重耳回答："万一晋国和楚国之间发生了战争，我愿意命令军队撤退三舍（即九十里）。"楚国大夫子玉说："君王对待晋公子太好了，今天重耳出言不逊，请杀了他。"但楚成王没有采纳他的意见。

最后，重耳到了秦国，秦穆公热情地接待他，并把五个女子许配给他，其中就有秦穆公的亲生女儿怀嬴。

晋惠公十四年（前637）九月，惠公逝世，子圉即位。十一月，晋安葬了惠公。十二月，晋国大夫栾枝、郤縠等人听说重耳在秦国，都暗中来劝重耳、赵衰等人回晋国。于是秦穆公就派军队护送重耳回晋国，重耳在外逃亡十九年最终返回晋国，这时已经62岁了。回国后，重耳即位。

唇亡齿寒与假道伐虢

晋献公是春秋时期的晋国君主，在位26年。因其父活捉戎狄首领诡诸而得名。即位后用士蒍之计，尽灭富氏子弟及桓庄之族，巩固君位。奉行尊王政策，提高声望。攻灭骊戎、耿、霍、魏等国，击败狄戎，复采纳荀息假道伐虢之计，消灭强敌虞、虢，史称其"并国十七，服国三十八"。

晋献公早年是个英明能干的君主，他即位之初就采纳了大夫士蒍的建议，对晋国众多的公子王孙实行诛杀驱逐政策，因为他们是国家分裂的隐患。许多公子王孙逃亡去了晋的邻国虢（今山西省平陆县东南），不自量力的虢国国君因此起兵攻打晋国，结果被晋军打得丢盔弃甲，狼狈不堪。

晋献公十年（前667），晋献公要举兵讨伐虢国，士蒍认为时机还不够成熟，就对晋献公说："等到虢国内部发生叛乱时再攻打它吧！"

九年后，晋献公还是咽不下这口气，弹丸之地的虢国居然敢侵犯强大的晋

国，想到这里，他就情不自禁地燃起一腔怒火。他说："从前，我的祖先庄伯、武公平定国内叛乱时，虢国经常帮助叛乱分子。现在，他们又藏匿了不少晋国的公子王孙，不诛杀了这些人，如果他们犯上作乱，那不就是为子孙后代留下了无穷无尽的祸患了吗？"为了打虢国一个措手不及，他决定向虞国借路，从虞国向虢国发起突袭。

于是，晋献公派大夫荀息给虞国公送去了一匹宝马。

热衷玩乐，爱贪便宜，尤其对宝马雕车情有独钟的虞国公一见这匹宝马，两眼直放光。他顾不得国君的尊严，像厩房的马夫一样，围着宝马转了好几圈，不住地夸赞："好马！好马！真是一匹千里马啊！"又转了一圈，他若有所思地问道："贵国国君如此慷慨，大概是有求于敝国吧？"

"不，"荀息回答说，"敝国国君久仰您的大名，很想高攀结交，特地委派在下献上名马一匹。礼品虽薄，情谊不菲，敬请笑纳……"

虞国公打断了荀息的辞令："贵国国君的美意，寡人就领受了。有什么事情，尽管直说，凡是敝国能效劳的，都会尽力而为。"

"在下奉命前来时，敝国国君吩咐，请求向贵国借路，让敝国军队走上一趟。因为虢国多次侵犯骚扰敝国，敝国想给它点颜色瞧瞧。"荀息说到这里，稍微停顿了一下，悄悄地观察虞国公的反应。

虞国公正要答复，大夫宫之奇示意他拒绝借道。有了宫之奇的示意，虞国公不好表态，他闪烁其词，支支吾吾了老半天，最终也没有个明确答复。

荀息看出了其中的关节，连忙加重语气补充道："如果敝国侥幸取胜，所有战利品都奉送陛下。"

贪婪的虞国公得了这个许诺，当即做出了允诺："好吧，不就是在敝国走一趟吗？没问题！"

荀息完成了使命，告辞回国。

晋国军队借道虞国，开赴到了虞、虢两国的边境地区。毫无防范的虢国军队不堪一击，晋军一举攻克了虢国的城邑下阳。

晋献公二十二年（前655），晋国再次向虞国借路攻打虢国，这一回，晋献公的胃口更大了，他想拿下虢国后，顺手牵羊，连虞国也一起吞下。

晋国使者为借道带来了美女宝玉，虞国公看着晋国美人一个个婀娜多姿，娇羞欲滴，早已是魂不守舍，说："晋侯太客气了！三年前，我们两国不是合作得很愉快吗？借路就借路，干吗还送来如此丰厚的礼物，这让寡人如何消受得了！啊——这个这个，晋侯太客气，太客气了……"

宫之奇早就看穿了晋献公的狼子野心，他极力谏阻："虢国是虞国的外围，虢国灭亡了，我们虞国离灭亡还会远吗？晋国的贪心不能再纵容了，对于晋国军队借路不可掉以轻心呀。上次借路就够过分的了，难道还能答应他第二次吗？俗语说，辅车相依，唇亡齿寒，脸颊和牙床骨皮肉相连互为依存，嘴唇有了豁口牙齿便受寒冷，这话说的就是虞国和虢国存亡与共的道理啊！"

虞国公说："晋国是我国的同姓宗族，难道它会害我吗？"

"虢仲、虢叔，是王季的儿子，做过文王卿士，功勋在王室授勋的记录现在还藏在盟府里，在同宗的关系上，虢的地位比虞高，虢和晋的关系比虞和晋的关系亲，尽管这样，晋国却还是要消灭虢国，对虞国又有什么可顾念怜惜的呢？"

宗族关系既然不是许诺晋国借路的理由，虞国公又拿自己诚心敬神的遁词搪塞宫之奇，说："我祭祀的祭品丰盛又清洁，神明定会保佑我国。"

宫之奇回答说："臣下听说，鬼神并不亲近某一个人，而只是依从有德行的人。所以《周书》说，上天对于人没有亲疏远近，只是有德行的人上天才保佑他；祭祀用的黍稷等五谷并无芳香，人的美德才芳香；人们拿来祭祀的物品都一样，只是有美好德行的人供奉的祭品才是真正的祭品。这就是说，神明所凭依的是德行。如果晋国占领了虞国，发扬美德做芳香的祭品奉献给神明，神明难道会拒绝晋国的祭祀？这样看来，祭祀的丰盛清洁并不能保证虞国幸免于难。"

宫之奇的话头头是道，句句在理，但虞国公舍不得到手的美女，根本听不进宫之奇的劝谏。

宫之奇一腔怒火，他还想据理力争，再多说几句，却被站在身旁的大夫百里奚制止了。

退朝后，宫之奇责怪百里奚说："朝奏时，你不以国家存亡为重，帮我说上几句，怎么反倒劝阻我进谏！"

"咳！给不辨是非不明大义的人出主意想办法，不是徒费口舌吗？说得再多，也没用啊。既然国君听不进去，再劝下去，说不定会招来杀身之祸呢！"百里奚见宫之奇还是执迷不悟，就耐心地开导他一番。

宫之奇想，百里奚的话有道理啊！

当虞国公答应了晋国使者，晋国军队将要踏进虞国时，宫之奇带领着他的整个家族悄悄地离开虞国，出走国外了。

临行前，宫之奇满怀故国忧思，悲愤而无奈地说："虞国等不到年终的腊祭就要完蛋了！晋国消灭虢国后，肯定乘胜吞并虞国，它用不着再兴师动众，劳顿兵马了！"

晋国大将里克和荀息率领着阵容庞大的军队来到虞国。虞国公对荀息说："为了报答贵国，敝国将发兵助战。"

虞国公为虎作伥，晋国侵略军更是如虎添翼。这一年的十二月初一，晋国一举灭掉了虢国。

里克把俘获的虢国宫女和抢来的财宝随便分了一些给虞国公。

虞国公高兴极了，他吩咐朝臣对得胜回国的晋国军队大加犒劳。里克乘机提出，让军队就地驻扎在虞国都城之外，说："将士们和战马都太劳顿疲惫了，暂且在贵国休息几天再回去。"虞国公不假思索，满口允诺。

两天后，一名惊慌失措的朝臣忽然禀报虞国公，说晋献公来了，车驾眼下已经到了都城门外。

虞国公赶忙备车，出城欢迎。

晋献公邀虞国公到城外箕山打猎。晋国随驾的车马仪仗，豪华气派，虞国公甭说见识，连想都没敢想过。但是，好大喜功的虞国公不甘示弱，命令都城里的兵马倾城出动，跟随他去陪晋侯打猎。

顿时，整个箕山马叫人欢，山里的禽兽们遇到围猎，到处惊奔。这盛大的场面可把虞国公乐坏了。

正在这时，百里奚气喘吁吁地跑来报告，说："大王，不好了，京城里出事了，请大王赶快回驾。"

还没等虞国公靠近城门，城楼上早有一员大将哈哈大笑道："承蒙两次惠允借路，现在又把贵国借给了我们，末将这厢有礼了！"说着，这位将军双手抱拳向虞国公施起了礼。

虞国公如梦初醒，悔恨交加，想立即组织军队攻城，可还没收拾好人马，城上早已乱箭齐射，如雨的箭矢朝他飞来。

"晋献公率大军到了！"这时又传来一声呼喊。

虞国公顿时吓出一身冷汗。

晋献公不屑一顾地立马虞国公面前，虞国公无奈地僵立着，他和他的大臣百里奚眨眼间就成了晋军的俘虏。

荀息把先前作为借路礼物送给虞国公的名马又牵了回去，奉献给了晋献公。

晋献公走向分别已久的宝马，爱抚地轻拍着马背，端详了好久，不无感慨地说："马还是我的马，只是牙口老了许多啊！"

晋国军队借道虞国，消灭了虢国，随后又把亲自迎接晋军的虞国公抓住，灭了虞国。

《左传·僖公五年》记载了这件事，成语"唇亡齿寒"也流传了下来，比喻双方关系密切，相互依存。

介子推义不食禄

晋文公重耳回到晋国成为国君后，很多国家大事都在等着他处理，每天他都非常忙碌，所在他在封赏跟随他流亡的功臣时，有的人就没有来得及立刻封赏，在没有被晋文公及时封赏的人当中，就有介子推。

当年重耳流亡，离开卫国，路过那个叫五鹿的地方时，饿得都快昏了过去。介子推偷着一个人走到一旁，用刀子在自己的大腿上割下了一块肉，然后又摘了些野菜，煮了一碗肉汤，拿给重耳喝。

重耳问介子推："你哪里找来的食物？"

介子推只是说："还是先把汤喝了吧。"

在重耳身边的赵衰说："是他割下了自己腿上的肉。"

重耳听了后，眼睛一下湿润了，他对介子推说："将来有一天，我能回到晋国成为国君的话，一定会加倍报答你今日的恩情。"

等到重耳回到晋国，成为晋文公后，立刻封赏了赵衰和咎犯等人，没有来得及封赏介子推。介子推也不向晋文公说自己的功劳，也不向晋文公要官做。

赵衰和咎犯等人接受了晋文公的封赏后，介子推十分看不起他们，他说："晋献公除了文公以外，其他的儿子都被上天和百姓们抛弃了。文公能回到晋国成为国君，完全是上天的选择，你们这人却把这当成是自己的功劳，真替你们感觉到羞耻。偷了别人的东西，还会被当作盗贼，更何况这功劳本来就不是他们的，还好意思接受封赏？我真是很难再和你们这些人一起相处了。"

重耳

然后，介子推就带着母亲，去绵山（今山西省介休市附近）里隐居了。

介子推的朋友替他感到不平，所以就在木板上写了首诗，挂在了晋文公的宫门前。这首诗说："有一条金龙想要飞上天空，有五条蛇来帮助它完成这个心愿。当金龙飞上高空的时候，有四条蛇也跟着它一起腾云驾雾。但是另外的一条蛇却被它们抛弃了，这条蛇不知道自己可以去哪里。"

晋文公走出宫殿的时候，看见了这首诗，他一下子就明白了这首诗歌讲的是介子推。晋文公对身边的人说："这首诗说的是介子推啊，我最近整天忙着帮助周天子安定天下，还没有来得及封赏介子推呢。你们快去帮我把他请来，我要好好报答他从前对我的恩德。"

晋文公派出去请介子推的人回来向晋文公报告说："介子推已经搬家了，没有人知道他搬去了哪里。"

晋文公吩咐说："继续多派人帮我找，一定要找到他，我不能亏欠他。"

过了一段时间，寻找介子推的人回来向晋文公报告说："找到了，介子推就隐居在绵山里呢。"

晋文公立刻下令准备好车马和礼物，他要亲自去绵山迎接介子推回来。

但是绵山是一座非常大的山，方圆有几十里呢，晋文公到了绵山后，找了很多天都没找到介子推。晋文公心里很着急，所以他就下令放火烧山，想用这个办法把介子推逼出来。大火烧了三天三夜，晋文公始终没有看见介子推从山里走出来。大火熄灭后，晋文公又派人到山里去寻找。后来人们在一棵柳树下发现了被烧死的介子推，他是紧紧地抱着大树烧死的。

晋文公听说介子推被烧死了后，心里万分悲伤难过。他说："都是我的错啊，我现在把绵山这里都封给介子推，把绵山改称为介山，用来纪念我的过错和表扬有功德的好人。"

晋文公又把介子推临死前抱着的那棵没有被烧光的柳树，带回了官里，用它做成了一双木鞋，每天看见木鞋的时候，晋文公都会怀念起介子推。

传说介子推被烧死的那天是农历三月初五，晋文公回到宫里后，就下令今后在每年的三月初五这一天，全国都不生火，整天都吃凉的食物。后来经过许多年后，三月初五这一天就成了一个叫"寒食节"的节日。

晋文公退避三舍

晋文公重耳，是中国春秋时期晋国的第二十二任君主，前636年至前628年在位，晋献公之子，母亲为狐姬。晋文公文治武功卓著，是春秋五霸中第二位霸主，也是先秦五霸之一，与齐桓公并称"齐桓晋文"。

晋文公重耳做了国君后，以超人的胸怀广纳贤士，使国势越来越强。

有一天，宋国大司马公孙固送来告急文书，说宋城被楚兵包围，请晋国迅速出兵解围。晋文公收到告急文书有些犯难，当年自己逃难时，宋、楚两国都给予了很大的帮助，如今宋国被围，正是报答的时候，而围攻宋国的又恰恰是

楚国，怎么办呢？

晋文公召集众臣商议对策。先轸说，晋国如今大业初成，正是需要在诸侯中树立威信的时候，所以一定要帮助宋国解围。狐偃同意先轸的观点，也了解文公的难处，于是给文公出了个主意：曹、卫两国都已归附楚国，卫国还与楚国联姻，当年逃难时，曹、卫两国的国君都对文公很无礼。晋国可以以此为由讨伐两国，两国被围，楚国必然出兵相助，宋国的围也就解了。晋文公依计而行。

楚将成得臣攻打宋都睢阳（今河南省商丘市南），胜利在望之际，突然接到楚成王命令，要他带一部分军队解曹、卫之围。成得臣冷笑一声，说："要是当初听我的话杀了重耳，哪会有今天的麻烦。"接着，让信使给楚成王回话：攻下宋城，再发兵支援曹、卫两国。只因这一怠慢，曹、卫的都城被晋国攻破。

这时，成得臣又接到楚成王一道命令：与晋国能和则和，不可轻易作战。成得臣生就一副倔脾气，他原本没瞧起晋国，见曹、卫两国被攻破，心里不服，决心恢复曹、卫，打败晋军。

楚将宛春对成得臣说，对付晋国我们不必硬拼。接着献上一计：晋国表面救宋，实际上是为了建立霸业。我们派人对晋文公说，如果晋国撤出曹、卫两国，我们就撤出宋国，然后再把我们这个想法暗里通知宋国，晋国若不答应，不但曹、卫两国怨恨它，宋国也会怨恨它。如果答应了，这三个国家都会感激我们，于晋国也没什么好处。成得臣一听，心里非常高兴，当即派宛春出使晋国。

楚使宛春的到来，着实给晋国出了个难题。虽然宛春一开口，诡计就被识破，可文公一时又想不出应付的办法。

还是先轸打破了僵局，他说："我们可以暗中告诉曹、卫，如果他们同意与楚国断交，我们就恢复他们的国家。然后再扣留宛春，成得臣脾气暴躁，有勇无谋，他必然会倾全力与我们作战。宋国的围解了，曹、卫也不会怨恨我们。晋文公听了先轸的计策很高兴，虽然觉得有些对不起楚国，但想想自己的霸业，也顾不了那么多了。"

成得臣听说宛春被扣留，气得暴跳如雷，接着，又收到了曹、卫的绝交信，

更是怒火中烧，当即从宋国撤兵，准备同晋国决一死战。斗越椒见成得臣要违背楚成王的命令，连忙劝他不可冲动，怎耐成得臣的脾气一个字也听不进去，坚决要出兵。斗越椒没有办法，便与成得臣商量等他奏请国君后再说，成得臣勉强同意。斗越椒急急火火地回都城见楚成王，结果斗越椒前脚走，成得臣后脚便发兵至晋军驻地附近。

晋军众将领见楚军压境，纷纷摩拳擦掌，准备迎敌。谁料，晋文公同狐偃商议了一会儿后下令：大军后退九十里！众将哗然。狐偃解释道："成得臣虽然无理，但当年楚王于我们主公有恩，我们不能忘了楚王的好处。"

当年晋文公逃难在楚国时，经常与楚王结伴外出打猎，赛箭法，比武艺，相处得非常融洽。一次宴会中，楚成王开玩笑似的问重耳："假如有一天你当了晋国国君，怎么报答我呀？"重耳很温和地回答："假如我能当国君，会努力让晋、楚两国友好相处。如果两国发生了战争，不得不刀枪相见，我当退避三舍（1 舍是 30 里），以报答楚君的大恩。"

成得臣听到此话心里很不舒服，认为此人将来必定成为楚国的大患，便暗示楚君杀掉重耳，楚成王不以为然。

于是晋军后退三舍之地，在城濮（今山东范县临濮集一带）驻扎下来。

晋军后退，成得臣面上有光，本可见好就收，既不劳民伤财，又不担什么违君的罪名，怎奈他一心要战，便率军追到城濮，并向晋文公下了一个语言轻慢的战书，大意是：您就站在战车的横木上看我怎样逗您的武士们玩吧！狐偃看了战书对文公说，成得臣傲气十足，必吃败仗。

晋文公回了一封不卑不亢的信，打发走楚国的使臣，开始认真备战。他大胆起用年轻将领先轸做主帅。先轸也表现出突出的军事才能。他在练兵时特别交代：平时作战，击鼓进军，击锣收兵，而这次作战，击鼓收兵，击锣进军。他摸清楚军实际情况后，将晋军分为上、中、下三军，分别对付楚军左、中、右三军；又暗中拨一支精兵绕到楚军背后埋伏好，只等楚军败退时，夺取他的大寨；魏犨率兵到空桑埋伏，截击楚国败兵；舟之侨准备船只在南河等待，以便将缴获的军械粮草运走；赵衰保护晋文公上有莘山观战。

成得臣此次出兵联合了陈、蔡、申、息等国，他见晋国只有宋国相助，认为他们不堪一击，所以并未做什么部署，只等着看晋军怎样全军覆没了。

两军开战不久，晋军佯败逃跑，陈、蔡军队穷追不舍。忽听一声锣鼓响，陈、蔡军队以为晋军要收兵，追得更加起劲，谁知伴随锣鼓声，冲出一队战车，战马身上都披着虎皮。陈、蔡军马大惊，认为猛虎下山，顿时大乱，四处狂奔，把楚军后队也冲乱了。晋军乘机杀出。楚军右师大败，楚将斗勃中箭逃跑。

晋军士兵扮成陈、蔡士兵向成得臣报告，右师大获全胜，晋军被击垮，已全线溃逃，成得臣哈哈大笑，派斗宜申率左军追击。

先轸见楚左军杀来，让士兵在战车后面拴上树枝，在路上迂回奔跑，扫起层层尘土，远远看去，就像全军溃逃卷起的烟尘。楚军求胜心切，打马便追，并不知道是晋军请君入瓮的计策，结果楚军又全线崩溃。

成得臣只知楚军大获全胜，马上就可以活捉晋文公，谁知先轸率三路军马杀来，他才知道两军溃败，慌忙下令撤兵。无奈为时已晚，士兵十之七八成为俘虏。正在成得臣绝望之时，他15岁的儿子成大心杀出一条血路将他救走。

成得臣逃回营寨，见粮草、军械已被晋军所收，只得继续往后山逃跑。谁知刚到空桑，魏犨又率军杀出，将楚军团团围住。成得臣走投无路，准备誓死挣扎，正在这时，晋文公派人传令：放楚军回国，以报楚王当年之恩。

成得臣回国后，听说楚成王正为他违命出兵惨败而归的事生气，而且没有原谅他的意思，便自刎而死。其实，楚成王并不想处死他，但要阻拦已来不及了。

晋文公在城濮之战中大获全胜，在诸侯之中诚信倍增。

修内政纳襄王

晋文公元年春季，晋文公和夫人嬴氏从王城出发返回晋国，秦穆公派三千卫士护送，而这三千卫士都是办事干练的仆从。

文公回国后召集百官，分授他们职事并任用有功之人。废除旧债，减轻赋税，广施恩惠，分财给缺乏的人。救济贫困，提拔淹滞，匡正失误，资助没有财产的人。减轻关税，清除盗贼，便利商旅往来，宽免农民负担。劝勉农耕，提倡有财给没财的，节省费用，储备钱粮以待凶年。宣扬德教，使百姓养成淳朴本性。举荐贤良，援引才能之人，制定官员规章，依法办事，确立名分，培养善良美德。显扬旧臣中有功之族，亲近亲戚，重用贤良，尊崇贵臣，赏赐军功，敬事老人，礼待宾客，友爱故旧。胥氏、籍氏、狐氏、箕氏、栾氏、邵氏、柏氏、先氏、羊舌氏、董氏、韩氏十一族，都担任朝廷官职。姬姓中贤良之人，担任宫廷内官。异姓中能干之人，担任地方官职。公族享用贡赋，大夫享用采邑，士受田自耕而食，庶人靠劳力生活。工匠官商领受官廪，皂隶凭服役为生，家臣食用取自大夫的加田。于是晋国政治清平，百姓丰足，财物费用不缺乏。

这年冬天，周襄王因躲避昭叔之难，逃到郑国居住在汜地。他派使者来晋国通报发生的祸难，也派使者到秦国去通报了。

子犯对晋文公说："百姓亲近君王却不懂得君臣道义，国君您何不护送周主回国以教导人们懂得道义呢？如果国君您不护送周王回国，秦国就会护送的，那么我们晋国便失去尊事周天子的机会，又凭什么来求得诸侯的拥护呢？自身既不能用行动尊事周天子而又不能教导人们尊崇，诸侯怎会依附呢？继承文侯的业绩，保有武公的功德，开拓国土，安定边疆，就在于这次尊事周天子了！请国君您致力于此事。"

文公听了很高兴，于是派人送钱财给荒原中的戎人和骊地的狄人，以打通晋国东进的道路。

晋文公兴霸

周襄王派遣太宰文公及内史兴去晋国赏赐晋文公命服，晋国的上卿在边境迎接，晋文公到郊外迎接慰劳，安排他们在晋君的祖庙住下，进献九牢，在厅堂摆上照明的大烛。

到接受命服那天，在武宫举行仪式，设立晋献公的桑木牌位，安排筵席。太宰来到武宫主持仪式，晋文公穿戴着黑色的礼服和礼帽进来。太宰代表周襄

王赐给晋文公冕服，内史兴引导晋文公完成礼仪，太宰三次以周襄王名义赐晋文公命服，晋文公辞让三次后才接受。

仪式完毕，招待这些宾客、设宴款待、赠送礼物、郊外饯别都如同公接受王命、主人以侯伯相待的礼节，而且态度和乐友好。

内史兴回来后，把这件事告诉周襄王说："晋国，不能不善待。它的国君一定会称霸，因为迎接王赐命服态度恭敬，执行礼仪得当。尊敬王命，是顺从礼仪之道；行礼得当，是符合道德准则。用标准的德行引导诸侯，诸侯必定归附它。而且礼仪是用来观察忠、信、仁、义的，忠是用来均分的，仁是用来施行的，信是用来坚守的，义是用来节制的。以忠来均分就会不偏不倚，以仁来施行就会得到报答，以信来坚守才会稳固，以义来节制才会适度。分配均衡就不会怨恨，行仁有报答就不会困乏，信守坚定就不会苟且偷安，节制适度就不会离心。如果民众没有怨恨且财用不匮乏，执行命令不苟且塞责且行动不背离，那还有什么事情做不成呢？内心所想与外在表现相对应，就是忠；三次辞让、衣帽穿戴得体，就是仁；遵守礼节又不过分，就是信；举行礼仪没有差错，就是义。下臣我进入晋国境内，这四项都没有丧失，下臣我所以说：'晋侯这个人是懂得礼仪的，天子您要好好待他！'扶持知礼之人，得到的报答必定丰厚。"

周襄王接受了建议，出使晋国的使者络绎不绝。

待到惠后之难兴起，周襄王出奔郑国，晋文公护送他回京。

襄王十七年，天子承认晋文公。

襄王二十一年，晋文公率诸侯在衡雍朝见天子，并献上打败楚国所获的战利品，接着主持践土的盟会，从此开始称霸诸侯。

弦高智退秦军

晋文公打败了楚国，会合诸侯，连一向归附楚国的陈、蔡、郑三国的国君也都来了。郑国虽然跟晋国订了盟约，但是因为害怕楚国，暗地里又跟楚国结了盟。

晋文公知道了这件事，打算再一次会合诸侯去征伐郑国。大臣们说："会合诸侯已经好几次了，咱们本国兵马已足够对付郑国，何必去麻烦人家呢？"

晋文公说："也好，不过秦国跟我们约定，有事一起出兵，可不能不去请他。"

秦穆公正想向东扩张势力，就亲自带着兵马到了郑国。晋国的兵马驻扎在西边，秦国的兵马驻扎在东边，声势十分浩大。郑国的国君慌了神，派了个能说会道的烛之武去劝说秦穆公退兵。

烛之武对秦穆公说："秦晋两国一起攻打郑国，郑国准得亡国了。但是郑国和秦国相隔很远，郑国一亡，土地全归了晋国，晋国的势力就更大了。它今天在东边灭了郑国，明天也可能向西侵犯秦国，对您有什么好处呢？再说，要是秦国和我们讲和，以后你们有什么使者来往，经过郑国，我们还可以当个东道主接待使者，对您也没有坏处。您瞧着办吧。"

秦穆公考虑到自己的利害关系，答应跟郑国单独讲和，还派了三个将军带了两千人马，替郑国守卫北门，自己带领其余的兵马回国了。

晋国人一瞧秦军走了，都很生气。有的主张追上去打一阵子，有的说把留在北门外的两千秦兵消灭掉。

晋文公说："我要是没有秦君的帮助，怎么能回国呢？"他不同意攻打秦军，却想办法把郑国拉到晋国一边，订了盟约，撤兵回去了。

留在郑国的三个秦国将军听到郑国又投靠了晋国，气得吹胡子瞪眼睛，连忙派人向秦穆公报告，要求再讨伐郑国。秦穆公得到消息，虽然很不痛快，但是他不愿跟晋文公扯破脸，只好暂时忍着。

过了两年，也就是公元前628年，晋文公病死，他的儿子襄公即位。有人再一次劝说秦穆公讨伐郑国。他们说："晋国国君重耳刚死去，还没举行丧礼，趁这个机会攻打郑国，晋国绝不会插手。"

留在郑国的将军也送信给秦穆公说："郑国北门的防守掌握在我们手里，要是秘密派兵来偷袭，保管成功。"

秦穆公召集大臣们商量怎样攻打郑国。两个经验丰富的老臣蹇叔和百里奚都反对。蹇叔说："调动大军想偷袭这么远的国家，我们赶得精疲力竭，对方早

就有了准备，怎么能够取胜？而且行军路线这样长，还能瞒得了谁？"

秦穆公不听，派百里奚的儿子孟明视为大将，蹇叔的两个儿子西乞术、白乙丙为副将，率领三百辆兵车，偷偷地去打郑国。

第二年二月，秦国的大军进入滑国地界（在今河南省）。忽然有人拦住去路，说是郑国派来的使臣，求见秦国主将。

孟明视大吃一惊，亲自接见那个自称使臣的人，并问他前来干什么。

那"使臣"说："我叫弦高。我们的国君听到三位将军要到郑国来，特地派我送上一份微薄的礼物，慰劳贵军将士，表示我们的一点心意。"接着，他献上四张熟牛皮和十二头肥牛。

孟明视原来打算在郑国毫无准备的时候，进行突然袭击。现在郑国使臣老远地跑来犒劳军队，这说明郑国早已有了准备，要偷袭就不可能了。

他收下了弦高送给他们的礼物，对弦高说："我们并不是到贵国去的，你们何必这么费心，你就回去吧。"

弦高走了以后，孟明视对他手下的将军说："郑国有了准备，偷袭没有成功的希望，我们还是回国吧。"说罢，就灭掉滑国，回国了。

其实，孟明视上了弦高的当。弦高是个牛贩子。他赶了牛到洛邑去做买卖，正好碰到秦军。他看出了秦军的来意，要向郑国报告已经来不及。他急中生智，冒充郑国使臣骗了孟明视，一面派人连夜赶回郑国向国君报告。

郑国的国君接到弦高的信，急忙叫人到北门去观察秦军的动静，果然发现秦军把刀枪擦抹得雪亮，马匹喂得饱饱的，正在作打仗的准备。他就老实不客气，向秦国的三个将军下了逐客令，说："各位在郑国住得太久，我们实在供应不起。听说你们就要离开，那就请便吧。"

三个将军知道已经泄露了机密，眼看待不下去，只好连夜把人马带走。

崤山大战

秦国的大军想偷袭郑国，晋国那边早就得到情报。晋国的大将先轸认为这是打击秦国的好机会，劝说新即位的晋襄公在崤山地方拦击。

晋襄公亲自率领大军开到崤山。崤山本是形势十分险要的地方，晋军在那里布下了天罗地网，只等秦军到来。孟明视他们一进崤山，就中了埋伏，被晋军团团围住，进退两难。秦国的士卒死的死，降的降。孟明视、西乞术、白乙丙三员大将全都被活捉了。

晋襄公得胜回朝，他的母亲文嬴原是秦国人，不愿同秦国结仇，就对襄公说："秦国和晋国原是亲戚，一向彼此帮助。孟明视这帮武人为了自己要争功，闹得两国伤了和气。要是把这三个人杀了，恐怕两国的冤仇越结越深，不如把他们放了，让秦君自己去惩办他们。"

晋襄公听母亲说得有道理，就把孟明视等三个俘虏释放了。

大将先轸一听让孟明视跑了，立刻去见晋襄公，说："将士们拼死拼活，好容易把他们捉住，怎么轻易把他们放走呢？"

一面说，一面气得向地上吐唾沫。

晋襄公听了，也感到后悔，立刻派将军阳处父带领一队人马飞快地追上去。

孟明视三人被释放之后，使劲地逃跑。到了黄河边，发现后面已经有晋兵追上来。在这紧急的关头，幸好有一只小船停在河边，他们就跳了上去。

等阳处父赶到，船已经离了岸。阳处父在岸边大声喊叫："请你们回来！我们主公忘了给你们准备车马，特地叫我赶来送几匹好马，请你们收下！"

孟明视哪里肯上这个当？他站在船头上行了礼，说："承蒙晋君宽恕了我们，已经万分感激，哪里还敢再收受礼物？要是我们回去还能保全性命，那么，过了三年，再来报答贵国吧。"

阳处父还想说什么，那只小船哗啦哗啦地已经越划越远了。

阳处父回去向晋襄公回报了孟明视的话，晋襄公懊悔不及，但也无可奈何了。

孟明视等三人回到秦国。秦穆公听到全军覆没，穿了素服，亲自到城外去迎接他们。

孟明视三人跪在地上请罪。秦穆公说："这是我的不是，没有听你们父亲的劝告，害得你们打了败仗，哪能怪你们呢？再说，我也不能因为一个人犯了一点小过失，就抹杀他的大功啊。"

三个人感激得直淌眼泪，打这以后，他们认真操练兵马，一心一意要为秦国报仇。

公元前 625 年，孟明视要求秦穆公发兵去报崤山的仇，秦穆公答应了。孟明视等三员大将率领四百辆兵车打到晋国。没想到晋襄公早有防备，孟明视又打了败仗。

秦穆公仍旧没有办他的罪，但孟明视实在过意不去，好像对国家欠下一笔债。他把自己的财产和俸禄全拿出来，送给在战争中死亡将士的家属。他跟兵士一块儿过苦日子，兵士吃粗粮，他也吃粗粮；兵士啃菜根，他也啃菜根，天天苦练兵马，一心要报仇雪耻。

这年冬天，晋国联合了宋、陈、郑三国打到秦国的边界来了。孟明视嘱咐将士守住城，不准随便跟晋国人交战，结果又让晋国夺去了两座城。

这一来，秦国就有人说孟明视的坏话，说他不该这么胆小。附近的小国和西戎瞧着秦国一连打了三个败仗，纷纷脱离秦国，不受管了。

公元前 624 年，也就是崤山交战以后第三年的夏天。孟明视做好一切准备，挑选了国内精兵，出发了五百辆兵车。秦穆公拿出大量的粮食和财帛，把将士的家属安顿好。将士的斗志旺盛，整装出发。

大军渡黄河的时候，孟明视对将士说："咱们这回出来，可是有进没退，我想把船烧了，大家看怎么样？"大伙说："烧吧！打胜了还怕没有船吗？打败了，也别回来了。"孟明视的兵士们憋了几年的气闷和仇恨，全在这时候进发出来。没有几天工夫，就一举夺回了上次丢了的两个城，接着又攻下晋国的几座大城。

晋国这才感到秦国攻势的厉害，上上下下都着了慌。晋襄公跟大臣商量以后，下了命令：只许守城，不许跟秦国人开战。秦国的大军在晋国的地面上来回挑战，没有一个晋国人敢出来。

有人对秦穆公说："晋国已经认输了，他们不敢出来交战。主公不如埋了崤山的尸骨回去，也可以洗刷以前的耻辱了。"

秦穆公就率领大军到崤山，把三年前作战死亡将士留下的尸骨收拾起来，埋在山坡里。秦穆公带领孟明视等将士，祭奠了一番，才班师回国。

西部小国和西戎部落，一听到秦国打败了中原的霸主晋国，争先恐后地向秦国进贡，秦国从此就做了西戎的霸主。

楚庄王一鸣惊人

楚成王时，楚国的国力发展到第一个高峰，在他当政的46年中，屡次北进，在召陵受到齐桓公霸权的阻挡，又在城濮遭到晋文公的打击，晚年想改立继承人不成，被迫自杀。他的儿子穆王因是逼死父亲自立，造成内部分裂，在穆王短短的12年政权中，无所作为，国内一些强宗大族势力兴起，互相争夺，使楚政治上出现危机。楚庄王就是在这种困难环境中即位的。

据传说，楚庄王在即位的三年中，"左拥郑姬，右抱越女"，日夜作乐，怠于政事。不少人劝谏他，他却发布了一条命令：有来进谏者杀头！

一天，有个叫成公贾的人去见他，庄王问他见到命令没有，成公贾说他不是来劝谏的，而是来说谜语解闷的。庄王就让他说说看。成公贾说："南山有只鸟，三年不飞不动也不叫，是什么鸟？"庄王回答说："三年不动是决定志向，三年不飞是在长翅膀，三年不鸣是在观察周围情况。此鸟不飞则矣，一飞冲天；不鸣则已，一鸣惊人。"

楚庄王

于是，庄王随即上朝理政，"所诛者数百人，所进者数百人"。国人欢悦，楚国大治。原来他即位初年，不问政治，是采取外昏内智的策略，用沉湎于酒色作掩护，使矛盾暴露，洞悉忠奸，一旦着手整顿朝政，就能情况明了，决心大，处理正确。

楚庄王整顿内政后，首先是征服庸国。穆王末年到庄王初年，内乱频繁，

又发生天灾，经济上困难。周围的一些部族乘机叛楚，这其中以庸人为首。它联络麇、戎、蛮、百濮等部族，声势很大。当时形势很严重，申、息两地的北城门都不敢打开，怕中原诸侯乘机来攻，有人提出迁都以避戎蛮的主张。

庸是一个古老的国家，周武王伐商的联军中就有它参加，地点在今湖北竹山县。它东南到鱼邑（今四川奉节县），北到陕西安康，地处秦、巴、楚之间，是西北通秦、北上中原的战略要地。楚庄王采纳芳贾的意见，于公元前611年（鲁文公十六年）起兵伐庸。庄王的策略是打击主要敌人，瓦解其他。果然，楚起兵伐庸后，麇和百濮等少数部族都惧而退兵，楚军采取七战七败的麻痹骄敌策略，然后集中优势兵力，一举灭掉庸。这一战役不仅解除了西部威胁，同时还把地盘扩大到今湖北西北，与秦直接相接。

楚国接着向北用兵，进攻陈国。陈本是亲楚的，因陈共公死时楚人"不礼"，就倒向晋一方。公元前608年（鲁宣公元年），庄王带兵进攻陈、宋两国。晋国赵盾救陈，责问郑国亲楚之罪，楚在北林（今郑州东南）打败晋军，并活捉了晋将解杨。

次年春天，楚国指使倒向它的郑国进攻宋国，郑、宋两军在大棘（今河南睢县南）交战。宋国主将华元战前杀羊分赏士兵，却漏掉了给他驾车的羊斟，郑、宋两军开战，羊斟就把华元一直拉到郑军中，一国主将，就这样当了俘虏。宋军没有了主将，自然大乱而遭惨败。郑人缴获战车460辆，斩首100人，活捉250人。羊斟这种因私怨而大败国事的行为，回国后却未受到惩办，当华元逃回问他是不是马不听使唤，他却回答说是人不是马，说完就逃之夭夭。这充分表明宋国军纪、法纪败坏到了何种程度，所以宋国一直积弱不振。

这年夏天，晋联合宋、卫、陈三国准备攻郑，以报大棘之仇，楚国将军队开到郑国国都等待晋军，晋中军元帅赵盾率领的四国联军不敢前去交锋就退了回去。可见，楚庄王这只"鸟"鸣起来，确实是把晋国人吓住了。

公元前594年，楚庄王率军围攻宋，宋人赶紧向晋国求援。晋国害怕楚国，竟不敢出手相救。宋人坚守都城长达一年多，城内断粮断炊，居民"易子而食，析骸以炊"，异常悲惨。最后还是华元趁夜潜入楚营，拿着刀逼迫楚国主帅子反撤围，宋、楚议和，宋国依附于楚国。

从此以后，中原诸国，除了齐、秦、鲁以外，都背晋向楚。楚庄王饮马黄河，打败晋国，称霸中原。

楚庄王葬马

楚庄王很喜欢养马，有一匹马他非常喜欢，几乎都舍不得骑它，因为他怕把自己的爱马累着。

楚庄王专门给这匹马定做了锦衣穿，让马住在非常豪华的屋子里，用大红枣来喂养它。可是不久，这匹马因为太肥胖，得病死掉了。楚庄王非常伤心，他下命令说，要用安葬大臣的礼节来安葬这匹马。大臣们纷纷反对楚庄王这么做，但是谁也劝说不了楚庄王。

伤心的楚庄王说："谁敢再来反对我用大臣的礼节安葬我的宝马，我就杀了他！"

大臣们都不敢再说什么了，但是心里却都反对楚庄王这么做，大臣们觉得让马享受大臣的葬礼，是在侮辱大臣们，他们在心里都愤愤不平地说："畜生怎么能和人享受同样的待遇呢！"

楚庄王的王宫里有一个专门表演娱乐节目的人，他叫优孟，这个人的口才非常好。他听说这件事后，就来见楚庄王。优孟刚一进门，就开始大哭起来，楚庄王非常吃惊，就问他："你哭什么啊？"

优孟哗哗地流着眼泪，说："那匹宝马是大王您的最爱，我们楚国这么地大物博，这么繁荣富有，怎么才用大臣的礼节来安葬宝马呢？这礼节实在是太寒酸了，我请求您下命令，准许我们用安葬国君的礼节来安葬宝马！"

楚庄王问："那具体来说该怎么做呢？"

优孟擦了一下眼泪说："我们应该给宝马建造两个棺材，小棺材我们要用名贵的美玉来做，大棺材我们要用名贵的木材来做。派士兵们去挖掘个大大的坟墓，让百姓们都去帮着抬土。再派人通知赵国、韩国、魏国和齐国的国君，让他们都派人都参加葬礼。然后我们还要为宝马建造一座庙宇，好能时时去祭祀宝马。天下的诸侯们，听说这件事后，就都知道大王您对待马匹比对大臣还要好了。"

楚庄王听优孟这么说后，很吃惊，他问优孟："我做得真的有这么过分吗？那现在我该怎么办啊？"

优孟说："最好的安葬方式就是我们在锅里放好调料，把马煮着吃了，用我们的肚子来安葬宝马。"

楚庄王想了想说："那就照你说的做吧。"

楚庄王不想让别的国家的国君说自己对牲口比对大臣还好，那样的话，天下的诸侯们就笑话他不懂得尊重大臣，就会直接影响楚国的名誉，人们就都会嘲笑他是一个昏庸的大王。

楚庄王终于因为要保护自己贤德的名声，没有用大臣的礼节安葬宝马，虽然他一开始的时候，有些糊涂，但是他知错就改，所以他仍然是一位英明的君主。

季文子相鲁

就在楚庄王东征西讨的时候，公元前601年，鲁国出现了一位德才兼备的宰相，他就是季文子。

季文子的家族是鲁国三大贵族之一，非常富有，有地位，有名声。季文子成了鲁国宰相后，季氏家族成为鲁国三大贵族之首，几乎掌握了鲁国全部的军政大权。虽然是这样，但是季文子却很崇尚节俭。

三大贵族中，有个叫仲孙它的年轻人，很看不惯季文子的做法，有次他劝季文子说："您是堂堂鲁国的宰相，富可敌国。您家的丝绸，就算是给所有鲁国人都做一身衣服穿，也不一定用得完，可您却总让自己的老婆孩子穿粗布衣服；您家里的粟米，就算拿来喂养鲁国全国的马匹，也会绰绰有余，可您却总让自己的马匹吃草。难道您就不怕全国的百姓们笑话您小气吗？您和天下的诸侯们交往的时候，就不怕人家嘲笑您小气，因而有损我们鲁国良好的声誉吗？"

季文子微笑着回答说："世上有谁不愿意享受荣华富贵呢？我当然也很想让我的家人都吃好的、用好的、穿好的，让我的马匹也都用粟米当饲料。可是，我毕竟是咱们鲁国的宰相啊！当我看到，我们鲁国还有很多百姓都吃不饱、穿不暖、住不好，我的心里就很难过，难道我能让自己的家人都吃着山珍海味，穿着绫罗绸缎，却让我们的百姓们都吃粗粮、穿粗布衣服吗？听了季文子的这番回答，仲孙它羞红脸，低下了头。

季文子过后把这件事告诉了仲孙它的父亲孟献子，孟献子知道后非常生气，他恭敬地向季文子道谢说："感谢您替我教育儿子，以后我一定会努力管教他，让他好好地修养自己的德行。"

季文子笑着说："您客气了，我们鲁国的未来，还要靠他们这些年轻人，希望我们的年轻人，将来都能凭借自己美好的德行来为我们的国家赢得光荣。"

孟献子回到家里后，就严厉的训了仲孙它一顿，并且罚他七天不许出门，留在自己的卧室里检讨过错。

经过这件事情后，仲孙它痛改前非，开始发奋读书，加强自己的道德修养，把季文子作为自己的榜样来学习，很快他的学问和道德都有了一个很大的进步。

季文子教育仲孙它这件事，不久就传遍了鲁国，无论是达官贵族还是平民百姓，都纷纷向季文子学习，使鲁国形成了一种崇尚节俭的社会风气，赢得了其他诸侯国的称赞。

季文子做事，有个非常著名的特点，就是十分小心。我们现在有句成语叫作"三思而行"，所说的就是季文子。

晏婴相齐

晏婴是齐国上大夫晏弱之子。以生活节俭，谦恭下士著称。当任期间其主齐灵公、齐庄公、齐景公都信于他，为春秋时期不可多得的人才之一。

楚庄王去世后，楚国和晋国一直都在争夺霸主的位子，而齐国却渐渐衰落了。直到后来齐景公当上了国君，齐国才慢慢地重新富强起来。齐国能富强起来，功劳最大的大臣就是晏婴。

齐景公刚当上国君时，晏婴在齐国的一个小地方当官，晏婴在那个地方当了三年官后，齐景公把他叫回了都城，对他说："你当官这三年，不断有人来向我告状，说你是一个昏官、一个坏官。我看你还是回家吧，不要再当官了。"

晏婴向齐景公请求说："求您再给我一次机会，三年后，您一定会看到大家都在您面前赞美我。"

齐景公答应了晏婴的请求，他说："嗯，好吧，再给你最后一次机会，你要好好努力，我再听到有人来告状的话，你就回家种地吧。"

就这样，晏婴又回到了那个小地方当官。过了三年，齐景公又把晏婴叫回了都城，齐景公笑着说："这三年，大家都到我这里来夸奖你，说你是个有才能的好官，现在我要好好地奖赏你。"

晏婴赶紧说："我不敢接受您的奖赏。"齐景公问："为什么啊？"

晏婴说："第一个三年，我当官时，做事总是很公平正直，对犯法的人从来不心慈手软，所以才被很多人怨恨，他们到处说我的坏话。第二个三年，我当官时，就反过来做，有人犯了法，只要求我放了他，我就放了他，所以那些怨恨我的人又开始赞美我。其实，我第一个三年做官时，才应该受到奖赏；第二个三年做官，应该受到处罚才对，而您现在却要奖赏我，我怎么敢接受呢？"

齐景公感觉很惭愧，觉得当初不应该听信那些谗言。这时，齐景公认为晏婴非常有才干，所以就让他做了宰相，帮助自己处理国家大事。

晏婴当了宰相以后，生活非常简朴，吃的是粗茶淡饭，穿的是粗衣布衫，乘坐的车子也是很破旧的，住的房子更是破旧。齐景公很多次都要赏赐给他大房子，都被晏婴拒绝了。晏婴的妻子又老又丑，齐景公就想把自己的女儿嫁给晏婴，他也没有接受。因为晏婴品德高尚，所以齐国百姓们都非常尊敬他。

齐景公非常喜欢喝酒，有一次他抱着美女，连续喝了七天的酒，还想继续喝下去。大臣弦章来劝他说："您已经喝了七天七夜的酒了，不能再喝了，请您立即放下酒杯吧。不然的话，您就杀了我吧。"

齐景公很生气，可是自己也不知道该怎么办。如果放下酒杯的话，那就是代表自己被大臣管束了，这是很丢面子的；但是不放下酒杯的话，弦章就要死，而弦章是忠臣，齐景公根本合不得让他死。

正在齐景公为难的时候，晏婴进来了，齐景公对他说："弦章这家伙竟然来威胁我。如果我听从他的，不是臣子反过来管我了吗？可是把他杀死的话，我又舍不得。你说怎么办啊？"晏婴笑着说："弦章可真是幸运啊，遇到了您这么有德行的君主，如果遇上像殷纣王那么无德的昏君，他早就被杀了。"

听了晏婴的话，齐景公找到了台阶下，就立刻停止继续喝酒了。

终于，在晏婴等贤臣的辅佐下，齐国又重新强盛起来了。公元前490年，齐景公派军队攻打强大的晋国，占领了晋国很多土地。

伍子胥过昭关

在诸侯大国争夺霸权的斗争中，大国兼并小国，扩张了土地。可是大国的诸侯不得不把新得到的土地分封给立了功的大夫。大夫的势力大了起来，他们之间也经常发生斗争。大国国内的矛盾尖锐起来，都想把争夺霸权的战争暂时停止下来。

为了这个缘故，宋国大夫向戍在晋、楚两国之间奔走，做调停人。

公元前546年，晋楚两国和其他几个国家，在宋国举行了"弭兵会议"。在这次会议上，晋国的大夫和楚国的大夫代表南北两个集团讲了和，订了盟约。规定除齐、秦两个大国外，各小国都要向晋、楚两国同样朝贡。晋楚两国平分霸权，以后五十多年里，没发生大的战争。

到楚庄王的孙子楚平王即位之后，楚国渐渐衰落了。公元前522年，楚平王要把原来的太子建废掉。这时候，太子建和他的老师伍奢正在城父（在河南襄城西）镇守。楚平王怕伍奢不同意，先把伍奢叫来，诬说太子建正在谋反。

伍奢说什么也不承认，立刻被关进监狱。

楚平王一面派人去杀太子建，一面又逼伍奢写信给他的两个儿子伍尚和伍子胥，叫他们回来，以便一起除掉。大儿子伍尚回到郢都，就跟父亲伍奢一起，被楚平王杀害了。太子建事先得到风声，带着儿子公子胜逃到宋国去了。

伍奢的另一个儿子伍子胥，也从楚国逃出来，他赶到宋国，找到了太子建。不巧宋国发生内乱，伍子胥又带着太子建、公子胜逃到郑国，想请郑国帮他们报仇，可是郑国国君郑定公没有同意。

太子建报仇心切，竟勾结郑国的一些大臣想夺郑定公的权，被郑定公杀了。伍子胥只好带着公子胜逃出郑国，投奔吴国（都城在今江苏苏州）。

楚平王早就下令悬赏捉拿伍子胥，叫人画了伍子胥的像，挂在楚国各地的城门口，嘱咐各地官吏盘查。

伍子胥带着公子胜逃出郑国后，白天躲藏，晚上赶路，来到吴楚两国交界的昭关（在今安徽含山县北）。关上的官吏盘查得很紧。传说伍子胥一连几夜愁得睡不着觉，连头发也愁白了。幸亏他们遇到了一个好心人东皋公，同情伍子胥，把他接到自己家里。东皋公有个朋友，模样有点像伍子胥。东皋公让他冒充伍子胥过关。守关的逮住了这个假伍子胥，而那个真伍子胥因为头发全白，面貌变了，守关的认不出来，就被他混出关去。

伍子胥出了昭关，害怕后面有追兵，急忙往前跑。前面是一条大江拦住去路。伍子胥正在着急，江上有个打鱼的老头儿划着一只小船过来，把伍子胥渡过江去。

过了大江，伍子胥感激万分，摘下身边的宝剑，交给老渔人，说："这把宝剑是楚王赐给我祖父的，值一百两金子。现在送给你，好歹表表我的心意。"

老渔人说："楚王为了追捕你，出了五万石粮食的赏金，还答应封告发人大夫爵位。我不贪图这个赏金、爵位，难道会要你这宝剑吗？"

伍子胥连忙向老渔人赔礼，收了宝剑，辞别老渔人走了。

伍子胥到了吴国，吴国的公子光正想夺取王位。在伍子胥的帮助下，公子光杀了吴王僚，自立为王，这就是吴王阖闾。

吴王阖闾即位之后，封伍子胥为大夫，帮助他处理国家大事；又用了一位将军孙武，是个善于用兵的大军事家。吴王依靠伍子胥和孙武这两个人，整顿兵马，先兼并了临近几个小国。

公元前506年，吴王阖闾拜孙武为大将，伍子胥为副将，亲自率领大军，向楚国进攻，连战连胜，把楚国的军队打得一败涂地，一直打到郢都。

那时，楚平王已经死去，他的儿子楚昭王也逃走了。伍子胥恨透了楚平王，刨了他的坟，还把平王的尸首挖出来狠狠鞭打了一顿。

吴军占领了郢都，楚国人申包胥逃到秦国，向秦国求救，秦哀公没同意出兵。申包胥在秦国宫门外赖着不走，日日夜夜痛哭，竟哭了七天七夜。秦哀公终于被感动了，说："楚国虽然暴虐无道，但是有这样好的臣子，怎能眼看他们亡国！"

秦哀公派兵救楚国，击败了吴军，吴王阖闾才撤兵回国。

吴王阖闾回到吴国都城，把第一大功归给孙武。孙武不愿意做官，回乡隐居去了。他留下的一部《孙子兵法》，是我国最早的杰出的军事著作。

范蠡传奇

越国是长江下游的一个小国。公元前506年，吴国大败楚国于柏举，楚昭王逃亡，楚大臣申包胥向秦国求助。公元前505年，秦襄公派兵援楚，打败了吴军，收复了楚都郢。就在吴军攻陷楚都郢时，吴国的邻居越国趁机偷袭了吴国。那时，越国的力量还远比不上吴国，越国竟敢在吴国的头上动土，吴国大怒。公元前496年，吴国讨伐越国，不料，吴国国王阖闾被打伤，很快就死了，阖闾的儿子夫差决心为父报仇。

公元前494年，吴王夫差亲率大军伐越。两军在夫椒（今江苏太湖椒山）决战，越军大败，吴军乘胜攻入越都。勾践面临绝境，在文种、范蠡的谋划下，数次以"卑辞厚礼"，收买吴国大臣伯嚭，托他求夫差放勾践一条生路。文种还爬着去见夫差，一边磕头，一边流着泪请求做吴王的附属。

吴王夫差同意了。越王勾践携妻带子，与大臣范蠡一起入吴，做了屈辱的人质。

范蠡在踏上仕途之前，本在楚国的南阳躬耕。他和好朋友文种本来商议去吴国，但此时，伍子胥已经在吴国，且声名显赫，如日中天，他们怕被他压制了，于是跋山涉水来到越国，很快就获得了越王勾践的充分信任。

在勾践穷途末路、身为奴仆之际，范蠡挺身而出，随勾践一起入吴驾车养马。勾践是很感激范蠡的。在吴国的两年里，范蠡为勾践制订"十年生聚，十年教训"计划，鼓励勾践在困境中养精蓄锐，为日后复仇做准备。

两年后，吴王夫差放了勾践。勾践返国后，卧薪尝胆，积极准备伐吴战争。他拜范蠡为相国。范蠡果然善于治理内政，他首先在今绍兴卧龙山下建立了小城，接着又利用这一带孤丘地形，建立了与小城毗连的大城，这样就建成了国都大越城。

范蠡

为了麻痹吴王夫差，使他放松对越国的防范，范蠡还将自己最心爱的女人西施送给了吴王。让一个女人去充当越国复仇的工具，这对西施是不公平的，她曾质问范蠡："为了那个'长颈鸟喙，可与共患难，不可与共乐'的勾践，我们值得这样吗？"范蠡答："为了越国的前程，值得！"

范蠡依依不舍地将西施送到了吴国。

君不见，馆娃初起鸳鸯宿，越女如花看不足。

香径尘生鸟自啼，履廊人去苔空绿。

换羽移宫万里愁，珠歌翠舞，古梁洲，

为君别唱吴宫曲，汉水日夜东南流。

这是后人歌咏西施到吴宫以后的生活。

西施的绝世容颜和柔言媚语果然让夫差神魂颠倒，色令智昏，他下令耗费巨资为西施筑馆娃宫，终日与她嬉戏其中，沉湎酒色，不理朝政。传说，西施早晨梳妆常照池为镜，夫差并立在她身后，亲自为她撩发施妆。他对西施说："以你的娇妍，映在水里，水也生媚。"

在西施的温柔怀抱里，夫差早将争夺盟国霸主地位的壮志置之脑后，更放松了对越王的警惕，使勾践有了卧薪尝胆、励精图治的良机。

夫差对西施如此宠爱，西施在枕边就经常挑拨夫差与吴国肱股之臣伍子胥的关系。伍子胥曾仰天叹息："吴国的今天，就像桀纣之世，怎么能不灭亡啊？"最终伍子胥被逼死，吴的军事力量大大削弱了，而越国却在暗中把"刀"磨得锋利无比。

勾践在范蠡、文种的辅佐下，"十年生聚，十年教训"，前后用了 22 年的时间，报仇的时机成熟了。从公元前 480 年开始，越国对吴国进行了报仇雪耻的争战。范蠡在作战中身先士卒，亲冒矢石。公元前 473 年，越军在范蠡的率领下把夫差围在了姑苏山上。这次轮到夫差派人"卑辞厚礼"、"膝行"求和了，勾践不允许，范蠡率军继续进攻，夫差不得已自杀身亡。吴国亡于越国的手上。

范蠡尽心竭力地帮助越王勾践消灭吴国，洗刷了当年亡国称臣的耻辱。之后，范蠡又辅佐勾践北上进兵，与中原的齐国、晋国争霸，并最终称霸诸侯，立下了汗马功劳，自己也被封为上将军。

但是，不久，人们发现，范蠡不见了。范蠡本来可以做大官，享受荣华富贵，却为什么要归隐呢？

灭吴之后，越国君臣设宴庆功。群臣皆乐，勾践却面无喜色。范蠡观察到这一细节，立刻开始思索："勾践为灭吴兴越，不惜忍辱负重，卧薪尝胆。如今如愿以偿，功成名就，只怕自己盛名之下，难以久留，如不急流勇退，日后恐无葬身之地呀。"

于是，范蠡给勾践写了一封信，信上说："臣下听说，如果君主忧愁，臣子就该辛劳；君主耻辱，臣子就该去死。当年大王在会稽受辱，我之所以不死，正是为了报仇雪耻。如今大仇已报，臣请君王赐死。"

勾践读完范蠡的信，诚恳地对范蠡说："难道你不相信寡人吗？我还打算把越国的一半分给你哪！"

范蠡心知，勾践并非真心对自己，早晚有一天，他会加害于自己。于是，在一个夜晚，范蠡带着珠玉宝物，与心腹亲信乘船渡海出逃了。人们说，他到了齐国。

范蠡归隐后曾写信给大夫文种，说了一段后世非常有名的话："飞鸟尽，良弓藏；狡兔死，走狗烹。越王为人长颈鸟喙，可与共患难，不可与其乐。子何不去?"

意思是说："飞鸟射杀完了，好弓就会被收藏起来；狡猾的兔子猎取光了，猎狗就会被煮了吃掉。越王为人很阴险，工于心计，做臣下的可以与他共患难，却不可以与他同享乐。您为什么还不离开呢?"

文种接到信后，心中闷闷不乐。好友不辞而别，他也很孤单。这时，越王勾践日夜享乐，不像以前那样敬重自己了，他有点心灰意冷，于是称病不再上朝。有人进谗言，说："大夫文种自恃有功，倨傲不朝，背地里结党营私，将要造反。"

越王勾践正好就有了处置文种的借口，便赐给文种一把剑，说："您教给我进攻吴国的七条计策，我只用了三条就打败了吴国，还有四条在您那里。您去跟随我死去的国王父亲，试试那些计策吧。"

文种愤然地说："都怪我不听范蠡的劝告，才落得这样可悲的结局啊!"说完，举剑自刎。

勾践逼死文种，不仅是因为文种已经丧失了利用价值，还因为文种的才能非常突出，勾践怕他会威胁到自己的统治。范蠡早就看穿了这一点，所以早早地离开越国，幸免于难。

范蠡在齐国海边落脚后，隐姓埋名，耕种滩涂。他吃苦耐劳，勤奋努力，治理产业，很快就积蓄了万贯家财。

齐国人听说他有才能，请他做齐国的国相，可是他婉言谢绝了。他叹息着说："我做老百姓，能赚到万贯家产，我做官，能做到宰相，我也应该知足了。物极必反，我长期身居高位，要时刻警惕啊!"

于是，范蠡辞掉了官职，散发了他的财产，带着贵重的财宝，悄悄地离开，在陶地住了下来，自称"陶朱公"。不久，他又成为当地的巨富，远近闻名。

范蠡活了八九十岁，寿享天年。

和范蠡命运相连的美女西施则给后人留下了一个谜。

有人说，当西施在吴国享受着吴王对她的百般疼爱时，她的内心是矛盾的，她有家国之恨不能不报。可是当吴国灭亡的时候，也许她已经爱上了吴王。她既已为国尽忠，活在世上还有什么意义呢？于是，国破之日，她自沉于太湖，为夫差殉情了。

　　李白的《西施》似乎暗示着美人不知所终的结局：

　　　　西施越溪女，出自苎萝山。

　　　　秀色掩今古，荷花羞玉颜。

　　　　浣纱弄碧水，自与清波闲。

　　　　皓齿信难开，沉吟碧云间。

　　　　勾践征绝艳，扬蛾入吴关。

　　　　提携馆娃宫，杳渺讵可攀。

　　　　一破夫差国，千秋竟不还。

　　也有人说，国破之日，她徘徊在馆娃宫前，范蠡找到了她，两人泛舟五湖，成了一对神仙眷侣。元代王昙在《留侯词》中说：

　　　　君不见，五湖范蠡载西施，一舸鸱夷去已还。

　　人们愿意相信在经历家仇国难之后，范蠡和西施实现了他们先前的诺言，终于美满地生活在一起，再也不分离了。

老子的"道"

　　老子（前604？—前531？），亦称老聃，相传与孔子同时而稍早。对于老子的生平经历，太史公司马迁已弄不清了，提出了三说：一说东周守藏室之史老聃；二说与孔子同时的楚人老莱子；三说孔子死后129年的东周太史儋。对此三说，司马迁说："世莫知其然否？"目前最流行的是第一说。

　　传说老子姓李名耳，字伯阳，谥曰聃，为楚国苦县厉乡曲仁里人。有一首诗说：

　　　　隐阳山头戴紫，厉乡沟水流碧。

　　　　松阴平铺古幽，竹枝高挑脱俗。

　　　　一代仙人高卧，贵地也哉贵地！

　　还传说老子的母亲是天上的玉女。一日，玉女正在熟睡中，忽然梦见天开数丈，一位真人捧日而出。他对日凝思良久，只见日精一点一点地变小，从天空中坠了下来，又化为一道流星，就像一颗美丽的五色珠，径直飞到了玉女的口边。玉女毫不犹豫，吞了下去。这时，玉女感觉左肋疼痛，一会儿，一个孩子从肋下生了出来。只见这孩子一落地，就行九步，步生莲花，左手指天，右手指地，开口说道："天上天下，唯道独尊。我当开扬无上道法，普度一切动、植众生，位登太极，无上神仙。"说完，他又坐在一棵李树下，指树说："以此为吾姓。"玉女一看，这孩子鹤发龙颜，顶有日光，身滋白血，面凝紫色。生下9天后，身体就有九种变化。到6岁的时候，那一对耳朵更是大得出奇，于是就都叫他李耳。李耳生下来头发就白了，所以人们就叫他老子，或叫老聃。

老子

据说老子只有十几岁的时候，来到了当时的周都洛邑，也就是今天的河南洛阳。洛邑是文化繁荣、经济发达的城市。在这里，老子一心一意学习天文、地理、人伦。几年过去了，他如饥似渴地读书，文物、典章、史书无所不习，他的学问和见解日见提高，他的思想也日益丰富了。老子的老师觉得应该让他接触更多的典籍了，于是，他就推荐老子到守藏室为吏。

守藏室相当于国家图书馆，周朝的所有典籍都收藏在那里，集天下之文，收天下之书，汗牛充栋，无所不有。在守藏室，在书籍的海洋里，老子如蛟龙游入大海，他如饥似渴，博览群书，渐臻佳境，礼乐道德无所不通。又过了几年，老子被任命为守藏室的史官。这意味着老子的学问不但得到了学者的认同，也得到了国家的认可。担任这个职务，与其说是一种职位，不如说是一种荣誉。在当时，他的学识无人能及，只有他才配享有这个荣誉。

应该说，做官不是老子的志向和兴趣，但是，在周朝担任守藏室史这么一个尊贵的职务，不但使老子的思想不断地升华，也使他的影响越来越大了。

老子做了很长时间的史官，由于周王室日益衰微，他感到很失望，于是弃官西去。传说老子西游，接近函谷关时，守关的官员尹喜登上楼观台，仰望星空，忽见东方紫云聚集，足有三万里长，形如飞龙，由东向西滚滚而来，看见如此异相，尹喜自语道：

> 紫气东来三万里，圣人西行经此地。
> 青牛驾车载老翁，藏形匿迹混元气。

几天之后，老子果然骑青牛而来。老子在函谷关待了数日，尹喜热情招待，就是不给他发通关的关牒。一日，老子对尹喜说："老夫到此地已多日，现在该走了，请关令发关牒吧。"尹喜一听老子要走，便恳求道："现在您就要隐居了，可您把您的学问和智慧留在了肚子里，多可惜呀。后世想向您求教都难了！为什么不把您的智慧之道写成书，传之后世呢？"

老子一听要让他写书，便婉言拒绝："我要到很远的地方去，还要做很多事情，书就先不写了，以后再写吧。"哪知，尹喜说什么也不答应，非要老子留下来写书不可，老子只好答应了。尹喜特别高兴，对老子说："弟子虽浅陋，愿代先生传于后世，流芳千古，造福万代。"

老子便在函谷关楼观台著书立说。这部书以王朝兴衰成败、百姓安危祸福为鉴，溯其源，著上、下两篇，共五千言。上篇起首为"道可道，非常道；名可名，非常名"，故人称《道经》。下篇起首为"上德不德，是以有德；下德不失德，是以无德"，故人称为《德经》，合称《道德经》。《道经》言宇宙本根，含天地变化之机，蕴阴阳变幻之妙；《德经》言处世之方，含人事进退之术，蕴长生久视之道。

老子写完《道德经》，顿觉神清气爽，如释重负。他把《道德经》交给尹喜，尹喜也把早已填好的通关关牒交给老子。老子骑上青牛，一股紫气腾空而起，载着老子向西而去。从此，再也没有人知道他的下落，有的说他活了160多岁，有的说他活了200多岁，道教徒说他长生不死。无论怎样说，老子和他的《道德经》千百年来长盛不衰，成为人世间的伟大思想宝库。

老子是中国古代最伟大的思想家，《道德经》虽然只有五千字，但是含义极其深刻，可以说是一本奥义无穷的书。"道"是老子思想中最重要的概念。"道"的原始含义是指道路、坦途，《易经》中有"复自道，何其咎"，"履道坦坦"，

"反复其道，七日来复"，都是道路的意思。以后，"道"又被引申为道理，《尚书·洪范》中说："无有作好，遵王之道；无有作恶，遵王之路。无偏无党，王道荡荡；无党无偏，王道平平；无反无侧，王道正直。"这里的道，已经有正确的政令、规范和法度的意思，说明"道"的概念已向抽象化发展。到《老子》这里，"道"成为中国哲学的最高范畴。《老子》一书中有这样一段论述：

有物混成，先天地生。寂兮寥兮，独立而不改，周行而不殆，可以为天地母。吾不知其名，字之曰道，强为之名曰大。大曰逝，逝曰远，远曰反。故道大，天大，地大，人亦大。域中有四大，而人居其一焉。人法地，地法天，天法道，道法自然。

老子认为"道"先天地而存在，"道"是万事万物之根本，天地万物都是从"道"中产生的。在《道德经》中，老子经常把"道"比作天地万物之母，有时也称之为"玄牝"。其次，"道"是一个混成之物，它自身包括"无"和"有"两个方面，是"无"和"有"的统一体。最后，"道"是运动变化的，老子不仅看到了万事万物相互依存，又相互对立，而且能相互转化，提出了"有无相生，难易相成，长短相形，高下相倾，音声相和，前后相随"等论点。《道德经》还赋予"道"以自然、无为、柔弱等特点。

性情"圣人"孔子

孔子名丘，字仲尼（前551—前479），鲁国陬邑（今山东曲阜）人，春秋末期著名的思想家、政治家、教育家，儒家学派的创始人。他是一个品德高尚的知识分子。他正直、乐观向上、积极进取，一生都在追求真、善、美，一生都在追求理想的社会。他的成功与失败，无不与他的品格相关。他品格中的优点与缺点，几千年来一直影响着中国人，特别是影响着中国的知识分子。

孔子的祖先原是宋国的贵族，如果再往前追溯，还可以追溯到殷代，他是殷代贵族的后裔。孔子之前的三四代，他们家由宋国逃到了鲁国，从此，这个贵族世家日益没落了。

孔子的父亲名纥，字叔梁，母亲姓颜，名徵在。叔梁纥在自己63岁那年向颜家求婚，颜家有三个女儿，老大老二都不愿意嫁给他，只有不满20岁的老三颜徵在愿意。第二年，他们就结合了。但是，他们的结合并没有经过当时社会上完备的手续，遭到了人们的奚落。

孔子

叔梁纥和颜徵在希望得到一个儿子，就到尼丘山祈祷，在那里野合，后来就生了一个男孩，取名叫丘，别名仲丘。这就是中国历史上最伟大的人物之一——孔子。

孔子出生的这一年，是公元前551年——周灵王二十一年、鲁襄公二十二年，距今两千五百多年。

孔子3岁时，叔梁纥去世。因为叔梁纥和颜徵在的结合本身就不符合当时的礼制，颜徵在一直受到舆论的谴责，丈夫死后，她不得不离开叔梁纥家，带着孔子迁居到鲁国国都曲阜城内的阙里。

孔子17岁时，他的母亲也去世了。那时，孔子还是个懵懂少年。有一次，鲁国的贵族季氏欢宴名流，孔子穿着孝服就跑去了。季氏的家臣阳虎就呵斥他："我们请的是有地位的人，不是招待叫花子的，你赶快走！"

从此，孔子更加努力地学习各种知识，年轻的时候，就以学识渊博而著称了。他19岁结婚，20岁得了一个儿子，鲁国的国君昭公向他道喜，特意送来了一条大鲤鱼。孔子为了纪念这件事，就给儿子取名孔鲤，号伯鱼。孔子只有这一个儿子。

大约在30岁的时候，孔子有了他的第一批弟子，他开始了一生的教育事业。这第一批弟子中，大多为平民子弟，其中子路最有名，他比孔子小9岁，追随孔子近40年，是孔子事业最热心的支持者。那时候，受教育还只是贵族的专利，孔子宣称："谁拿十条干肉来做入学礼，我没有不教他的。"孔子是中国历史上最早开始文化普及教育的人。

贵族中也有送子弟来向孔子求学的。孟懿子和南宫敬叔是大夫孟僖子的儿子。南宫敬叔曾向鲁昭公建议派他和孔子到周的都城洛邑去观光。那时候，中国历史上另一位伟大的思想家老子正在洛邑，担任国家图书馆的馆长。于是，两个最伟大的人物进行了一次有意义的会面。

这次会面，孔子向老子请教了许多问题。其中最重要的是"孔子问礼"。当孔子离开洛邑，老子赠言曰："聪明深察而近于死者，好议人者也。博辩广大危其身者，发人之恶者也。为人子者毋以有己，为人臣者毋以有己。"这是老子对孔子善意的提醒，也指出了孔子的一些毛病，就是看问题太深刻，讲话太尖锐，伤害了一些有地位的人，会给自己带来很大的危险。

孔子回到鲁国以后，深情地赞美老子："鸟，我知道它能飞翔；鱼，我知道它能在水中游动；兽，我知道它能奔跑。能奔跑的兽我可以用网去捕捉它，能游的鱼可以用钓绳去钓，能飞的鸟可以用箭去射。至于龙，我就不知道了，它是否能乘风云飞上天呢？我今天见到老子，感觉他就像龙一样。"

在孔子活动的时代，士人大多对政治抱有极大的热情，渴望建立一番事业。孔子也一样，但从20多岁开始，他在政治上都一无所获。直到公元前501年，鲁定公九年，孔子51岁那年，他才当上了中都宰，相当于现在的首都市长。孔子为政，成绩非常好。《史记》记载，孔子执政后3个月，商人们不再欺行霸市，买卖开始公平；男女分开走路；路不拾遗。1年后，当时西方各国都想学孔子的治理方法。于是孔子升任到司空，又由司空而为大司寇，负责国家安全。孔子推崇"以德治国"的理念，并一直受到后世的推崇。

由于鲁国的迅速强大，相邻的齐国就开始害怕。定公14年，齐国送给定公80名歌女，30辆装饰华丽的马车。于是鲁定公三天不上朝。孔子知道了，凄然长叹。孔子的弟子子路在侧，说："鲁君已陷入温柔乡，把国事也放置脑后了，夫子可以走了吧？"孔子说："别急！郊祭的时候已到了，这是国家大事。要是国君还没有忘记的话，国事犹可为。"不久，鲁国举行郊祭，鲁定公循例去应付了一下，就回宫寻欢作乐去了。祭祀后按惯例送祭肉给大夫们，但没有送给孔子，这表明定公不想再任用他了。孔子不得不离开鲁国，到别国去寻找出路，开始了周游列国的旅程。这一年，孔子55岁。

孔子带弟子先到了卫国，卫灵公开始很尊重孔子，发给他俸禄，但并不让他参与政事，而且对他也很不放心，孔子便几次离开卫国，又几次回到卫国，中间经历了无数磨难。

鲁哀公二年，孔子59岁，他离开卫国，经曹、宋、郑至陈国，在陈国住了3年，吴攻陈，兵荒马乱，孔子便带弟子离开，在陈、蔡交界处，孔子师徒被围困，绝粮7日。最后还是子贡找到楚国人，楚派兵迎孔子，孔子师徒才免于一死。这就是所说的"陈、蔡之围"。

孔子64岁时又回到卫国，68岁时在其弟子冉求的努力下，被迎回鲁国，但仍是被敬而不用。鲁哀公十六年，孔子73岁，患病，不愈而卒。

孔子为了实现自己的政治理想，宣扬自己的政治理想，一生周游列国，颠沛流离，不留恋舒适的物质生活，不与污浊的政治势力同流合污，不向强大的政治现实低头，宁愿过着自我流放式的生活。这体现了他崇高的思想情操和完美的人生追求，后世尊他为"大成至圣先师"，他是无愧于这个称号的。

吴起贪名而亡

孔子有一个非常有名的学生叫曾子，曾子也收过一个学生叫吴起，吴起是卫国人，他在曾子那学习了没有多长时间，就离开了。

吴起不想做一个平凡的人，他想让全天下的人都知道他的大名。他首先来到了鲁国，希望可以有机会建功立业，过了一段时间，终于让他等到了一个机会。

公元前412年，齐国出兵进攻鲁国。鲁国国君和大臣们商量应该怎么样才能抵挡齐国的军队。

吴起对鲁国国君说："让我率领军队去抵挡齐国吧，我曾经学习了很多年的兵法，一定可以打败齐国，我愿意拿我的性命来担保。"

鲁国国君说："但是你的妻子是齐国人啊，就算你有打败齐国军队的本领，我们也不敢让你做将军啊。"

吴起激动地说："请您放心，我绝对不会因为我的妻子是齐国人，我就投降齐国，我拼了性命也要帮助鲁国打败齐国军队，请您相信我！"

鲁国国君低着头，没有说什么。

吴起又说："请您稍等一会儿，我这就去证明我对鲁国的忠心。"

吴起说完这句话，就立刻跑回了家里。吴起看见妻子正在洗衣服，就对她说："我就要做将军了。"

妻子高兴地说："真的啊，你苦学了这么多年的兵法，现在终于可以做将军了，可以名扬天下了。"

吴起说："是啊，现在齐国来攻打鲁国，只要我做了鲁国将军，帮助鲁国打败强大的齐国，我就可以名扬天下了。鲁国国君也相信我有这个本领，但是，他还是害怕让我当将军。"

"为什么啊？"妻子问。

吴起叹了一口气说："因为你是齐国人，鲁国人怕我会因为你，向齐国投降。"

妻子沉默了，她知道自己的丈夫，梦想着做将军已经有很长很长时间了。所以她就流着眼泪对吴起说："我不想成为阻挡你做将军的人，你杀了我吧！"

吴起咬了咬牙说："谢谢你成全我。"说完，他拔出剑来就杀死了自己的妻子。

鲁国国君一看吴起用杀死自己妻子的方式来证明自己的忠心，所以就让吴起做了将军，命他率领军队去反击齐国军队。吴起到了前线后，就率领军队打败了强大的齐国军队。

一夜之间，吴起成了鲁国的名人。

这时有一个大臣对鲁国国君说："吴起这个人，非常残忍。他曾经花光了家里所有的钱去求官做，都没有成功，回到家乡时，乡亲们都笑话他，他就一怒杀死了三十多个笑话过他的人。接着他就离开卫国，临走的时候，他咬破了自己的手臂对自己的母亲发誓说'我要是不做上大官，就再也不回来了'。吴起离开卫国后，就拜了曾子当老师。他母亲去世的时候，他都没有回家安葬母亲，所以曾子很看不起他，就把他赶走了。吴起这才来到了鲁国。我们鲁国始终是一个小国，有了打胜仗的名声后，那些强国就会都来攻打我们，我们是没有实力和强大的国家为敌的。"

鲁国国君听了这些话后，就不让吴起再当将军了。吴起一看在鲁国没有前途了，就离开了鲁国。

最后，吴起来到了楚国，过了段时间，他就被楚国的贵族杀死了。

专诸制吴王

晏婴是齐国上大夫晏弱之子。齐灵公二十六年（前556年）晏弱病死，晏婴继任为上大夫。历任齐灵公、庄公、景公三朝，辅政长达50余年。以有政治远见、外交才能和作风朴素闻名诸侯。

在晏婴帮助齐景公治理齐国，使齐国慢慢重新强大起来的时候，位于楚国的东南方的吴国也慢慢地强大起来了。

公元前527年，吴王僚成为吴国的新国君，他成为国君后，就不断派军队攻打强大的邻国——楚国。

自从楚庄王去世后，楚国的实力就迅速下降了，所以吴国就不断地出兵侵略楚国。

吴王僚的侄子公子光是吴国上一代国君的儿子，很有才干，他一直认为让吴王僚当国君感不公平，他认为吴国的王位应该是属于他的，所以他积极做着准备，希望可以有一个机会除掉吴王僚，然后自己做国君。

后来，公子光得到了一个勇士，叫专诸。公子光想让专诸刺杀吴王僚，所以他对专诸特别好，经常送给他很多礼品。

公元前516年冬天，楚国国君楚平王去世了，吴王僚趁着楚国正在办丧事，就出兵攻打楚国，结果吴国军队被楚国军队包围了。

公子光听说吴国军队被困在了楚国后，非常高兴，他在心里兴奋地想："啊，机会终于来临了。"

公子光找来专诸说："我父亲去世后，我应该继承王位，但是却被我叔叔给

夺去了，现在他的军队都困在了楚国，我想趁这个机会杀了他，把王位夺回来，你能帮我吗？"

专诸说："您对我有恩，我当然要报答您，但是我母亲和孩子们都还需要我照顾，如果我出了事，他们怎么生活呢？"

公子光说："你放心，你的母亲就是我的母亲，你的孩子就是我的孩子。我一定替你照顾好他们。"

专诸点了点头说："好，那我就安心了，我一定帮助你夺回王位！"

这天夜里，公子光邀请吴王僚来自己的府上吃饭，吴王僚答应了。其实，吴王僚也一直都在防着公子光，所以他来公子光府上吃饭的时候，从王宫一直到公子光府上都派了亲兵保护，就连吃饭的那间屋子都站满了保护他的亲兵。

公子光把自己的士兵都埋伏在地下室里。公子光陪着吴王僚喝了一会儿酒后，就假装对吴王僚说："您自己先喝着，臣的脚有点儿疼，要离开一下，一会儿再回来陪您喝。"

吴王僚正开心地观看歌舞呢，就笑着随便答应说："呵呵，去吧，去吧。"

公子光出来后，就进了地下室，这时专诸正在地下室里等着呢。公子光对专诸说："好了，现在就全看你的了。"

专诸点了点头说："嗯，放心吧。"

专诸端着一盘烤鱼走进了吴王僚吃饭的那间屋子，吴王僚根本就没注意他，还在专心地看美女跳舞呢。专诸来到了吴王僚面前，把盘子轻轻地放在桌子上，突然伸手从鱼肚子里拿出一把锋利的匕首，一下刺进了吴王僚的心口。吴王僚一句话都没说出来就死掉了。惊呆了的亲兵们赶紧冲上来救吴王僚，杀死了专诸。这时，公子光率领埋伏在地下室的士兵杀了出来，打退了吴王僚的亲兵。

接着，公子光就登上了吴国的王位，史称吴王阖闾。这一年是公元前514年。

申包胥救国

吴王阖闾率领军队占领楚国首都后，烧杀抢掠，无恶不作。楚国有个叫申

包胥的大臣，他听说伍子胥用钢鞭打了楚平王三百鞭后，心里很愤怒，派人去责备了伍子胥一番。

其实，申包胥和伍子胥在少年的时候，是非常好的朋友。等到伍子胥要逃离楚国的时候，申包胥来送他。伍子胥发誓说："你看着吧，将来我回来报仇，一定要把楚国灭亡！"申包胥叹了口气说："那你好好努力吧，将来你能灭亡楚国的话，我就能复兴楚国。"

现在伍子胥果然就要把楚国灭亡了，申包胥心里非常着急。当时，有实力可以打败吴国、救援楚国的国家只有齐国、晋国和秦国。但是晋国和楚国为了争夺霸权，已经打了几十年的仗了，不可能会帮助楚国；而齐国呢，也不愿意有楚国这样一个强大的邻居，所以也不可能会出兵救援楚国。申包胥想了想，决定去秦国求救。

申包胥走了七天七夜，没有吃过一点东西，连鞋都磨破了，身上也受了很多伤，终于来到了秦国都城。秦国国君秦哀公知道申包胥是来秦国借兵的，就故意不见他。秦哀公心里说："为什么要花钱浪费粮食和士兵的生命帮助楚国呢？我们秦国一点好处都得不到。"

申包胥看秦哀公不接见他，就日夜地在秦国王宫的墙根下大哭，秦哀公派人给他送东西吃，他也不吃，只是哭泣，已经快要死去了。

秦哀公终于被申包胥的忠诚打动了，他感叹说："楚国有这样的忠臣，真是不该灭亡啊。楚王虽然是个昏君，但楚国的臣民是无辜的，不应该让他们受到吴国人残害。就算得不到什么好处，我也要派兵去救援楚国。"

秦哀公决心救援楚国，他派出了五百辆战车，跟随申包胥救援楚国。秦国军队和誓死保卫国家的楚国军队一起向吴国军队发动了猛烈的进攻，吴国军队被打得大败，吴王阖闾率领军队撤退回了吴国，楚国得救了。

吴国军队退走后，楚国国君楚昭王重新回到了首都。他对申包胥说："是你拯救了楚国，我要重重地赏赐你，就封给你五千户食邑吧。"

申包胥没有接受赏赐，他说："臣是楚国人，有责任拯救楚国，这是臣应该做的事。臣去秦国求救，并不是想解救楚国后，自己可以得到荣华富贵。因为我是您的臣子，楚国是我的祖国，我必须要保护您和楚国。"

虽然申包胥一直不接受奖赏，但是楚昭王还是非要奖赏他。没办法，申包胥只好逃走了。过了很长时间他才又回到楚国。

公元前476年，申包胥又代表楚国出使越国，鼓励越王勾践攻打吴国。

孙武斩妃

公元前515年，公子光在伍子胥的帮助下，成功地登上了王位，这就是吴王阖闾。此后，阖闾又用要离刺杀了吴王僚的儿子庆忌，自此吴国内部安定下来，阖闾开始实施进攻楚国的计划。而这个时候，伍子胥又推荐了一个人做大将，这个人就是孙武。

孙武就是后来被全世界军事家都大为推崇的孙子，他所著的《孙子兵法》也是世界军事著作的开山之作。千军易得，一将难求，阖闾也懂得这个道理，派伍子胥带着十镒黄金、一对白璧去请孙武。孙武来了以后，阖闾自然要问他兵法，孙武就把自己所著的《孙子兵法》献给阖闾，并在一旁讲解，每说一篇，阖闾就不住地点头称赞，心花怒放。但是阖闾还是担心吴国的实力与楚国不能同日而语，国力相差悬殊，仅仅靠好的战略战术很难打赢楚国。

孙武就对阖闾说："兵不在多，在于如何指挥运用，我所著的兵法不但可以指挥军队，就是用来指挥妇女也能达到同样的效果！"阖闾不信，孙武就要当场试验，而且说后宫里的侍女就可以，如果训练不好就请阖闾治他欺君之罪。阖闾也想见见孙武的真本事，于是就从后宫选了300名宫女，分成两队，又应孙武的要求派了两个自己最宠爱的妃子做了两队的队长。孙武又向阖闾要求了一名执法官，以及擂鼓的士兵，就要开始操练。

操练开始前，孙武首先宣布三条军法：一在队伍中不许随意走动；二不许随便说话喧哗；三要令行禁止。这些宫女平日里住在深宫内院，何曾见过战阵？穿上盔甲，拿起刀枪，都是新鲜得不得了，笑闹成一团。孙武耐着性子站在台上下令："一通鼓，两队都集合站好；二通鼓，左队向左转，右队向右转；三通鼓，两队都举起刀枪，做对战的姿态；听见鸣金，两队各自后退收回。"台下这些宫女依旧是说笑打闹，根本没把孙武的话听进去。

第一通鼓响了，这些宫女们三三两两地站起来几个，其他的还站在原地说笑。孙武说："第一次看来是我没有把命令说清，这是我这个为将者的责任。"孙武让执法官把他的将令又向这些宫女们说了一遍。

第二次擂鼓，这些宫女还是有说有笑，孙武有些愤怒了，亲自擂鼓，可这些宫女笑得更欢了，尤其是两个队长，笑得盔歪甲斜。孙武这下是真的怒了，大喝："执法官何在？"执法官上前跪倒。孙武说："前次是我将令不明，罪责在我；而现在已经三令五申，士卒不听号令，这就是士卒之罪，按军法当如何处置？"执法官说："按军法当斩。"孙武道："队长带头抗命，将两队的队长斩首示众！"

左右一看孙武真火了，不敢不从，就把两个当队长的宠妃绑了起来。阖闾一直在大殿上看着孙武操练这些宫女，一看把自己心爱的妃子捆了要杀，赶快派大臣带着吴王的符节来见孙武，给孙武传话："将军用兵的本领，我已经知道了。这两个妃子每日侍奉我左右，是我最钟爱的，请将军千万看在寡人的面上饶了她们。"

孙武说："军中无戏言。臣已受命为将，将在外，君命有所不受。如果饶恕了违反军法的队长，这兵也就没法带了。"说完就命人把两个队长斩了，砍下的头放在军前。这下300名宫女哪个还敢乱说乱动！孙武又选了两个宫女做队长，还是操练刚才那几下，一通鼓起立，二通鼓绕圈，三通鼓对战，鸣金收兵。这些宫女做得和真正的士兵没什么差别，而且自始至终都寂静无声。孙武又让执法官向吴王汇报："这些女兵已经训练好，请大王检阅，现在她们百分之百听从大王的号令，真正是赴汤蹈火，在所不辞。"

吴王虽痛失爱姬，但从大局出发认为孙武是个难得的将才，因为他知道用兵莫贵于威严，威行于众，三军遵纪守法，听从号令，才能克敌制胜。吴王最终下定决心，任命孙武为吴国将军，担当起军国重任。

孙武用自己的军事理论思想改编整顿军队，选拔培养将官，训练教育士卒，加强军事防御，在较短的时间里使吴国军队的素质和战斗力有了明显的提高，并最终使吴国一步步地登上春秋战国时代的霸主地位。

勾践卧薪尝胆

吴王阖闾去世后，他的儿子夫差继承了王位，史称吴王夫差。

吴王夫差成为吴王两年后，出兵攻打越国，越国被打败，越王勾践率领五千军队退到了会稽山上，吴王夫差又率领军队包围了会稽山（在今浙江省中东部）。

越王勾践绝望地说："从今以后，世上再也没有越国了，我不想让我的百姓再为我送死了，希望我死了以后，吴王可以好好对待我的百姓。"说完，拔出剑来就要自杀。

大臣范蠡赶紧上前按住越王勾践的胳膊说："大王，不要这样，只要越国的百姓还在，越国就不会灭亡。"

大臣文种也劝越王勾践说："晋文公重耳和齐桓公小白都是经受了巨大的磨难后，才成为了霸主，为什么您就不可以像他们一样坚强地活下去呢？"

越王勾践放下了手中的剑，无奈地说："那现在我们该怎么办呢？"

范蠡说："不如我们先带着贵重礼品去吴王夫差那儿请求投降。"

越王勾践说："那就先试试吧。"

文种带着许多礼品来到吴军军营前，跪着爬到了吴王夫差的面前说："我国大王派臣来向您请降，我们大王愿意做您的臣子，忠心地伺候您。"

吴王夫差看文种很诚心，就想答应越国的请求。

伍子胥却说："大王，不要答应越国，现在正是我们灭掉越国的机会。"

吴王夫差没有说什么。文种回来向越王勾践报告。越王勾践一看吴王夫差没有答应越国投降的请求，就要杀死自己的妻子，烧掉所有国宝，然后率领军队和吴国决一死战。

文种赶紧说："大王，先不要这样，请听臣说，臣这次去见吴王，认识了吴王最信任的一个大臣，他叫伯嚭，这个人非常贪财，只要我们给他多送一些金银珠宝，他一定帮我们在吴王面前求情。"

越王勾践说："好，那你就再去试试吧。"

这一次，文种带上了越国的所有国宝还有美女去见吴王夫差，这其中有一个叫西施的美女，是世间最美丽的女子。伯嚭收到了越国的贵重礼品后，很高兴，立刻领着文种去见吴王夫差。

文种跪在地上向吴王夫差请求说："请大王原谅我国君王犯下的罪过，我们愿意把所有财宝都献给大王，我们愿意世世代代都做吴国的臣子和奴仆。"

伯嚭也站在文种旁边帮着越国说好话。

吴王夫差说："那好吧，我就答应你们的请求，希望你们越国记住今天对我的承诺，不然的话，我不会再饶恕你们。"

文种连忙磕头说："谢大王，我们一定会遵守今天的诺言。"

文种赶紧把自己带来的国宝和美女都献给吴王夫差，当吴王夫差看到西施后，一下子就被西施的美貌惊呆了，过了一会儿才回过神来，他赞叹西施说："简直就是神仙啊。"

伍子胥听说吴王夫差答应了越国的请求后，急忙来见吴王夫差说："今天不灭掉越国，将来您一定会后悔的。越王勾践是个英明的国君，范蠡和文种都是很有才干的大臣，现在不杀了他们的话，将来一定会成为吴国的祸患。"

吴王夫差说："他们三个有你说得那么厉害吗？现在不是都来向我摇尾乞怜吗？有什么好怕的！"他没有听从伍子胥的话，撤兵回了吴国。

越王勾践回到国都后，对范蠡说："以后就由你治理国家吧。"

范蠡说："还是让文种治理国家吧，在这方面他比我厉害，我最擅长的是带兵打仗，您让我训练军队吧。"

越王勾践说："嗯，这样也好，就按你说的办。"

越王把国事都交给范蠡和文种处理后，他自己就亲自和百姓们一起去种地，晚上回来睡在稻草上，他的屋子里悬挂着一个猪苦胆，他每天都会舔食一下它，并且问自己："勾践，你忘了在会稽受到的耻辱了吗？"

几年后，伯嚭对吴王夫差说："大王，伍子胥正准备着谋反呢。"吴王夫差听信了伯嚭的谗言，派人去让伍子胥自杀。

伍子胥自杀的时候对吴王夫差派来的人说："我死了以后，一定要把我的双眼挖出来，放在国都的东门上，让我看着将来越国的军队是何如灭亡吴国的。"

经过了二十年的休养后，越国终于强大起来了。公元前 473 年，越王勾践率领军队占领了吴国的都城，吴王夫差请求投降，越王勾践不答应，吴王夫差只好自杀。越国灭掉了吴国。

接着，越王勾践会盟天下诸侯，成为春秋时代最后一位霸主。

战国七雄

齐

西周、春秋时姜姓诸侯国，战国时为田（陈）氏所取代，是为七雄之一。

姜齐是周初重臣太公吕望（亦称师尚父）之后所立。吕望为周文王所举用，并从武王伐商，有功。周公平定三临之叛，伐灭商奄、蒲姑（今山东博兴东南），吕望被封于营丘（今山东淄博东北），占有蒲姑旧地，齐立国始于此。

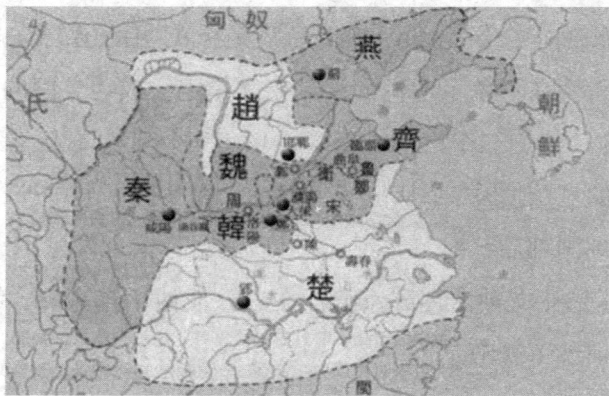

战国形势图

齐的疆域最初在今山东偏北。齐桓公称霸后，领土有所扩大，北至黄河与燕接界；西至济水与卫接界；南至泰山与鲁接界；东至今山东寿光一带，与杞、莱接界。齐灵公灭莱后，领土更扩大到今山东半岛。

西周后期，周夷王听纪侯之谮烹杀齐哀公，立其弟静为胡公，胡公曾迁都薄姑（即蒲姑）。哀公弟山率营丘人杀胡公自立，为献公，献公又将都城迁回营丘，称为临淄。从此，齐的国都一直在临淄。

春秋早期，齐与主要竞争对手鲁国之间经常发生战争。公元前689年，齐襄公灭鲁的与国纪，扫除东面障碍。公元前686年，公孙无知杀襄公自立，公子纠奔鲁，公子小白奔莒。次年，无知被杀。鲁伐齐，欲纳公子纠，而齐高氏、国氏已召小白先入，击败鲁师，立为齐桓公。桓公在位期间，任用管仲为辅佐，实行一系列改革，齐国日益强大。公元前684年，齐灭掉西面小国谭，向鲁推进。公元前681年，又与宋、陈、蔡、邾会于北杏，南下灭掉逼近鲁的小国遂，迫使鲁与齐言和，盟于柯。次年，齐假王命合陈、曹伐宋，迫使宋国屈服，并与宋、卫、郑会于鄄。又次年，齐与宋、陈、卫、郑复会于鄄，开始称霸诸侯。

春秋中期，齐桓公以"尊王攘夷"为号召，联合中原诸夏，讨伐戎、狄、徐、楚，安定周室。公元前664年，齐北伐山戎，救燕；又逐狄，存邢救卫。公元前656年，齐合诸侯之师侵蔡伐楚，与楚盟于召陵。此后，齐多次大会诸侯。公元前651年，齐会鲁、宋、卫、郑、许、曹于葵丘，周天子赐齐侯胙，齐霸业达于顶峰。公元前643年，齐桓公卒，齐从此失去霸主地位，但仍想和晋抗衡。公元前589年，齐、晋大战于鞌（今山东济南西北），齐师大败。到灵公、景公时，虽无法胜晋，却依然是仅次于晋的中原强国。

春秋晚期，齐国公室衰落，卿大夫相互兼并。公元前548年，崔杼杀齐庄公，立景公，与庆封共同执政。公元前546年，庆封灭崔氏之族，崔杼自杀。庆封专齐政。次年，庆合与栾、高（齐惠公之后）、陈（田）、鲍四族攻庆封，庆封奔吴。齐景公时，陈桓子施惠于民，民归陈氏，陈氏因而强大。公元前532年，陈桓子联合鲍氏攻栾氏、高氏（齐惠公之后），栾施、高疆奔鲁。公元前489年，景公卒，国氏、高氏（齐文公之后）立晏孺子。次年，陈僖子联合鲍氏攻国氏、高氏，国夏、高张奔鲁，遂杀晏孺子，立公子阳生为齐悼公。悼公在位四年，被杀，齐人立悼公子壬为简公，阚止为政。公元前481年，陈成子杀阚止，追执简公子舒州，杀简公，立简公子敬为平公，专齐政。

公元前386年，陈成子玄孙太公和立为诸侯，迁齐康公于海上。公元前379年，康公卒，姜齐绝祀。

田齐是妫姓国家，出于陈厉公之子陈完。陈与田古音相近，故古书往往作田。公元前 672 年，陈完入齐，事齐桓公。陈完传五世至陈桓子，陈氏开始强大。以后陈氏逐渐兼并齐国的栾、高（齐惠公之后）和国、高（齐文公之后）以及鲍、阚等族，专齐政。田齐的国都仍在临淄，疆域亦袭姜齐之旧。

田齐立国时，已经进入战国中期。太公和是第一代齐侯。太公和之孙桓公午在国都临淄的稷下置学官，"设大夫之号"，招聚天下贤士。到威王、宣王时，稷下人才济济，成为东方学术文化的中心。齐威王任用邹忌为相，改革政治，齐国遂强大。公元前 353 年，齐大败魏军于桂陵。公元前 341 年，齐又大败魏军于马陵。公元前 334 年，齐威王与魏惠王"会徐州相王"，正式称王。威王晚年，相邦邹忌与将军田忌争政。公元前 322 年，田忌攻临淄，求邹忌，不胜，逃亡楚国。齐宣王时燕国发生"子之之乱"。公元前 314 年，在孟轲劝说下，宣王命匡章率"五都之兵""北地之众"伐燕，五旬克之，一度占领燕国。

战国晚期，齐仍保持着强盛的地位。公元前 301 年，齐联合韩、魏攻楚，大败楚军于垂沙。公元前 298—前 296 年，齐联合韩、魏连年攻秦，入函谷关，迫秦求和。公元前 288 年，齐、秦并称东、西帝，旋皆放弃帝号。次年，苏秦、李兑合赵、齐、楚、魏、韩攻秦，置于成皋。又次年，齐灭宋。公元前 284 年，燕以乐毅为上将军，合燕、秦、韩、赵、魏攻齐，攻入临淄，连下 70 余城。齐城不下者只有莒和即墨。齐湣（古文生僻字，现代汉语不常用）王逃入莒，被淖齿杀死。王孙贾与莒人杀淖齿，立湣王子法章为齐襄王，距守。燕引兵东围即墨，即墨大夫战死，城中推举田单为将，双方相持达五年。公元前 279 年，田单组织反攻，用"火牛阵"大败燕军，收复失地。齐虽复国，但元气大伤，无力再与秦抗衡。公元前 221 年，秦灭韩、魏、楚、燕、赵后，使将军王贲从燕地南攻齐国，俘虏齐王建，齐国灭亡。

楚

先秦芈姓（芈本作顜）诸侯国，战国七雄之一。亦称荆。芈姓是所谓"祝融八姓"之一，始祖为季连。季连的后世子孙鬻熊为周文王师。古书记载，鬻熊以下楚君皆以熊为氏，但据出土的战国晚期楚国铜器铭文，楚君名号皆以酓为氏。鬻熊曾孙熊绎僻处荆山（在今湖北南漳、保康一带），跋涉山林，以事周成王，被封以子男之田，居丹阳（今湖北秭归），从此立为国家。

楚的疆域最初主要在今湖北西部山区和江汉平原一带，后逐渐向西溯江而上扩展到今四川东端，向北溯汉水而上扩展到今河南西南的南阳盆地和丹江流域，向南扩展到今湖南北部的洞庭湖平原，向东沿淮水和江水扩展到今河南东南、安徽北部、江西北部、山东南部和江苏、浙江一带。

西周时期，楚对西周保持相对独立，往往叛服无定。周昭王曾两次率师伐楚。一次在昭王十六年，周师有较多俘获；一次在十九年，周师还济汉水，全军覆没，昭王本人也死在汉水中。这是西周历史上的著名事件。夷王时，王室衰微，熊绎的后代熊渠乘机出兵攻打庸和扬粤（即扬越），至于鄂，分其土，封长子毋康为句亶王，中子挚红为鄂王，少子执疵为越章王。厉王时，熊渠畏周伐楚，去其王号。周宣王时，楚一度内乱。熊严有子四人，长子熊霜先立。熊霜卒，三弟争立：仲雪死，叔堪亡濮，而少弟季徇立，是为熊徇。熊徇之孙熊仪为若敖（楚君无谥称敖，冠以葬地名），其庶支称为若敖氏，是后来楚国的显族。若敖二十年（公元前 771 年），西周结束。

春秋早期，若敖之孙熊眴（蚡冒）开启濮地。熊眴卒，其弟熊通杀其子代立，迁都郢（今湖北江陵纪南城）。公元前 740 年，熊通自立为王，是为楚武王。武王多次进攻汉以东的强国随（在今湖北随州）。文王时，楚更为强大，凌江汉间小国，并北上伐灭申（在今河南南阳）、息（在今河南息县）、邓（在今湖北襄樊）等国。

春秋中期，楚成王屡次北上伐郑，引起北方各国的联合干预。公元前 656 年，齐桓公合诸侯之师伐楚，与楚盟于召陵（今湖南郾城东）。齐桓公卒，宋襄公乘机图霸。公元前 638 年，楚败宋于泓（今河南柘城一带）。宋襄公伤股，病创而死，楚势益张。公元前 632 年，晋文公败楚于城濮（今山东鄄城西南），楚北上之势暂时受挫。楚并先后灭亡弦（在今河南息县）、黄（在今河南潢川）等小国以及楚的同姓国夔（在今湖北秭归）。穆王时，楚又先后灭亡江（在今河南息县）、六（在今安徽六安）两国。庄王时，楚的势力达到顶峰。公元前 606 年，楚伐陆浑戎，观兵周郊，问鼎大小。公元前 597 年，楚大败晋师于邲（今河南郑州西北）。公元前 594 年，楚围宋五月。楚并先后灭亡庸（在今湖北竹山）、舒蓼（在今安徽舒城）、萧（在今江苏徐州）等小国，终于称霸诸侯。共

王时，楚的势力有所衰落，公元前 575 年，晋败楚于鄢陵（今河南鄢陵西北）。次年，楚灭舒庸（在今安徽舒城）。

春秋晚期，楚长期内乱。共王有子 5 人，子康王先立。康王卒，子郏敖立。康王弟子围、子比、子皙、弃疾争位。子围杀郏敖先立，是为灵王。灵王先后灭亡赖（在今湖北随州东北）、陈、蔡。公元前 529 年，弃疾、子比、子皙乘灵王外出，攻入郢都，杀灵王太子禄，立子比为王，子皙为令尹，弃疾为司马。灵王饿死申亥家。后弃疾又杀子比、子皙而自立，为平王。平王暴虐，夺太子建之妇，杀伍奢及伍奢子伍尚。伍奢子伍子胥出奔吴。楚昭王时，伍子胥劝说吴王阖闾伐楚。

公元前 506 年，吴败楚于柏举（今湖北麻城），五战及郢，攻入楚都。昭王逃入随，使申包胥请救于秦。次年，秦、楚败吴于稷（今河南桐柏），吴引兵去。昭王灭唐（在今湖北随州），还归郢，迁都鄀（今湖北宜城东南）。昭王复国后，又灭顿（在今河南商水）、胡（在今安徽阜阳）等小国。昭王卒，子惠王立。公元前 481 年，平王太子建之子胜，为白公，袭杀令尹子西和司马子期于朝，劫惠王。叶公子高出兵，平定白公之乱，再度灭陈。

战国早期，楚惠王再度灭蔡，占领淮水流域。公元前 431 年，简王北上灭莒（在今山东莒县）。简王卒，声王立，立仅六年，"盗"杀声王。声王子悼王晚年任用吴起变法，南收扬越，占领洞庭、苍梧，楚复强大。

战国中期，楚威王败越，占领吴故地，越从此破散。楚怀王时，楚与齐纵亲。公元前 318 年，魏、赵、韩、燕、楚等国合纵攻秦，以楚怀王为纵长，不胜而归。秦使张仪入楚，离间齐、楚，许与商（今陕西商县）、于（今河南西峡一带）之地 600 里，已而背约不与，楚因伐秦。公元前 312 年，秦败楚于丹阳（今河南西峡一带），取楚汉中。楚反攻，秦又败于蓝田（今陕西蓝田）。楚服秦，但仍与齐、韩合纵。公元前 306 年，楚灭越（其后裔退居闽越），设郡江东。

战国晚期，楚背齐合秦。公元前 301 年，齐联合韩、魏攻楚，大败楚于垂沙。次年，秦亦攻楚，取襄城。又次年，楚怀王入秦被执，后三年死于秦，楚从此一蹶不振。顷襄王时，秦继续攻楚。公元前 278 年，秦将白起破楚拔郢，楚迁都于陈（今河南淮阳）。顷襄王卒，考烈王立，以黄歇（封为春申君）为相。公元前257年，黄歇与魏信陵君救赵败秦。次年，楚灭鲁。公元前253年，楚迁都巨阳（今安徽太和东南）。公元前241年，楚迁都寿春（亦称郢，今安徽寿县西南）。考烈王卒，李园杀黄歇，立幽王。幽王卒，同母弟犹代立为哀王。哀王立仅二月余，为庶兄负刍之徒袭杀，负刍立为王。公元前223年，秦将王翦、蒙武破楚，虏王负刍，楚国灭亡。

燕

先秦姬姓诸侯国，战国七雄之一。燕本作匽，又称北燕，以区别于姞姓的南燕（今河南延津东北）。周公东征后，周太保召公奭被封于燕，他自己留辅王室，而令其子就封，成为第一代燕侯。

西周、春秋时期，燕的疆域主要包括今北京地区和辽宁西部的大凌河流域，都城在蓟（今北京）。其周围分布着许多戎、狄和貊部族，仅东南与齐邻接，同中原各国来往较少，国力一直不强。

关于西周时期的燕国，史书记载很少，只知当时共有十一代燕侯，第一至八代名号不详，最后三代为惠侯、釐侯和顷侯。

春秋时期的燕国，史书记载也较少，《春秋》经传和《国语》都很少提及。《世本》《竹书纪年》和《史记·燕世家》记录了这一时期的燕世系，但彼此龃龉不合。春秋早期，承西周晚期夷狄交侵的局面。燕国常常受到北方山戎的侵扰。据《世本》记载，燕桓侯曾一度把都城南迁到临易（今河北雄县西北，或疑为今易县）。公元前664年，山戎侵燕，齐桓公出兵相救，恢复了燕的疆界及其与中原周王室的联系，阻止了山戎南下。此后（或更早），燕的都城又北迁到蓟。

战国时期，燕在各大国中实力最弱，但在当时的列国兼并战争中也起过重要作用。燕与齐、赵、中山相邻，四国经常发生冲突，到战国中晚期，争战愈演愈烈。公元前323年，燕易王称王。易王卒，子燕王哙继位，相邦子之深受重用。公元前316年，燕王哙把王位禅让给子之，又收回秩禄300石以上官吏的官玺，让子之重新任命，并由他决断国事，实行政治改革。公元前314年，子之行新政三年，将军市被与太子平聚众作乱，围攻子之。子之反攻，杀死市被与太子平。双方激战数月，死伤甚众。在孟轲的劝说下，齐宣王出兵伐燕，五旬将燕攻下。燕王哙死难，子之出亡，被齐擒获而醢其身。中山也乘机攻占燕大片土地。各国见齐国无意退兵，打算吞并燕国，遂谋伐齐救燕。公元前 312 年，秦、魏、韩出兵救燕，败齐于濮水之上。次年，赵武灵王召燕公子职于韩，派兵护送回燕，立为燕昭王。昭王即位于燕破之后，立志报仇雪耻，卑身厚币招聚天下贤士，得乐毅等人，励精图治，燕从此强大。这一时期，燕国设有两个都城，上都为蓟，下都为武阳（今河北易县东南），但也有一说认为汉良乡县为燕的中都。燕将秦开破东胡后，将领土扩大到辽东，设上谷、渔阳、右北平、辽西、辽东五郡，有今滹（hū）沱河以北的河北北部及辽宁之大部。公元前 284 年，燕以乐毅为上将军，联合秦、楚、赵、魏、韩五国伐齐，攻入齐都临淄，连下 70 余城，齐城不下者只有莒和即墨。齐滑王逃入莒，被齐相淖齿杀死。齐人立滑王子法章为齐襄王，距守。燕引兵东围即墨，即墨大夫战死，城中推举田单为将，双方相持长达五年。公元前 279 年，燕昭王死，惠王即位，惠王猜忌乐毅，改用骑劫为将。田单进行反攻，收复丧失的 70 余城，燕从此国势不振。到燕王喜时，又屡败于赵。公元前 251 年，燕派栗腹、庆秦攻赵，为赵将廉颇所败。公元前 243 年，赵派李牧攻取燕的武遂、方城。次年，燕派剧辛攻赵，又为赵将庞煖所败。公元前 236 年，庞煖攻取燕的狸阳城。秦乘燕、赵之间发生大规模战争，也不断攻取三晋之地。公元前 228 年，秦破赵，虏赵王迁，兵临易水，直接威胁到燕国。次年，燕太子丹派荆轲入秦刺杀秦王，没有成功。秦派王翦、辛胜击溃燕、代联军于易水以西。又次年，王翦拔取燕都蓟，燕王喜迁都辽东。公元前 222 年，秦将王贲攻取辽东，俘虏燕王喜，燕国灭亡。

韩

战国七雄之一。姬姓，出于晋公族。祖先韩武子名万，为晋曲沃桓叔之子，封于韩原（今陕西韩城东北，一说在今晋南），因以韩为氏。公元前 588 年，晋作六军，武子玄孙献子（名厥）列为晋卿。公元前 458 年，韩宣子与智氏和赵、魏共灭范氏和中行氏，而尽分其土地。公元前 453 年，韩康子与赵襄子、魏桓子又共灭智氏，三分晋国。公元前 403 年，韩景侯与赵烈侯、魏文侯被周天子正式策命为诸侯。

韩的疆域最初在今山西东南部，后逐渐扩大到今河南中部。春秋晚期，韩宣子徙居州（今河南温县东北），韩贞子又徙居平阳（今山西临汾西南）。当时韩的疆域大体在今山西临汾地区及其以东的沁河流域和沁河下游的河南温县一带。战国早、中期，韩武子徙居宜阳（今河南宜阳西）。韩景侯时又迁都阳翟（今河南禹州）。公元前375年，韩哀侯灭郑，将国都迁到郑（今河南新郑），重心遂移到今河南新郑一带和洛阳周围地区。

韩所处地理位置正当所谓"四战之地"的中原地区，东有魏，南有楚，西有秦，北有赵，因受各大国威胁，势力一直未能发展起来。公元前355年，韩昭侯任用申不害为相，实行政治改革，一时"国内以治，诸侯不来侵伐"。但申不害死后，韩仍不能摆脱困境，来自秦的威胁尤为严重。公元前335—前301年，秦曾多次败韩，先后攻取韩的宜阳、鄢、石章、武遂、穰等地。公元前296年，齐、韩、魏联军攻入秦函谷关，秦归还韩河外及武遂。公元前293年，秦大败韩、魏联军于伊阙，后又攻取韩的宛、邓，韩不得不献上武遂之地方200里。自公元前286—前263年，秦又大败韩，并连续攻取韩的少曲、高平、陉城、南阳。公元前262年，又取韩的野王，切断上党通往韩都新郑的道路，韩上党郡守以郡降赵。次年，秦攻取韩的缑氏、纶。数年后，攻取阳城、负黍。公元前249年，秦灭东周，又取得韩的成皋、荥阳，后全部占领上党郡，并攻取韩的13城。公元前233年，韩派韩非入秦，劝秦存韩伐赵，但不久韩非被迫自杀。公元前230年，秦派内史腾攻韩，虏韩王安，以韩地设颍川郡。韩国遂亡。

赵

战国七雄之一。嬴姓，与秦同出于蜚廉之后。祖先造父，为周穆王御，有功，封于赵城（今山西洪洞北），因以赵为氏。赵氏的后代赵夙事晋献公，献公封赵夙于耿（今山西河津南）。赵夙子赵衰（赵成子）事晋文公，徙居原（今河南济源西北）。赵衰的后代赵盾（赵宣子）、赵朔（赵庄子）、赵武（赵文子）、赵鞅（赵简子），皆为晋卿。赵简子居晋阳（今山西太原西南），公元前475年，赵襄子灭代，将领土扩大到今山西东北部及河北蔚县一带。公元前453年，赵襄子与韩康子、魏桓子三分晋国。赵的疆域最初主要在今山西中部。公元前425年，赵献子即位，徙居中牟（今河南鹤壁西）。公元前403年，赵烈侯与魏文侯、韩景侯被周天子正式策命为诸侯。公元前 386 年，赵敬侯迁都邯郸（今河北邯郸）。其活动中心逐渐移到今河北东南和河南北部。

战国初期，赵经常与韩、魏联合进攻别国，并向北方各少数民族地区（林胡、楼烦、代、中山等）扩展。它首先灭代，后又助魏进攻中山，取得过一些胜利。战国中期，赵与齐、魏争夺卫，连年大战。赵求救于楚，转败为胜。此后不久，被魏灭亡的中山复国。赵又与中山战于房子、中人。公元前 354 年，魏围赵都邯郸。次年，齐救赵，败魏于桂陵。公元前 333 年，赵为御北敌修筑长城。其间，中山强大起来，一度围攻赵的鄗地，对赵形成严重威胁。公元前 325 年，赵武灵王即位，他发愤图强，重新开启"胡翟之乡"。公元前 307 年，赵武灵王与老臣肥义不顾天下之议，实行军事改革，教民"胡服骑射"，图灭中山和北略胡地。是年，赵攻中山到房子，次年，到宁葭，攻略胡地到榆中。又次年，攻取中山的丹丘、华阳等七邑，中山献邑求和。公元前 300—前 296 年，赵连续进攻中山，中山灭亡。

公元前 299 年，赵武灵王立太子何为王，是为惠文王，令其守国，而自号主父，率军西北攻略胡地。公元前 295 年，公子章与田不礼乘赵主父、惠文王出游沙丘之机发动叛乱。公子成、李兑起四邑兵平定叛乱，公子章逃入主父所住沙丘宫。公子成、李兑围沙丘宫，主父饿死。赵惠文王时，赵国实力比较强大。公元前 287 年，苏秦、李兑合赵、齐、楚、魏、韩五国攻秦，罢于成皋，秦归还部分赵、魏失地求和。其后，赵还不断进攻齐、魏，取得过一些土地。公元前 273 年，秦大败赵、魏于华阳，史载斩首十五万。公元前 269 年，赵大败秦于阏与。公元前 260 年，秦、赵激战于长平，秦军大破赵军，史载坑降卒四十余万，进围赵都邯郸。公元前 257 年，魏信陵君、楚春申君救赵败秦，解除邯郸之围。公元前 251 年，燕派栗腹、卿秦攻赵，为赵将廉颇、乐乘所败。公元前 241 年，赵庞煖率赵、楚、魏、燕、韩五国兵攻秦，至蕞。公元前 236 年，赵攻燕，秦乘机攻取赵的阏与、橑阳、邺、安阳等城，后又大举攻赵，遭到顽强抵抗。赵虽两次打败秦军，但兵力耗损殆尽。公元前 228 年，秦将王翦、辛胜破赵，虏赵王迁。赵公子嘉出奔代，自立为代王。公元前 222 年，秦将王贲攻取代，虏代王嘉，赵国灭亡。

秦

　　先秦嬴姓诸侯国，战国七雄之一。秦是古代嬴姓部族中的一支，奉祀少暤。嬴姓祖先大费，传为女脩吞玄鸟卵而生，佐禹治水。商代末年，嬴姓有叫中潏的一支住在西戎之地，其子蜚廉、孙恶来均事商纣王。西周中期，中潏的后代大骆居西犬丘（今甘肃天水西南、礼县东北），生子成与非子。成为嫡子，继承大骆，住在西犬丘。非子为周孝王养马有功，被孝王封于"汧渭之会"（汧、渭二水交会处）的秦（一说在今甘肃清水一带，一说在今陕西宝鸡市陈仓区境内），从此非子这一支遂以秦为氏。周厉王时，西戎攻灭西犬丘的大骆之族。周宣王即位，以非子曾孙秦仲为大夫，伐戎不胜，死于戎。秦仲子秦庄公始破西戎，收复西犬丘而居之。庄公子襄公护送周平王东迁有功，被平王封为诸侯，秦立国始于此。当时秦的国都在西犬丘，襄公为第一代国君，立国后追称庄公为公。

　　秦的疆域最初主要在今甘肃东南和陕西西部的渭水流域，后逐渐并灭今陕、甘境内的西戎各部，沿渭水东进，逾黄河和崤函之塞，进攻三晋；逾今陕西商洛地区进攻楚；逾今陕西汉中地区，进入巴蜀，并从巴蜀进攻楚。

　　春秋早期，周人退出今陕西境内后，秦致力于东略伐戎，收复周故地。公元前762年，秦文公收复"汧渭之会"，又迁都于秦。公元前753年，秦"初有史记事"。公元前750年，秦文公扩地至岐（今陕西扶风、岐山一带），收周余民。公元前677年，秦德公迁都雍（今陕西凤翔东南）。

　　春秋中期，秦继续向东扩展。秦穆公利用晋国发生的"骊姬之乱"，曾夺取晋的河西之地。但晋文公即位，晋逐渐恢复强大。公元前627年，晋于殽大败秦军，遏制了秦东进的势头。秦遂用由余之谋伐戎，"益国十二，开地千里"，称霸西戎。穆公之后，秦、晋长期争夺河西之地，秦胜少败多，逐渐处于劣势。秦哀公时，晋公室衰落而六卿强大，两国之间的争夺暂时有所缓和。

　　战国早期，厉共公至出子七世，秦长期处于内乱之中，无暇外顾，魏乘机夺取秦的河西之地，迫使秦退守洛水以西。在这种情况下，秦国内矛盾有所缓和，并进行了一系列改革。公元前409年，秦简公"令吏初带剑"。次年，"初租禾"。

战国中期，秦献公迁都栎阳（今陕西临潼北渭水北岸）。公元前 384 年，献公下令"止从死"。公元前 378 年，秦"初行为市"。公元前 375 年，秦"为户籍相伍"。公元前 364 年，秦大败魏军于石门。秦孝公即位，下令求贤，商鞅自魏入秦。公元前 356 年，孝公任用商鞅变法，实行什伍连坐之法和民户分异制度，制定按军功大小给予爵位等级的二十等爵制，奖励耕织，生产多的可免徭役。秦变得更为强大，连续击败魏，并于公元前 350 年迁都咸阳（今陕西咸阳东北），并小邑为 31 县（一说 40 县），又"为田开阡陌"。公元前 348 年，"初为赋"。公元前 338 年，孝公卒，惠文君继位，车裂商鞅。但秦的变法并未废止，国力不断增强。公元前 324 年，惠文君称王改元。在此前后击破东方六国的连横进攻，灭巴、蜀，疆域迅速扩展。

战国晚期，秦更进一步向东扩展，不断取地于韩、魏和楚。公元前 288 年，齐、秦并称东、西帝，旋皆放弃帝号。次年，苏秦、李兑合赵、齐、楚、魏、韩五国攻秦，罢于成皋，秦归还部分赵、魏失地求和，东进企图暂时受挫。但其后六国之间矛盾迭起，齐、燕皆一蹶不振。秦乘机继续向东扩展，于公元前 260 年在长平大败强敌赵。公元前 256 年，灭西周。公元前 249 年，灭东周。公元前 247 年，魏信陵君合五国兵攻秦，败秦于河外。公元前 241 年，赵庞煖率赵、楚、魏、燕、韩五国兵攻秦，但并未扭转秦国强盛、六国衰落的大势。公元前 230 年，秦灭韩。公元前 228 年，秦破赵，俘虏赵王迁，赵公子嘉奔代，自立为代王。公元前 226 年，秦破燕拔蓟，燕王喜迁都辽东。公元前 225 年，秦灭魏。公元前 223 年，秦灭楚。公元前 222 年，秦灭燕、代。公元前 221 年，秦灭齐。列国均被兼并，于是秦王政称始皇帝。

墨子破云梯

墨子，名翟，是墨家学派的创始人，他反对那种为了争城夺地而使百姓遭到灾难的混战。在战国初年的时候，楚国的国君楚惠王想重新恢复楚国的霸权，他扩大军队，要去攻打宋国。

楚惠王重用了一个当时最有本领的工匠，他是鲁国人，名叫公输般，也就是后来人们称为鲁班的。公输般使用斧子不用说是最灵巧的了，谁要想跟他比一比使用斧子的本领，那就是不自量力。所以后来有个成语，叫作"班门弄斧"。

公输般被楚惠王请了去，当了楚国的大夫。他替楚王设计了一种攻城的工具，比楼车还要高，看起来简直是高得可以碰到云端似的，所以叫作云梯。

墨子

楚惠王一面叫公输般赶紧制造云梯，一面准备向宋国进攻。楚国制造云梯的消息一传扬出去，列国诸侯都有点担心。

特别是宋国，听到楚国要来进攻它，更加觉得大祸临头。

楚国想进攻宋国的事，也引起了一些人的反对，反对得最厉害的是墨子。

墨子，名翟，是墨家学派的创始人。他反对铺张浪费，主张节约；他要他的门徒穿短衣草鞋，参加劳动，以吃苦为高尚的事。如果不刻苦，就算是违背他的主张。

墨子还反对那种为了争城夺地而使百姓遭到灾难的混战。这回他听到楚国要利用云梯去侵略宋国，就急急忙忙地亲自跑到楚国去，跑得脚底起了泡，出了血，他就把自己的衣服撕下一块裹着脚走。

这样奔走了十天十夜，到了楚国的都城郢都。他先去见公输般，劝他不要帮助楚惠王攻打宋国。

公输般说："不行呀，我已经答应楚王了。"

墨子就要求公输般带他去见楚惠王，公输般答应了。在楚惠王面前，墨子很诚恳地说："楚国土地很大，方圆五千里，地大物博；宋国土地不过五百里，土地并不好，物产也不丰富。大王为什么有了华贵的车马，还要去偷人家的破车呢？为什么要扔了自己的绣花绸袍，去偷人家一件旧短褂子呢？"

楚惠王虽然觉得墨子说得有道理，但是不肯放弃攻打宋国的打算。公输般

也认为用云梯攻城很有把握。

墨子直截了当地说："你能攻，我能守，你也占不了便宜。"

他解下了身上系着的皮带，在地下围着当作城墙，再拿几块小木板当作攻城的工具，叫公输般来演习一下，比一比本领。

公输般采用一种方法攻城，墨子就用一种方法守城。一个用云梯攻城，一个就用火箭烧云梯；一个用撞车撞城门，一个就用滚木礌石砸撞车；一个用地道，一个用烟熏。

公输般用了九套攻法，把攻城的方法都使完了，可是墨子还有好些守城的高招没有使出来。

公输般呆住了，但是心里还不服，说："我想出了办法来对付你，不过现在不说。"

墨子微微一笑说："我知道你想怎样来对付我，不过我也不说。"

楚惠王听两人说话像打哑谜一样，弄得莫名其妙，问墨子说："你们究竟在说什么？"

墨子说："公输般的意思很清楚，不过是想把我杀掉，以为杀了我，宋国就没有人帮助他们守城了。其实他打错了主意。我来到楚国之前，早已派了禽滑釐等三百个徒弟守住宋城，他们每一个人都学会了我的守城办法。即使把我杀了，楚国也是占不到便宜的。"

楚惠王听了墨子一番话，又亲自看到墨子守城的本领，知道要打胜宋国没有希望，只好说："先生的话说得对，我决定不进攻宋国了。"

这样，一场战争就被墨子阻止了。

三家瓜分晋国

经过春秋时期长期的争霸战争，许多小的诸侯国被大国并吞了。有的国家内部发生了变革，大权渐渐落在几个大夫手里。这些大夫原来也是奴隶主贵族，后来他们采用了封建的剥削方式，转变为地主阶级。有的为了扩大自己的势力，还用减轻赋税的办法，来笼络人心，这样，他们的势力就越来越大了。

一向称为中原霸主的晋国，到了那个时候，国君的权力也衰落了，实权由六家大夫把持。他们各有各的地盘和武装，互相攻打。后来有两家被打散了，还剩下智家、赵家、韩家、魏家。这四家中，又以智家的势力最大。

智家的大夫智伯瑶想侵占其他三家的土地，对三家大夫赵襄子、魏桓子、韩康子说："晋国本来是中原霸主，后来被吴、越夺去了霸主地位，为了使晋国强大起来，我主张每家都拿出一百里土地和户口来归给公家。"

三家大夫都知道智伯瑶存心不良，想以公家的名义来压他们交出土地。可是三家心不齐，韩康子首先把土地和一万家户口割让给智家；魏桓子不愿得罪智伯瑶，也把土地、户口让了。

智伯瑶又向赵襄子要土地，赵襄子可不答应，说："土地是上代留下来的产业，说什么也不送人。"

智伯瑶气得火冒三丈，马上命令韩、魏两家一起发兵攻打赵家。

公元前455年，智伯瑶自己率领中军，韩家的军队担任右路，魏家的军队担任左路，三队人马直奔赵家。

赵襄子自知寡不敌众，就带着赵家兵马退守晋阳。

没有多少日子，智伯瑶率领的三家人马已经把晋阳城团团围住。赵襄子吩咐将士们坚决守城，不许交战。每逢到三家兵士攻城的时候，城头上箭好像飞蝗似的落下来，使三家人马没法前进一步。

晋阳城凭着弓箭死守了两年多，三家兵马始终没能把它攻下来。

有一天，智伯瑶到城外察看地形，看到晋阳城东北的那条晋水，忽然想出了一个主意：晋水绕过晋阳城往下流去，要是把晋水引到西南边来，晋阳城不就淹了吗？他就吩咐兵士在晋水旁边另外挖一条河，一直通到晋阳，又在上游筑起坝，拦住上游的水。

这时候正赶上雨季，水坝上的水满了。智伯瑶命令兵士在水坝上开了个豁口，这样，大水就直冲晋阳，灌到城里去了。

城里的房子被淹了，老百姓不得不跑到房顶上去避难，灶头也被淹没在水里，人们不得不把锅子挂起来做饭。可是，晋阳城的老百姓恨透了智伯瑶，宁可淹死，也不肯投降。

智伯瑶约韩康子、魏桓子一起去察看水势，他指着晋阳城得意地对他们两人说："你们看，晋阳不是就快完了吗？早先我还以为晋水像城墙一样能拦住敌人，现在才知道大水也能灭掉一个国家呢。"

韩康子和魏桓子表面上顺从地答应，心里暗暗吃惊。原来魏家的封邑安邑、韩家的封邑平阳旁边各有一条河道，智伯瑶的话正好提醒了他们，晋水既能淹晋阳，说不定哪一天安邑和平阳也会遭到晋阳同样的命运呢。

晋阳被大水淹了之后，城里的情况越来越困难了。赵襄子非常着急，对他的门客张孟谈说："民心固然没变，可是要是水势再涨起来，全城也就保不住了。"

张孟谈说："我看韩家和魏家把土地割让给智伯瑶，是不会心甘情愿的，我想办法找他们两家说说去。"

当天晚上，赵襄子就派张孟谈偷偷地出城，先找到了韩康子，再找到魏桓子，约他们反过来一起攻打智伯瑶。韩、魏两家正在犹豫，给张孟谈一说，自然都同意了。

第二天夜里，过了三更，智伯瑶正在自己的营里睡着，猛然间听见一片喊杀的声音。他连忙从卧榻上爬起来，发现衣裳和被子全湿了，再定睛一看，兵营里全是水。他开始还以为大概是堤坝决口，大水灌到自己营里来了，赶紧叫兵士们去抢修。但是不一会儿，水势越来越大，把兵营全淹了。智伯瑶正在惊慌不定，一霎时，四面八方响起了战鼓。赵、韩、魏三家的士兵驾着小船、木筏一齐冲杀过来。智家的兵士，被砍死的和淹死在水里的不计其数。智伯瑶全军覆没，他自己也被三家的人马逮住杀了。

赵、韩、魏三家灭了智家，不但把智伯瑶侵占两家的土地收了回来，连智家的土地也由三家平分。以后，他们又把晋国留下的其他土地也瓜分了。

公元前 403 年，韩、赵、魏三家打发使者上洛邑去见周威烈王，要求周天子把他们三家封为诸侯。周威烈王想，不承认也没用，不如做个顺水人情，就把三家正式封为诸侯。打那以后，韩（都城在今河南禹县，后迁至今河南新郑）、赵（都城在今山西太原东南，后迁至今河北邯郸）、魏（都城在今山西夏县西北，后迁至今河南开封）都成为中原大国，加上秦、齐、楚、燕四个大国，历史上称为"战国七雄"。

公仲连相赵

三家分晋后，赵烈侯为赵国的第一个国君。

他非常喜欢听音乐，赵国有两个人唱歌特别好听的人，分别叫枪和石。赵烈侯很喜欢听他们唱歌，所以就想重重地封赏他们俩。

赵烈侯问宰相公仲连："我有两个特别欣赏的人，可以给他们荣华富贵吗？"

公仲连："可以给他们财富，但是不能让他们当大官。"

赵烈侯说："那好，我就赏给枪和石每人一万亩良田，你去办理这件事吧。"

公仲连说："臣遵命。"

过了一个月，赵烈侯从外地考察回来了，问公仲连："我让你办的那件事，你办好了吗？"公仲连说："正在办呢，还没找到合适的田地。"其实，公仲连根本就不想把那么多的田地赏给两个没用的闲人，但是他又不能公开拒绝赵烈侯的命令，所以就用上了拖延这一招儿。

过了一段时间，赵烈侯又问公仲连："事情办好了吗？"公仲连说："正在办着呢。"

公仲连害怕赵烈侯还继续问他，他就天天假装生病，不去上朝了。

又过了一段时间，有个叫番吾君的人对公仲连说："您确实是一个好宰相，但是还需要做得更好。您已经当了四年宰相了，举荐过有才能的人吗？"

公仲连说："我还没遇到过十分有才能的人呢。"

番吾君说："我知道三个有才能的人，他们是牛畜、荀欣和徐越。"

公仲连第二天就去见赵烈侯说："我最近遇到三个非常有才能的人，分别叫牛畜、荀欣和徐越，现在臣把他们推荐给您。"

赵烈侯说："嗯，好，等会儿你让他们来见我吧，我会根据他们的才能来给他们安排官职的。"

过了几天，赵烈侯又问公仲连："我先前交代你办的事，你办得怎么样了？"

公仲连："我正在挑选肥沃的田地呢。"赵烈侯说："你要抓紧办啊。"

公仲连答应着说："是的，臣会尽快办好的。"

牛畜、荀欣和徐越三个人成了官员后，一开始牛畜用仁义来辅佐赵烈侯，接着荀欣帮助赵烈侯选举有才能的人来当官，最后徐越做事节俭，从不铺张浪费。很快，赵烈侯就好像变了一个人，变得更加有威严、更加英明，赵烈侯对自己的新形象非常满意。

这时，赵烈侯主动派使者到宰相府上告诉公仲连："我先前交代你办的那件事，你不用再办了。"

公仲连终于使原来喜欢玩乐的赵烈侯变成了一位贤明的国君，把赵国治理得十分安定、十分繁荣，真是一位好宰相啊！

李克为魏文侯选相

三家分晋后，魏国的第一个国君叫魏文侯，他是一位非常贤德的国君，因为他礼贤下士，所以天下的诸侯都很尊敬他。

有一天，魏文侯把大臣李克叫进宫里问："您常常对我说'家里贫穷的话，就一定要娶一个贤惠的妻子；国家没有治理好的话，就要找一位有才德的宰相'，现在我们就非常需要一位才德兼备的宰相。这些天我细心观察一下所有的大臣，觉得有资格当宰相的除了魏成子，就是翟璜。您觉得他们两人怎么样，谁更有资格当宰相啊？"

李克谦虚地回答："我身份低下，怎么能谈论这么重要的国家大事呢？您还是问一下别人吧。"

魏文侯说："您就不要推辞了，请给我一点意见吧！"

李克说："其实以您的贤明，是不难选定一位好宰相的，只是您还没来得及仔细考察罢了。您只要从五个方面来考察，就可以选出合适的宰相了。第一，您考察一下这两位大臣平时都和什么样的人亲近；第二，您考察一下他们富贵的时候，都是和什么样的人交朋友；第三，您考察一下他们做了大官后，都向朝廷举荐了什么样的人才；第四，您考察一下他们没有做大官之前，都没有做哪些事情；第五，您考察一下他们在贫困的时候，都没有要哪些东西。您只要按照这五个方面去仔细考察，就会发现谁更适合当宰相了，根本用不着我来说。"

魏文侯听了李克的话后，沉思了起来，他按照李克说的这五个方面，一一去对照魏成子和翟璜这些年来的所作所为，觉得魏成子要比翟璜更加优秀。想通后，他大笑着说："多谢您的提醒，我现在已经知道谁可以当宰相了，哈哈哈……"

李克从宫里出来后，回家时路过翟璜的府第，正好翟璜看见了他，就把他请进了府里喝茶。翟璜笑着问李克："听说国君请您进宫，是向您询问选拔宰相的事情，请问国君到底选谁当了宰相啊？"

虽然魏文侯没有明确地告诉李克，他选定的宰相是谁，但李克已经猜到是魏成子了。所以李克就回答翟璜说："嗯，不错，国君打算让魏成子宰相。"

翟璜不高兴地问："是您向国君建议让魏成子当宰相的吗？"

李克说："不是，我只是告诉了国君选取宰相的五个方法，是国君自己决定让魏成子当宰相的。"

翟璜"啪"的一声，拍了一下桌子，愤怒地说："太不公平了！我有哪一样比魏成子差，国君却舍弃我，让他做了宰相！当初西河那个地方，国君找不到合适的人去守卫，是我帮助国君找到了一个合适的人才去防守那里的；国君又忧愁邺城找不到人才去治理，是我向国君推荐了西门豹去把邺城治理好的；国君想讨伐中山国的时候，找不到可以领兵的大将，是我向国君推荐了乐羊，我军才顺利占领了中山国的；占领了中山国后，国君又忧愁找不到合适的人去守卫，我就向国君推荐了您去守卫中山国；后来国君犯愁找不到才德兼备的老师来教育儿子们，我就又给国君的儿子们找了一位好老师。我有这么多的功劳，请问我有什么比不上魏成子的呢？他凭什么就能做宰相，我却不能！您怎么不在国君面前帮我说句公道话呢？"

李克说："您从前推荐我当官，是为了让我为国家出力，难道是为了拉帮结派吗？而且我觉得您真的有比不上魏成子的地方。魏成子得到钱财后，把 9/10 都用在了外面的事情上，只留下 1/10 用在自己家里。他为国君找到了卜子夏、田子方、段干木这三个贤才，国君把这三个人当老师来侍奉，而您向国君推举的五个人，国君却始终把他们当成臣下来对待。就凭这两点，您觉得自己可以胜过魏成子吗？"

翟璜听了李克的一番分析后，沉思了一会儿，忽然明白了，走向李克鞠躬拜谢说："唉，还是您说得对啊，我真的比不上魏成子，还是他更有资格当宰相。请您原谅我说错话吧，我愿意给您当一辈子学生。"

魏文侯从谏

战国时期魏国开国君主魏文侯想要攻打中山国的时候，翟璜向魏文侯推荐了乐羊，魏文侯就命乐羊当将军，率领军队去攻打中山国，乐羊经过三年的苦战，终于灭掉了中山国。

当初，乐羊的儿子乐舒是中山国的将领，曾经杀死了翟璜的儿子翟靖，但是翟璜为了国家，并不记仇，仍然推荐了乐羊做将军，去攻打中山国。

中山国被魏国灭掉后，魏文侯就把中山国封给了自己的儿子魏击。过了一些天，魏文侯在宫里设了盛大的酒宴，宴请文武大臣们。宴席上，魏文侯非常高兴，脸上一直都满是笑容，得意地和大臣们一起边观赏歌舞边互相敬酒。

魏文侯有了点醉意的时候，就问大臣们："诸位爱卿们，你们觉得我这个国君当得怎么样啊，还算称职吧？"

大臣们赶紧恭维说："您可是一位非常仁德的君主啊，我们都为能成为您的臣子感觉到万分荣幸，我们魏国有您这样贤德的君主，真是件最值得国人骄傲的事情啊！"

魏文侯听到群臣们的赞美，开心地哈哈大笑起来。

可是还没等魏文侯的笑声停下，一个叫任座的大臣却不紧不慢地说："您派军队占领了中山国，却不按照法律把中山国封给自己的弟弟，却封给了自己的儿子，这怎么能算是有贤德的君主呢！"

魏文侯听到任座的这几句嘲讽后，立时大怒，狠狠地瞪了任座一眼，把酒杯"啪"的一声放到了桌子山。大臣们被吓得连大气儿也不敢出，任座也有点儿害怕了，他低着站起身来，离开宴席，退出了大堂。

看着任座出去了，魏文侯稍稍消了点气儿。又沉默了一会儿，魏文侯问翟璜："你觉得我是个好国君吗？"

翟璜恭敬地说："您是一位好国君。"

魏文侯接着又问他："你说我是位好国君，有什么理由吗？"

翟璜回答说："我听说，古往今来的君主，如果他贤德的话，那他手下的大臣就会敢于说真话，说真话，不怕得罪君主后会遭到杀身之祸。就凭刚才任座那么直言说您，您却没有怪罪他，我就知道您是一位让人敬仰的好国君了。"

魏文侯听到翟璜的这一番话，立刻就转怒为喜了，哈哈大笑起来，马上下命令说："来人啊，快去把任座给我请回来！"

任座被请回来后，魏文侯亲自走出大堂，走下台阶来迎接他，并且向任座道歉说："刚才是我没礼貌，请您原谅！"

任座赶紧说："不敢，不敢。"

魏文侯笑着请任座重新走进大堂，请任座坐在了贵宾的席位上。大臣们见原来的不愉快都已经雨过天晴了，就都重新开心地喝起酒来。

聂政刺侠累

赵、魏、韩三个家族被周天子封为诸侯三年后，韩国的国君韩景侯去世了，他的儿子韩烈侯成了新国君。

这时，韩国有两个非常有势力的大臣，他们是严仲子和侠累，这两个人为了争夺权力经常斗争。侠累是韩烈侯的叔叔，经常在韩烈侯跟前说严仲子的坏话，严仲子怕自己遇到危险，就逃离了韩国，到各个国家去寻找刺客刺杀侠累。

后来严仲子来到了齐国，有一个人对他说："我们这里隐居着一个武功非常厉害的侠客，叫聂政，现在正在市场里当屠夫呢。"

　　严仲子听说后，就赶紧打听关于聂政的消息，他听说聂政的母亲就要过大寿了，就准备好了非常贵重的礼物，在聂政母亲大寿这天去聂政家祝寿。

　　聂政看见严仲子送给他母亲那么多贵重的礼物，心里非常感激严仲子，但是他坚决辞谢了严仲子的好意，没有接受严仲子的礼物。聂政留严仲子在家里一起喝酒。

　　严仲子问聂政："聂大侠你武功高强，凭你的本事，一定可以得到荣华富贵，为什么只是当一个屠夫呢？"

　　聂政说："我本来是魏国人，因为路见不平，杀了一个恶人，才带着母亲和姐姐逃到了齐国，太张扬的话，我怕会遭到仇人的报复，连累到我的母亲和姐姐，所以这才隐姓埋名做起了屠夫。"

　　严仲子叹了口气说："我们都差不多啊。我原来是韩国的大夫，受到了宰相侠累的迫害，才逃离了韩国，后来我去了很多国家，一心寻找刺客，刺杀侠累，可惜一直都没有找到合适的刺客。"

　　聂政没有说什么，只是向严仲子敬酒。

　　从这以后，严仲子和聂政成了知己。过了一段时间，聂政的姐姐聂嫈嫁人了，聂政的母亲也去世了，聂政为母亲守丧三年。三年后，聂政去见严仲子说："我可以为你报仇了！"

　　严仲子说："我还是再找别的刺客吧，我不忍心让你去送死。"

　　聂政说："大丈夫不能不遵守承诺。其实，你在为我母亲祝寿的那天，我就在心里答应为你报仇了，只是那时候，我母亲还活着，我要留着性命养活母亲，现在她去世了，我也已经服完丧了，是时候该履行承诺，为你报仇了。能够为知己去死，也是一种荣幸。"

　　严仲子感动地流下了眼泪，他拍着聂政的肩膀说："我这一生，能够有你这样一位知己，真是死了也没有遗憾了。我再派几个人帮助你吧。"

　　聂政说："不用了，还是我一个人去吧。"

　　第二天，聂政一个人骑着马，带着长剑，向韩国奔去。

　　公元前397年的一天上午，韩国宰相侠累正坐在宰相府的大堂上，他的身边和院子里都站满了拿着武器的侍卫。聂政拔出长剑，杀了宰相府的几个看门的，直接就冲向了大堂，就在宰相府的侍卫们还在惊呆的时候，聂政已经像闪电一样冲到了侠累的面前，一剑刺穿了他的胸膛，侠累立刻死去。回过神儿来的侍卫们都来攻打聂政，聂政挥舞长剑，杀死了几十个侍卫。但是宰相府的侍卫实在是太多了，聂政知道自己不可能逃掉了，就自己用剑划烂了自己的脸，刺向自己的肚子，悲壮地牺牲了。

聂政牺牲后，韩国人把他的尸体扔到大街上，贴出告示说：有谁能认出刺客是什么人的话，重重有赏。

后来聂政的姐姐聂荌听说了这件事，她说：“那个人一定是我弟弟聂政，一定是他为了报答严仲子的恩情，为他杀死了侠累，我要亲自到韩国去看看。”

聂荌来到韩国的大街上，看到了刺客的尸体后，就抱着尸体大哭起来说："真的是我弟弟聂政啊！"

街上的好心人劝聂荌说：“这是刺杀韩国宰相的刺客，你怎么还来相认啊，他们会把你抓起来，杀死你的。”

聂荌说：“我知道，但是这个人是我的弟弟啊。他是一定是怕暴露了自己的身份后，把我连累了，这才划烂了自己的面目，让别人认不出他来。但我怎么能够因为保护自己就让我弟弟的英名埋没了呢？你们要记住，这个是我弟弟，他叫聂政！”

聂荌说完这些话后，大喊三声“天啊”，就悲痛地死去了。很多围观的人，都被聂政和聂荌这姐弟俩的事迹感动地掉下泪来。

几天之后，聂政的大名就传遍了全天下，他的侠肝义胆，赢得了全天下人的敬重。

桂陵之战

韩、赵、魏三家分晋，标志着历史上新的一页又打开了。魏、韩、赵、齐、秦、楚、燕七个大国占据了历史舞台的中心位置，上演了一幕幕纵横捭阖、干戈不休、争雄兼并、你死我活的精彩话剧。人们根据这一时代特色，将这一历史阶段命名为"战国"，是名副其实的。

桂陵之战

在战国七雄之中，最先崛起的是地处天下之中的魏国。周定王二十四年（公元前445年）魏文侯即位，任用李悝、吴起、西门豹、段干木等贤能之士，进行各方面的改革。在政治上，基本废除了世袭的禄位制度，推行因功受禄的政策，建立起比较清明、健全的官僚体制。在经济上，改变不适应生产力发展的井田旧制，"尽地力之教"，抽"什一之税"，创制"平籴法"，兴修水利，鼓励开荒，促进了社会秩序的稳定和农业生产的发展。在军事上，加强军队建设，推行"武卒"选拔制度，重视军事训练，提高部队的战斗力。通过这些改革，魏国一跃而成为战国初期最为强盛的国家。魏惠王继位以后，继承文侯、武侯的霸业，继续积极向外扩张，更使魏国君临天下，不可一世。

但是魏国本身也存在着先天性的不足。它地处中原腹心，被称为"天下之胸腹"，四周大国环列，西有秦，东临齐，北接赵，南邻楚，是典型的"四战之地"，很容易陷入多面作战的不利境地，战略地理环境较为恶劣。可是魏国几代统治者对这一点缺乏清醒的认识，反而采取了战略上"四面出击"的错误方针，这不但分散了力量，消耗了实力，而且也容易四面树敌，陷于被动。所以在魏国最为兴盛的同时，也埋下了其日后衰落的根子。

魏国的勃兴和称霸，直接威胁和损害了楚、齐、秦等国的利益，引起这些国家的普遍恐惧和嫉恨，其中尤以齐、魏之间的矛盾最为尖锐。

齐国自西周以来一直是东方地区的大国。公元前356年齐威王即位后，使贤任能，改革吏治，强化中央集权，进行国防建设，国势日渐壮大。面临魏国向东扩张的严重威胁，它就积极利用韩、赵诸国和魏国之间的矛盾冲突，趁魏国深深地陷入数面受敌的内线作战之际，展开了对魏的激烈斗争。

战争是政治的继续，齐、魏间的矛盾冲突在当时只能通过战争的手段来加以解决。就在这样的背景下，公元前353年爆发了桂陵之战。

当时赵成侯为了摆脱魏国霸权的控制，进而达到兼并土地、扩张势力的目的，于公元前356年在平陆（今山东汶上）和齐威王、宋桓侯相会结好，同时又和燕文公在阿（今河北境内）相会。赵国的举动引起魏惠王的极大不满。适逢公元前354年，赵国向依附于魏国的卫国动武，迫使卫国屈服称臣。于是魏国便借口保护卫国，出兵攻赵，包围了其国都邯郸。赵与齐有同盟关系，这时见局势危急，遂于公元前353年遣使向齐国求援。

齐威王闻报赵国告急，就召集文武大臣进行商议。丞相邹忌反对出兵救赵。齐将段干朋则认为不救赵既会失去对赵国的信用，又会给齐国争雄造成困难，因而主张救赵。但他同时又指出，从战略全局来考虑，如果立即出兵前赴邯郸，赵国既不会遭到损失，魏军也不会消耗实力，对于齐国长远的战略利益来说是弊大于利。因此他主张实施使魏与赵相互削弱，而后"承魏之弊"的战略方针。具体地说，是先派少量兵力南攻襄陵，以牵制和疲惫魏国。待魏军攻破邯郸，魏、赵双方均师劳兵疲之际，再予以正面的攻击。段干朋这一谋略显然有一石三鸟的用意：第一，南攻襄陵，牵制魏军，使其陷于两面作战的窘境。第二，向赵表示信守盟约、提供援助的姿态，帮助赵国坚定其抗击魏国的决心。第三，让魏、赵继续互相攻伐，最后导致赵国遭受重创、魏国实力削弱的结果，从而为齐国战胜魏国和日后控制赵国创造有利的条件。

段干朋的计谋，完全符合齐国统治者的根本利益，因此为齐威王所欣然采纳。他决定以部分军队联合宋、卫南攻襄陵，主力暂时按兵不动，静观事态的发展，准备伺机出动，以求一举成功。

当时魏国的扩张，也引起楚国的敌视。因此，楚宣王便乘魏国出兵攻赵、

后方空虚之际，派遣将军景合率领部队向魏国南部的睢、小瀔地区进攻。而西边的秦国也不甘寂寞，发兵先后攻打魏国的少梁、安邑等要地。这样，魏国实际上已处于四面作战的困难境地。幸亏它实力相当雄厚，主将庞涓又决心破赵，不为其他战场的局势所动摇，因而一直勉力维持着邯郸方面的主攻局面。

魏国以主力攻赵，两军相持近一年。当邯郸形势危在旦夕，赵、魏两国均已非常疲惫之时，齐威王认为出兵与魏军决战的时机业已成熟，于是就任命田忌为主将，孙膑为军师，统率齐军主力救援赵国。

田忌打算直奔邯郸，同魏军主力交锋，以解救赵围。孙膑不赞成这种硬碰硬的战法，提出了"批亢捣虚""疾走大梁"的正确建议。他说：要解开乱成一团的丝线，不能用手硬拉硬扯；要排解别人的聚殴，自己不能直接参加进去打。派兵解围的道理也是一样，不能以硬碰硬，而应该采取"批亢捣虚"的办法，就是撇开强点，攻击弱点，避实击虚，冲其要害，使敌人感到形势不利，出现后顾之忧，自然也就解围了。孙膑进一步分析说：现在魏、赵相攻多时，魏军的精锐部队全在赵国，留在自己国内的是一些老弱之卒。根据这一情况，他建议田忌迅速向魏国的都城大梁（今河南开封）进军，切断魏国的交通要道，攻击它防备空虚的地方。他认为一旦这么做，魏军必然被迫回师自救，齐军可以一举而解赵国之围，同时又能使魏军疲惫于路，便于最终战胜它。

田忌虚心采纳了孙膑这一作战建议，统率齐军主力迅速向大梁方向挺进。大梁是魏国政治、经济、文化中心，此时处于危急之中，魏军不得不以少数兵力控制历尽艰辛刚刚攻克的邯郸，而由庞涓率主力急忙回救大梁。这时候，齐军已把桂陵（今山东菏泽东北一带）作为预定的作战区域，迎击魏军于归途之中。魏军由于长期攻赵，兵力消耗很大，加上长途跋涉急行军，士卒疲惫不堪，面对占有先机之利、休整良好、士气旺盛的齐军的截击，顿时陷入了被动挨打的困境，终于遭受到一次沉重的失败。其所攻占的邯郸等地，至此也就得而复失了。

战国前中期，魏国的实力要胜过齐国，其军队也比齐军精锐善战，所以荀子曾说"齐之技击不可以遇魏氏之武卒"，然而齐军终于在桂陵之战中重创了魏军。其主要原因，就是齐国战略方针的正确和孙膑作战指挥艺术的高明。在战略上，齐国适宜地表示了救赵的意向，从而使赵国坚定了抵抗魏军的决心，拖住了魏军；及时对次要的襄陵方向实施佯攻，使魏军陷入多线作战的被动处境；正确把握住魏、赵双方精疲力竭的有利时机，果断出击。在作战指导方面，孙膑能够正确分析敌我情势，选择适宜的作战方向，进攻敌人既是要害又呈空虚的国都大梁，迫使魏军回师援救，然后以逸待劳，乘敌之隙打了一个漂亮的阻击战，一举而克，自始至终都牢牢掌握住主动权。另外，主将田忌虚怀若谷，从善如流，也为孙膑实施高明作战指导，夺取胜利提供了必要的前提。至于魏军的失败，也在于战略上未能掌握诸侯列国的动向，长期屯兵坚城之下，造成将士疲敝，后方空虚，加上作战指导上消极被动，让对手牵着自己的鼻子走，最终遭到惨败的命运。

马陵之战

争雄的战国时代，虽说是齐、楚、燕、赵、韩、魏、秦七雄并立，可是具有左右全局的力量，先后起而争雄的主要是魏、齐、秦三国。其中，最先变法的是魏国，首先强大起来的也是魏国。

魏自公元前5世纪中叶开始，在一百年左右的时间里逐渐强大，称雄中原。它曾西却强秦，兼并了黄河以西的大片土地，使秦东进屡屡受挫；东攻齐国，夺城掠野，使其不敢西顾；北与赵国开衅，一举陷落赵都邯郸（今河北邯郸市西南）；南败楚国，夺得了黄河以南的大片土地。当其时，小国朝魏的伞盖沿途相望，大国听命，"令行于天下"。

魏侯莹凭借国势强大，建造了高大华美的王宫，穿上了朱红色的王服，坐着君王才坐的车子，打着七星的旗子，摆出了俨然天子的场面，自称魏王，即魏惠王（公元前400—前319）。魏都大梁（今河南开封市西北），故又称梁惠王。

正当魏惠王在得意地称孤道寡的时候，邻近国家因其强大而不安起来，相与谋划弱魏的策略。

魏称王两年后，齐、魏争雄的一场大战发生了。公元前341年，魏攻韩。第二年，韩求救于齐，齐派田忌为将，孙膑为军师，出兵往救。魏王也派出太子申和大将庞涓，率10万大军迎战。孙膑深知魏兵强悍而又轻敌，于是就因势利导，佯作退兵，诱其深入。齐退兵第一天扎营时，造了10万个锅灶，第二天减少到5万个，第三天又减少到3万个。庞涓每追一天就察看齐军锅灶。追了三天，以为齐兵已逃亡过半，大为高兴，于是丢下步兵辎重，只带轻锐兼程追赶。孙膑计算魏军行程，夜晚当到马陵（今河北大名东南）。马陵路陕，两旁多阻隘，齐军就夹道伏兵，并剥下一块大树皮，在树上写道："庞涓死于此树下"。又命令射手们但见树下火举，就万箭齐发。庞涓果然夜晚赶到那棵树下，举火观看，未及读完，箭如雨下。魏军大乱，自相践踏。庞涓自知大势已去，就自杀了。太子申也做了俘虏。

马陵之战的运筹者孙膑是战国时著名的兵法家，曾著兵书留传于世。可是，自汉以后失传了一千几百年。直到1972年才在山东省银雀山发现，现已整理成书印行，名《孙膑兵法》。它同孙膑的先人春秋时兵法家孙武所著的《孙子兵法》，都是中国古兵书的精华。

马陵之战造成了齐国与魏国在东方的均势。从此，齐势渐起，魏势转衰了。

以笔代剑，一书下聊城

春秋战国时期，燕国派兵一举攻占了齐国聊城。有人在燕王面前进谗言，说燕军主将怀有二心，恐有异志，应速将他召回。燕将怕被诛杀，只得守住聊城，不敢回国。齐将田单趁机攻打聊城，一年多竟未攻下，齐军士卒伤亡过半。田单一筹莫展，忽听说鲁仲连（后世又称鲁连）来此，急忙请求帮忙。

仲连本是齐国人，乃当时天下著名的谋士，他听田单诉说此事后，略假思索，顿生一计，于是便亲笔写了一封信，写毕绑在箭头上，射入聊城中。燕军主将正在烦恼，忽见城外射进来一封信，急忙命人取来细看。只见上面写着：

"我听说智者不放弃良机而放弃眼前的小利；勇士不怕战死疆场而怕英名磨

灭；忠臣不考虑自己而想着为国尽忠。如今你因一朝之愤而不顾燕王的君臣之义，这是不忠；杀身以亡聊城而威名不显于齐国，这是不勇；功败名灭，后世不加称道，这是不智。凡是不忠、不智、不勇者，那么世上的国君便不把他当作臣子，游说之士也会将他作为反例而耻笑，天下的智者也会对他不齿。今日我愿意详述这些情况，希望你们能好好地考虑一番。想当年，楚国攻打齐国的南阳，魏国攻打齐国的平陆，但齐国却不惊慌，认为失掉南阳的厉害小，不如得济北（即聊城）的厉害大，故此齐国果断地放弃了南阳，断弃了右壤，一举安定了济北，由此可见齐国对聊城的重视程度。

"后来，楚、魏两国俱已从齐国退兵，因为他们知道，攻打齐国是不可能的事。如今燕国攻齐，表面看来已有所得，但若齐国以全力来战，誓与聊城共存亡，只怕你们是达不到目的的。况且燕国大乱，君臣不和，上下猜忌，根本无力攻伐他国。燕将栗腹曾率十万之众攻打赵国，结果却被赵军重重围困，以致燕国土地被割，主帅被困，被天下人所耻笑。今日你们若不想重蹈覆辙，想保全兵马车甲，便应速速撤军回国，燕王必会高兴，而你们也可与父母妻子重新团聚，声名也可重新显扬。若不然，也可投降齐国，一样可以列地封侯，尽享荣华富贵。所以我为你们打算，不归燕国便归齐国，二者可择其一。如今你们困守孤城，齐兵日益增多而燕国救兵又迟迟不至，你们究竟想将自己置于何地呀？事不宜迟，请你们速作决断。"

燕军主帅读罢此信，见句句都戳着自己的痛处，情不自禁大哭三天三夜，心中仍然犹豫不决。如果回到燕国，燕王已生二心，必会责备自己无功而返，定会有杀身之祸；若投降齐国，自己所杀的齐国俘虏又太多，恐怕投降后必会受到齐国的羞辱，也会被齐人所杀。思量再三，觉得进退两难，早晚难免一死，只得喟然长叹道："与其别人杀我，不如我自己了断吧！"于是拔出宝剑自杀而死。燕军见主将已死，顿时乱成一团。田单乘势杀出，一举攻克了聊城。

一纸檄文败宋师

战国时期，宋国经常遭受强国的欺侮。自宋公子偃杀其兄自立为君后，国势渐盛。宋君在对外扩张的同时，对内凶残暴虐，杀良臣、抢民妻，无恶不作，百姓无不深恶痛绝。

公元前 268 年，齐王要攻打赵国，苏代向齐王建议说："兵出无名，事必不成。今宋王无道，天下人称之为桀宋，与其伐赵，不如伐宋。伐宋有为小国伸张正义之名，又可从中获得利益，大王何乐而不为呢？"齐王采纳了苏代的建议，派使者约楚、魏共同出兵伐宋。楚、魏两国都受宋国之害，此时听说攻打宋国，纷纷派出兵马助战，报仇雪恨。不久，齐国大将韩聂率军先到了宋郊，接着楚国主帅唐昧、魏国大将芒卯也陆续前来会师。

三国兵马会聚齐备，一起商讨伐宋的计谋。魏将芒卯说："宋王淫虐，百姓离心，我们三国都有丧师失地之耻。如果我们宣传檄文，公布其罪恶，招引宋国的百姓，那么百姓必会背叛宋王，齐心伐宋。"韩聂与唐昧都赞成这个办法。于是，他们立即在宋国各城镇贴出了告示，公布了宋王的十大罪状：一、逐兄篡位，得国不正；二、灭滕兼地，恃强凌弱；三、好攻乐战，侵犯大国；四、革囊射天，得罪上帝；五、长夜酣饮，不恤国政；六、夺人妻女，淫荡无耻；七、射杀谏臣，忠良结舌；八、僭拟王号，妄自尊大；九、独媚强秦，结怨邻国；十、慢神虐民，全无君道。

宋国百姓看到檄文，更加怨恨宋君的无道。三国兵马打到哪里，哪里的宋军便不战而逃，百姓则出来欢迎。这样，三国的军队便轻易攻下了宋国都城睢阳。宋王偃闻风丧胆，正欲奔逃，被大军俘虏斩首，宋国随之灭亡。

神医扁鹊

战国时期，郑国有一个名医，姓秦名缓，字越人，因住在齐国的卢村，所以人们也叫他卢医。秦缓少时曾学医于长桑君。他虚心好学，在长期的医疗实践中刻苦钻研，最终成为一代名医。他在战乱中走南闯北，行医舍药，往往能药到病除，妙手回春，治好了不少疑难杂症。扁鹊是传说中黄帝时代的名医，因为秦缓医术高明，医德卓著，所以人们就干脆把他称为扁鹊。渐渐地，秦缓这个本名反而被人们忘却了。

扁鹊成名后周游列国行医，常因地域不同，随俗而变。在赵国时，听说当地妇女病多，即为"带下医"（妇科）；到周国，见该地敬重老人，便以治疗"耳目"等老年人疾患为主；入秦国，知秦人以小儿为重，则成为一名儿科医生。他还在总结前人医疗经验的基础上，创造出望（看气色）、闻（听声音）、问（问病情）、切（按脉搏）的四诊疗法。在这四种疗法中，扁鹊尤为擅长望诊和切诊。

扁鹊

《史记·扁鹊仓公列传》中记述了与他有关的两个医案：一个是用脉诊的方法诊断赵简子的病，一个是用望诊的方法诊断齐桓侯的病。

有一次，扁鹊到了晋国，正碰到了晋国卿相赵简子因为忙于国事，突然昏倒，已五天不省人事了。晋国的大夫们十分害怕，急忙召扁鹊诊治。扁鹊按了会儿赵简子的脉搏，就沉静地对众人说："病人的脉搏跳动正常，你们不用担心。三天之内，病人就会醒来。"果然过了两天半，赵简子就醒过来了。

又有一次，扁鹊路过齐国都城临淄的时候，见到了齐国的国君齐桓侯（前374—前357在位）。扁鹊看齐桓侯的气色不好，就直言不讳地对他说："大王，你有病在肤表，如不快治，就会加重。"桓侯听了不以为然，说："我没病。"扁鹊见他不听劝告就走了。这时，桓侯对左右的人说："凡是医生都是贪图名利的。他们没有本事，就把没有病的人当有病的来治，以显示本领，窃取功利。"过了五天，扁鹊又来拜见齐桓侯，默视了一会儿，对齐桓侯说："你的病到了血脉，不治会加重的。"桓侯听了很不高兴，根本没有把扁鹊的话放在心上。再过五天，扁鹊又来见齐桓侯，严肃地对他说："你的病进入肠胃之间，再不治，就没救了！"齐桓侯听了很生气，当然还是没有理睬扁鹊的话。等到扁鹊第四次来见桓侯，他只瞥了一眼，一句话也没说就走开了。齐桓侯觉得很奇怪，就派人询问。扁鹊说："病在肤表，用烫熨可以治好；病进入血脉，用针灸可以治好；

病到了肠胃，用酒剂也能治愈。如今齐桓侯的病已经深入骨髓，再也没法治了，我只好躲开。"又过了五天，齐桓侯果然病重，派人请扁鹊来治，扁鹊早已逃离齐国，而齐桓侯因误了治病时机，不久也就死了。在医学并不很先进的春秋时代，扁鹊就能从齐桓侯的气色中，看出病之所在和病情的发展，这是很不简单的。

扁鹊不仅善于切脉和望诊，而且善于运用针灸、按摩、汤药等多种方法治疗各种病症。扁鹊用一生的时间，认真总结前人经验，结合自己的医疗实践，在诊断、病理上对中国医学做出了卓越的贡献。扁鹊的医学经验在中国医学史上是有承前启后的重要地位，对中国医学发展有较大影响。因此，医学界历来把扁鹊尊为中国古代医学的祖师，称扁鹊是"中国的医圣"。

扁鹊行医有"六不治"的原则：一是依仗权势，骄横跋扈的人不治；二是贪图钱财，不顾性命的人不治；三是暴饮暴食，饮食无常的人不治；四是病深不早求医的不治；五是身体虚弱不能服药的不治；六是相信巫术不相信医道的不治。在春秋时代，巫师一直是医生的死敌，这些人用所谓的"巫术"为病人治病，让很多病人得不到及时治疗而死亡。扁鹊非常痛恨巫师的行为，曾经明确说过所谓的"六不治"，坚决不给信任巫术的人治病。当时，秦王有病，召请扁鹊来治。秦国的太医令李醯和一班文武大臣赶忙出来劝阻，胡说秦王的病处于耳朵之前，眼睛之下，万一扁鹊出点差错，武王很可能耳朵失聪，眼睛失明。听了这些人的胡说八道后，扁鹊气得把治病用的砭石一摔，对秦王说："大王同我商量好了除病，却又允许一班蠢人从中捣乱；假使大王您也这样来治理国政，那秦国恐怕没几年就会灭亡！"秦王见扁鹊这么生气，只好让扁鹊给自己治病。结果，扁鹊果然治好了秦王的病，受到了贵宾一样的待遇。

秦国的太医令李醯见扁鹊这么驳自己的面子，恶向胆边生，就派杀手杀害了扁鹊。一代名医，就这样丧生在了小人之手，可扁鹊对中华医学的贡献却永远铭刻在了史册上。

商鞅变法

　　春秋战国时期是分封制崩溃、中央集权制确立的过渡时期，在这一时期，铁制农具的使用和牛耕的逐步推广，导致原有的土地国有制，逐步被土地私有制所代替，地主和农民两大对立的阶级的产生。新兴军功地主阶级随着经济实力的增长，要求获得相应的政治权利，从而引起了社会秩序的变动。因此，纷纷要求在政治上进行改革，发展封建经济，建立地主阶级统治。各国纷纷掀起变法运动，如魏国的李悝变法、楚国的吴起变法等。

　　在战国七雄中，秦国的政治、经济、文化各方面原来比中原各诸侯国都落后。邻近的魏国就比秦国强，还从秦国夺去了河西一大片地方。公元前 361 年，秦国的新君秦孝公即位。他下决心发愤图强，广泛搜罗人才。他下了一道命令，说："不论是秦国人或者是外来的客人，谁要是能想办法使秦国富强起来，就封他做官。"

　　秦孝公这样一号召，果然吸引了不少有才干的人前来。有一个卫国的贵族公孙鞅（就是后来的商鞅），在卫国得不到重用，跑到秦国，托人引见，得到秦孝公的接见。商鞅对秦孝公说："一个国家要富强，必须重视农业，奖励将士；要打算把国家治好，必须有赏有罚，赏罚分明，朝廷有了威信，一切改革也就容易进行了。"秦孝公完全同意商鞅的主张，可是秦国的一些贵族和大臣却竭力反对。秦孝公一看反对的人这么多，而自己刚刚即位，怕闹出乱子来，就把改革的事暂时搁了下来。

　　过了两年，秦孝公的君位坐稳了，就拜商鞅为左庶长（秦国的官名），说："从今天起，改革制度的事全由左庶长拿主意。"商鞅于是起草了一个改革的法令，但是他怕老百姓不信任他，新法令推行不开，就先叫人在都城的南门竖了一根三丈高的木头，下命令说："谁能把这根木头扛到北门去，就赏十两金子。"不一会儿，南门口围了一大群人，大家议论纷纷，有的说："这根木头谁都拿得动，哪儿用得着十两赏金？"有的说："这大概是左庶长有心开玩笑吧。"大伙儿你瞧我，我瞧你，就是没有一个人上去扛木头的。商鞅知道老百姓还不相信他下的命令，就把赏金提到五十两。没想到赏金越高，看热闹的人越觉得不近情理，仍旧没人去扛。正在大伙儿议论纷纷的时候，人群中有一个人跑出来，说："我来试试。"他说着，真的把木头扛起来就走，一直搬到北门。商鞅立刻派人传出话来，赏给扛木头的人五十两黄澄澄的金子，一钱也没少。这件事立即传了开去，一下子轰动了秦国，老百姓说："左庶长的命令不含糊。"

虎噬鹿器座　（战国）

　　商鞅知道，他的命令已经起了作用，就把他起草的新法令公布了出去。新法令赏罚分明，规定官职的大小和爵位的高低以打仗立功为标准。贵族如果没有军功就没有爵位；多生产粮食和布帛的，免除官差；凡是为了做买卖和因为懒惰而贫穷的，连同妻子儿女都要罚做官府的奴婢。

　　秦国自从商鞅变法以后，农业生产增加了，军事力量也强大了。不久，秦国进攻魏国的西部，从河西打到河东，把魏国的都城安邑也打了下来。

　　公元前350年，商鞅又实行了第二次改革，改革的主要内容是：一、废井田，开阡陌（田间的大路）。把那些宽阔的阡陌铲平，也种上庄稼，还把以前作为划分疆界用的土堆、荒地、树林、沟地等也开垦起来。同时宣布土地可以买卖。二、设县。把市镇和乡村合并成县，由国家派官吏直接进行管理。这样，中央政权的权力更集中了。三、迁都咸阳。为了便于向东发展，秦把国都从原来的雍城（今陕西凤翔县）迁移到渭河北面的咸阳（今陕西咸阳市东北）。

　　这样大规模的改革，当然要引起激烈的斗争，许多贵族、大臣都反对新法。有一次，秦国的太子犯了法。结果，商鞅把太子的两个师傅公子虔和公孙贾都治了罪，一个割掉了鼻子，一个在脸上刺上字。这样一来，一些贵族、大臣都不敢触犯新法了，但商鞅这次冒犯太子也为自己埋下了祸根。这样过了十年，秦国果然越来越富强，周天子打发使者送祭肉来给秦孝公，封他为"方伯"（一方诸侯的首领），中原的诸侯国也纷纷向秦国道贺。魏国不得不割让河西土地，

把国都迁到大梁（今河南开封）。

孙膑名扬天下

魏惠王虽然失去了商鞅这个人才，但是后来，他又得到了一个人才，这个人才就是庞涓。魏惠王让庞涓做了将军后，魏国军队打败了很多国家。

庞涓有一个同学叫孙膑，他们都是鬼谷子的学生。孙膑是齐国人，他的祖先就是孙武。庞涓和孙膑一起学兵法的时候，关系非常好，孙膑是师兄，庞涓是师弟。

庞涓学习完兵法后，将要回魏国，他和孙膑告别的时候说："我回到魏国后，如果能坐上将军，一定写信邀请你去魏国，和我一同享受荣华富贵。"

庞涓回到魏国后，因为才能出众，被魏惠王封为将军。庞涓就写信把孙膑请到了魏国，两人见面后，又切磋起了兵法，庞涓发现分别的这段日子，孙膑的才能又比自己高出了一大截。庞涓心里非常嫉妒孙膑，他在心里说："我才是天下无敌的将军，绝对不能让孙膑的名气超过我。"庞涓就设计陷害孙膑，诬陷孙膑犯了法，然后派人砍掉了孙膑的双脚，把他关押了起来。

过了一段时间，齐国使者来到了魏国。孙膑偷偷地见到了齐国使者，把自己的身世和遭遇都告诉了齐国使者。齐国使者就偷偷地把孙膑装在车子里，带回了齐国。齐国将军田忌和孙膑见了面，交谈过后，田忌十分欣赏孙膑的才能，就把他留在了身边。

有一天，田忌和齐国国君齐威王赛马，田忌总是输给齐威王。孙膑走上前来对田忌说："我有办法让您赢得比赛。""什么办法？"田忌赶紧问。

孙膑说："你用你的下等马和齐王的上等马比赛，再用你的中等马和齐王的下等马比赛，最后再用你的上等马和齐王的中等马比赛。那就一定会赢。"

田忌照着孙膑的方法做了，结果三场比赛，田忌的马赢得了两场，最后田忌赢了齐威王。

齐威王很奇怪比赛一直输的田忌，怎么突然就反败为胜了，他问田忌："你用什么方法取胜的啊？"

田忌笑着说："都是孙膑教我的方法。"田忌说着，就把孙膑介绍给了齐威王。

齐威王和孙膑交谈了一会儿后，非常吃惊，他对孙膑说："没想到我们齐国竟然还有你这么厉害的人才！"接着齐威王就让孙膑做了齐国的军师。

不久，魏国攻打赵国，赵国派人来向齐国求救。齐威王命令田忌和孙膑率领军队救援赵国。孙膑对田忌说："现在，魏国大将庞涓正率领精锐部队攻打赵国，魏国国内空虚，我们不如直接率领军队去进攻魏国，庞涓听到消息后，一定会从赵国撤兵，回去救援魏国的。这样一来，不就解救赵国了吗？"

田忌说："嗯，好办法，就照你说的做。"

田忌和孙兵率领军队立刻向魏国前进，庞涓听到消息后，连忙从赵国撤出军队，连夜赶回魏国，当庞涓的军队，非常劳累地走到魏国一个叫桂陵（今河南省长垣县西北）的地方时，被埋伏在这里的齐国军队打地大败。这就是历史上非常著名的"围魏救赵"。十三年后，魏国又联合赵国进攻韩国。韩国向齐国求救。齐威王又派田忌和孙膑救援韩国。庞涓听说齐国军队又来了，赶紧率领军队回魏国，他回到魏国后，齐国军队已经开始撤退了，庞涓赶紧率兵追击齐国军队。

孙膑对田忌说："魏国军队一直都很骄傲自大，齐国军队却一直被人们认为很胆小。现在我们退兵的时候，第一天要在营地留下十万个炉灶，第二天留下五万个炉灶，第三天留下三万个炉灶。到时庞涓一定认为我们是在很狼狈地逃跑，那他就会拼命地追赶我们，不会再有戒心。那时，我们就能一举打败魏国军队了。"田忌说："好计谋，就这么办！"

庞涓带领军队一直追击了齐国军队三天，当第三天，他看到齐国军队留下的炉灶只有三万个时，非常兴奋地说："齐国人果然是一帮胆小鬼啊，才过了三天，他们军队的士兵就逃跑了一多半。哈哈，我们要赶紧追上去消灭他们，要不然还没等我们追上呢，他们自己就逃光了。"

庞涓说完就下令让步兵在后面慢慢追赶，他自己先率领骑兵追赶齐国军队。当天夜里，庞涓率领军队赶到了一个叫马陵的地方，有士兵通过火把的亮光，看到了路边的树上刻着一行字，士兵报告庞涓说树上有字，庞军就骑马来到了树前观看，只听他念出了树上刻着的字："庞涓死在这棵大树下。"他刚念完，

埋伏在山谷和路边的齐国军队喊杀了起来，数万支弓箭像大雨一样射向魏国军队，魏国军队立刻就大乱起来，被马踩死的和被弓箭射死的人，数也数不过来，庞涓知道自己这回跑不掉了，只好绝望地自杀。

历史上把这一战，称为"马陵之战"，这一战后，孙膑名扬天下。后来，孙膑也写了一部兵书，叫《孙膑兵法》。

孟子见齐宣王

齐威王去世后，他的儿子齐宣王成了齐国的新国君。齐宣王和他父亲一样，也为一位很贤德的国君。

到了战国时代，孟子继承了孔子的学说，成了儒家的代表人物。孟子也像孔子一样，周游列国，到处去宣扬自己的学说。有一年，孟子来到了齐国。齐宣王早就听说了孟子的大名，所以给了孟子一栋大房子住，而且经常接见孟子。

有一天，齐国的大臣庄暴来见孟子，对孟子说："我刚才去见大王，大王说他喜欢听音乐，我就什么都没说出来。请问大王喜欢听音乐怎么样呢？"

孟子说："大王喜欢听音乐的话，那也许就代表齐国治理得挺好了。"

过了几天，孟子去王宫里见齐宣王，他问齐宣王："庄暴跟我说，大王您最近特别喜欢听音乐，是吗？"

齐宣王说："嗯，是啊，不过我不喜欢听过去的那些老歌，我喜欢听新的歌曲。"

孟子说："大王喜欢听音乐，就代表齐国被治理得挺好了，今天的新音乐也由过去的老音乐发展而来的啊。"

齐宣王说："是吗？那你给我讲讲。"

孟子问齐宣王："请问大王，是您一个人听音乐快乐，还是和别人一起听音乐快乐啊？"

齐宣王说："和别人一起听更快乐。"

孟子又问："那您是和少数人一起听音乐快乐，还是和多数人一起听音乐更快乐呢？"

齐宣王说："当然是人越多，一起听音乐更快乐啦。"

孟子说："就是这样啊，如果就像听音乐一样，您在享受快乐的生活时，也能想着百姓，让齐国的百姓也都过上幸福快乐的生活，那你不是更幸福快乐吗？如果您能做到和百姓一同快乐，那您就天下无敌了。"

虽然孟子每次见齐宣王，都给齐宣王讲了很多大道理，但是齐宣王还是不能施行孟子的学说。

孟子是一个非常有骨气的人，从来不怕得罪有权势的人。

后来，孟子又进王宫见齐宣王，他问齐宣王："大王，如果您有一个大臣，他把自己的老婆和孩子交给朋友照顾，自己跑到楚国去游玩，等他回来的时候，老婆和孩子都被冻得生病了，那他该怎么做呢？"

齐宣王说："那就跟他朋友绝交。"

孟子又问："如果您的大臣管理不好自己的手下，您打算怎么办呢？"

齐宣王非常坚决地说："那我就免他的官！"

孟子继续又问："那如果齐国治理得不好呢，该怎么办啊？"

齐宣王知道孟子在指责自己，他如果再接着说的话，就只能说"把国君赶下王位"了，所以齐宣王就呵呵一笑，转开话题说："啊哈，你看今天的天气真好啊。"

孟子没有再说什么。

孟子的一生和孔子一样，没有国君愿意接受他的学说。后来孟子和他的学生们一起编写成了《孟子》这部书，流传后世。孟子被后人尊称为"亚圣"。

颜斶威武不屈

古代齐国有一个叫颜斶的人，齐宣王特别想见一见他，就派人去请颜斶到王宫里来。颜斶进了王宫，来到了大殿上。齐宣王想仔细看清颜斶的容貌，和颜斶近一点说话。所以他高声对颜斶说："颜斶，走近点儿！"

没想到，颜斶却同样高声说："大王，走近点儿！"

齐宣王见颜斶这么不给自己面子，心里很不高兴。

大殿上的齐国大臣责备颜斶说："大王，那是我们的君主，你颜斶，不过是一个臣子。大王让你走近点儿，你却反过来让大王走近点儿，世上有这种道理吗？你也太无礼了吧！"

颜斶严肃地说："我颜斶如果走近点儿，那就是趋炎附势，而大王走近点儿，却是礼贤下士。与其让我趋炎附势，不如让大王礼贤下士，这样的话，既不会有损我的美德，又会彰显大王的美德，这不是两全其美了吗？"

齐宣王忍不住大怒，问颜斶："在这世界上，是君主尊贵，还是士人尊贵啊？"

颜斶直言回答说："士人尊贵，君主不尊贵！"

齐宣王又问："你凭什么这么说？"

颜斶说："曾经秦国来攻打我们齐国，秦王对军队下命令说'谁要是敢去柳下季坟墓附近砍柴，就立斩不赦'，另外秦王又对军队下命令说'谁要是能斩下齐王的脑袋，就封他万户侯，奖赏他两万两黄金'。从这就可以看出来，活着的君主的脑袋，还没有死去的士人坟墓旁的树木重要。这难道不是士人比君主更尊贵吗？"

齐宣王被颜斶这番话给顶得哑口无言。

大臣们一见齐宣王被颜斶给气得说不出话了，就纷纷大声对颜斶说："颜斶，走近点儿！颜斶，走近点儿！我们大王是拥有数千辆战车的大国君主，东南西北谁敢不服从！我们大王想要什么，就能得到什么，全国上下的臣民，谁敢不听从大王的命令！当今天下，有见识、有才德的人，都争着来为我们大王效命。现在，即使是被天下称为才德高尚的士人，也是和匹夫一样，到处步行着走路，和农夫一起下地耕田，生活在一些贫穷脏乱的地方，可见，你们士人实在是太低贱了！"

颜斶扬眉反驳他们说："你们说的全错了。我听说在大禹的时代，天下有将近一万个诸侯国，为什么呢？那是因为诸侯们都很贤德，尊重士人，得到士人的帮助。所以舜帝，从当一名农夫做起，最终成了天子。到了商汤王时期，天下的诸侯国剩下了三千。到了今天，天下诸侯国只剩下了二十四个。这就证明了，君主能不能尊重士人，能不能得到士人的帮助，决定着一个国家的兴盛和灭亡。国家如果灭亡了，那些国君就是想当一个农夫也当不成啊。舜帝、大禹王、商汤王、周文王、周武王，这些人能成为天子，建立不朽的功业，都是因为尊重士人，得到了士人的帮助，所以才被我们后代人当成圣人和英明伟大的君主。怎么能说士人是低贱的呢?"

齐宣王听了颜斶这一番充满正义和激情的言辞，心里对颜斶肃然起敬，他感叹说："哎呀！我真是自取其辱啊！我今天听您颜先生一席话，真是比读十年书还长见识啊，请让我做您的学生吧！请您留在我这里，我会让你做大官，吃山珍海味，乘坐最豪华的车子，让你的妻子和孩子都穿上美丽的丝绸衣服，住上宽大明亮的房子！"

颜斶微微一笑，向齐宣王拜了一拜，辞谢说："美玉生长在深山的石头里，如果把它雕刻成精美的艺术品，虽然它变得更宝贵了，但是却失去了它本来自然的面貌；士人生活在自由的民间，如果让他做了官，虽然他的身份变得更尊贵了，但是却失去了他自由的天性。所以对于大王的好意，我心里非常感激，但是我还是最喜欢回到家乡去。即使吃着粗茶淡饭，我也会当吃肉那么美味；即使是到处行走，都靠着自己的两只脚，我也会当成是乘坐车子那么舒适；我会把不触犯任何法律和不做任何违背良心的事，当成是做人的富贵；我会把安静清淡的生活，当成是人生的最大快乐。如何对待忠言，是大王您的事情，说出全部忠言是我颜斶的事情。现在我已经把我要说的都说完了，希望大王您能准许我回归家乡，回到我父母妻儿和乡亲朋友们身边，那我就感激不尽了。"

齐宣王见颜斶回家的心意很坚决，就没有强留他，恭敬地把颜斶送出王宫，准许他回家乡了。

司马错灭巴蜀

我国的四川省，在远古时期曾经产生过与中原文明有着差异的、相对独立的古代文明，特别是今川西的成都平原一带，是古代著名的蜀国所在地。而今天的重庆及其附近地区，则是巴国所在地。

巴国原是周王朝在南土的封国，国君为姬姓，属周王室的分支。但巴国的人民被称为南蛮，因而他们与国君可能不属于同一民族。有关春秋战国时代巴国的历史，史书并无任何正式的记载。巴国的旧壤在汉代的巴郡、南郡，即今湖北省的荆门、江陵等地以西地区。因为巴国靠近楚国，在有关楚国的记载中，才附带地叙及巴国的叛服。如《左传》桓公九年（公元前703年）："巴子使韩服告于楚，请与邓为好。楚子使道朔将巴客以聘于邓，邓之南鄙鄾人攻而夺之币，杀道朔及巴行人。"又庄公十八年（公元前676年）："（楚）文王即位，与巴人伐申而惊其师，巴人叛楚，伐那处，取之，遂门于楚。"从当时的记录我们可以知道，巴国在春秋时沦为楚国的附庸。它叛楚后，对楚用兵的那处在今湖北荆门市，鄾在今襄阳。战国以后，在楚国的逼迫下，巴国沿长江逐渐向四川盆地退却，先退据捍关（今重庆市奉节县），再向上游退至长江支流嘉陵江流域，先都平都（今重庆市丰都县），后又都江州（今重庆市）。到秦国向南进军时，巴国北上而定居在阆中（今四川阆中）。

蜀国的历史比巴更为悠久。早在周武王伐纣时，蜀就是出兵助战的西南少数部族之一。在战国以前，除《尚书·牧誓》外，中国史书中没有任何有关蜀的记载。到战国时代，蜀国逐渐强大，出兵向北攻取南郑（今陕西汉中），向东攻伐兹方（今湖北松滋市），竟然和秦、楚这样的强国作战。《华阳国志·蜀志》载，战国时代的蜀王杜宇"自以为功德高诸王，乃以褒斜（即褒斜道，在今陕西南郊）为前门，熊耳、灵耳、灵关为后户，玉垒、峨眉为城郭、江、潜、绵、洛为池泽，以汶山为畜牧，南中为园苑"，说明这时蜀已具国家的规模。以近年在四川地区出土的巴、蜀青铜器和其他遗物来看，巴、蜀的文化已相当发达，其文字、形制等都独具地方特色。

直至战国中期，巴国还比较强大，还曾和蜀国联兵伐楚。此后却逐渐衰弱，放弃了长期作为其政治、经济中心的江州而向北退居到阆中。蜀国的势力向东发展，与巴国连年交战。在此之前，蜀王将其弟封于汉中，号曰苴侯。苴侯和巴王交好。蜀王攻巴，因怒而攻苴侯。苴侯抵敌不住，便逃奔到巴。巴向秦国求救，蜀也派人到秦国请求出兵帮助。这一年，是周慎靓王五年（公元前316年）。

秦国接到巴、蜀两国的告急文书后，立即在朝廷进行了讨论。当时在位的秦惠王很想出兵伐蜀，又觉得蜀国山高路远，行程艰难，韩国也恰在此时出兵进攻秦国的东界，因而犹豫不决。大臣们也意见不一。大将司马错请求乘机出

兵伐蜀。丞相张仪却坚决反对。秦惠王让他们发表各自的意见。张仪说："如果我们亲近魏国，和楚国交好，然后兵进三川（指伊水、洛水和黄河交汇地区，即今河南洛阳地区），进攻新城（在今河南洛阳市南）、宜阳（今河南宜阳西），兵临二周之郊，据有九鼎，按天下之图籍，挟周天子以令于天下，天下莫敢不听，此霸王之业也。臣听说，若要争名誉，应该在朝堂；若要争利益，则应在市场。如今三川和周室，乃天下之朝市，世人之所注目，而陛下不去争，却要去和戎狄相争，这不是实现霸王之业的办法。"司马错听了以后说："不然。臣听说，要想让国家富起来，就要扩大国家的地盘；要想使军队强大，就要先让百姓富足。想成就王业者，要先博施其德惠。这三者具备了，王业自然可以实现。如今，陛下国土狭小，人民贫困，所以臣愿陛下先从容易的事情上着手。蜀国地处偏僻的西方，为戎狄之长，国内正发生混乱。以我们秦国的力量去进攻它，就像豺狼追逐绵羊。得到其土地可以扩大国土，取其财富可以让百姓富足。付不出多少伤亡便可以征服它。消灭掉一个国家，天下人并不以为我们暴虐；利尽四海而天下人也不认为我们贪婪。这样，我们一举而名实相符，名利双收。但是，如果我们进攻韩国，劫持周天子，便只能得到恶名，这对我们并没有什么好处。而且，我们又落个不义之名，去做天下人不愿看到的事情。这种做法是危险的。臣请求详细谈一下其中的缘故：周天子为天下之所宗，齐国和韩国又互相亲睦。周天子知道自己将被灭亡，韩国知道自己将要丢失三川郡，他们便会并力合谋，依靠齐国和赵国的力量，和楚国、魏国取得谅解，将九鼎送给楚国，将地送给魏国，陛下是没有办法阻止他们这样做的。那时，我们的进攻就失去了意义。因此，臣以为出兵伐蜀为十全之策。"秦惠王听了，认为司马错的分析有道理，便采纳了司马错的意见，并任命司马错为将，率军伐蜀。秦军南越秦岭，以摧枯拉朽之势，仅用了十个月的时间，便平定了蜀地和巴国，将其纳入秦国的版图。贬蜀王为侯，而令陈庄相蜀。从此，秦国的土地面积扩大了一倍以上，国力更加富强，对山东诸侯国形成了更大的优势。

张仪拆散联盟

自从魏军被孙膑打败后，魏国就失了势，秦国却越来越强大。秦孝公死后，

他儿子秦惠文王掌了权，不断扩张势力，引起了其他六国的恐慌。怎样对付秦国的进攻呢？有一些政客帮六国出主意，主张六国结成联盟，联合抗秦。这种政策叫作"合纵"。还有一些政客帮助秦国到各国游说，要它们靠拢秦国，去攻击别的国家。这种政策叫作"连横"。其实这些政客并没有固定的政治主张，不过凭他们能说会道的嘴皮子混饭吃。不管哪国诸侯，不管哪种主张，只要谁能给他做大官就行。

在这些政客中，最出名的要数张仪。张仪是魏国人，在魏国穷困潦倒，跑到楚国去游说，楚王没接见他。楚国的令尹把他留在家里做门客。有一次，令尹家里丢失了一块名贵的璧。令尹家看张仪穷，怀疑璧是被张仪偷去的，把张仪抓起来打个半死。

张仪垂头丧气回到家里，他妻子抚摸着张仪满身的伤痕，心疼地说："你要是不读书，不出去谋官做，哪会受这样的委屈！"

张仪张开嘴，问妻子说："我的舌头还在吗？"

妻子说："舌头当然还长着。"

张仪说："只要舌头在，就不愁没有出路。"

后来，张仪到了秦国，凭他的口才，果然得到秦惠文王的信任，当上了秦国的相国。这时候，六国正在组织合纵。公元前318年，楚、赵、魏、韩、燕五国组成一支联军，攻打秦国的函谷关。其实，五国之间内部也有矛盾，不肯齐心协力，经不起秦军一反击，五国联军就失败了。

在六国之中，齐、楚两国是大国。张仪认为要实行"连横"，非把齐国和楚国的联盟拆散不可。他向秦惠文王献了个计策，就被派到楚国去了。

张仪到了楚国，先拿贵重的礼物送给楚怀王手下的宠臣靳尚，求见楚怀王。

楚怀王听到张仪的名声很大，认真地接待他，并且向张仪请教。

张仪说："秦王特地派我来跟贵国交好。要是大王下决心跟齐国断交，秦王不但情愿跟贵国永远和好，还愿意把商於一带六百里的土地献给贵国。这样一来，既削弱了齐国的势力，又得了秦国的信任，岂不是两全其美？"

楚怀王是个糊涂虫，经张仪一游说，就挺高兴地说："秦国要是真能这么办，我何必非要拉着齐国不撒手呢？"

楚国的大臣们听说有这样便宜事，都向楚怀王庆贺。只有陈轸提出反对意

见。他对怀王说："秦国为什么要把商於六百里地送给大王呢？还不是因为大王跟齐国订了盟约吗？楚国有了齐国做自己的盟国，秦国才不敢来欺负咱们。要是大王跟齐国绝交，秦国不来欺负楚国才怪呢。秦国如果真的愿意把商於的土地让给咱们，大王不妨打发人先去接收。等商於六百里土地到手以后，再跟齐国绝交也不算晚。"

楚怀王听信张仪的话，拒绝陈轸的忠告，一面跟齐国绝交，一面派人跟着张仪到秦国去接收商於。

齐宣王听说楚国同齐国绝交，马上打发使臣去见秦惠文王，约他一同进攻楚国。

楚国的使者到咸阳去接收商於，想不到张仪翻脸不认账，说："没有这回事，大概是你们大王听错了吧，秦国的土地哪儿能轻易送人呢？我说的是六里，不是六百里，而且是我自己的封地，不是秦国的土地。"

使者回来一回报，气得楚怀王直翻白眼，发兵十万攻打秦国。秦惠文王也发兵十万迎战，同时还约了齐国助战。楚国一败涂地。十万人马只剩了两三万，不但商於六百里地没到手，连楚国汉中六百里的土地也给秦国夺了去。楚怀王只好忍气吞声地向秦国求和，楚国从此大伤元气。

张仪用欺骗手段收服了楚国，后来又先后到齐国、赵国、燕国，说服各国诸侯"连横"亲秦。这样，六国"合纵"联盟终于被张仪拆散了。

赵武灵王胡服骑射

当楚国正在遭到秦国欺负的时候，北方的赵国倒在发愤图强。赵国的国君武灵王，眼光远，胆子大，想方设法要把国家改革一番。

有一天，赵武灵王对他的臣子楼缓说："咱们东边有齐国、中山（古国名），北边有燕国、东胡，西边有秦国、韩国和楼烦（古部落名）。我们要不发愤图强，随时会被人家灭了。要发愤图强，就得好好来一番改革。我觉得咱们穿的服装，长袍大褂，干活打仗，都不方便，不如胡人（泛指北方的少数民族）短衣窄袖，脚上穿皮靴，灵活得多。我打算仿照胡人的风俗，把服装改一改，你

们看怎么样？"

楼缓听了很赞成，说："咱们仿照胡人的穿着，也能学习他们打仗的本领了，是不是？"

赵武灵王说："对啊！咱们打仗全靠步兵，或者用马拉车，但是不会骑马打仗。我打算学胡人的穿着，就是要学胡人那样骑马射箭。"

这个议论一传开去，就有不少大臣反对。赵武灵王又跟另一个大臣肥义商量："我想用胡服骑射来改革咱们国家的风俗，可是大家反对，怎么办。"

赵武灵王

肥义说："要办大事不能犹豫，犹豫就办不成大事。大王既然认为这样做对国家有利，何必怕大家讥笑？"

赵武灵王听了很高兴，说："我看讥笑我的是些蠢人，明理的人都会赞成我。"

第二天上朝的时候，赵武灵王首先穿着胡人的服装出来。大臣们见到他短衣窄袖的穿着，都吓了一跳。赵武灵王把改胡服的事向大家讲了，可是大臣们总觉得这件事太丢脸，不愿这样办。赵武灵王有个叔叔公子成，是赵国一个很有影响的老臣，头脑十分顽固。他听到赵武灵王要改服装，就干脆装病不上朝。

赵武灵王下了决心，非实行改革不可。他知道要推行这个新办法，首先要打通他那老叔叔的思想，就亲自上门找公子成，跟公子成反复地讲穿胡服、学骑射的好处。公子成终于被说服了。赵武灵王立即赏给公子成一套胡服。

大臣们一见公子成也穿起胡服来了，没有话说，只好跟着改了。

赵武灵王看到条件成熟，就正式下了一道改革服装的命令。过了没有多少日子，赵国人不分贫富贵贱，都穿起胡服来了。有的人开头觉得有点不习惯，后来觉得穿了胡服，实在方便得多。

赵武灵王接着又号令大家学习骑马射箭。不到一年，训练了一支强大的骑兵队伍。公元前305年，赵武灵王亲自率领骑兵打败临近的中山，又收服了东胡

和临近几个部落。到了实行胡服骑射的第七年，中山、林胡、楼烦都被收服了，还扩大了好多土地。赵武灵王就打算同秦国比个高低。

赵武灵王经常带兵在外打仗，把国内的事交给儿子管。公元前299年，他正式传位给儿子，就是赵惠文王。武灵王自己改称主父（意思是国君的父亲）。

赵主父为了要打败秦国，把国内的事安排好以后，决心亲自到秦国去考察一番地形，并且观察一下秦昭襄王的为人。

他打扮成赵国的一名使臣，带着几个手下，上秦国去。

到了咸阳，赵主父以使臣的身份拜见秦昭襄王，还向他报告了赵武灵王传位的事情。

秦昭襄王接见了那个假"使臣"后，觉得那个"使臣"的态度举止，既大方，又威严，不像个普通人，心里有点犯疑。过了几天，秦昭襄王又派人去请他，发现那个"使臣"已经不告而别了，客馆里留着一个赵国来的手下。秦昭襄王把他找来一问，才知道他接见的原来就是有名的赵主父。秦昭襄王大吃一惊，立刻叫大将白起带领精兵，连夜追赶。追兵到函谷关，赵主父已经出关三天了。

孟尝君的门客

秦昭襄王使用两种手段来拆散齐楚联盟，对楚国他用的是硬手段，对齐国他用的是软手段。他听说齐国最有势力的大臣是孟尝君，就邀请孟尝君上咸阳来，说是要拜他为丞相。

孟尝君是齐国的贵族，名叫田文。他为了巩固自己的地位，专门招收人才。凡是投奔到他门下来的，他都收留下来，供养他们。这种人叫作门客，也叫作食客。据说，孟尝君门下一共养了三千个食客。其中有许多人其实没有什么本领，只是混口饭吃。

孟尝君上咸阳去的时候，随身带了一大帮门客。秦昭襄王亲自欢迎他。孟尝君献上一件纯白的狐狸皮的袍子做见面礼。秦昭襄王知道这是很名贵的银狐皮，很高兴地把它藏在内库里。

秦昭襄王本来打算请孟尝君当丞相，有人对他说："田文是齐国的贵族，手下人又多，他当了丞相，一定先替齐国打算，秦国不就危险了吗？"

秦昭襄王说："那么，还是把他送回去吧。"

他们说："他在这儿已经住了不少日子，秦国的情况他差不多全知道，哪儿能轻易放他回去呢？"

秦昭襄王就把孟尝君软禁了起来。

孟尝君十分着急，他打听得秦王身边有个宠爱的妃子，就托人向她求救。那个妃子叫人传话说："叫我跟大王说句话并不难，我只要一件银狐皮袍。"

孟尝君和手下的门客商量，说："我就这么一件，已经送给秦王了，哪里还能要得回来呢？"

其中有个门客说："我有办法。"

当天夜里，这个门客就摸黑进王宫，找到了内库，把狐皮袍偷了出来。

孟尝君把狐皮袍子送给秦昭襄王的宠妃。那个妃子得了皮袍，就向秦昭襄王劝说把孟尝君释放回去。秦昭襄王果然同意了，发下过关文书，让孟尝君他们回去。

孟尝君得到文书，急急忙忙地往函谷关跑去。他怕秦王反悔，还改名换姓，把文书上的名字也改了。到了关上，正赶上半夜里。依照秦国的规矩，每天早晨，关上要到鸡叫的时候才许放人。大伙儿正在愁眉苦脸盼天亮的时候，忽然有个门客捏着鼻子学起公鸡叫来，一声跟着一声，附近的公鸡全都叫起来了。

守关的人听到鸡叫，开了城门，验过过关文书，让孟尝君出了关。

秦昭襄王果然后悔，派人赶到函谷关，孟尝君已经走远了。

孟尝君回到齐国，当了齐国的相国，他门下的食客就更多了。他把门客分为几等：头等的门客出去有车马，一般的门客吃的有鱼肉，至于下等的门客，

孟尝君

就只能吃粗菜淡饭了。有个名叫冯驩（一作冯煖）的老头子，穷苦得活不下去，投到孟尝君门下来做食客。孟尝君问管事的："这个人有什么本领？"

管事地回答说："他说没有什么本领。"

孟尝君笑着说："把他留下吧。"

管事的懂得孟尝君的意思，就把冯驩当作下等门客对待。过了几天，冯驩靠着柱子敲敲他的剑哼起歌来："长剑呀，咱们回去吧，吃饭没有鱼呀！"

管事的报告孟尝君，孟尝君说："给他鱼吃，照一般门客的伙食办吧！"

又过了五天，冯驩又敲打他的剑唱起来："长剑呀，咱们回去吧，出门没有车呀！"

孟尝君听到这个情况，又跟管事的说："给他备车，照上等门客一样对待。"

又过了五天，孟尝君又问管事的，那位冯先生还有什么意见。管事的回答说："他又在唱歌了，说什么没有钱养家呢。"

孟尝君问了一下，知道冯驩家里有个老娘，就派人给他老娘送了些吃的穿的。这一来，冯驩果然不再唱歌了。

孟尝君养了这么多的门客，管吃管住，光靠他的俸禄是远远不够花的。他就在自己的封地薛城向老百姓放债收利息，来维持他家的巨大耗费。

有一天，孟尝君派冯驩到薛城去收债。冯驩临走的时候，向孟尝君告别，问："回来的时候，要买点什么东西来？"

孟尝君说："你瞧着办吧，看我家缺什么就买什么。"

冯驩到了薛城，把欠债的百姓都召集拢来，叫他们把债券拿出来核对。老百姓正在发愁还不出这些债，冯驩却当众假传孟尝君的决定：还不出债的，一概免了。

老百姓听了将信将疑，冯驩干脆点起一把火，把债券烧掉。

冯驩赶回临淄，把收债的情况原原本本告诉孟尝君。孟尝君听了十分生气："你把债券都烧了，我这里三千人吃什么！"

冯驩不慌不忙地说："我临走的时候您不是说过，这儿缺什么就买什么吗？我觉得您这儿别的不缺少，缺少的是老百姓的情义，所以我把'情义'买回来了。"

孟尝君很不高兴地说："算了吧！"

后来，孟尝君的声望越来越大。秦昭襄王听到齐国重用孟尝君，很担心，暗中打发人到齐国去散播谣言，说孟尝君收买民心，眼看就要当上齐王了。齐湣王听信这些话，认为孟尝君名声太大，威胁了他的地位，决定收回孟尝君的相印。孟尝君被革了职，只好回到他的封地薛城去。

这时候，三千多门客大都散了，只有冯谖跟着他，替他驾车上薛城。当他的车马离薛城还差一百里的时候，只见薛城的百姓，扶老携幼，都来迎接。

孟尝君看到这番情景，十分感触，对冯谖说："你过去给我买的'情义'，我今天才看到了。"

燕昭王求贤

打从孟尝君被撤了相位以后，齐湣王又和楚、魏两国灭了宋国，更加骄横起来。他一心想兼并列国，自己来当天子。这样一来，列国诸侯对他都不满意；特别是齐国北面的燕国，受到齐国的欺负，更想找机会报仇。

燕国本来也是个大国。后来传到燕王哙手里，他听信了坏人的主意，竟学起传说中尧舜让位的办法来，把王位让给了相国子之。燕国将军和太子平进攻子之，燕国发生大乱。齐国借平定燕国内乱的名义，打进燕国，燕国差点被灭掉。后来燕国军民把太子平立为国君，奋起反抗，把齐国军队赶了出去。

太子平即位，就是燕昭王。他立志使燕国强大起来，下决心物色治国的人才，可是没找到合适的人。有人提醒他，老臣郭隗挺有见识，不如去找他商量一下。

燕昭王亲自登门拜访郭隗，对郭隗说："齐国趁我们国家内乱侵略我们，这个耻辱我是忘不了的。但是现在燕国国力弱小，还不能报这个仇，要是有个贤人来帮助我报仇雪耻，我宁愿伺候他。您能不能推荐这样的人才呢？"

郭隗摸了摸自己的胡子，沉思了一下说："要推荐现成的人才，我也说不上，请允许我先说个故事吧。"接着，他就说了个故事：

古时候，有个国君，最爱千里马。他派人到处寻找，找了三年都没找到。有个侍臣打听到远处某个地方有一匹名贵的千里马，就跟国君说，只要给他一

千两金子，准能把千里马买回来。那个国君挺高兴，就派侍臣带了一千两金子去买。没料到侍臣到了那里，千里马已经害病死了。侍臣想，空着双手回去不好交代，就把带去的金子拿出一半，把马骨买了回来。

侍臣把马骨献给国君，国君大发雷霆，说："我要你买的是活马，谁叫你花了钱把没用的马骨买回来？"侍臣不慌不忙地说："人家听说你肯花钱买死马，还怕没有人把活马送上来？"

国君将信将疑，也不再责备侍臣。这个消息一传开，大家都认为那位国君真爱惜千里马。不出一年，果然从四面八方送来了好几匹千里马。

郭隗说完这个故事，说："大王一定要征求贤才，就不妨把我当马骨来试一试吧。"

燕昭王听了大受启发，回去以后，马上派人造了一座很精致的房子给郭隗住，还拜郭隗做老师。各国有才干的人听到燕昭王这样真心实意招请人才，纷纷赶到燕国来求见，其中最出名的是赵国人乐毅。燕昭王拜乐毅为亚卿，请他整顿国政，训练兵马，燕国果然一天天强大起来。

这时候，燕昭王看到齐湣王骄横自大，不得人心，就对乐毅说："现在齐王无道，正是我们雪耻的时候，我打算发动全国人马去打齐国，你看怎么样？"

乐毅说："齐国地广人多，靠我们一个国家去打，恐怕不行。大王要攻打齐国，一定要跟别的国家联合起来。"

燕昭王就派乐毅到赵国跟赵惠文王接上了头，另派人跟韩、魏两国取得联络，还叫赵国去联络秦国。这些国家看不惯齐国的霸道，都愿意跟燕国一起发兵。

公元前 284 年，燕昭王拜乐毅为上将军，统率五国兵马，浩浩荡荡杀奔齐国。

齐湣王听说五国联军打过来，也着了慌，把全国兵马集中起来抵抗联军，在济水的西面打了一仗。由于乐毅善于指挥，五国人马士气旺盛，把齐国军队打得一败涂地，齐湣王逃回临淄去了。

赵、韩、秦、魏的将士打了胜仗，各自占领了齐国的几座城，不想再打下去了。只有乐毅不肯罢休，他亲自率领燕国军队，长驱直入，一直打下了齐国都城临淄。齐湣王不得不出走，最后在莒城被人杀死。

燕昭王认为乐毅立了大功，亲自到济水边劳军，论功行赏，封乐毅为昌国君。

田单的火牛阵

昌国君乐毅出兵半年，接连攻下齐国七十多座城池，最后只剩了莒城和即墨两个地方。莒城的齐国大夫立齐王儿子为新王，就是齐襄王。乐毅派兵进攻即墨，即墨的守城大夫出去抵抗，在战斗中受伤死了。

即墨城里没有守将，差点儿乱了起来。这时候，即墨城里有一个齐王远房亲戚，叫作田单，是带过兵的。大家就公推他做将军，带领大家守城。

田单跟兵士们同甘共苦，还把本族人和自己的家属都编在队伍里，抵抗燕兵。即墨人都很钦佩他，守城的士气旺盛起来了。

乐毅把莒城和即墨围困了三年，没有攻下来。燕国有人妒忌乐毅，在燕昭王面前说："乐毅能在半年之内打下七十多座城，为什么费了三年还攻不下这两座城呢？并不是他没有这个能耐，而是想收服齐国人的心，等齐国人归顺了他，他自己当齐王。"

燕昭王非常信任乐毅。他说："乐毅的功劳大得没法说，就是他真的做了齐王，也是完全应该的。你们怎么能说他的坏话！"

燕昭王还真的打发使者到临淄去见乐毅，封乐毅为齐王。乐毅十分感激燕昭王，但宁死也不肯接受封王的命令。

这样一来，乐毅的威信反而更高了。

又过了两年，燕昭王死了。太子即位，就是燕惠王。田单一听到这个消息，认为是个好机会，暗中派人到燕国去散布流言，说乐毅本来早就当上齐王了。为了讨先王（指燕昭王）的好，才没接受称号。如今新王即位，乐毅就要留在齐国做王了。要是燕国另派一个大将来，一定能攻下莒城和即墨。

燕惠王本来跟乐毅就有疙瘩，听了这个谣言，就决定派大将骑劫到齐国去代替乐毅。乐毅本来是赵国人，就回到赵国去了。

骑劫当了大将，接管了乐毅的军队，燕军的将士都不服气，可大伙儿敢怒而不敢言。

骑劫下令围攻即墨，围了好几层。可是城里的田单，早已把决战的步骤准备好了。

隔了不多天，燕国兵将听到附近老百姓在谈论。有的说："以前乐将军太好了，抓了俘虏还好好对待，城里人当然用不着怕。要是燕国人把俘虏的鼻子都削去，齐国人还敢打仗吗？"

有的说："我的祖宗的坟都在城外，要是燕国军队真的刨起坟来，可怎么办呢？"

这些议论传到骑劫耳朵里，骑劫就真的把齐国俘虏的鼻子都削去，又叫兵士把齐国城外的坟都刨了。

即墨城里的人听说燕国的军队这样虐待俘虏，全都气愤极了。他们还在城头上瞧见燕国的兵士刨他们的祖坟，恨得咬牙切齿，纷纷向田单请求，要跟燕国人拼个死活。

田单还打发几个人装作即墨的富翁，偷偷地给骑劫送去金银财宝，说："城里的粮食已经吃完了，不出几天就要投降。贵国大军进城的时候，请将军保全我们的家小。"

骑劫高兴地接受了财物，满口答应。

这样一来，燕军净等着即墨人投降，认为用不着再打仗了。

田单挑选了一千多头牛，把它们打扮起来。牛身上披着一块被子，上面画着大红大绿、稀奇古怪的花样。牛角上捆着两把尖刀，尾巴上系着一捆浸透了油的苇束。

一天午夜，田单下令凿开十几处城墙，把牛队赶到城外，在牛尾巴上点了火。牛尾巴一烧着，一千多头牛被烧得牛性子发作起来，朝着燕军兵营方向猛冲过去。齐军的五千名"敢死队"拿着大刀长矛，紧跟着牛队，冲杀上去。

城里，无数的老百姓都一起来到城头，拿着铜壶、铜盆，狠命地敲打起来。

一时间，一阵震天动地的呐喊声夹杂着鼓声、铜器声，惊醒了燕国人的睡梦。大伙儿睡眼蒙眬，只见火光炫耀，成百上千脑袋上长着刀的怪兽，已经冲过来了。许多士兵吓得腿都软了，哪儿还想抵抗呢？

别说那一千多头牛角上捆的刀扎死了多少人，那五千名敢死队砍死了多少人，就是燕国军队自己乱窜狂奔，被踩死的也不计其数。

燕将骑劫坐着战车，想杀出一条活路，哪儿冲得出去，结果被齐兵围住，丢了性命。

齐军乘胜反攻，整个齐国都轰动起来了，那些被燕国占领地方的将士百姓，都纷纷起兵，杀了燕国的守将，迎接田单。田单的军队打到哪儿，哪儿的百姓群起响应。不到几个月工夫就收复了被燕国和秦、赵、韩、魏四国占领的七十多座城。

田军把齐襄王从莒城迎回临淄，齐国才从几乎亡国的境地中恢复过来。

苏秦悬梁刺股

在燕国和齐国为了报仇打得不可开交的时候，天下出了一位奇才，这个人就是苏秦。

苏秦是东周国的人，家住洛阳。少年时他从家里带上不少钱去齐国找老师学习知识，后来他拜了孙膑的老师鬼谷子当老师，苏秦成为鬼谷子的学生时，孙膑都已经离开鬼谷子那儿了。

在鬼谷子那儿学习了一段时间，苏秦沾沾自喜地对自己说："老师教我的东西，我都已经学会了，该下山去找个大官当当了。"所以他告别了老师鬼谷子，下山了。

苏秦悬梁刺股

但是，由于苏秦的学问还不算高，他东颠西跑了好几年，一点收获都没有，连身上的钱也花光了。他只能灰溜溜地回家了。

苏秦回到家后，他的兄弟、嫂子、妹妹和老婆都笑话他，嘲讽他说："我们周国人都是种地的，还有做工或是做买卖的，你却什么都不想干，整天地好吃懒做，还想靠一张嘴和一条舌头得到荣华富贵，这不是白日做梦嘛！怎么样，

到了外面不行了吧，花光了钱不是还得回家来种地，你说你瞎折腾什么啊！"

每次家里人这么笑话他的时候，他都一句话也不说，满脸通红地听着，但他在心里却发誓说："我将来一定要成功，让你们为今天说过的话感到后悔！"

苏秦就把自己一个人关在屋子里，找出书本来重新学习，后来他找出了一本叫《阴符》的书，开始刻苦钻研起来。晚上看书的时候，他把自己的头发拴在从房梁垂下的绳子上，又在桌子旁边准备了一只锥子。当他一打瞌睡的时候，绳子就会拉紧他的头发，把他拉醒，这一招使完，他还犯困的话，他就用锥子扎自己的大腿，扎疼了，他就精神了，然后继续读书。就这样，刻苦读了一年，他推开了自己的房门，自信地说："现在我可以靠这张嘴得到荣华富贵了。"

苏秦先求见的是自己国家的国君周显王，周显王因为早就听说苏秦原来出去了一趟，花光了钱，什么都没得到就回来了，所以他很看不起苏秦，就不信苏秦说的话。

苏秦只好离开周国去秦国，因为刚刚成为秦国国君的秦惠王很讨厌辩士，他也不相信苏秦说的话。

苏秦来到赵国，赵国宰相不喜欢苏秦，苏秦只好又离开赵国。

苏秦离开赵国，来到了燕国，等待了足足一年，才见到了燕国国君，燕国国君相信了苏秦，他派苏秦带着金银珠宝再去赵国，这时赵国的宰相已经死了，赵国国君接见了苏秦，赵国国君非常喜欢苏秦说的话，赏给了苏秦很多财宝。苏秦又来到韩国，又去了魏国、齐国、楚国，这些国家的国君都很相信苏秦，他们都接受了苏秦的建议，组成联盟，称为"合纵"，一起对付秦国。苏秦成了燕、赵、韩、魏、齐、楚六个国家的宰相，被称为"纵约长"，成了当时天下间最有名气的人物。

后来，苏秦又去赵国时，路过自己的家乡洛阳，周显王亲自出城来迎接苏秦。苏秦的兄弟和嫂子们也都出城来跪在路边迎接苏秦。苏秦穿着非常华丽的衣服，佩戴着非常名贵的玉佩，他问他嫂子："为什么上一次我回来时，你那么看不起我，我这次回来，你却又这么尊敬我啊？"他的嫂子赶紧跪着爬到苏秦的跟前说："因为你现在做了大官了，也有钱了啊。"苏秦叹了口气说："我苏秦从来都是苏秦，只是从前贫穷，现在富贵了。贫穷的时候，连亲人都看不起我，富贵的时候，所有的人却都来巴结我。如果我只是洛阳城里一个种地的，又怎

么会有今天的荣华富贵呢!"所以，万分得意的苏秦就赏给了亲戚朋友们很多的金钱，然后，率领着十分庞大和豪华的车队离开了。

赵秦阏与之战

在战国中期之后，赵国由于赵武灵王"胡服骑射"，改革政体和兵制，建立起强大的骑兵部队，国力迅速增强，成为仅次于秦、齐的第三强国。而齐国由于齐湣王灭燕，后燕昭王使乐毅伐齐，攻下齐70余城，后虽由田单复齐，逐走燕军，但国力大减，从此一蹶不振。魏、韩等国又慑于秦国之盛而宾服于秦。于是，秦国便将东向的矛头指向赵国，秦赵大战随即展开。而其第一次大战，便是阏与（今山西省和顺县）之战。在这一战中指挥赵军赢得胜利的赵军统帅是赵奢。

赵奢原是赵国的田部吏（掌管收田地租税之官）。一次，向平原君（赵王之弟）赵胜家收租税时，平原君的家臣不肯交。赵奢毫不客气，以法治之，杀了平原君的管事家臣不肯出租税者9人。平原君大怒，以为赵奢轻蔑自己，将赵奢抓了起来，想杀掉他。赵奢说："你在赵国身为贵公子，如今却纵容家臣，不奉公守法。您不守法，则赵国之法必削，法削则国家贫弱，贫弱则诸侯会来进攻，这样赵国就完了，那时，您的富贵从哪里来？以您的尊贵地位，奉公守法则上下心服，上下心服则国家强大，国家强大则赵国巩固。而您又是贵戚，难道那时您的地位还会削弱吗？"平原君听了，认为赵奢是个有用之才，就向赵王推荐赵奢。赵王让赵奢管理国家赋税，赵奢管理得井井有条，人民富裕而国家府库也充实起来。

周赧王四十五年（公元前270年），秦国向赵国进攻，遣军进袭赵国西北部的要塞阏与，企图由此进袭赵都邯郸（今河北省邯郸市）。由于秦军善战，又势在必得，阏与形势十分危急。赵王招来大将廉颇和乐乘，问他们可不可以出兵援救阏与守军，二人都认为阏与路程太远，而且都是山路，通行艰难，很难救援。赵王很失望，又去问赵奢，赵奢回答说："道路远而又艰难，就像两只老鼠在一条穴中相争斗，哪一方将领勇敢，哪一方就可以获胜。"赵王大喜，立即命

令赵奢率赵军援救阏与。

赵奢率赵军从邯郸出发，出城 30 里，传令赵军停止前进，并向军中下令："谁敢向我谈进军的问题就杀谁的头！"

这时，秦军在围攻阏与要塞的同时，派出一支部队绕到赵军背后，一直前进到武安（今河北省武安县）之西。武安是邯郸西边的最后一道屏障。秦军为炫耀武力，在武安城西鼓噪勒兵，战鼓震天，吼声动地，武安城中的屋瓦有的竟被震落下来。消息传到后方，赵军中一个军官按捺不住，向赵奢进言，请他急速前进援救武安。赵奢不听，下令斩杀这个军官，命赵军原地不动，并增加壁垒，整整 18 天未曾前进一步。秦军间谍潜入赵军，被赵军抓获，赵奢不但不杀，反而很友善地招待了他，之后将他放走。这个间谍回去后，将情况报告了秦军统帅。秦军统帅听后大喜过望，说："离开国都 30 里便不前进，反而增修壁垒，阏与肯定会成我们的了。"并因此放松了对赵军的警惕。赵奢将秦军间谍打发走后，突然命令全军立即出发，火速前进，一天一夜便赶到了前线，在离阏与 50 里的地方扎营，并立即修起壁垒。秦军得知后大惊，倾巢出动，前去迎战。眼看大战在即，赵军士兵许历请求和赵奢会见，谈作战问题。赵奢问他有何良谋，许历说："秦军未料到我军会突然到达，定会气势汹汹地扑上来。您必须令全军坚守阵地以待其弊。不然，我军必败。"赵奢说："就听你的。"许历请求处罚自己，赵奢说："等等，回邯郸以后再说。"许历又出主意说："阏与北山地势险要，必须先占领它。谁先占据北山，谁就能获胜，后至者败。"赵奢采纳了这个建议，立即派 1 万精兵强占北山。秦军也派部队抢夺北山，但比赵军晚了一步。赵奢在赵军占领北山后，立即挥军出击，居高临下，猛攻秦军。秦军大败，伤亡惨重，被迫解阏与之围，撤军而去。

阏与之战的胜利，打击了秦军的锐气，秦国的东进计划暂时受阻。赵奢因功而被赵王封为马服君，与廉颇、蔺相如等重臣同列。许历也因功而被擢升为国尉。

范雎相秦

公元前 306 年，秦惠王的儿子秦昭王登上了秦国的新国王王位。可这时候，秦国的大权全都掌握在太后和国舅的手中，秦昭王只是一个傀儡而已。但是，很快就要有一个人来帮助秦昭王了。

魏国有一个人叫范雎，这个人的口才非常好，他的才能比苏秦和张仪还要高。他家里很穷，就先投靠了魏国的大臣须贾。

有一次，魏昭王派须贾出使齐国，范雎也跟着去了。齐国国王齐襄王听说范雎很有口才，就派人给范雎送来了牛肉、美酒和十斤金子，范雎没敢接受这么贵重的礼物。须贾知道了这事后，心里非常生气，他觉得齐襄王对范雎这么好，是因为范雎把魏国的机密告诉了齐襄王，他认为范雎当了奸细。

范雎和须贾回到魏国后，须贾就对魏国宰相魏齐说："宰相大人，范雎这次跟我一同出使齐国，齐王对范雎特别亲密，我看范雎已经把我们魏国的机密都告诉了齐王。"

魏齐听了后，非常愤怒地说："大胆范雎，竟然敢卖国，把他给我抓来！"

魏齐立刻派人去把范雎抓了来，他问范雎；"范雎，你为什么要出卖魏国？"

范雎赶紧说："没有啊，宰相大人，齐王是因为欣赏我的口才，才赏给了我一些东西，可是我没敢收下啊。"

魏齐阴险地笑着说："噢，是这样啊，这么说你的口才很厉害了，连齐王都佩服你了啊，我怎么就一直没听说你口才有多好呢？这样吧，你不是说你口才很好吗，我就给你一个机会，只要你能说服我，让我相信你没有卖国，我就放了你。"

范雎听魏齐这么说，立时就绝望了，他知道自己无论说什么，魏齐都是不会相信的，所以他只是说了一句："我没有出卖魏国！"

魏齐说："怎么？你就这一句啊，这算什么口才啊，那你就不要怪我不相信你了。"魏齐接着就吩咐手下说："给我打！"他说完，就带着须贾还有很多客人进屋子里去喝酒了。

立刻就有很多人拿着大棍棒冲了上来，拼命地打范雎，很快范雎的肋骨就被打断了，牙齿也被打掉了好多颗，范雎想："再让他们打下去，我就没命了。"所以他就装死。

"大人，他死了。"有个人向魏齐报告说。

魏齐说："用席子把他卷起来，然后给我扔到厕所去，再派人给我好好地看

守着，说不定他是装死呢。"

"是，大人。"那个报告的人说。

打范雎的那些人就放下棍棒，找来了一张竹席，然后把范雎包起来，抬着把他扔进了厕所里。

这时，负责看守范雎的那个人进来了，他想看看范雎怎么样了。范雎抓住这个机会对看守说："你能救我出去吗？如果我能活着出去的话，我一定重重地报答你今天的救命之恩！"

那个看守见范雎这么可怜，心里就很同情，他说："好吧，你坚持住，我尽力试试看吧。"范雎一听有希望，哆嗦着对看守说："谢谢你，谢谢你，我一定会记住你今天对我的救命之恩。"那个看守就立刻来见魏齐，他对魏齐说："大人，那个人确实是已经死了，不要把他一直放在厕所了，那样会生蛆的，蛆虫就会爬满大人府上的院子。"已经喝醉了的魏齐说："嗯，那你去把他扔到山上喂狼吧。"

"遵命。"看守说。

看守赶紧跑到厕所，把范雎背了出去。看守背着范雎离开宰相府后，路上碰到了一个叫郑安平的人，郑安平把范雎带到了自己家里，他还替范雎给了看守很多钱财。郑安平怕魏齐再派人找范雎，就给范雎改了一个名字叫张禄。

过了些天，秦国人王稽出使到了魏国。郑安平就把范雎介绍给了王稽，王稽一看范雎非常有才能，就把范雎偷偷地带回了秦国。

这时，秦昭王已经当了三十六年的国王了，他的母亲——秦国的太后已经去世了，但是秦国的权力还是没有回到秦昭王手上，秦国的权力还是掌握在秦昭王的舅舅和兄弟们手上。

王稽就把范雎举荐给了秦昭王，秦昭王和范雎谈完话后，非常欣赏范雎的才能。接着，范雎就帮秦昭王从秦昭王的舅舅和兄弟的手上，夺回了秦国的权力，秦昭王非常高兴，就让范雎做了秦国宰相。在范雎的辅佐下，秦国变得越来越强大了起来。

范雎恩仇必报

范雎成为秦国的宰相后，一直都是用张禄这个名字，知道他叫范雎的，只有秦昭王、王稽和郑安平。魏国人根本不知道范雎还活着，他们以为范雎已经死了很久了。

有一天，魏齐听说秦国将要派军队攻打魏国和韩国，心里很着急，就派须贾出使秦国，希望能说服秦昭王，让秦国不要打魏国。

范雎听说须贾来到了秦国后，他就换上一身非常破旧的衣服，步行来见须贾。须贾一见来的人是范雎后，吃惊地张大了嘴巴，过了一小会儿，他才回过神来说："您还活着啊？"范雎笑着说："是啊，还活着呢。"

须贾问范雎："您是来游说秦王的吗？"范雎摇摇头说："不是。我原来不是得罪了魏齐大人吗，所以才逃来了秦国，哪还敢再想着当官呢！"须贾又问范雎："那您现在靠什么生活呢？"

范雎说："我在给人家有钱人当跑腿的呢。"

须贾听范雎说得这么可怜后，心里有些难过，就留下范雎一起吃饭，他看着范雎感叹说："真没想到，您会穷成这样啊！"吃完饭后，须贾送给了范雎一件衣服。

须贾问范雎："秦国的宰相张禄，您认识吗？听说秦王对张禄特别好，什么都听从张禄的。我现在来出使秦国，能不能完成任务，就全看能不能得到张禄的好感了。您认识的人里面，有和张禄熟悉的吗？"

范雎说："我家主人和张禄很熟悉，我也可以进入宰相府，如果您想求见张禄的话，我可以帮您。"须贾高兴地笑着说："真的啊？那太好了。但是现在，我的马病了，车也坏了，没有大车良马的话，我是不能出去见人的。"

范雎说："这也好办，我可以把我主人家的大车良马借给您用。"

须贾说："那可太感谢您了。"

第二天，范雎还是穿着那身破衣裳，驾着车来接须贾。须贾上车后，他亲自驾着车向宰相府驶回。宰相府的仆人一看范雎亲自驾车回来了，都纷纷避让

开。坐在车里的须贾，看到这个情形后，心里很奇怪。车子行到了宰相府里面的一个院子时，停了下来。

范雎对须贾说："您先在这里等一会儿，我去里面请宰相大人来见您。"

须贾就坐在车子里等着，他等了很久都不见范雎出来，就着急得下了车子，在车子旁边转悠了起来。他看到有个仆人走了过来，就上前问那个仆人："范雎怎么还不出来啊？"仆人说："我们这里没有叫范雎的啊。"

须贾说："怎么会没有啊，就是刚才那个和我一起驾车进来的人啊。"仆人说："那不是范雎，他是我们的宰相张禄大人。"

须贾立时就惊呆了，冷汗也从额头上流了下来，双腿也哆嗦起来。他赶紧解开衣服，露出半个肩膀，跪在了地上。他又对仆人说："麻烦你去禀告你们宰相大人，就说须贾来请罪了。"

仆人进去后不一会儿就出来了，说："我们大人让你进大堂去见他，跟我来吧。"须贾不敢站起来，就用膝盖爬着跟在仆人后面，进入了大堂。这时，范雎正穿着非常奢华的衣服坐在大堂上，十几个仆人都在身边伺候着。

须贾赶紧磕着头说："真没想到您能像今天这么富贵，我以后再也不敢当官了，您就允许我去最偏远的地方度过下半生吧，请您不要杀我。"

范雎问须贾："你知道自己犯了多少罪吗？"须贾趴在地上哆嗦着说："就是把我的头发都拔掉了，然后一根一根地接起来，也比不上我犯下的罪大啊。"

范雎得意地笑着说："你自己知道就好，我就念在昨天我去你那里，你还没有忘记过去的恩情，送给我一件衣服的份儿上，饶恕你，不杀你了。"须贾听说范雎饶了自己，赶紧砰砰地磕头说："多谢宰相大人不杀，多谢宰相大人。"

第二天，须贾将要回魏国，就先来范雎府上告辞，范雎留他吃饭。吃饭的人，除了须贾外，范雎还请来了很多其他国家的使者。

范雎故意把须贾的座位，安排到最靠边的位置。然后把专门用来喂养马匹的生豆子放在须贾面前，范雎又派两个囚犯坐在须贾身边，喂须贾吃那些生豆子。其他的客人，享用的却是美酒美食。

范雎对须贾说："你回去告诉魏王，赶快把魏齐的人头给我送来，不然的话，我就派军队杀光你们魏国都城里的所有人！"须贾嚼着生豆子，赶紧点点头。

须贾回到魏国后，就把他在秦国遇到的所有事情告诉了魏齐，魏齐吓得立刻就逃去了赵国，后来他就自杀了，赵王派人把他的人头送到了秦国。

范雎终于报了仇。但是对于曾经帮助过他的王稽和郑安平，范雎也都让他们做了秦国的大官，范雎还拿出无数钱财来报答所有曾经帮助过他的人。

屈原投江

春秋时期，周王朝衰落，诸侯国各自为战，相互争霸。到战国时期，经过长期兼并，形成了七雄并峙的局面，其中又以秦、楚两国最强。

屈原，名平，字灵均，是战国时期的楚国诗人、政治家，"楚辞"的创立者和代表人物。屈原是楚国丹阳（今湖北秭归）人，楚武王熊通之子屈瑕的后代。屈原一生经历了楚威王、楚怀王、楚襄王3个时期，他的主要政治活动在怀王时期，职位是左徒、三闾大夫。这个时期正是战国七雄激烈争斗，中国即将实现大一统的前夕。

屈原博闻强记，熟悉政治情况，善于外交辞令，起初很受怀王信任，怀王让他主持国家政令的起草、宣布等事项。这是封建时代最重要的活动，不是

屈原

君王绝对信任的人不可能担任此类工作。屈原掌握着国家政令的起草工作，权重位尊，这让楚国的其他贵族既嫉妒，又感到疑虑，他们害怕政令于己不利，于是向怀王进谗言，说屈原自我表功，目无君王，笼络人心。怀王昏庸不明，就逐渐疏远了屈原。

屈原与楚国保守贵族的争执还表现在楚国的对外政策上。当时，秦国已经成为战国七雄中最强的一方，雄心勃勃的秦王已经俨然有了吞并六国之势。此

时能与强秦相抗的，就是中原地区的齐国与南方的楚国。在外交政策上，屈原坚决主张联齐抗秦，这是对楚国有利的正确策略，怀王曾采纳了他的主张，并派他出使齐国。但是由于屈原在内政外交上与楚国保守贵族发生了尖锐的对立，公元前304年，张仪由秦至楚，重金贿赂靳尚、公子子兰、怀王的宠妃郑袖等人，同时以"献商於之地六百里"诱骗怀王，致使齐楚断交。这个骗局被揭穿后，怀王恼怒，又轻率出兵伐秦。由于没有齐国的支援，楚军大败，还丧失了汉中之地。楚怀王只得派屈原出使齐国，以修复两国的关系。此时，张仪再次来到楚国，提议秦、楚联姻，楚怀王竟然又同意了，齐、楚结盟再次失败。屈原痛心疾首，但国君昏聩，令他无可奈何。

随后，屈原由于被反对派们恶意中伤，也逐渐失去了怀王的信任，被放逐离开楚国的都城郢都，到了汉北。

公元前289年，屈原再次回到郢都。同年，秦王约楚怀王在武关相会，屈原谏言说："秦是虎狼之国，不可信！"但楚怀王的儿子子兰却力劝楚怀王前去会盟。怀王听信子兰之言，与秦相会，结果被秦国扣留，最终客死在秦国。楚怀王死后，太子继位，就是后来的楚顷襄王。屈原劝楚顷襄王整顿国政，操练军马，以报怀王之耻。可已经当上令尹的子兰又向襄王进谗言，说屈原私下常对人说大王不报秦国之仇，实在是不孝，说那些不主张大王伐秦的大臣都是不忠之臣。楚顷襄王听后大怒，再次罢免了屈原的官职，将他流放汉江以南。

屈原辗转流离于沅、湘二水之间，"颜色憔悴，形容枯槁"。公元前278年，秦将白起攻破楚国都城郢都。屈原听到这个消息，难以抑制心中的悲愤，在一天的早晨，自沉于汨罗江。屈原投江自杀的日子是农历五月初五，以后每年这一天人们都将角黍（粽子的前身）投于江中，并且赛龙舟来纪念屈原。这些纪念活动逐渐演变成了中华民族的习俗而延续至今。

宋玉巫山梦神女

宋玉，字子渊，战国末年楚国的诗人。相传，他是伟大诗人屈原的学生，经友人的推荐，曾在楚怀王、楚襄王的朝中做过地位低下的文学侍从一类的小

官。年轻时他在政治上也倾向于他的老师屈原，拥护屈原所提出来的一系列政治改革主张，后因楚王听信了别人的谗言，他被解职了，结束了短暂的宦海生涯，成为一个"无衣裘以御冬"的寒士，过着贫穷潦倒的寒酸生活。

宋玉生活的年代，楚国的幅员辽阔，其中有一个包括了整个江汉平原的广袤的云梦泽，濒临浩浩洞庭，直通巍巍三峡。其时，楚国政治腐败，楚王沉迷淫乐，他在这个地域中一些风景美丽的地方，修建了不少富丽堂皇、设施豪华的行宫别墅、亭台楼阁，还经常携带着成群的宫妃美女、乐工艺人，在这里弦歌不绝，寻欢作乐，过着荒淫奢侈的生活。在这些供楚王游乐的宫苑中，有一座楼名叫"高唐"，此处山花烂漫，茂林修竹，飞泉悬布，风景优美；楼顶终日乳雾升腾，白云缭绕，时晴忽雨，变幻莫测，成为奇观。一次，宋玉伴随楚襄王在此休闲赏心，襄王见此景象，就问宋玉："宋学士，那楼顶舒卷飘飞的是什么气呀？"宋玉连忙回答："这就是人们常说的朝云。"襄王颇为纳闷，于是又寻根究底地追问宋玉："朝云又是什么呢？"宋玉深知楚襄王此时此刻的心情，楚襄王作为手握国柄的一国之君，来此数月，不思朝政，不问国事，终日与那些宫妃美女、蛾眉粉黛饮酒歌舞、厮混作乐，习以为常，深感厌倦了，似乎又想寻找新的刺激。于是宋玉就想借古代神话中巫山神女的故事，来对楚襄王终日淫乐的侈靡生活婉言讽谏，使他警醒。接着，善于辞令、颇有文才的宋玉，就凭他的三寸不烂之舌、口若悬河之才，眉飞色舞，津津有味地讲述了与朝云有关的浪漫故事……

昔日，先王在高唐游览时，终日与山林为伍，朝暮以歌舞为乐，久而久之，先王已是精疲力竭了。一日白天，先王在轻婉的丝竹之声中朦朦胧胧地睡着了，在隐隐约约之时进入了甜蜜的梦境。先王心神恍惚之间，看见一位身姿绰约、容貌美丽、翩翩起舞的年轻女子，不声不响，满脸微笑地来到他的枕畔。这位女子娇羞地对先王柔声地说道："我原本是来自天宫的巫山神女，我的名字叫瑶姬，常年生活在很不自由的瑶池。瑶池像个令人窒息的囚笼，我厌恶这种囚犯一般的生活，化作一只自由的小鸟冲出了囚笼，终年栖息在巫山，为天帝的子民造福，曾帮助大禹治服了泛滥天下的滔天洪水；而后朝朝暮暮，暮暮朝朝，年复一年，孤独而自由地屹立巫山十二峰的群峰之中，人们称我为天宫下凡的巫山神女，称我栖息的十二峰中最高的一峰为神女峰。"停了一下，又略带娇嗔地对先王说："我今日到其他的山峰做客，正好路过高唐，我听见这儿歌声袅袅，看见这儿舞影婆娑，才知大王在这里行乐。我特意来到高唐，愿陪大王同欢，愿与大王共寝。"

先王听神女说明了自己的来历和来意，他出乎意外地高兴，于是就留神女在这儿稍住几天。在这些日子里，白天，先王与神女坐上特制而又华丽的鸾驾，在文武随从、宫娥美女的陪同下，纵情山水，徜徉林苑；入夜，先王又与神女聆听人间的美乐，欣赏优美的舞姿，乐此不疲，如痴如醉，通宵达旦。先王与神女在高唐忘情相聚，不觉已过数日，神女不便久留，一日就向先王留恋地辞别："贱妾已在这里陪伴大王多日，唯恐伤害了大王的身体，影响了朝廷的政事，我应该离去了。我永远居住在巫山南边的白云深处，高耸险峻的巫峰之巅。大王您若日后思念神女，您可在高唐骋目瞭望，您将看到我在晨曦中化作一缕轻柔的朝云，我在黄昏里将变为声声淅沥的暮雨，朝朝暮暮，暮暮朝朝，我总是出现在阳台的帷幔之下……"巫山神女说完，纵身从高唐一跃，腾云驾雾，轻盈袅娜，朝耸入云天的神女峰飞去了。

先王一时不知所措，难舍难分，目送着渐渐远去的巫山神女，直到她如一片淡淡的云影栖落在高高的巫峰之上。此后，先王如同患了一种难治的心病，每日清晨黄昏，白天深夜，巫山神女的身影总是闪现在他的眼帘；神女那银铃般亲切而又熟悉的耳语，神女那乳燕般轻捷而优美的身姿，也总是浮现在先王的脑际。先王从此日思梦想，经常一个人寂寞地孤独地立于高唐的阳台之上，久久地久久地向远方的巫峰寻觅。不知有多少次眺望，更不知有多少个日夜，先王每日每夜，都见到了那轻柔的朝云，听到了那声声的暮雨。先王在旧梦的重温里沉醉，更憧憬与巫山神女再次艳遇；可是思而不见，失也难得，先王为表达他对巫山神女千秋万载的无限怀念和眷恋，于是就大兴土木，命百名工匠在高唐之旁修建了一座寄托他的相思、纪念他与神女邂逅幽会的朝云庙。

宋玉详尽地讲述了先王与巫山神女当年艳遇的故事，满心以为楚襄王会理解他讲这个故事的言外之意，总结先王不问朝政、沉迷淫乐的教训。不料楚襄王听完宋玉所讲的故事后，竟不思先王之过，他居然无动于衷，并异想天开，心驰神往，企盼自己也能享受先王与神女的那种艳遇。宋玉感到极为失望，只好在楚襄王的授意下，创作了语含婉讽的著名的《高唐赋》。

蔺相如完璧归赵

公元前283年，秦昭襄王派使者带着国书去见赵惠文王，说秦王情愿让出十五座城来换赵国收藏的一块珍贵的和氏璧，希望赵王答应。

赵惠文王就跟大臣们商量，要不要答应。要想答应，怕上秦国的当，丢了和氏璧，拿不到城；要不答应，又怕得罪秦国。议论了半天，还不能决定该怎么办。

当时有人推荐蔺相如，说他是个挺有见识的人。

赵惠文王就把蔺相如招来，要他出个主意。

蔺相如说："秦国强，赵国弱，不答应不行。"

蔺相如

赵惠文王说："要是把和氏璧送了去，秦国取了璧，不给城，怎么办呢？"

蔺相如说："秦国拿出十五座城来换一块璧玉，这个价值是够高的了。要是赵国不答应，错在赵国。大王把和氏璧送了去，要是秦国不交出城来，那么错在秦国。宁可答应，叫秦国担这个错儿。"

赵惠文王说："那么就请先生上秦国去一趟吧。可是万一秦国不守信用，怎么办呢？"

蔺相如说："秦国交了城，我就把和氏璧留在秦国；要不然，我一定把璧完好地带回赵国。"（原文是"完璧归赵"）

蔺相如带着和氏璧到了咸阳。秦昭襄王得意地在别宫里接见他，蔺相如把和氏璧献上去。

秦昭襄王接过璧，看了看，挺高兴。他把璧递给美人和左右侍臣，让大伙儿传着看，大臣们都向秦昭襄王庆贺。

蔺相如站在朝堂上等了老半天，也不见秦王提换城的事。他知道秦昭襄王

不是真心拿城来换璧。可是璧已落到别人手里，怎么才能拿回来呢？

他急中生智，上前对秦昭襄王说："这块璧虽说挺名贵，可是也有点小毛病，不容易瞧出来，让我来指给大王看。"

秦昭襄王信以为真，就吩咐侍从把和氏璧递给蔺相如。

蔺相如一拿到璧，往后退了几步，靠着宫殿上的一根大柱子，瞪着眼睛，怒气冲冲地说："大王派使者到赵国来，说是情愿用十五座城来换赵国的璧。赵王诚心诚意派我把璧送来，可是，大王并没有交换的诚意。如今璧在我手里，大王要是逼我的话，我宁可把我的脑袋和这块璧在这柱子上一同砸碎！"

说着，他真的拿着和氏璧，对着柱子做出要砸的样子。

秦昭襄王怕他真的砸坏了璧，连忙向他赔不是，说："先生别误会，我哪儿能说了不算呢！"

他就命令大臣拿上地图来，并且把准备换给赵国的十五座城指给蔺相如看。

蔺相如想，可别再上他的当，就说："赵王送璧到秦国来之前，斋戒了五天，还在朝堂上举行了一个很隆重的仪式。大王如果诚意换璧，也应当斋戒五天，然后再举行一个接受璧的仪式，我才敢把璧奉上。"

秦昭襄王想，反正你也跑不了，就说："好，就这么办吧。"

他吩咐人把蔺相如送到宾馆去歇息。

蔺相如回到宾馆，叫一个随从的人打扮成买卖人的模样，把璧贴身藏着，偷偷地从小道跑回赵国去了。

过了五天，秦昭襄王召集大臣们和别国在咸阳的使臣，在朝堂举行接受和氏璧的仪式，叫蔺相如上朝。蔺相如不慌不忙地走上殿去，向秦昭襄王行了礼。

秦昭襄王说："我已经斋戒五天，现在你把璧拿出来吧。"

蔺相如说："秦国自秦穆公以来，前后二十几位君主，没有一个讲信义的。我怕受欺骗，丢了璧，对不起赵王，所以把璧送回赵国去了，请大王治我的罪吧。"

秦昭襄王听到这里，大发雷霆，说："是你欺骗了我，还是我欺骗你？"

蔺相如镇静地说："请大王别发怒，让我把话说完。天下诸侯都知道秦是强国，赵是弱国。天下只有强国欺负弱国，绝没有弱国欺压强国的道理。大王真要那块璧的话，请先把那十五座城割让给赵国，然后打发使者跟我一起到赵国去取璧。赵国得到了十五座城以后，绝不敢不把璧交出来。"

秦昭襄王听蔺相如说得振振有词，不好翻脸，只得说："一块璧不过是一块璧，不应该为这件事伤了两家的和气。"

结果，还是让蔺相如回赵国去了。

蔺相如回到赵国，赵惠文王认为他完成了使命，就提拔他为上大夫。秦昭襄王本来也不存心想用十五座城去换和氏璧，不过想借这件事试探一下赵国的态度和力量。蔺相如完璧归赵后，他也没再提交换的事。

廉颇负荆请罪

秦昭襄王一直想使赵国屈服，多次侵入赵国的边境，占了许多地方。公元前279年，他又耍了个花招，约见赵惠文王到秦地渑池去。赵惠文王刚开始怕被秦国扣留下，不敢前去。而大将廉颇和蔺相如都认为赵惠文王如果不去，反倒向秦国示弱了。

负荆请罪

于是，赵惠文王决定硬着头皮去冒一趟险。他叫蔺相如随同他一块儿去，让廉颇留在本国辅助太子留守。

为了防备意外，赵惠文王又派大将李牧带兵五千护送，相国平原君带兵几万，在边境接应。

到了预定会见的日期，秦王和赵王在渑池相会，并且举行了宴会，高兴地喝酒谈天。

秦昭襄王喝了几盅酒，带着醉意地对赵惠文王说："听说赵王弹得一手好瑟，请赵王弹个曲儿，给大伙儿凑个热闹。"说罢，真的吩咐左右把瑟拿上来。

赵惠文王不好推辞，只好勉强弹一个曲儿。

秦国的史官当场就把这事记了下来，并且念着说："某年某月某日，秦王和赵王在渑池相会，秦王令赵王弹瑟。"

赵惠文王气得脸都发紫了。正在这时候，蔺相如拿了一个缶，突然跪到秦昭襄王跟前，说："赵王听说秦王挺会秦国的乐器，我这里有个瓦盆，也请大王赏脸敲几下助兴吧。"

秦昭襄王勃然变色，不去理他。

蔺相如的眼睛射出愤怒的光，说："大王未免太欺负人了。秦国的兵力虽然强大，可是在这五步之内，我可以把我的血溅到大王身上去！"

秦昭襄王见蔺相如这股势头，十分吃惊，只好拿起击棒在缶上胡乱敲了几下。

蔺相如回过头来叫赵国的史官也把这件事记下来，说："某年某月某日，赵王和秦王在渑池相会，秦王给赵王击缶。"

秦国的大臣见蔺相如竟敢这样伤秦王的体面，很不服气。

有人站起来说："请赵王割让十五座城给秦王上寿。"

蔺相如也站起来说："请秦王把咸阳城割让给赵国，为赵王上寿。"

秦昭襄王眼看这个局面十分紧张，他事先已探知赵国派大军驻扎在临近地方，真的动起武来，恐怕也得不到便宜，就喝住秦国大臣，说："今天是两国君王欢会的日子，诸位不必多说。"

这样，两国渑池之会总算圆满而散。

蔺相如两次出使，保全赵国不受屈辱，立了大功。赵惠文王十分信任蔺相如，拜他为上卿，地位在大将廉颇之上。

廉颇很不服气，私下对自己的门客说："我是赵国大将，立了多少汗马功劳。蔺相如有什么了不起？倒爬到我头上来了。哼！我见到蔺相如，总要给他点颜色看看。"

这句话传到蔺相如耳朵里，蔺相如就装病不去上朝。

有一天，蔺相如带着门客坐车出门，正是冤家路窄，老远就瞧见廉颇的车马迎面而来。他叫赶车的退到小巷里去躲一躲，让廉颇的车马先过去。

这件事可把蔺相如手下的门客气坏了，他们责怪蔺相如不该这样胆小怕事。

蔺相如对他们说："你们看廉将军跟秦王比，哪一个势力大？"

他们说："当然是秦王势力大。"

蔺相如说："对呀！天下的诸侯都怕秦王，为了保卫赵国，我就敢当面责备他，怎么我见了廉将军反倒怕了呢？因为我想过，强大的秦国不敢来侵犯赵国，就因为有我和廉将军两人在。要是我们两人不和，秦国知道了，就会趁机来侵犯赵国。就为了这个，我宁愿容让点儿。"

有人把这件事传给廉颇听，廉颇感到十分惭愧。他就裸着上身，背着荆条，跑到蔺相如的家里去请罪。他见了蔺相如说："我是个粗鲁人，见识少，气量窄。哪知道您竟这么容让我，我实在没脸来见您，请您责打我吧。"

蔺相如连忙扶起廉颇，说："咱们两个人都是赵国的大臣，将军能体谅我，我已经万分感激了，怎么还来给我赔礼呢。"

两个人都激动得流了眼泪。打这以后，两人就做了知心朋友。

韩非子

韩非（约公元前280—前233），战国末期的唯物主义哲学家，法家学派的集大成者。据《史记·老子韩非列传》记载：韩非出身于韩国贵族，"喜刑名法术之学"。他的思想深得秦王嬴政的赞赏。韩非的著作被后人编为《韩非子》一书。

韩非在总结先秦法家理论的基础上，精心编织了一个"以法为本"，法、术、势三者相结合的完整体系。韩非所说的"法"，是指体现新兴地主阶级意志的政策法令。

它有三个突出的特点：

一是主张"法莫如显"，即强调法度的公开性，要使民众人人知晓，照章办事，用以作为统治阶级衡量功过、赏功罚罪的法律依据。

二是主张"法不阿贵"、大公无私，即强调打破由贵族垄断法权、袒护偏私的旧习，力求做到"诛罚不避权贵，庆赏不遗匹夫"。

三是主张执法必严，维护法度的严肃性，力求做到"赏厚而信，刑重而必"，造成一个人人守法、不敢犯法的局面。

韩非所说的"术"，是指封建君主驾驭臣下的韬略和手段。与法之愈公开愈好相反，韩非主张"术"愈隐蔽愈好。"术"潜藏于君主的心中，要使臣僚人人感到高深莫测，君主正好借此知奸防叛，巩固自己的最高权力。

韩非所说的"势"，是指封建君主所处的地位和所掌握的政治权力。只有具备了君位和君权，才能发号施令，统治国家。他把"势"分为"自然之势"和"人设之势"。"自然之势"是君主依靠分封世袭制度而自然具有的权势。他还指出"事在四方，要在中央，圣人执要，四方来效"的重要原则。这样，韩非关于"势"的学说就有了强化君主专制、中央集权的崭新内涵。

远水不救近火

韩非子是战国末期的法家代表人物之一，针对儒家的"仁义"学说，他提出了批评。韩非子对儒家学说并不是全部否定。他承认儒家学说对统一国家的长治久安有益，但在当时，周天子失去权威，各诸侯国之间战事频繁的情况下，仍然一味强调仁义，就显得缓不济急，于事无补。

为了生动形象地阐述他的治国方略，韩非子在《韩非子·说林上》一文中讲了一则故事。他说：战国初期，中原一带以齐、晋两国最为强盛，这两个国家幅员辽阔、土地肥沃、兵马强壮。

楚国地理位置偏南，属长江中下游流域，沃野千里，兵车千乘，带甲之士数十万人，堪称南方一霸，时时窥伺中原，军事威胁。

鲁国虽地处中原，却是弱小国家，地少人稀，经常受到邻国的侵袭，弄得鲁国君臣日夜不宁，寝食难安。

当时，鲁国是穆公在位，他几经考虑，决定派他的两个儿子分别到晋国和楚国做官，以便加强同这两个国家的联系，为日后取得这两个国家的帮助做准备。

上大夫犁䏮得知穆公的决定，觉得不可思议，认为这是一种十分荒唐的做法，对鲁国十分不利。于是他赶到宫中，面见穆公，用十分不解的语气问道："听说大王将两位公子分派到晋、楚两国为官，不知是谣传还是事实？"穆公看犁䏮的语气似乎有些不满，便很不悦，反问说："如果这件事已经做了，有什么不妥吗？"

犁䏮问："大王这样做出于什么考虑？对鲁国有益处吗？"穆公道："事情很明白嘛，晋、楚都是大国，把我的两个儿子派到他们那里，鲁国一旦受到别国的进犯，可以请他们帮忙；不然，我何必让两个儿子背井离乡地远仕他国呢？"犁䏮却反驳道："晋、楚都是大国，无所求于鲁国，所以两位公子不会得到他们的重视。指望两位公子来联络感情，增进两个大国与鲁国的友谊，显然是一厢情愿，根本靠不住。何况，就算是晋、楚两国愿意帮我们，只怕也没什么实际意义。"

穆公奇怪地责问："爱卿这话是什么意思？难道你不以为晋、楚是大国吗，还是怀疑他们的军事力量？"犁䏮说："打个比方吧，人们都知道越国地处水乡，人人都是游泳好手。假如这里有人落入水中，却请越国人来救命，越国人也乐于帮忙。可是，当越国人赶到这里时，落水人还有命吗？还可以假设一番，大海浩渺无边，取之不尽，用之不竭，可是如用来救千里之外的烈火也同样是缓不济急的事。"

韩非出使秦国

战国时期，秦国非常强大，韩国侍奉秦国已经三十多年了，秦国只要派出精兵攻取别国，韩国总是马上追随它，因此，怨恨结于诸侯，利益归于强秦。后来，韩国听说秦国将要发兵伐韩，韩非获得出使秦国的机会。

韩非上书秦王，书中说韩国不可攻取，秦臣子李斯认为他的说法非常不对。他跟秦王说，秦让韩存在，就像人得了心腹之病一样，平时就难受，假若住在潮湿地方，痼而不治，快跑起来，病就犯了。韩虽已臣服于秦，未必不是秦的心病，在我看来，韩并非顺服秦的道义，而是顺服强大的，现在集中对付齐、赵，韩就一定会成为心腹之病而发作起来。韩与楚如果谋划攻秦，诸侯响应，那么秦国必定再次看到兵败崤塞的祸患。

韩非的到来，未必不是想用他能存韩来求得韩的重用。巧语连篇，掩饰真意，计谋欺诈，来从秦国捞取好处，用韩国利益窥探陛下。秦、韩关系亲密，韩非就重要起来了，这是便利他自己的计谋。我看韩非的言论能够文饰他的混说狡辩、很有才华。我担心陛下受韩非辩说的迷惑而听从他的野心，因而不详查事务的实情。现在按我的愚见：秦国发兵但不说明讨伐对象，那么韩国的执政者将会采取侍奉秦国的计策。请允许我去见韩

韩非

王，让他来晋见，大王接见时，趁机扣留他，不要遣返，随后召见韩国大臣，用韩王和韩人交易，就可大量割取韩地。

于是秦国派李斯出使韩国。

李斯出使韩国

李斯前往告谕韩王，没能见到，就上书说："过去秦、韩同心协力，因此互不侵扰，天下没有一个国家敢来进犯，像这样有几十年了。前段时间五国诸侯曾相互联合共同讨伐韩国，秦国出兵前来解救。韩位于中原地带，领土不满千里，之所以能和诸侯并列于天下，君臣两全，是因为代代相教侍奉秦国的作用。先前五国诸侯共同讨伐秦国，韩国反而联合诸侯，并充当先锋，在函谷关下来和秦军对阵。诸侯士兵困乏力量耗尽，没办法，只好退兵。杜仓任秦相时，派兵遣将，来向诸侯报仇，而先攻楚。楚国令尹以此为患，说：'韩国认为秦国不义，却与秦结成兄弟共同荼毒天下。不久又背叛秦国，充当先锋去攻秦关。韩既居于中原，反复无常，不可料知。'诸侯共同割取韩上党地区十个城去向秦国

谢罪，解除了秦军威胁。韩曾一次背秦而国迫地削，兵力衰弱至今，之所以会这样，是因为听从奸臣的浮说，不权衡事实，所以即使杀掉奸臣，也不能使韩国重新强大。

"如今赵国想集合士兵，突然进攻秦国，派人来韩借路，说是想伐秦。它的趋势必定先击韩而后击秦。况且我听说：'唇亡则齿寒。'秦、韩不能没有共同忧患，这种情形显而易见。魏想发兵来攻韩，秦国派人把魏国使者带到了韩国。如今秦王派我来却得不到召见，我怕大王重演过去奸臣之计，使韩又有丧失领土的忧患。我得不到召见，请让我回国报告，秦韩关系必将断绝。我来出使，奉着秦王使两国交欢的心意，希望进献有利韩国的计谋，难道陛下就这样来接待我吗？我希望见大王一面，上前陈说愚计，然后接受死刑，希望陛下多加关注！现在即使把我杀死在韩国，大王也不足以强大；但如不听我的计策，那必将构成灾祸。秦出兵不停地前进，韩国国家就可忧虑了。假如我在韩暴尸街市，那么大王即使想考虑我向您效忠的计策，也不可能了。边境残破，国都死守，杀声贯耳，那时才想到用我的计策，就晚了。再说韩国兵力几何是天下都清楚的，如今又背叛强大的秦国，如果城失兵败，内寇必将袭击城邑；城邑丧失完，百姓就散了；百姓一散，军队就没了。要是死守都城，秦国必将兴兵把大王包围在孤城中，道路一旦不通，谋划就难确定，这种形势无法挽救，左右近臣的计策没有用场，希望陛下好好想想吧。假如我所说有不符合事实的，希望大王能让我上前把话说完，再受刑杀也不迟。秦王饮食不甘，游玩不乐，心意全在谋取赵国，派我前来通知，希望能得到亲自接见，为的是急于和大王商量计策。如今使臣不通，韩国的诚信就无法弄清。秦国必将放弃赵国的祸患而移兵到韩，希望陛下再一次认真考虑这种情形，并把决定告诉我。"

范雎的远交近攻计

蔺相如和廉颇同心协力保卫赵国，秦国还真的不敢去侵犯。可是秦国从楚国和魏国却得到了不少土地。那时候，秦国的实权操在秦国的太后和她的兄弟穰侯魏冉手里。公元前270年，穰侯要派兵去打齐国。

正在这时候，秦昭襄王接到一封信，落名叫张禄，说有要紧的事求见。

张禄原是魏国人，原名叫范雎。本来是魏国大夫须贾的门客。有一回，须贾带着范雎出使齐国。齐襄王听说范雎挺有才干，背地里打发人去见范雎，送给他一份厚礼，范雎坚决推辞了。

就为了这件事，须贾怀疑他私通齐国。回到魏国以后，向相国魏齐告发。魏齐将范雎严刑拷问，打得他几乎断了气，肋骨被打折，门牙也打掉了两颗。最后，魏齐叫人用破席把他裹起来，扔在厕所里。

天黑下来，范雎才从昏迷中醒过来，只见一个兵士守着他，范雎恳求他帮助。那个守兵偷偷地放走了他，却向魏齐回报，说范雎已经死了。

为了怕魏齐追捕，范雎更名换姓，自称张禄。

那时候，正好秦国有个使者到魏国去，范雎偷偷地去见使者，使者就把他带到秦国。

范雎到了秦国，给秦昭襄王上了道奏章，秦昭襄王约定日子，在离宫接见他。

到那天，范雎上离宫去，在宫内的半道上，碰见秦昭襄王坐着车子来了。范雎故意装作不知道是秦王，也不躲避。

秦王的侍从大声吆喝："大王来了。"

范雎冷淡地说："什么，秦国还有大王吗？"

正在争吵的时候，秦昭襄王到了，只听见范雎还在那儿嘟囔："只听说秦国有太后、穰侯，哪儿有什么大王？"

这句话正说到秦王的心坎上，他急忙把范雎请到离宫，命令左右退出，单独接见范雎。

秦昭襄王说："我诚恳地请先生指教。不管牵涉到谁，上至太后，下至朝廷百官，先生只管直说。"

范雎就议论开了。他说："秦国土地广大，士卒勇猛，要统治诸侯，本来是很容易办到的事，可是十五年来没有什么成就，这不能不说相国（指穰侯）对秦国没有忠心办事，大王也有失策的地方。"

秦昭襄王说："你说我失策在什么地方？"

范雎说："齐国离秦国很远，中间还隔着韩国和魏国。大王要出兵打齐国，就算一帆风顺把齐国打败了，大王也没法把齐国和秦国连接起来。我替大王着想，最好的办法就是远交近攻。对离我们远的齐国要暂时稳住，先把一些临近的国家攻下来，这样就能够扩大秦国的地盘。打下一寸就是一寸，打下一尺就是一尺，把韩、魏两国先兼并了，齐国也就保不住了。"

秦昭襄王点头称是，说："秦国要真能打下六国，统一中原，全靠先生远交近攻的计策了。"

当下，秦昭襄王就拜范雎为客卿，并且按照他的计策，把韩国、魏国作为主要的进攻目标。

过了几年，秦昭襄王把相国穰侯撤了职，又不让太后参预朝政，正式拜范雎为丞相。

魏王受到秦国的威胁，十分惊慌。相国魏齐听说秦国的丞相是魏国人，就打发须贾到秦国去求和。

范雎听到须贾到了秦国，换了一身破旧衣服，到客馆里去见他。

须贾一见范雎还活着，吓了一大跳，说："你现在在干什么？"

范雎说："我就在这儿给人家当个使唤人。"

须贾见他身上穿得单薄，冻得直打哆嗦，就拿出一件茧绸大褂来，送给范雎，并且留他一起吃饭。

须贾说："听说秦王非常重用丞相张禄，我很想见见他，不知有没有人能够给我引见？"

范雎说："我的主人倒跟丞相相识。大夫要见丞相，我就伺候你去见他吧。"

范雎陪须贾到了相府门口，对须贾说："大夫等一会儿，我去通报一下。"

范雎进去不久，里面传出命令：丞相升堂，叫须贾进去。须贾问守门的侍者说："刚才同我一块儿来的范叔，怎么还不出来？"

守门的说："哪儿来的范叔，刚才进去的不就是咱们的丞相吗？"

须贾这才知道丞相张禄就是范雎，吓得一身冷汗。他进去后，跪在地上爬到范雎面前，连连磕头，说："我须贾瞎了眼睛，得罪了丞相，请丞相把我治罪吧。"

范雎把须贾狠狠地数落了一顿，接着说："你今天见了我，给我这件绸袍子，总算还有点人味儿。看在这个分上，我饶了你的命。"接着，他又叫须贾捎

信给魏王，要魏王杀了魏齐，才允许魏国割地求和。

须贾回到魏国，把范雎的话回报了魏王，魏王情愿割地求和。魏齐走投无路，只好自杀。

魏国求和，秦国就按照范雎远交近攻的计策，先向韩国进攻。

纸上谈兵的赵括

公元前 262 年，秦昭襄王派大将白起进攻韩国，占领了野王，截断了上党郡（治所在今山西长治）和韩都的联系，上党形势危急。上党的韩军将领不愿意投降秦国，打发使者带着地图把上党献给赵国。

赵孝成王（赵惠文王的儿子）派军队接收了上党。过了两年，秦国又派王龁围住上党。

赵孝成王听到消息，连忙派廉颇率领二十多万大军去救上党。他们才到长平，上党已经被秦军攻占了。

王龁还想向长平进攻，廉颇连忙守住阵地，叫兵士们修筑堡垒，深挖壕沟，跟远来的秦军对峙，准备做长期抵抗的打算。

王龁几次三番向赵军挑战，廉颇说什么也不跟他们交战。王龁想不出什么法子，只好派人回报秦昭襄王，说："廉颇是个富有经验的老将，不轻易出来交战。我军老远到这儿，长期下去，就怕粮草接济不上，怎么好呢？"

秦昭襄王请范雎出主意。范雎说："要打败赵国，必须先叫赵国把廉颇调回去。"

秦昭襄王说："这哪办得到呢？"

范雎说："让我来想办法。"

过了几天，赵孝成王听到左右纷纷议论，说："秦国就是怕让年轻力强的赵括带兵，廉颇不中用，眼看就快投降啦！"

他们所说的赵括，是赵国名将赵奢的儿子。赵括小时爱学兵法，谈起用兵的道理来，头头是道，自以为天下无敌，连他父亲也不在他眼里。

赵王听信了左右的议论，立刻把赵括找来，问他能不能打退秦军。赵括说：

"要是秦国派白起来，我还得考虑对付一下，如今来的是王龁，他不过是廉颇的对手。要是换上我，打败他不在话下。"

赵王听了很高兴，就拜赵括为大将，去接替廉颇。

蔺相如对赵王说："赵括只懂得读父亲的兵书，不会临阵应变，不能派他做大将。"可是赵王对蔺相如的劝告听不进去。

赵括的母亲也向赵王上了一道奏章，请求赵王别派她儿子去。赵王把她召了来，问她什么理由。赵母说："他父亲临终的时候再三嘱咐我说：'赵括这孩子把用兵打仗看作儿戏似的，谈起兵法来，就眼空四海，目中无人。将来大王不用他还好，如果用他为大将的话，只怕赵军断送在他手里。'所以我请求大王千万别让他当大将。"

赵王说："我已经决定了，你就别管了吧。"

公元前260年，赵括领兵二十万到了长平，请廉颇验过兵符。廉颇办了移交，回邯郸去了。

赵括统率着四十万大军，声势十分浩大。他把廉颇规定的一套制度全部废除，下了命令说："秦国再来挑战，必须迎头打回去。敌人打败了，就得追下去，非杀得他们片甲不留不算完。"

那边范雎得到赵括替换廉颇的消息，知道自己的反间计成功，就秘密派白起为上将军，去指挥秦军。白起一到长平，布置好埋伏，故意打了几阵败仗。赵括不知是计，拼命追赶。白起把赵军引到预先埋伏好的地区，派出精兵二万五千人，切断赵军的后路；另派五千骑兵，直冲赵军大营，把四十万赵军切成两段。赵括这才知道秦军的厉害，只好筑起营垒坚守，等待救兵。秦国又发兵把赵国救兵和运粮的道路切断了。

赵括的军队，内无粮草，外无救兵，守了四十多天，兵士都叫苦连天，无心作战。赵括带兵想冲出重围，秦军万箭齐发，把赵括射死了。赵军听到主将被杀，也纷纷扔了武器投降。四十万赵军，就在纸上谈兵的主帅赵括手里全军覆没了。

毛遂自荐

秦国大军攻打赵都邯郸，赵国虽然竭力抵抗，但因为在长平遭到惨败后，力量不足。赵孝成王要平原君赵胜想办法向楚国求救。平原君是赵国的相国，又是赵王的叔叔，他决心亲自上楚国去跟楚王谈判联合抗秦的事。

平原君打算带二十名文武全才人跟他一起去楚国。他手下有三千门客，可是真要找文武双全的人才，却并不容易。挑来挑去，只挑中十九个人，其余都看不中了。

他正在着急的时候，有个坐在末位的门客站了起来，自我推荐说："我能不能来凑个数呢？"

平原君有点惊异，说："您叫什么名字？到我门下来有多少日子了？"

毛遂自荐

那个门客说："我叫毛遂，到这儿已经三年了。"

平原君摇摇头，说："有才能的人活在世上，就像一把锥子放在口袋里，它的尖儿很快就冒出来了。可是您来到这儿三年，我没有听说您有什么才能啊。"

毛遂说："这是因为我到今天才叫您看到这把锥子，要是您早点把它放在袋里，它早就戳出来了，难道光露出个尖儿就算了吗？"

旁边十九个门客认为毛遂在说大话，都带着轻蔑的眼光笑他。可平原君倒赏识毛遂的胆量和口才，就决定让毛遂凑上二十人的数，当天辞别赵王，上楚国去了。

平原君跟楚考烈王在朝堂上谈判合纵抗秦的事，毛遂和其他十九个门客都在台阶下等着。从早晨谈起，一直谈到中午，平原君为了说服楚王，把嘴唇皮都说干了，可是楚王说什么也不同意出兵抗秦。

台阶下的门客等得实在不耐烦，可是谁也不知道该怎么办。有人想起毛遂在赵国说的一番豪言壮语，就悄悄地对他说："毛先生，看你的啦！"

　　毛遂不慌不忙，拿着宝剑，上了台阶，高声嚷着说："合纵不合纵，三言两语就可以解决了。怎么从早晨说到现在，太阳都直了，还没说停当呢？"

　　楚王很不高兴，问平原君："这是什么人？"

　　平原君说："是我的门客毛遂。"

　　楚王一听是个门客，更加生气，骂毛遂说："我跟你主人商量国家大事，轮到你来多嘴？还不赶快下去！"

　　毛遂按着宝剑跨前一步，说："你用不着仗势欺人。我主人在这里，你破口骂人算什么？"

　　楚王看他身边带着剑，又听他说话那股狠劲儿，有点害怕起来，就换了和气的脸色对他说："那您有什么高见，请说吧。"

　　毛遂说："楚国有五千多里土地，一百万兵士，原来是个称霸的大国。没有想到秦国一兴起，楚国连连打败仗，甚至堂堂的国君也当了秦国的俘虏，死在秦国。这是楚国最大的耻辱。秦国的白起，不过是个没有什么了不起的小子，带了几万人，一战就把楚国的国都——郢都夺了去，逼得大王只好迁都。这种耻辱，就连我们赵国人也替你们害羞，想不到大王倒不想雪耻呢。老实说，今天我们主人跟大王来商量合纵抗秦，主要是为了楚国，也不是单为我们赵国啊。"

　　毛遂这一番话，真像一把锥子一样，一句句戳痛楚王的心。他不由得脸红了，接连说："说的是，说的是。"

　　毛遂紧接着补了一句："那么合纵的事就定了吗？"

　　楚王说："决定了。"

　　毛遂回过头，叫楚王的侍从马上拿鸡、狗、马的血来。他捧着铜盘子，跪在楚王的跟前说："大王是合纵的纵约长，请您先歃血。"

　　楚王歃血后，平原君和毛遂也当场歃了血。楚、赵结盟以后，楚考烈王就派春申君黄歇为大将，率领八万大军，奔赴赵国。

信陵君窃符救赵

　　信陵君名无忌，是魏昭王的小儿子，魏安釐王的异母弟弟。公子无忌喜欢

结交贤士，不论贵贱，只要有才能，便以礼相待，因此许多人纷纷来归附，一时门客三千。但魏安釐王见信陵君年纪轻轻便有这样的威望，心中很嫉妒，不许他多参与政事。

当时秦国采取范雎"远交近攻"的策略，已经成为最强大的诸侯国，虎视眈眈，六国无不栗栗自危。信陵君一心担忧国事，却苦于不得其便，只好把全副心思都放在寻访贤士上，希望将来或许能帮得上国家的忙。

魏国有个叫侯嬴的人，七十多岁了，家境贫寒，是一个负责看守城门的小吏。信陵君听说他是一位贤能的人，就派人给他送去许多财物，并亲自前往侯嬴家请他。开始的时候，侯嬴不接受信陵君的请求。于是信陵君就为侯嬴准备了一次盛大的酒会，宴请宾客，并亲自赶车去侯嬴守城的夷门迎接他。侯嬴终于被他的真诚深深感动了，最后做了这位贵公子的上客。后来侯嬴又把一个叫朱亥的屠夫举荐给信陵君，但信陵君几次去请朱亥，都被朱亥冷冷地拒绝了。

战国末期，秦国急于吞并六国，不断进行频繁的侵略战争。公元前 260 年，在长平之战中秦国大败赵国，将赵国的 40 万兵士活埋，秦军又乘胜进攻赵国的都城邯郸，企图灭赵之后，再进一步吞并韩、魏、燕、齐、楚等国，完成其统一大业。魏国和赵国是近邻，唇亡齿寒，如果赵国灭亡，下一个就是魏国，所以救赵即是救魏。但赵国向魏国求救之后，魏安釐王慑于秦王的威胁，派 10 万大军驻扎在赵国附近的邺地观望，就是不出兵。信陵君于是想方设法地劝安釐王出兵，可是安釐王惧怕秦国，始终不听信陵君的请求。

在这亡国将至的紧急时刻，信陵君觉得不能再等下去了，于是凑了 100 多辆车，要带着他的门客同秦军拼个你死我活，与赵国共存亡。这时，侯嬴却向信陵君献上了一条妙计，他说："公子您还记得魏王的宠妃如姬吗？当年她悬赏捉拿杀害她父亲的人，但过了 3 年仍然没有消息。后来她哭着向您求救，于是公子派门客砍了她仇人的头。如姬一直都很感激您，就是没有报答的机会。现在机会来了，我已经打听过了，晋鄙的兵符就藏在魏王卧室之内，而如姬可以随时出入魏王的卧室，她肯定有机会偷得兵符，那样就可以削夺晋鄙的军权，率军攻秦救赵，一举两得。"信陵君听完之后，茅塞顿开，连连拜谢侯嬴。

信陵君立即去求见如姬，把自己的来意一五一十说了。如姬听了之后说："我一定尽全力，助公子一臂之力。更何况这是救国家于危难中的事，如姬万死

不辞，请公子放心。"此后，如姬去魏王卧室的次数更多了。有一天如姬又来到魏王的内室，正巧魏王不在。她就轻手轻脚地走到床边，拉开小盒子，一把抓起虎符塞进衣袖，然后又把盒子盖好，放回原处，若无其事地走出卧室，径直去见信陵君。

信陵君拿到虎符之后，一刻也不敢耽搁，立即起程赴赵。临走的时候，侯嬴对他说："公子即使有了兵符，但如果晋鄙不把兵权交给您，又去向魏王请示，那事情就危险了。我的朋友朱亥可以同您一道去，这个人是大力士，晋鄙如果听从您，当然好，如果不听，就杀了他。"

开始信陵君还是有点担心朱亥不接受他的请求，当他说明来意后，朱亥却感慨地说："我不过是市井中一个屠夫，公子您却屡次亲自来请，我真是感激不尽。之所以不答谢您，是因为觉得小的礼节没有什么大用处，现在公子有大事来求我，这是我出死力的时候了。"于是就跟信陵君一同起程了。

到了邺地之后，信陵君用另一半虎符，假传魏安釐王的命令，命晋鄙领军救赵。但晋鄙毕竟是久战沙场的老将，觉得这件事有点蹊跷，不肯听从信陵君的调遣。无奈之下，信陵君只有依计行事，站在晋鄙旁边的朱亥举起手中 40 斤重的铁锤，一锤就将晋鄙打死了。

信陵君得到兵权以后，彻底地整顿了一下军队，下令父子都在军中的，父亲回去；兄弟都在军中的，哥哥回去；独子没有兄弟的，回家奉养父母。经过精挑细选，剩下了 8 万人，都是年轻力壮、斗志昂扬的战士。魏军在信陵君的率领下直奔邯郸，向秦国发起进攻，经过一阵激烈的战斗之后，秦军终于撤退了，于是解了邯郸之围，也保存了魏国。

魏安釐王因信陵君偷了兵符，假传军令并杀死了晋鄙而勃然大怒。信陵君自知会有这样的结果，所以击败秦军救了赵国以后，就让部将率领大军撤回魏国，自己与门客就留在了赵国。

吕不韦"囤积"国君

公元前 267 年，秦国太子去世。两年后，秦昭王立次子安国君为太子。安国

中华传世藏书

中华上下五千年

东周（春秋战国）

三九七

君有 20 多个儿子，可是他最宠爱的华阳夫人却没有儿子。安国君还有一个妃子叫夏姬，生有一子，名叫异人。因为夏姬不受宠，异人自然也不被重视，被派到赵国做人质。因为异人是可有可无的人物，所以他在赵国非常不得志。

吕不韦（？—前 235）是阳翟的大商人，他往来各地，以低价买进，高价卖出，所以积累起千金的家产。吕不韦在赵国做生意时，一次在街头无意间看见异人路过。看到秦国贵公子一副落魄的样子，吕不韦心中不由一动。在当时，商人社会地位低下，处于四民之末。为了改变自己的地位，吕不韦早想弃商从政，以达到成为贵族的目的。在他看来眼前正是一个奇货可居、千载难逢的好机会。

吕不韦

于是吕不韦就去拜访异人，游说异人说："我能光大你的门庭。"异人笑着说："你姑且先光大自己的门庭，再来光大我的门庭吧！"吕不韦笑着说："我的门庭要等待你的门庭光大了才能光大。"彼此交往久了，异人便把吕不韦当作了莫逆之交，向吕不韦诉说心中的苦恼，透露了自己对权力的渴望。吕不韦便趁机说："现在你们兄弟 20 多人，你又排行中间，不受秦王宠爱。即使是秦王死去，安国君继位为王，你也不要指望同其他兄弟们争太子之位啦。"

异人愁眉不展地说："是这样，但该怎么办呢？"吕不韦见时机已到，就献出妙计说："我愿意拿出千金来为你西去秦国游说，侍奉安国君和华阳夫人，让他们立你为太子。"异人于是叩头拜谢道："如果实现了您的计划，我愿意分秦国的土地与您共享。"吕不韦于是拿出五百金送给异人，作为日常生活和交结宾客的费用；又拿出五百金购买珍奇玩物，自己带着西去秦国游说。

吕不韦先拜见华阳夫人的姐姐，请她把带来的东西献给华阳夫人，顺便谈及异人聪明贤能，所结交的诸侯宾客遍及天下，并让她对华阳夫人说异人"以夫人为天，日夜泣思太子及夫人"，华阳夫人听了这些话非常高兴。

吕不韦乘机又让华阳夫人的姐姐劝说华阳夫人道："我听说用美色事人，一旦色衰，宠爱也就随之消失，不如趁早在太子的儿子中结交一个有才能而孝顺的立为继承人。这样，丈夫在世时您受到尊重；丈夫死后，您立的儿子继位为王，最终也不会失势。现在异人贤能，又主动依附于夫人。夫人若真能在此时提拔他为继承人，那么您一生在秦国都要受到尊崇。"华阳夫人听了这一席话，真是如梦初醒。

虎座鸟架鼓　　（战国）

　　华阳夫人开始行动了，她利用一切机会在安国君面前称赞异人的贤能。慢慢地，安国君对异人就有了好感，并最终决定立异人为继承人。安国君和华阳夫人还送了丰厚的礼物给异人，并请吕不韦当异人的老师。

　　吕不韦通过金钱和智谋帮助异人成为王位继承人后，又绞尽脑汁构思着下一步计划。他不惜重金买下了一个称为赵姬的歌伎，纳为小妾，不久赵姬就怀孕了。于是吕不韦邀请异人到府上饮宴，席间故意叫赵姬歌舞助兴。异人看到赵姬妩媚动人，风情万种，就站起身来向吕不韦祝酒，言语中流露出爱慕之意。吕不韦心中窃喜，顺水推舟将赵姬送给了他，不过却有意隐瞒了赵姬已有孕在身的实情。后来赵姬在农历正月生下一个儿子，取名"正"，后来又改为"政"，这就是后来历史上威名赫赫的秦始皇。

　　公元前257年，秦军围攻邯郸，赵国想杀死异人这个人质。异人就和吕不韦密谋，拿出六百斤黄金送给守城官吏，才得以脱身，逃到秦军大营。异人顺利回国后，立即去拜见华阳夫人。华阳夫人非常高兴，因为她原是楚女，便把异人改名为"子楚"。赵国为了报复，想要杀掉异人的妻子赵姬和"儿子"赵政，经过一番颠沛流离的羁旅生涯，母子两人竟然奇迹般地活了下来。

　　公元前251年，秦昭王去世了，太子安国君继位，华阳夫人为王后，子楚为

太子。可惜安国君没有福气，一年之后就去世了。太子子楚，也就是异人终于登上了王位，即秦庄襄王。

庄襄王即位后，尊华阳王后为华阳太后，任命吕不韦为丞相，封为文信侯。大商人吕不韦囤积居奇，苦心经营，至此算是名、权、利兼收了。庄襄王在位3年之后就去世了，嬴政（即赵政）继位为王。初登王位的时候，秦王政年仅13岁，朝廷大权操纵在相国吕不韦之手。这时的吕不韦家有奴仆上万，门客三千，权倾朝野，无人能比。

逐客令

秦王政十年（前237），有一个在秦国当官的韩国人，名字叫郑国，是个水利方面的专家，他建议并主持开凿了一条灌溉渠，这就是历史上著名的郑国渠。这条渠道总长三百余里，渠道所经之处，都能获得灌溉。这本是一件富国利民的好事，想不到郑国是韩国派遣的间谍，他建议修渠的目的，是为了耗费秦国的人力和财力，削弱秦国的军事力量，使它不能向东方各国攻伐。秦国的宗室贵族发觉以后，大呼上当，纷纷向秦王政建言驱逐外来"客卿"。

秦王政接受了建议，果真发布了"逐客令"，李斯也在其中。于是李斯向秦王政上书，这就是著名的《谏逐客书》。在这篇文章中，李斯指出四代秦王都用客卿。这些客卿，为秦国的富强，并使其成就帝业，建立了丰功伟绩。说由此看来，客卿是无负于秦国的；还说如果不用这些外来人才，那么，将使秦国"无富利之实"和"无强大之名"，并且，这些人才若被驱逐，这就等于帮助了你的敌国，变成祸患，"损民益仇"，自属蠢事。

秦王政看完这封上书，觉得很有道理，于是即行废除逐客之令，并恢复李斯的官职，采用了他的计谋，二十多年工夫，竟使秦王兼并天下，尊为皇帝，李斯也就做了丞相。

所谓"逐客令"即来源于此。后来，凡是主人对客人不表示欢迎，明着叫他离去的言辞，或者运用比喻做出的暗示，都可以说下了"逐客令"。

六国合纵对秦战争

六国合纵对秦战争，主要的有五次：

第一次合纵战争为楚、燕、韩、赵、魏五国合纵攻秦。发生于周慎靓王三年，楚怀王十一年，魏襄王元年，赵武灵王八年，韩宣惠王十五年，燕王哙三年，秦惠文王七年（公元前318年）。合纵军很快被秦军击败。

第二次合纵战争为齐、韩、魏合纵攻秦、赵、宋。发生于周赧王十七年，齐湣王三年，韩襄王十四年，魏襄王二十一年，赵惠文王元年，秦昭王九年（公元前298年）。三国合纵军经三年苦战至公元前296年，战胜秦军。

第三次合纵战争为燕、齐、魏、韩、赵合纵攻秦。发生于周赧王二十七年，燕昭王二十四年，齐湣王十三年，魏昭王八年，韩厘王八年，赵惠文王十一年，秦昭王十九年（公元前288年）。最后于公元前287年以秦退还所占魏、赵的土地而罢兵。

第四次合纵战争为赵、楚、韩、燕、魏合纵伐秦。发生于秦庄襄王三年，赵孝成王十九年，楚考烈王十六年，韩桓惠王二十六年，燕王喜八年，魏安釐王三十年（公元前247年）。秦军初期被五国联军战败，退守函谷关后，双方休战。

第五次合纵战争为赵、燕、楚、韩、魏合纵攻秦。发生于秦王政六年，赵悼襄王四年，燕王喜十四年，楚考烈王二十二年，韩桓惠王三十二年，魏景湣王二年（公元前241年）。五国联军攻至今临潼东北，各自收兵。

赵魏燕韩楚五国联合攻秦

秦相张仪来魏，向惠王提出秦、韩与魏联合伐齐的建议，被惠王接受，起用张仪为相。张仪当上魏相后，就积极实现他的"欲令魏先事秦而诸侯效之"的所谓"连横"策略，压迫东方各国。在这种形势下，齐、楚、燕、韩、赵五国又联合支持主持"合纵"策略的公孙衍。魏惠王为了巩固与五国的政治关系，改任公孙衍为相国，把张仪赶回秦国。公孙衍这位素见重于六国的新相国，展开"合纵"策略，联合各国，组织了第一次"五国伐秦之战"。实际参加作战的

有燕、韩、赵、魏四国军队，公举楚怀王为联合军的"纵约长"，于周慎靓王三年，声势浩大的四国联军，排除秦军的抵抗，打到秦东方战略要隘函谷关。但由于秦军的奋力抵抗，联军最终被秦军击败。四国联军的进攻，虽然没有达到战略目的，但对秦震动极大，纵、横双方的斗争，更加激烈化。

齐魏韩三国联合攻秦

继五国联合攻秦之后，六国间虽也知道应以对秦作战为主，但在此期间，由于秦国极力破坏六国的合纵，挑动各国之间互相攻伐，以削弱六国的实力，所以各国之间也发生过一些战争。

周赧王十四年（公元前301年），韩、魏受秦军事压力，向东方大国齐靠拢。齐相孟尝君田文，加紧对韩、魏的联合工作，终于促成齐、魏、韩三国合兵对楚进攻。齐将匡章、魏将公孙喜、韩将暴鸢统率的联合军，进攻楚的方城，经过六个月交战，击破楚军于小沘水上的垂沙，宛叶以北地区被韩、魏占有。齐、韩、魏联合作战的胜利，不仅使楚军屈服，秦也惶恐不安。秦为了拆散这三国的合纵联盟，提出由秦王之弟泾阳君至齐为质，与齐修好。到秦王政十八年，魏景湣王十四年，韩王安十年，楚幽王九年，赵王迁七年（公元前229年），秦又邀请孟尝君田文入秦，担任秦相。表面上对齐友好，实际是把田文控制于咸阳，以破坏他的"合纵"战略。这一行动立即引起赵国的严重不安，秦、齐两大国联合的战略形势，使赵陷于两面受敌的危险，于是赵国发动政治攻势，策动秦贵族樗里疾借口田文"外借秦权，阴为齐谋"，促使秦免去孟尝君相位，改任楼缓为相。

周赧王十七年，齐、韩、魏三国联合对秦进攻。战争开始后，赵、宋两国并未真正协助秦国作战，而是利用大国间的矛盾冲突，乘三国与秦作战之机，兼并邻近其他小国，以扩充自己的领土。三国进攻秦国的战争，连续三年之久，最后攻进函谷关，迫使秦国承认战败，退还侵占魏的河外、封陵和韩的河外、武隧等地区，缔结了和约，停止了战争。

楚燕韩赵魏五国联合攻秦

秦为拆散六国的"合纵"战略，解除关东压力，继续推行"连横"。丞相魏冉实施"联齐"政策，积极拉拢东方大国齐国，以便秦、齐联合，对付敢于反抗的楚、燕、韩、赵、魏，还与齐相约，并称为帝。秦王称西帝，统治西方；齐王称东帝，统治东方。周赧王二十七年（公元前 288 年）十月，秦昭王在宜阳自称西帝，遥尊齐王为东帝。订立"约伐赵"盟约，议定了共同行动与出兵的日期，中原各国面临受到夹击的危险局面。周赧王二十七年（公元前 288 年），魏昭王通过奉阳君李兑的策划，与赵惠王相会，商量如何联合对秦。

赵楚燕韩魏五国联合攻秦

秦王政六年，赵将庞煖组成第五次联军，推举楚王为联军统帅"纵约长"，由楚相春申君黄歇代行纵约长指挥权。庞煖向黄歇和其他国的将领说明，过去关东诸侯对秦作战，主要战略是攻取函谷关，以为只要攻克此关，就能顺利向秦国腹地推进，但终因关隘险要攻而不克，多次受挫，遭到失败。这次应经蒲关渡河直冲渭南。于是五国军队声势汹涌地经河东由蒲关渡河，伸进关中腹地，排除秦军抵抗，进抵距咸阳不远的蕞城。企图攻克蕞城，长驱直入，进攻咸阳。但由于蕞城秦兵顽强坚守，屹立不动，联军久攻不克，出现胶着状态。联军攻城不克，只得停止西进，这给了秦军调动、整顿的时间。后来联军改变战略，攻进关中，打了秦军一个措手不及，首都咸阳形势紧张，国相吕不韦，亲自担任统帅，指挥秦军，进驻灞桥，迎击关东五国军队。汇集于灞桥附近的秦军兵力有王翦、李信、桓齮（古文生僻字，现代汉语不常用）军等约 10 多万人。

秦军认为："以五国精锐，攻一城而不克，其无能可知"，"晋习秦战，楚兵久未经过战争"进而决定"集中兵力攻楚，击破楚军，其他各国军队会闻风崩溃"。于是除留下部分军队与赵、魏保持对峙状态外，于五军中各抽出精兵 1 万，进攻楚军，并规定夜间开始行动。由于李信军的一个军官，运粮误期，受到斥责，暗地叛逃于楚军，把秦军作战计划完全泄露给楚军。而黄歇这位庸愚无能的联合军统帅，闻讯后竟惊慌失措，没有通知友军，只率楚军仓促撤退，离开战场，返回楚国。当秦军按预定计划，对楚军实施大规模夜袭，进入楚军兵营，才发现楚营无人，扑了个空。王翦当即回军转攻联合军队的主力赵军。王翦、蒙骜（古文生僻字，现代汉语不常用）、李信等率领将士猛攻赵营。赵军统帅庞煖遭秦军突然猛袭，一方面严令所属，不得妄动，沉着应战，一方面自己亲临营门镇静指挥。双方展开激战，秦军攻势虽猛，赵兵岿然不动，两军激

战到天明，韩、魏、燕军闻赵军被攻，前来救援，秦军才停止攻击，收兵回营。秦、赵两军经过这次激战，王翦等将领，称赞赵军战斗力强，并赞扬赵将庞煖遇到夜袭，临危不惊，从容镇静。他和韩、魏、燕各军将领，在秦军收兵后，才了解到楚军放弃友军，不战而走的原因，均深感痛惜。并一致认为这次"合纵"对秦作战，已失去取胜的希望。于是各自收兵回国。庞煖既不满楚军的不战而走，又痛恨齐国的拒不参加联合行动，于返国途中，联合燕军，东攻齐属饶安，攻克了饶安城，以示泄愤。自此第五次联合对秦进攻后，六国再没有组成过"合纵"阵线。形势的发展对秦极为有利，为秦将六国各个击破创造了条件。